COLECCIÓN TIERRA FIRME
SERIE CONTINENTE AMERICANO

FICCIONES FUNDACIONALES

A
Antonio Benítez Rojo y
Betty Tzafrir

In memoriam

Doris Sommer

FICCIONES
FUNDACIONALES

Las novelas nacionales de América Latina

FONDO DE CULTURA ECONÓMICA
COLOMBIA

Primera edición en inglés: *Foundational Fictions. The National Romances of Latin America.*
University of California Press, Berkeley y Los Angeles, California.
Primera edición en español: Bogotá, 2004

Sommer, Doris, 1947 -
Ficciones fundacionales: las novelas nacionales de América Latina.
Doris Sommer; traducción José Leandro Urbina y Ángela Pérez. Bogotá:
Ediciones Fondo de Cultura Económica, 2004.
432 p.; 24 cm. -- (Tierra Firme. Serie Continente Americano)
Título original: Foundational Fictions.
ISBN 958-8249-007
1. Novela latinoamericana – Historia y crítica – Siglo XIX
2. Literatura y sociedad – América Latina 3. Nacionalismo en la
literatura I. Urbina, José Leandro, tr. II. Tít. III. Serie.
868.99809 cd 19 ed.
AJA5405

CEP-Banco de la República-Biblioteca Luis Ángel Arango

© Regents of the University of California, 1993
  [Original English Edition published by arregenment with The University of California Press
  in 1993]
© Traducción de José Leandro Urbina y Ángela Pérez
© Fondo de Cultura Económica, 2004
Carretera Picacho-Ajusco, 227; 14200 México, D. F.
Ediciones Fondo de Cultura Económica Ltda.
Carrera 16 No. 80-18; Bogotá, Colombia

Diseño y diagramación: Miguel Suárez
Edición: Sonia Jaramillo y Adriana de la Espriella
Fotografía de cubierta: Carlos Benoit. Monumento a María, Cali, Colombia
ISBN 958-8249-007

www.fondodeculturaeconomica.com
www.fce.com.co

Impreso en Colombia - Printed in Colombia

Contenido

X

PREFACIO

Desde mi adolescencia, años en que mis fantasías de amores apasionados se entremezclaban con el anhelo de pertenencia, me percataba de que el amor y el patriotismo evocaban en mí sentimientos similares: una urgencia simultánea de pertenecer y de poseer. Hago mención a este embrollo emocional porque mi determinación de desenredar esa madeja fue, en gran medida, la razón de este libro, que traza la relación entre la novela y los cimientos nacionales de América Latina. Por lo tanto, me siento obligada a compartir un poco de la historia íntima que yace tras mi particular énfasis en la construcción novelesca de una intimidad nacional. Seguir las vueltas de un anhelo erótico que se anuda a otro de carácter nacional, fue como regresar a un deseo que tiene, seguramente, su origen en el hecho de que nací sin pertenecer a ninguna parte, en un sitio llamado campamento para personas desplazadas. Un no-lugar para nacionales, precisa y perversamente utópico. Sin embargo, ese campamento era preferible a otros donde habían estado mis padres poco tiempo antes en Polonia. Vuelve a mi memoria una broma que se liga a mi infancia en Nueva York (que empezó a la edad de cuatro años, cuando la cuota para refugiados en los Estados Unidos permitió la entrada a una familia judía más). Ante la consabida pregunta de por qué no iba yo a un campamento de verano, nunca dejé de responder que mis padres ya habían estado en uno, que no les gustó y que, por lo tanto, habían decidido no mandarme.

Los recuerdos que tengo de instancias en las que me sentí desplazada, mal ubicada —recuerdos estimulantes en su vacuidad ontológica—, corresponden a una adolescencia en que me dedicaba a representar una variedad de "seres" nacionales, al tiempo que procuraba con urgencia declarar una identidad sexual. Mucho más adelante, al leer el aparte de Benedict Anderson sobre cómo los individuos modernos "pueden, deben, y 'tendrán' una nacionalidad, a la par que un género", pensé de nuevo en jugar al ser o no ser. Para cada nuevo idioma que ensayaba o cada modulación extranjera del inglés, que ya dominaba, ideaba un personaje diferente. Mi juego consistía en ver hasta dónde podía llegar en esto de "ser" (otra persona). Este apostar a "ser" alcanzó una hilaridad tragicómica cuando en mi solicitud de ingreso a la universidad dejé en blanco el espacio referente a la nacionalidad. Supuse erróneamente que había sido naturalizada automáticamente cuando mis padres se habían hecho ciudadanos y que no tenía nada nuevo que escribir en esa casilla. Así, un día me vi a mí misma en el muelle de Brooklyn, con los dieciocho años de un ego adulto recién estrenado, jurando "ser" lo que en aquella época sólo constituía una ficción. Otro inmigrante más ilustre, como Hans Kohn (autor de *American Nationalism*, 1957), no estaba para juegos. Kohn se felicitaba a sí mismo y a todos nosotros "los desventurados desechos de la ribera atestada", por haber llegado a América, donde todos éramos igualmente libres para ser patriotas en virtud de un contrato cívico y no de un pedigrí étnico; según el verso inscrito en el interior de la estatua de La Libertad con su antorcha extendida (Dama y Luz, invisibles en la bruma cuando nuestro barco entró en el puerto). Pero la América que me interpelaba como niña no era la del contrato cívico, sino la de ese enjambre de acentos alrededor de un centro cultural vacío. (¿Necesito confesar que *Zelig* es mi película favorita?) En el lugar donde crecí, sólo los niños hablaban inglés con acento americano, de modo que los adultos que ocasionalmente compartían aquel acento (digamos, los maestros) parecían no tener la densidad histórico-cultural que nos hacía ver a nuestros padres, ya fueran italianos, hispanos, chinos o judíos, tan soberanamente adultos y tan vergonzosamente fuera de lugar. Todos ansiábamos con desesperación no quedarnos fuera, porque América podía bien no ser el artificio contractual que Kohn celebraba, pero prometía satisfacernos a manos llenas. Lo deseábamos tanto como los italianos en Argentina deseaban ser gauchos, tanto como los húngaros en Brasil ansiaban que sus hijos llevaran nombres indígenas. Deseábamos la satisfacción de ser nacionales en la misma medida que deseábamos estar enamorados, deteniéndonos apenas a considerar que el deseo era mayor que cualquier retribución posible. Y sin embargo, en ese momento ya sabía lo suficiente como para sentirme aliviada, al igual que Kohn, de que aquí no se daría ningún patriotismo de tipo irracional, puesto que la sensación de ser y de pertenecer se combinaba de manera irresoluble con un escepticismo cosmopolita. En general, las diferencias que se desprenden al evaluar el nacionalismo no tienen tanto que ver con lo atinada o errónea que pueda ser una posición, sino con la posición que uno ocupa como aspirante a una identidad nacional, por ejemplo, o como sujeto nacional desencantado. Por lo visto, las críticas surgen en las naciones establecidas y la desafección presupone una prehistoria romántica. Pero mi doble postura como una aspirante a norteamericana y una europea fracasada, mantuvo la contienda entre el deseo y el temor en un *impasse*. El consuelo era saber que otros como yo nadaban entre dos aguas: si yo no era precisamente norteamericana, tampoco lo eran los demás.

No es de extrañar que haya aprendido español a una edad temprana; esta lengua me era tan familiar y, sin embargo, no era mía. Gracias a la identificación que tenía con el español podía pertenecer a Norteamérica (y viceversa) no como la Otra, sino como otra cualquiera. El español mantuvo mi otredad en una esquizofrenia paradójicamente estabilizadora y mitigó el odio que el inmigrante siente por sí mismo al revelarlo como estructural, constante, reiterativo, tal vez esencial al americanismo tanto del norte como del sur. En el sur era frecuente que los adolescentes inmigrantes aprendieran a amar sus países y a desearse mutuamente mediante la lectura de novelas nacionales. En las siguientes páginas confesaré que lo que me instó a acercarme a esos libros del siglo XIX fue querer descubrir las razones por las cuales los novelistas del *Boom* renegaban tan escandalosamente de ellos. Añadiré también que esto ocurrió después de escribir *Un amo por otro: el Populismo como retórica patriarcal en las novelas dominicanas* (1984), donde descubrí que *Enriquillo*, la piedra de toque de una tradición nacional, era el común denominador de todo un canon en América Latina. No pretendo ahora contradecir esa historia personal académica, sino agregar, al unísono del poeta norteamericano por excelencia, Whitman: "En esta hora digo las cosas en confianza, puede que no se las diga a todo el mundo, pero te las diré a ti" ("Canto a mí mismo", 19). Insisto en que el canon literario del siglo XIX da cuenta de la inversión apasionada que ese yo/nosotros tenemos en el nacionalismo. Puede incluso ser una tautología si, como sugeriré más adelante, estos libros construyen seductoramente el Eros y la Polis el uno sobre la otra.

Antes de presentar esta idea en la segunda parte del capítulo, ofreceré a los lectores una primera parte más narrativa y descriptiva, para tratar de explicar por qué tiene sentido leer este grupo especial de libros en conjunto y qué es lo que los hace tan irresistiblemente atractivos. El capítulo 2 esboza algunos puntos de contacto entre James Fenimore Cooper y sus admiradores hispanoamericanos, para quienes ese escritor norteamericano era un modelo o, quizás, un pretexto para plagiar autenticidades. Los capítulos 3 hasta el 8 exploran ejemplos particulares de romances del siglo XIX, sus proyecciones de conciliación nacional a través del deseo de los amantes que transgreden barreras tradicionales tanto raciales como regionales. Estos casos, sin embargo, distan de agotar toda la gama del género, ya que por una parte, algunos de los veintiún países no tuvieron una producción novelística típica de mediados de siglo, y más bien tomaron "prestados" los clásicos europeos; por otra parte, incluir a cada uno de los clásicos hubiera resultado demasiado difícil de manejar. El capítulo 9 examina dos novelas reformistas del siglo XX como revisiones populistas del romance, es decir, como defensa de la nación establecida frente a relaciones transgresoras. Contemporánea a éstas, presento una novela escrita por una mujer, a quien concedo la última palabra en el capítulo 10, y cuya apreciación de los desencuentros lingüísticos e históricos sirve para ironizar las ficciones programáticas que coadyuvaron a fundar las naciones de América Latina.

Debo recalcar que sin el ánimo y el consejo que me brindó día a día Andrew Parker, o sin el escepticismo inicial de Antonio Benítez Rojo, un lector ideal quien gradualmente supo obtener de mí el texto que su lectura exigía, no me habría sido posible escribir este libro. Reciban ambos mi sincera gratitud. También quisiera agradecer especialmente a Benedict Anderson y a Sylvia Molloy por la inspiración y el aliento que infundieron en mí, lo mismo que Allen Kaufman, Scott Mahler, Tulio Halperín Donghi, Roberto González Echevarría, Eve Kosofsky Sedgwick, Homi Bhabha, Nancy Armstrong, Josefina Ludmer, Jean Franco, Donna Guy, Steward Voss, Heloisa Buarque de Hollanda, Antonio Cornejo Polar, George Yúdice, Ricardo Piglia, Elizabeth Garrels, Efraín Barradas, Neil Larsen, Norman Holland,

Leonard Tennenhouse, Iván Jaksic, Valeria de Marco, Roberto Schwarz, Adolfo Prieto, Julio Ramos, Rubén Ríos, Silviano Santiago, Michael Kasper, Ginny DuCharme, Greta Slobin, Betty Tzafrir, Julius Sommer, Adela Sommer y Anna Kaufman, todos los cuales me ofrecieron generosamente apoyo y sugerencias.

Estoy en deuda con el talentoso traductor, José Leandro Urbina, con Juan Camilo Sierra del FCE, con la University of California Press, y con otros editores por haberme permitido publicar material que apareció en ensayos ya publicados. "Autenticidad Plagiada: El Cooper de Sarmiento y otros más", que apareció originalmente en inglés como un capítulo de *Do the Americans Have a Common Literature?*, editado por Gustavo Pérez Firmat (Durham, Carolina del Norte, Duke University Press, noviembre de 1990). "Irresistible Romance: The Foundational Fictions of Latin America" apareció en *Nation and Narration*, editado por Homi Bhabha (Londres, Routledge, 1990). Una versión anterior del ensayo "Allegory and Dialectics: A Match Made in Romance" apareció en *Boundary 2*, vol. 18, no. 1 (1991) y se reproduce aquí con la autorización de Duke University Press.

"Foundational Fictions: When History Was Romance in Latin America" apareció en *Salmagundi*, no. 82-83, primavera-verano, 1989: 111-141. "Sab c'est moi" fue publicado en *Hispanoamérica*, no. 48, diciembre, 1987, págs. 25-38. Este ensayo también apareció en *Genders*, no. 2, verano, 1988, págs. 111-126, y se reproduce aquí con la autorización de University of Texas Press. "El Mal de María: (con) fusión en un romance nacional" se publicó en *Modern Language Notes*, marzo, 1989, págs. 439-474.

I

PARTE 1

ROMANCE IRRESISTIBLE

> por encima del distanciamiento del título,
> de la fortuna y del color de la piel...
> está la atracción de los sexos,
> el poder irresistible del genio de la especie.
> *Matalaché*, Enrique López Albújar

UNA ARQUEOLOGÍA DEL *"BOOM"*

Cuando Gabriel García Márquez, Carlos Fuentes, Mario Vargas Llosa y Julio Cortázar, entre otros, irrumpieron en el escenario del mundo literario de los años sesenta, insistieron, categórica y repetidamente, en el poco valor que tenía la narrativa latinoamericana anterior[1]. Recalcaron que sólo en ese entonces el continente empezaba a cobrar independencia cultural, "calibanizando" toda la gama de tradiciones europeas, materia prima amasada y vuelta a moldear en las manos intencionadamente ingenuas de los americanos[2]. Halagado con esta vindicación que dejaba entrever su escaso conocimiento sobre América Latina, el público de habla inglesa no sospechó los importantes pre-textos del *Boom*: todo un canon de grandes novelas fue descartado de forma solapada por quienes proclamaban ser huérfanos literarios, y por lo tanto, libres para ser aprendices en el extranjero[3]. Este libro está dirigido a ese público confiado y también a una generación de latino-americanos que, con justificado entusiasmo por el *Boom*, pudo haber tomado literalmente la proclamación de orfandad.

Aunque algunos críticos sostengan que el *Boom* no fue sino una explosión promocional y de ninguna manera un fenómeno literario, las nuevas novelas tienen entre sí un parecido de familia único, suficiente como para elaborar una lista de características comunes que incluyen una disminución o dispersión del control del autor y una incesante experimentación formal, técnicas destinadas a quebrantar la rigidez de la narrativa tradicional[4]. Los subtextos épicos sobre el desarrollo de América Latina que uno puede releer a través de los escombros se convierten ahora en risibles simulacros. Si esto parece una negación, lo es. Los nuevos novelistas trataron con sarcasmo de negar el atractivo positivista y populista de proyectos que, para entonces, se habían quedado atascados y eran un tropiezo histórico, en vez de ser un incentivo para avanzar. Si después de haber alcanzado este precipitado final nos volvemos a mirar la historia de América Latina, sentimos vértigo al comprobar que la palabra fin ha perdido el significado de meta. En muchos países, la productividad nacional creció desde mediados del siglo XIX hasta el período populista de la industrialización, como resultado de la política de sustitución de importaciones puesta en práctica durante la Segunda Guerra Mundial, cuando las potencias extranjeras estaban demasiado atareadas como para exportar artículos de consumo e impedir así el desarrollo local mediante el suministro de bienes manufacturados. Pero, después de la guerra, las importaciones inundaron de nuevo los mercados, y la historia de Latinoamérica dejó de tener esa apariencia progresista: ya no se trataba de una biografía nacional positivista del proceso de maduración paulatina que supera la infancia o la enfermedad crónica. Cuando la Europa Occidental y, para entonces principalmente los Estados Unidos, estuvieron otra vez listos para inmiscuirse en los asuntos internos de América Latina, y para impulsar la producción y exportación de bienes, el optimismo populista se desvaneció y la lógica lineal del desarrollo económico se alteró para ir a dar al callejón sin salida del subdesarrollo permanente. Mientras tanto, las historias patrióticas se marchitaban en los círculos viciosos que Carlos Fuentes consideró como rasgos típicos de las nuevas novelas[5].

Sin embargo, cuanto más se empeñaban los nuevos novelistas en ignorar la tradición de la literatura latinoamericana, más curiosidad provocaba en mí la persistente atracción hacia esos libros que causaban tanta resistencia. ¿Qué era lo que había —me preguntaba— en ese tipo de ficción latinoamericana programática y obviamente obsoleta que tanto obsesionaba a los del *Boom*? ¿Qué lastre de hábitos narrativos, qué premisas subyacentes pesaban en ella como para explicar este rechazo tan rotundo? La atracción era prácticamente visceral y provocada, en mi opinión, por un rasgo extremadamente llamativo que había pasado desapercibido: la retórica del erotismo que organiza las novelas patrióticas. Con cada esfuerzo obsesivo por liberarse de la tradición positivista bajo la cual los proyectos nacionales se entroncaban con un deseo productivo heterosexual, una persistente atracción volvía a inscribirse en la resistencia del *Boom*. Las líneas rectas de las novelas "históricas" pueden ser claramente reconstruidas a partir de los esfuerzos por retorcerlas. ¿Qué otra explicación puede darse a la tragicomedia de la repetición autodestructiva en, por ejemplo, *Cien años de soledad* o a la frustración y la vergüenza en *La muerte de Artemio Cruz*, sino la de los malos acoplamientos entre los supuestos desarrollistas y la historia latinoamericana?[6] Y podemos deducir, para dar otro ejemplo, que la realidad "positiva" era el ideal literario vigente, a partir del alejamiento tan significativo que representó el estilo del realismo mágico del proto *Boom*.

Las parodias del *Boom*, sus refinadas ironías y su tono lúdico, son el caso típico de una eterna negación destinada a producir el efecto contrario de reconocimiento, de tal manera que esos círculos viciosos narrativos exponen la frustración del escritor así como la desilusión con la idea del progreso. Cuanta más resistencia se opone al romance nacional, más irresistible se vuelve. La única manera de escapar de esa circularidad parecería ser el desplome escenificado por Mario Vargas Llosa al final de *La tía Julia y el escribidor* (1977). El terremoto arrasa con la confusión barroca entre el romance escandalosamente moderno de Vargas Llosa y las radionovelas de un escribidor supuestamente "realista", que se intensifican a cada paso y se infiltran mutuamente hasta que el proyecto múltiple termina recargado y desfigurado, para finalmente desmoronarse encima de él, de ellos, de nosotros.

Para aquellos que sobrevivieron al *Boom*, incluyendo a la mayoría de sus autores, es obvio que éste no constituyó el colapso de la historia. El tiempo pasa y nada altera el oscilar de los péndulos. Algunos escritores que habían circunvalado la historia en las décadas de los sesenta y setenta empezaron a experimentar con nuevas versiones de la narrativa histórica[7]. Este retorno a una tradición reprimida puede haber despertado cierta curiosidad por las ficciones que el *Boom* había relegado deliberadamente, quizás incluso una voluntad para entender y sentir esa cualidad apasionadamente política de las novelas latinoamericanas precedentes. Éstas tenían, entre otras cosas, el encanto de la promesa que terminó en la amargura de ser percibida como un fraude. Podemos también advertir que el pesimismo lúdico del *Boom* fue entendido como una señal de madurez literaria, lo que halagaba el gusto del Primer Mundo por lo postmoderno, el placer casi narcisista de ver reflejadas en el otro las nociones propias sobre el ideal de la literatura.

Mi paradoja como lectora, que asume la negación como un síntoma de dependencia no resuelta, no sólo me remitiría a las ficciones fundacionales que el *Boom* resistía, sino también a toda una tradición de resistencias. Esta paradoja pone en evidencia la típica ironía de escribir en América, donde generaciones sucesivas suelen negar sus semejanzas literarias hasta el punto de que la negación misma constituye una similitud. No era nada nuevo que los nuevos novelistas de América Latina se imaginaran a sí mismos nacidos en plena madurez, puesto que ya otros escritores americanos habían imaginado lo mismo[8]. En "La muralla y los libros", Jorge Luis Borges se burla de la circularidad repetitiva y del orgullo irrealizable de comenzar de nuevo. Su protagonista, el emperador de China, erige la Gran Muralla y lanza al fuego todos los libros escritos antes de su reinado, sólo para presentir que un futuro emperador desmantelará lo edificado para instaurar su nuevo orden. Borges, el escritor americano, se divierte y se fascina con la idea de una tradición escrita sobre las tachaduras del pasado.

Para apreciar esta tradición contradictoria de negaciones reiteradas es importante recordar cuán memorables fueron para generaciones de lectores las "novelas nacionales" del siglo XIX. El concepto de novela nacional apenas necesita explicación en América Latina; se refiere a aquel libro cuya lectura es exigida en las escuelas secundarias oficiales como fuente de la historia local y orgullo literario. Quizá su lectura no fue siempre un requisito obligatorio pero, sin duda, lo fue en la época en que los novelistas del *Boom* estaban en la escuela. A veces aparecen en antologías en libros escolares de lectura, y han sido dramatizadas para el escenario, películas y series televisivas; las novelas nacionales pueden identificarse con la misma facilidad con que se reconocen los himnos nacionales. Los vínculos fundacionales entre esta literatura y la legislación, lazos que "no tuvieron el debido reconocimiento"[9] en la Inglaterra de Shelley, no eran ningún secreto en América Latina. Una prueba asombrosa de ello es la larga lista de escritores hispanoamericanos que hacia finales del siglo XIX también fueron presidentes en sus países[10]. Un listado comparable de servicios prestados en distintas ramas de la administración pública podría parecer infinito. A pesar de existir importantes paralelos, los escritores norteamericanos, que para entonces estaban consolidando una literatura nacional, solían asumir una pose metapolítica, aparentemente desinteresada, tan poco común en el sur. Los latinoamericanos se veían más involucrados en querellas partidistas que en una crítica social trascendental.

Hacia el final del siglo XIX, cuando la prosperidad económica y las políticas "científicas" del Estado produjeron una división intelectual del trabajo, el péndulo literario alejó a los escritores de los asuntos relacionados con el Estado. Esto los eximió de responsabilidades políticas y les permitió desarrollar el preciosismo del modernismo, sobre todo en la poesía, o exilió a los narradores hacia las fronteras pesimistas del "naturalismo". Pero en 1941, cuando Pedro Henríquez Ureña ofrecía en Harvard sus ahora clásicas conferencias sobre *Las corrientes literarias de Hispanoamérica*, era obvio que el péndulo había hecho regresar a muchos escritores del continente hacia el compromiso social. La generación más joven de escritores estaba dividida entre la vanguardia poética de Borges y la etapa inicial de Neruda, quien había heredado el "aislamiento espléndido"[11] de los modernistas y un neorromanticismo exaltado o rebelde que gradualmente provocó el regreso al "viejo hábito de tomar parte en los asuntos políticos"[12], aunque la mayoría de estos escritores no tenía ya ninguna esperanza de liderazgo político. Como era de esperar, escribieron desde una oposición "nativista" o reformista con el propósito de influir en la opinión del público, por ejemplo, en las relaciones raciales o la política económica. Muchos se dedicaron a reformar a través de la educación, como lo había hecho antes Domingo F. Sarmiento, entre otros muchos positivistas que tuvieron la responsabilidad de construir una nación. Sin embargo, por citar tan sólo tres ejemplos de la persistencia de esta tradición después de la despedida en las conferencias de Harvard, en

1948 el novelista Rómulo Gallegos fue el primer presidente elegido democráticamente en Venezuela; en 1962 el novelista Juan Bosch obtuvo una victoria aplastante en las elecciones de la República Dominicana, cuna de Henríquez Ureña y, en 1990, Mario Vargas Llosa estuvo a punto de ganar una campaña electoral para la presidencia de Perú.

La periodización que hace Henríquez Ureña de importantes escritores socialmente comprometidos, reformistas y de vanguardia es, por supuesto, un primer bosquejo. Sin embargo, la riqueza de detalles justifica la audacia del esquema como se ve en varios de sus textos. Así que no pretendo de modo alguno renovar su diseño; sólo añadiré que medio siglo después se sentirá nuevamente el peso de los romances históricos y la historia romantizada sobre una tradición que los resiste. Por *romance*, entiendo una intersección entre nuestro uso contemporáneo del vocablo como historia de amor y el uso del siglo XIX, que distinguía al género como más alegórico que la novela[13]. Los ejemplos clásicos en América Latina son las inevitables historias de amantes desventurados que representan, entre otros factores, determinadas regiones, razas, partidos e intereses económicos. Su pasión por las uniones conyugales se desborda sobre una comunidad sentimental de lectores, con el afán de ganar tanto partidarios como corazones.

Poner al descubierto lo inextricable que es la relación que existe entre la política y la ficción en la historia de la construcción de una nación es la principal preocupación de este estudio. Ciertamente no soy la primera en observar esta conexión. Leslie Fiedler, por citar un nombre, se vale de ella para emprender un estudio sobre la propensión ética y alegórica de las novelas norteamericanas[14]. Y más recientemente, Benedict Anderson puso de relieve las continuidades entre la construcción de una nación y las comunidades ilustradas que se formaron en torno a los periódicos y las novelas[15]. Por muy sagaces y provocativos que sean estos análisis, no responden el porqué la novela tradicional de América Latina sigue siendo tan inexorablemente seductora.

La necesidad de encontrar una respuesta me condujo a localizar el elemento erótico de la política, para revelar cómo los ideales nacionales están ostensiblemente arraigados en un amor heterosexual "natural" y en matrimonios que sirvieran como ejemplo de consolidaciones aparentemente pacíficas durante los devastadores conflictos internos de mediados del siglo XIX. La pasión romántica, según mi interpretación, proporcionó una retórica a los proyectos hegemónicos, en el sentido expuesto por Gramsci de conquistar al adversario por medio del interés mutuo, del "amor", más que por la coerción[16]. Las resonancias amorosas de la "conquista" son absolutamente apropiadas, porque era la sociedad civil la que debía ser cortejada y domesticada después de que los criollos conquistaron su independencia[17]. La retórica del amor, específicamente de la sexualidad productiva en la intimidad del hogar, es de una consistencia notable aunque pasada por alto, a pesar de las taxonomías reguladoras que gustan de clasificar las novelas fundacionales como "históricas" o "indigenistas", "románticas" o "realistas"[18]. Será evidente que muchos romances pugnan por producir matrimonios socialmente convenientes y que, a pesar de su variedad, los estados ideales que proyectan son más bien jerárquicos. Sin embargo, las diferencias de grado e incluso de estilo en estas novelas, cobrarán importancia al considerar el legado político y estético del romance.

Otro texto fundacional exhortaba, después de la creación de un mundo nuevo: "Fructificad y multiplicaos". Tal exhortación es a menudo todo lo que se nos ofrece en las novelas que fundan nuevas naciones, junto con un deseo contagioso de amor socialmente productivo así como del Estado que lo posibilite. Como sabemos, los asuntos erótico-políticos suelen ser extremadamente frustrantes. Aun cuando terminen en matrimonios satisfactorios, ese fin del deseo que la narración se niega a explorar, la felicidad se lee como una proyección anhelada de la consolidación y el crecimiento nacional: una meta hecha visible.

LA HISTORIA EN CARNE Y HUESO

Las novelas románticas se desarrollan mano a mano con la historia patriótica en América Latina. Juntas despertaron un ferviente deseo de felicidad doméstica que se desbordó en sueños de prosperidad nacional materializados en proyectos de construcción de naciones que invistieron a las pasiones privadas con objetivos públicos. No era simplemente el caso de un género que iba de la mano con el otro, porque la relación entre novelas y naciones tuvo la continuidad de un anillo de Moebius, donde los planos públicos y privados, las causas aparentes y los efectos putativos, se ligaban mutuamente. "Estas ficciones —en palabras de Djelal Kadir— ayudaron, desde sus inicios, la historia que las engendró"[19]. El romance y la república a diseñar con frecuencia estuvieron unidos, como dije, a través de los autores que prepararon proyectos nacionales en obras de ficción e implementaron textos fundacionales a través de campañas legislativas o militares[20].

Para el escritor/estadista no existía una clara distinción epistemológica entre el arte y la ciencia, la narrativa y los hechos y, en consecuencia, entre las proyecciones ideales y los proyectos reales. Mientras que en la actualidad los teóricos de la historia en los centros industriales apenas se han dado a la tarea de cuestionar las certezas de los historiadores "científicos", la práctica literaria del discurso histórico latinoamericano ya había, desde mucho tiempo atrás, sacado partido de lo que Lyotard habría de llamar "indefiniciones de la ciencia"[21], o lo que Paul Veyne vendría a denominar "la indeterminación de la historia"[22]. En las fisuras epistemológicas que la historia deja expuestas, los narradores podían proyectar un futuro ideal. Esta labor tuvo lugar en libros que se convirtieron en novelas clásicas de sus respectivos países. Los escritores fueron alentados en su misión tanto por la necesidad de rellenar los vacíos de una historia que contribuiría a legitimar el nacimiento de una nación, como por la oportunidad de impulsar la historia hacia ese futuro ideal.

Andrés Bello, el poeta, legislador, gramático y educador venezolano que llegó a ser uno de los árbitros culturales más importantes de Chile, propuso la conexión necesaria entre ficción e historia en un ensayo que tituló "Método histórico"[23]. Este defensor, aparentemente conservador del español normativo (cuya *Gramática,* ampliamente acogida, hizo más por preservar la coherencia del continente que las ambiciones políticas de Bolívar)[24], refutó lo que otros (mal) interpretaron como historiografía moderna. Bello alegaba que en su pasión por el progreso, algunos jóvenes radicales como José Victorino Lastarria y Jacinto Chacón se descarriaron, y con ellos sus estudiantes, cuando rindieron culto a modelos extranjeros, en este caso a los modelos franceses que se centraban en las pautas "filosóficas" de la historia[25]. Reemplazar las costumbres españolas con los caprichos de la moda francesa era, para este juicioso anciano, un acto condenable. En Francia las circunstancias se prestaban para desarrollar una historia "científica". Es decir, una historia codificable de acuerdo con reglas predecibles con base en una esmerada indagación y documentación, una especie de trabajo preliminar que aún estaba por hacerse en las Américas. No es que fuera inválido examinar el "espíritu" de los hechos, sino que simplemente era inapropiado o demasiado apresurado para un continente donde los más elementales datos históricos no existían. Bello apoyaba una opción narrativa que pudiera postergar las explicaciones hasta que se conocieran todos los hechos, de ser necesario, indefinidamente. "Cuando la historia de un país no existe, excepto en documentos incompletos y desperdigados, en vagas tradiciones que deben ser compiladas y juzgadas, el método narrativo es obligatorio. Reto al incrédulo a que mencione una historia general o particular que no haya comenzado así". El precavido maestro concluye con una posición osada: defiende la narrativa con una perspectiva personal consciente (incluso interesada) contra la pretensión de objetividad. Las inquietudes de un escritor, las memorias o fabulosas leyendas de otro, todo parecía expresar imágenes más autónomas y precisas que las ofrecidas por una "ciencia" de la historia que carecía de forma definida. "¿Deseas saber cómo fue el descubrimiento de América, por poner un ejemplo? Lee el diario de Colón, las cartas de Pedro de Valdivia y las de Hernán Cortés. Bernal Díaz te dirá mucho más que Solís o Robertson"[26]. Es obvio que la preferencia por el método narrativo en la historia es más que una simple modestia ante la falta absoluta de explicaciones. Despojada de la presunción científica, la narrativa gozaba de una mayor libertad para reconstruir la historia a partir de las pasiones privadas. De esta manera, se deja entrever una audacia paradójica en las advertencias de Bello que parece aclararnos que la narrativa es necesaria, no sólo porque los espacios en blanco de nuestro conocimiento histórico hacen inaplicables los métodos más modernos, sino también porque el relleno representa una expresión independiente y local. Tal vez sea ésta la razón por la que Bello cambió el título de su ensayo a "La autonomía cultural de América".

Algunos latinoamericanos parecen haber leído por entre las líneas del discurso de Bello una legitimación de la narrativa en la historia, llegando a considerar que la narrativa es historia; otros hicieron llamados urgentes a la acción literaria como parte de una campaña de construcción nacional. En 1847, el futuro historiador y presidente de Argentina, general Bartolomé Mitre, publicó un manifiesto con el que pretendía suscitar la producción de novelas que sirvieran de cimiento a la nación. El escrito sirvió como prólogo a su propia contribución literaria, Soledad, una historia de amor que tiene lugar en el Altiplano boliviano, poco después de las guerras de Independencia. En el prólogo, Mitre deplora que "Sudamérica sea la región más pobre del mundo en cuanto a novelistas originales". Más que una deficiencia estética, el pensador apuntaba a una inmadurez social y política, porque las buenas novelas, en su opinión, representaban el logro más alto de una nación. Dentro del espíritu idealista de la reforma ilustrada que consideraba que una legislación racional inspiraría conductas racionales, Mitre estaba convencido de que las novelas de calidad promoverían el desarrollo de América Latina. Las novelas enseñarían a la población sobre su historia, sus costumbres apenas formuladas, así como sobre ideas y sentimientos modificados por sucesos políticos y sociales que aún no habían sido celebrados. Llegarían a ser lo que eran en Europa y en los Estados Unidos de Cooper: "un espejo fiel en que el hombre se contempla tal cual es, con sus vicios y virtudes, y cuya vista despierta por lo general profundas meditaciones o saludables escarmientos"[27]. Después, tal vez con fingida pero apropiada humildad, Mitre ofrece su propia historia como un estímulo para que otros escriban.

José Martí, otro notable propagandista de las novelas de formación nacional junto con Ignacio Altamirano y Alberto Blest Gana, a quienes prestaremos debida atención en el capítulo 6, admiraba las novelas europeas[28]. Pero Martí temía que su ironía y pesimismo hicieran en este continente más mal que bien[29]. América necesitaba historias edificantes y autónomas, como la que Manuel de Jesús Galván escribió para la República Dominicana [*Enriquillo,* 1882], a quien Martí eufóricamente respondiera en una carta: "¡Qué *Enriquillo* que parece un Jesús! ¡Qué Mencía, casada más perfecta que la de Fray Luis!... Acaso sea ésta la manera de escribir el poema americano"[30]. En contraste, a Martí le inquietaba el deplorable estado de dependencia literaria que existía en otras partes de nuestra América, en México por ejemplo: "¿Acaso puede haber una vida nacional sin una literatura nacional? ¿Acaso puede haber vida para los artistas locales en una escena que siempre ha estado dominada por débiles o repugnantes creaciones extranjeras? ¿Por qué en esta nueva tierra americana debemos vivir una vida al estilo de la vieja Europa?"[31].

Todo esto supone que la literatura tiene la capacidad de afectar la historia, de ayudar a construirla[32]. Generaciones de escritores y lectores latinoamericanos así lo entendieron. Pero desde la década de

1960, del *Boom* narrativo postborgiano en América Latina y la ebullición autocrítica de los estudios filosóficos y literarios en Francia, hemos tendido a concentrarnos en las diversas formas en que la literatura deshace sus propios proyectos. Esto es, por supuesto, un sano antídoto contra nuestro hábito secular de ignorar o despreciar las aporías y las ausencias que parcialmente constituyen la literatura[33]. Advertir este cambio en el énfasis es, sin embargo, reconocer también que los primeros escritos/lecturas manejaron las tensiones de manera distinta[34]. En el caso particular de las novelas "históricas" latinoamericanas del siglo XIX, la inseguridad crónica de los proyectos se deja ver en la energía que pretende remediarla. Las tensiones existen, complican y aumentan el interés en un canon de novelas en cierto sentido formulistas. Sin embargo, no hubiéramos percibido esas tensiones sin la determinación con que los libros mismos niegan su existencia. Cuando el oficio de escribir —como acto de crear América— parecía más urgente, la autoridad suprema se limitó en favor de los autores locales, quienes no se atormentaban ante la idea de escribir fabricaciones compensatorias para llenar un mundo plagado de vacíos. Los espacios vacíos eran parte constitutiva de la naturaleza demográfica y discursiva en América. El continente parecía ávido de inscripciones.

Dado el llamado a escribir y las respuestas entusiastas, algunos críticos se sorprenden del surgimiento relativamente tardío de la novela en América Latina. La razón más obvia es tal vez la más acertada: en las disposiciones coloniales de 1532, 1543 y 1571, España proscribió la publicación, e incluso la importación, de todo material novelesco. Sea por su visión católica y utópica del Nuevo Mundo o por razones de seguridad política, España hizo lo que pudo por controlar la imaginación criolla. Pero la repetición de edictos y documentos sobrevivientes que registran la existencia de una animada circulación de novelas prohibidas, demuestra la frustrada censura de la Corona. La burocracia desmedida y literalmente incontrolable del imperio era una red en la acepción que el doctor Samuel Johnson le otorga al vocablo, es decir, un sistema de agujeros asidos por un cordel. Los negocios administrativos y los acuerdos económicos generalmente se escurrían junto con las novelas venidas de España, entre las que se distinguían *La Celestina, El lazarillo de Tormes, Orlando Furioso, Amadís de Gaula, Belianís de Grecia, El caballero del Febo*, las *Comedias* de Lope de Rueda y, sobre todo, era notable la importación de abundantes ejemplares de

Don Quijote, desde su primera impresión de 1605, seguida en popularidad por libros como la sátira *Fray Gerundio de Campazas* (1758) del padre José Francisco de Isla, el traductor del *Gil Blas*[35]. También surgían excesos imaginativos escritos en el interior de la colonia en textos que escapaban la prohibición impuesta a la ficción apelando al decoro de géneros paraliterarios como el libro de viajes, la (auto) biografía y la historia[36].

Al mismo tiempo y como parte del movimiento de emancipación desatado por Napoleón en 1808, comenzaron a aparecer novelas de una ficción provocadora. Su amenaza de desembarcar en Lisboa envió a la corte portuguesa a Brasil, hasta que en 1822 el monarca decidió regresar a casa y los criollos se empeñaron en sustituirlo por el hijo como emperador de su propio imperio brasileño. El ejército de Napoleón forzó la abdicación de Carlos en España; exiló a su heredero Fernando VII y dio a los colonos una excusa legítima para rebelarse, en conformidad con una venerable ley que garantizaba a los súbditos el poder para autogobernarse en la eventualidad de que el régimen monárquico fuera interrumpido. Y gracias a la conveniente armonización de la tradición española y la filosofía republicana de los ingleses y franceses, la usurpación napoleónica en España hizo a los americanos responsables, o al menos eso alegaban, de asumir la soberanía popular. La que ha sido con frecuencia considerada como la primera novela latinoamericana fue un ejemplo de esta amalgama cultural y política. *El periquillo sarniento* (1816, terminada en 1830), del mexicano José Joaquín Fernández de Lizardi, adapta la forma picaresca al espíritu ilustrado en un libro que parece marcar el fin de una tradición literaria que iba desde *Lazarillo* hasta Lesage más que iniciar una nueva. Lo novedoso en Lizardi era lo escandalosamente imaginativo de su obra y el hecho de que pudo conquistar a un grupo de lectores pequeño pero heterogéneo, pese a la predilección del público por artículos periodísticos breves e informativos por sobre libros enteros, asociados con el poder colonial. Parte del reto que pesaba sobre el escritor era precisamente crear un público lector que "se viera imposibilitado de dejar de leer la novela", como Umberto Eco se expresó, a propósito de Manzoni[37].

En América Latina, las novelas modernas, en ocasiones denominadas romances, comenzaron a escribirse a mediados de siglo, después de haberse logrado la independencia (con la excepción de

Cuba y Puerto Rico). Las guerras civiles resonaron durante toda una generación, y en el ínterin, los periódicos publicaban por entregas tanto novelas europeas como americanas[38]. Los romances locales no sólo entretuvieron al público lector con remiendos de una historia nacional llena de agujeros, sino que desarrollaron una fórmula narrativa para resolver conflictos que se venían arrastrando por años, constituyéndose en un género postépico conciliador que afianzó a los sobrevivientes de las encarnizadas luchas, postulando a los antiguos enemigos como futuros aliados[39]. En los Estados Unidos, el país y la novela prácticamente nacieron de la mano[40]; lo mismo ocurrió en las naciones del sur, siempre y cuando consideremos que fue la consolidación, más que la emancipación, el momento culminante de este parto. Podría argüirse que, además de la prohibición colonial que pesaba sobre las novelas, existió otro motivo que contribuyó también a la aparición relativamente tardía de las novelas románticas: me refiero a su proyecto pacifista. Los romances nacionales hubieran sido política y socialmente prematuros antes de mediados del siglo XIX. Fue entonces cuando el liderazgo pasó a manos de jóvenes que habían sido preparados en las escuelas liberales del período postcolonial para respetar la Razón Natural. También habían sido entrenados para anhelar las alianzas más apasionadas de la Naturaleza por medio de las novelas que leían con arduo fervor.

EL ROMANCE REALIZADO

Después de tres siglos de política imperial, catolicismo inquisitorial y monopolio económico, la Naturaleza se presentaba como una escapatoria a restricciones contraproducentes. Las guerras de Independencia, ocurridas aproximadamente entre 1810 y 1825, fueron encabezadas por blancos nacidos en América, criollos a quienes les fue negado el acceso a las más altas dignidades administrativas y a las oportunidades económicas. La iniciativa privada casi no tenía lugar dentro del desnaturalizado Estado "corporativo" del imperio en el que se reconocía a los grupos antes que a los individuos y se imponía una estricta jerarquía de color y de castas[41]. Así, las nuevas sociedades experimentaron con el liberalismo, adaptado de ejemplos que tomaron prestados de Gran Bretaña (Bentham era uno de los favoritos), los Estados Unidos y también de Francia. Es decir, experimentaron con un gobierno constitucional representativo (monarquía constitucional, preferían algunos) que suprimiera las "barreras artificiales" a la expresión y a la iniciativa privada. Los fundadores de las naciones latinoamericanas, privilegiados como eran, seleccionaron del liberalismo lo que les convenía. Deseaban, por ejemplo, un comercio internacional ilimitado, pero se negaban a abolir los aranceles. Se deshicieron de los monopolios españoles (para caer en ocasiones víctimas de Inglaterra), mas siguieron aferrándose a los monopolios domésticos, a sistemas de trabajo coercitivos y mantuvieron restricciones sobre la propiedad de la tierra. Socialmente "conservadores", su liberalismo a menudo terminaba con la eliminación de los intermediarios españoles y portugueses. "Sin embargo, en el período que abarca desde la independencia hasta finales del siglo XIX, el liberalismo fue, sin mucha duda, la ideología dominante", con el resultado de que la región logró una equidad mayor que antes del proceso independentista[42].

En el tercer cuarto del siglo XIX, los países se sincronizaron para suprimir fueros tradicionales, incluyendo los derechos de la Iglesia a la tenencia de la tierra y a cobrar impuestos. Entre 1851 y 1854, la esclavitud fue abolida en Venezuela, Nueva Granada, Ecuador, Perú, Argentina y Uruguay. Otros países (excepto Brasil y Cuba) siguieron el ejemplo pocos años después. La creciente iniciativa privada y el rechazo al autoritarismo tendrían que haberse traducido en una disminución del poder estatal; sin embargo, los Estados republicanos obtuvieron nuevos poderes como consecuencia de la apropiación de las tierras y jurisdicciones de la Iglesia, la bonanza del comercio exterior y la aprobación de códigos civiles y comerciales que regulaban las decisiones del sector privado.

Este auge en la reforma liberal y su consiguiente optimismo se puede apreciar en las novelas de mediados de siglo que se atrevían a realizar los sueños románticos y utilitarios del género europeo. La élite latinoamericana escribió romances para una clase por definición privilegiada (ya que la educación de masas seguía siendo una meta por alcanzar), propensa a ser halagada por los retratos personales que constituían la moda en la pintura burguesa y en la narrativa costumbrista que enfatizaba el color local. Quizá tanto en la América española como en la España de la que habló Larra, la función del costumbrismo era "lograr que los diferentes estratos de la sociedad se comprendieran mutuamente", lo cual significaba promover un imaginario común a través de las capas medias de escritores y lectores, quienes constituían la expresión más auténtica del sentimiento nacional[43]. Al identificarse con los héroes y las heroínas, los lectores podían imaginar un diálogo entre los sectores nacionales, realizar matrimonios satisfactorios o, al menos, soñar con ese ideal fantasmagórico. A pesar de su variedad, las conciliaciones románticas parecían arraigadas en la naturaleza humana, la cual era objeto de diversas interpretaciones en este período optimista, aunque siempre se aceptó de antemano su índole racional y constructiva. La pasión erótica no era ese exceso socialmente corrosivo que debía ser sujeto a disciplina en algunas novelas europeas, sino más bien la oportunidad (no sólo retórica) de mantener unidos a grupos heterodoxos, fueran estos regiones competitivas, intereses económicos, razas o religiones[44]. También en Europa el amor y la productividad iban de la mano en el entorno doméstico de la burguesía, donde, por primera vez en la historia de la familia, el amor y el matrimonio debían supuestamente coincidir[45]. Pero a los ojos de Europa, América era el terreno ideal e imaginario[46] donde era posible hacer realidad el proyecto burgués de coordinar juicio con sensibilidad, productividad con pasión. Esta era, por citar el ejemplo específico de Jeremy Bentham, una utopía realizable, el lugar donde sus creaciones legislativas (promovidas por admiradores americanos como Bolívar, San Martín, Rivadavia y Del Valle) podían brindar "el mayor bien a las mayorías"[47]. Esta América aspiraba a una modernidad vuelta metonímica por la otra América, la del norte. Y nadie estaba más dispuesto a trabajar para realizar esta posibilidad que aquellos europeos transplantados cuyas elaboraciones oníricas los convertía en americanos. El suyo era un espacio para satisfacer los deseos de un Viejo Mundo corrupto y cínico, un espacio donde las "novelas" domésticas y los "romances" ético-políticos podían unirse en matrimonio.

Después de ganar la independencia, los criollos volcaron sus esperanzas hacia las conquistas internas. El militarismo intransigente y heroico que expulsó a los españoles de la mayor parte de América constituía ahora una amenaza para su desarrollo. Lo que América necesitaba en aquel momento eran civilizadores, padres fundadores del comercio y de la industria, no guerreros. Juan Bautista Alberdi, cuyos *Apuntes para la Constitución Argentina* de 1853 se convirtió en un modelo para la filosofía política de toda América Latina, escribió: "la gloria militar era el objeto supremo de ambición. El comercio, el bienestar material, se presentaban como bienes *destituidos* de brillo" (o sea que la prosa de ficción doméstica debiera obligatoriamente reemplazar la grandilocuencia del verso épico)[48]. Alberdi y Sarmiento coincidieron, esta vez, en la necesidad de poblar el desierto, de hacerlo desaparecer. ¿Qué ventaja generaba reducir heroicamente cuerpos vivos a cadáveres, cuando Alberdi proclamó que, en América, "gobernar es poblar"?[49]. Pocos lemas han tenido tan buena aceptación y han perdurado tanto como éste. Cásate con la tierra y puebla sus comarcas, decía. Ésta ya ha sido conquistada, y precisa ahora ser amada y trabajada.

Alberdi hizo más que inventar lemas; los explicó y los comentó hasta la saciedad en programas prácticos destinados a incrementar la población, no sólo por medio de una política de inmigración por la que pasaría a la posteridad, sino mediante matrimonios entre los industriosos anglosajones y el "ejército" de hermosas mujeres argentinas, eminentemente equipado para la campaña eugenésica de "mejorar" la estirpe local e "ineficiente" de los españoles. En el capítulo 3 retomaré la unión fomentada por Alberdi entre asuntos del corazón y del Estado. Durante los veinte años en que se dedicó a transformar armas en arados, los novelistas se entregaron con igual fervor a convertir una cosa en otra: valor en sentimentalismo, épica en romance, héroe en esposo. Esto contribuyó a resolver la problemática legitimidad del hombre blanco en el Nuevo Mundo, ahora que los ilegítimos conquistadores habían sido expulsados. Sin una genealogía apropiada para arraigarlos en la Tierra, los criollos se veían obligados a sentar los derechos conyugales y después paternos, estableciendo así una pertenencia más *generativa* que *genealógica*. Debían ganarse el corazón y el cuerpo de América para fundarla y reproducirse como hombres cultivados. Para ser legítimo, su amor debía ser correspondido; si los padres daban el primer paso, las madres debían recibirlo de manera favorable.

En el espacio que abarca una generación, entre 1850 y 1880 aproximadamente, los romances idearon sociedades civiles mediante patrióticos héroes, notablemente afeminados. Como Werther, pero sin dejar que la pasión jamás ofuscara la razón, idealizados jóvenes compartían la apariencia delicada y los sentimientos sublimes de sus también idealizadas compañeras para poder fomentar lazos íntimos. Su heroísmo productivo dependía de ello, sobre todo cuando el machismo matón se convirtió en cosa del pasado en muchos países, por lo menos en aquellos que crearon perdurables novelas de consolidación nacional[50]. Advertiremos, a su debido tiempo, las finísimas manos de Daniel Bello en *Amalia*, la fragilidad femenina de Rafael San Luis en *Martín Rivas*, y la facilidad con la que, a la menor provocación, los héroes se desatan en lágrimas en todas estas novelas. Esta (con)fusión de géneros produjo también heroínas románticas, perseverantes e ingeniosas que sin temor confrontan a las autoridades, conspiran para escapar de la opresión y rescatar a sus indefensos héroes[51]. Los amantes, igualmente admirables en virtud del romance, amenazan con subvertir la lógica vertical de los proyectos hegemónicos a lo largo de cientos de páginas sugestivamente democráticas, pero al final las mujeres dócilmente se verán sometidas a la voluntad de sus hombres. A pesar de que las jóvenes lectoras, que irresistiblemente fueron atraídas por este tipo de novelas sentimentales, se educaban en las virtudes restrictivas de la maternidad republicana (en ocasiones bajo la tutela de hombres con seudónimos femeninos como el del guatemalteco José Millas, quien firmaba "Salomé Gil"), estos libros habrían de complicar, a mediados de siglo, nuestra noción del ideal femenino, específicamente el supuesto de que las pasiones domésticas resultan triviales frente a los imaginarios patrióticos[52].

Los modelos franceses e ingleses, tan admirados por los latinoamericanos, fueron superados o corregidos por discípulos que se manifestaron inconformes ante las trágicas aventuras amorosas extramaritales e improductivas en extremo, que los maestros presentaban como romances, dado que constituían cimientos riesgosos para las construcciones nacionales. Si la admiración de Sarmiento por las ciudades europeas le incitó a imaginar que Argentina las superaría, los novelistas americanos no tardaron en encauzar las galanterías del Viejo Mundo a conclusiones más felices o más prometedoras[53]. Bartolomé Mitre, por ejemplo, se jactaba de haber sobrepasado a Rousseau en *Soledad*, donde una joven recién casada lee *La nouvelle Héloïse* y se identifica con Julie, como forma de evadirse cuando se ve condenada a una vida junto a un marido viejo y defensor celoso de la monarquía. El deseo del que se impregna por causa de la lectura está a punto de arrojarla a una aventura adúltera con un frívolo visitante de la ciudad. Pero se salva del peligro doble del aburrimiento y la traición gracias a la llegada de su querido primo, quien regresa como héroe de la Independencia y se une a ella en matrimonio, después de que el arrepentido esposo bendice a la pareja y muere oportunamente. El sueño imposible e incestuoso de *Julie* de combinar el pudor con la pasión se cumple en el caso de *Soledad* [54]

Martín Rivas, de Alberto Blest Gana (Chile, 1862), es otro de los muchos casos en que el romance es enmendado satisfactoriamente. Reescribe *Rojo y negro* de Stendhal al unir en matrimonio a Martín, el secretario provinciano, con la distinguida hija de un acaudalado burgués de la capital. En reconocida deuda también con Balzac, para quien los matrimonios ideales entre la legitimidad y el poder se visualizan en la imaginación, el libro de Blest Gana celebra el deseo consumado[55]. En estas versiones americanas (como en las historias de amor más convencionales de Europa y en lo que podría denominarse utopías "americanizadas" como la Indiana de George Sand)[56], el amor es sentimental, no es ni el exhausto bovarysmo que desea desear, ni es el amor romántico unilateral y no correspondido que marca importantes hitos literarios europeos del mismo período, o de cualquier otro período, de acuerdo con René Girard. Recordemos que la futilidad, según Girard, es parte constitutiva del deseo. "La pasión romántica es... exactamente el reverso de lo que pretende ser. No un acto de abandonarse al Otro, sino una guerra implacable que se libra entre dos vanidades rivales"[57]. Cuando, por ejemplo, la aristocrática heroína de Stendhal confiesa finalmente su pasión por Julien, la lucha por alcanzar el reconocimiento mutuo termina, y el ardor del joven se enfría, al grado y manera en que ella fue indiferente a su declaración de amor inicial. Esta instancia de lo que Girard denomina deseo triangulado (imitación del deseo atribuido a un rival idealizado y más exitoso, y que por lo tanto cesa una vez que la heroína opta por el héroe) guarda semejanza también con las novelas latinoamericanas más recientes escritas durante la brillante fosforescencia de los proyectos nacionales. Podemos señalar *Rayuela* y numerosos cuentos de Julio Cortázar, en especial "Manuscrito hallado en un bolsillo". El romance en el metro comienza con un flirteo triangular cuando el protagonista y su presa miran su reflejo plasmados en la ventanilla del vagón y sienten desesperación y alivio cada vez que la escalera hace desaparecer una nueva conquista[58].

Las novelas nacionales del siglo XIX insisten en simplificar el triángulo, en enderezarlo y aplanarlo para formar una pareja que reconoce ser el uno para el otro sin que ninguna mediación sea

necesaria y ni siquiera posible. Las tensiones que inevitablemente existen y que agudizan la tensión de la historia son externas a la pareja:
restricciones sociales que subrayan la espontaneidad y lo inevitable del
deseo transgresivo de los amantes. La triangulación se produce, pues,
de un modo extrañamente fecundo más que frustrante, puesto que los
amantes deben imaginar su relación ideal a través de una sociedad
alternativa. Una vez que proyectan ese ideal como una imagen que
parece un retrato de boda, su unión —y no el rival que se interpone
entre los amantes de Girard para unirse a ellos— se convierte en el
principio mediador que impulsa la narración hacia delante como una
promesa.

El juego erótico infecundo no fue de modo alguno propio
de América durante esos años formativos. No había tiempo para
coquetear frívolamente cuando tenían ante sí la responsabilidad de
engendrar nuevas naciones, como en los momentos de exaltado optimismo de la Revolución Francesa, cuando el lema rezaba "Ahora es el
tiempo de procrear"[59]. Pero los padres de las naciones no podían
imponérselo despóticamente a las madres, si anhelaban una prole legítimamente burguesa. Y mientras que los romances favoritos de Europa
acarreaban el riesgo de caer en la trampa estéril del narcisismo[60], el
deseo doméstico de los americanos subrayaba la interdependencia de
los amantes. Si autores como Rousseau y más tarde Balzac, junto con
el Richardson de *Clarissa*, exponían las tensiones y, por último, las grietas de la familia burguesa ideal, los latinoamericanos tendían a reparar
tales fisuras ya sea con la voluntad de proyectar historias idealizadas
que se volcaban hacia el pasado (espacio legitimador) y hacia el futuro
(meta nacional), o con la euforia de los éxitos recientes.

Los éxitos no deben subestimarse[61]. En ocasiones guar-
dan una relación más que metafórica con el proyecto de coordinar
amor y matrimonio en las novelas fundacionales. La metáfora del matrimonio se desborda en una metonimia de consolidación nacional en
el momento en que contemplamos sorprendidos cómo los matrimonios acortaron distancias regionales, económicas y partidistas durante
los años de consolidación nacional. Me refiero específicamente a datos
sobre Argentina, Chile, México y América Central que sugieren una
pauta aplicable a otros países[62]. Si las uniones amorosas en *Amalia*
(1851), que entrelazan la provincia agrícola con el puerto comercial, en
Martín Rivas (1862), donde se unen los intereses mineros de Chile al

comercio de la capital, o en *El Zarco* (1888), que celebran el amor incondicional de una mestiza por un héroe indio, eran indicadores de veracidad histórica al coincidir con la información estadística sobre alianzas regionales, diversificación económica y coaliciones raciales, otras novelas también pueden revelar algo sobre el proyecto —y el proceso— de consolidación burguesa a través del matrimonio literal o figurado. En el siglo XIX, las familias distinguidas representaban un conjunto de intereses tanto públicos como privados y establecían lazos estratégicos más fuertes que las meras afiliaciones partidistas. Estas familias llenaban el "relativo vacío de las estructuras sociopolíticas" para construir una organización social que precedía a las instituciones públicas, incluido el propio Estado[63].

Antes de la Independencia, éstas eran familias típicas de comerciantes[64]. Con las nuevas repúblicas y la separación constitucional de poderes en las décadas de 1820 y 1830, la nueva generación entrelazó los poderes ejecutivo, legislativo, militar y financiero por medio de alianzas personales. Los ciudadanos respetables, *la gente decente,* que por decoro excesivo o ambición insuficiente desaprovechaba oportunidades, se subordinó convirtiéndose en clientes de quienes habían ascendido a la categoría de *notables* y más tarde figurarían en la oposición al Estado oligárquico, como ocurrió en el caso de la Revolución mexicana. A mediados de siglo, cuando se configuraban las instituciones estatales, los osados vínculos familiares (en los cuales las mujeres solteras con frecuencia representaban inversiones, o capital de riesgo) eran también un resorte para economías nuevas y dinámicas[65]. Los que prestaban dinero (anteriormente un servicio eclesiástico) para promover la circulación de capital, diversificar el comercio hacia las industrias y apoyar el gasto fiscal, realizaban tratos privados con evidentes consecuencias públicas. Incluso en la tercera generación, mientras se instituían los poderes estatales, las familias más notables continuaron coordinando la diversidad de sus intereses mediante su liderazgo en los bancos, el gobierno, el ejército y las escuelas. Estos tratos privados eran aparentemente más flexibles, relativamente informales y abiertos a la movilidad racial y social descrita (o imaginada en una fantasmagoría conciliadora) en los romances nacionales, que fueron los contratos de la cuarta generación. Tales contratos se firmaron después de que las instituciones públicas e idealmente impersonales se habían consolidado, y después de que el optimismo liberal de las ficciones fundacionales fuera reemplazado por un funesto positivismo determinista. En muchos países los sueños de movilidad se habían convertido, para 1880, en el material nostálgico de una prehistoria originaria (véase el capítulo 8), no en proyecto de alianzas futuras. Una vez que se solidificó la red familiar, los negocios económicos y políticos se establecerían entre hombres de la oligarquía, y no por medio de las arriesgadas inclusiones llamadas matrimonios[66].

Parecería, siguiendo el argumento de los historiadores, que las familias constituían una fuerza estabilizadora, una "causa" de seguridad nacional. Pero podríamos también considerar que la excesiva importancia atribuida a los lazos familiares es un "efecto" de la nación. Sin una meta nacional, las alianzas y la estabilidad habrían sido tal vez menos deseables. Desde cualquier perspectiva, la mutua dependencia de familia y Estado en América Latina (la recíproca alegorización será considerada en la segunda parte de este capítulo) estuvo encaminada a mitigar la tensión entre las alianzas públicas y privadas que habían inquietado tanto a la filosofía política de Occidente. Desde Platón, cuya solución en *La República* fue abolir la familia junto con los antagónicos papeles de marido y mujer, a Aristóteles, para quien la distinción entre hombre público/mujer privada era conveniente siempre y cuando fuera jerárquica, pasando por los teóricos del contrato inglés y la más radical pero aún incompleta eliminación de la familia en Rousseau como modelo natural de la sociedad; la filosofía política se ha visto obligada a considerar qué es lo "natural" con relación a la familia. De ello ha resultado, entre otras cosas, un debate tan exhaustivo sobre su naturaleza que el concepto se ha expuesto de manera continua como una construcción social[67].

La variedad de familias "naturales" celebrada en los romances nacionales ofrece programas sociales tan radicalmente distintos que presentar estas novelas como reconciliaciones románticas es atenerse sólo a su contorno general. Leídas individualmente, las ficciones fundacionales resultan ser muy diferentes. Parecería difícil referirse a una comunidad de libros, cuando los proyectos que defienden son tan variados, expandiéndose del racismo al abolicionismo, de la nostalgia a la modernización, del libre comercio al proteccionismo. En *Amalia* (José Mármol, 1851), la civilización, asociada a la libertad comercial y al europeizante Partido Unitario, se opone a la barbarie de los "gauchos" federales que dominaban la provincia, de la misma manera que la piel blanca de los amantes de la ciudad contrasta con la piel oscura de la masa ingobernable de federales. *Martín Rivas* (Alberto Blest Gana, 1862) intenta mitigar las oposiciones al crear lazos entre clases y regiones distintas. Resuelto a convencer a las familias de banqueros de Santiago que su desdén por la burguesía minera "radical" de Chile ha sido menos grato y rentable de lo que sería una cooperación fiscal, el hijo de un minero arruinado se casa con la hija de un banquero.

Pero este esfuerzo por mitigar diferencias reclama un cambio más profundo en las trágicas novelas cubanas, escritas antes de la Independencia y con la esperanza de acaso convocar ejércitos multicolores para obtenerla. La imposibilidad de consumar la aventura racial (y amorosa) en un final feliz explica la tragedia de *Sab* (Gertrudis Gómez de Avellaneda, 1841), donde el héroe (también Cuba) racialmente mezclado se esfuerza por ser digno del amor (y la legitimidad) que su amada criolla puede concederle. Las esperanzas de Sab se nublan con la aparición de un deslumbrante rubio inglés quien se une en matrimonio con la criolla y confirma lo indiferentes que son los extranjeros hacia las mujeres y los esclavos. Comparada con estos tonos atrevidos, la frustración en *Cecilia Valdés* (Cirilo Villaverde, 1882) es endémica a un sutil sistema de color que los amantes jamás olvidan. La diferencia racial produce el privilegio de la explotación en unos y el deseo vengativo de privilegio en otros. Los desencuentros raciales son también la causa de la tragedia de *Aves sin nido* (Clorinda Matto de Turner, 1889) —una importante novela peruana a la que me referiré sólo brevemente—[68], esta vez entre indios y blancos. En contraste, estas relaciones son la esperanza de una regeneración nacional en *El Zarco* de México (Ignacio Manuel Altamirano, 1888), donde el héroe indio aprende a amar a su admiradora mestiza durante los mismos años en que los mexicanos aprendían a admirar a su presidente indígena Benito Juárez. Y aunque el color no parece entrar en juego en *María* (Jorge Isaacs, 1867), la novela más popular de América Latina en el siglo XIX, la distinción racial asedia el libro en la identidad fracturada de María, quien es de origen judío y encarna tanto a la aristocracia incestuosa y autodestructiva como a los negros racialmente inasimilables.

El esclavista brasileño José de Alencar estaba pensando en la población negra cuando narraba sus historias de indios sumisos. *O Guaraní* (1857) es el Brasil idílico, hecho posible sólo cuando indios y europeos aprendieran a amarse; e *Iracema* (1865) es una historia pesimista similar a la de *Pocahontas*, donde la princesa indígena hace el mayor de los sacrificios por su amante portugués. En un malabarismo similar, en un simulacro escrito que se consagró como una realidad racial, *Enriquillo* (Manuel de Jesús Galván, 1882) reemplaza a los rebeldes negros por pacíficos indígenas, extintos ya hacía mucho, a quienes convierte en los supuestos ancestros de las actuales masas "indias" de la República Dominicana. La primera conquista de España en el Nuevo Mundo se transforma aquí en una historia de amor entre un príncipe indígena y su prima mestiza (el indio Chactas que conquista su Atala); aquél lucha por proteger el honor de su amada esposa y finalmente se somete a la magnánima autoridad de Carlos V. Mediante un desplazamiento invertido *Matalaché* (Enrique López de Albújar, 1928), significativamente subtitulada *Novela retaguardista*, habría de sustituir a los personajes de los ya emancipados esclavos negros peruanos por peones indígenas que le servían para resaltar los continuos abusos raciales y la capacidad redentora de los romances interraciales[69]. Como solución retórica a las crisis en estas novelas/naciones, el mestizaje, lema en muchos proyectos de consolidación nacional, con frecuencia es la figura empleada para la pacificación del sector "primitivo" o "bárbaro". Los términos funcionan como sinécdoques, y también como metáforas utilizadas para representar las relaciones políticas entre las facciones de la élite criolla. Las alianzas que se volvían legítimas con la alquimia racial pueden, por lo tanto, tener menos que ver con las relaciones entre razas que con los encuentros políticos entre los liberales y los sectores conservadores dominantes. Esto puede ser aducido en los romances del Brasil, probablemente en el Ecuador de *Cumandá* (Juan León Mera, 1887), donde la heroína india resulta ser la hija desaparecida de un misionero, y también en el Uruguay de *Tabaré* (Juan Zorrilla de San Martín, 1888), cuyo irresistible héroe indígena, posiblemente asociado con el imperialismo de Brasil, debe ser resistido para garantizar la supervivencia de la civilización blanca.

Con *Doña Bárbara* (Rómulo Gallegos, 1929), el padre autoritario que se había puesto al margen durante las negociaciones del siglo XIX regresa otra vez al centro de la escena. Esta novela antiimperialista no estaba ni preparada para la conciliación, ni lo suficientemente desesperada para postergar la soberanía como ocurrió en *Enriquillo*. En ella, el héroe aprende a mandar de la mujer desnaturalizada que luego reemplazará. El erotismo irresponsable de Bárbara no es sólo inmoral, sino tan antipatriótico como lo fue la lujuria de los villanos de los primeros romances: Mariño (*Amalia*), Loredano (*O Guaraní*), Ricardo (*Francisco*), Valenzuela (*Enriquillo*), personificados en el aliado de Bárbara, Mr. Danger. Estos hombres casi siempre representan la autoridad prepotente, al macho más que al varón, al lujurioso más que al amante. En revisiones populistas militantes de este tipo, donde la confusión de géneros propia del romance es aclarada por razones de defensa nacional, una mujer sensual e ingeniosa trae consigo la degeneración de la sociedad (trataremos los caracteres de Doña Bárbara y Zoraida en el capítulo 9).

La diferencia entre masculinidad y machismo es en ocasiones vaga; esta indeterminación debería advertirnos de la existencia de por lo menos una trampa en el romance. En sus revisiones populistas, posiblemente respuestas al severo positivismo que siguió a las amalgamas ficticias de mediados de siglo, el romance nacionalista valoriza la virilidad a la vez que procura distinguir entre hombres buenos y malos. Cuando un nuevo imperialismo amenaza con pasar por alto las alianzas nacionales existentes, el imaginario erótico de la política pierde con frecuencia la flexibilidad que facilitó esas alianzas fundacionales. En *Doña Bárbara*, el regreso del padre destierra todo arreglo de poder compartido que resulta ser ahora antipatriótico o económicamente irracional. Desde 1920 en adelante, las novelas indigenistas o populistas que comparten rasgos defensivos coincidirían con los frentes populares de los partidos comunistas recién fundados (¿y con el populismo de derecha?). Hasta cierto punto, la cultura patriarcal del populismo aparece en narrativas que retoman los romances fundacionales para traer de vuelta a la historia al soldado-ciudadano. Éste fue el héroe de las guerras de la Independencia, e incluso de las guerras civiles que siguieron. Luego los guerreros fueron llamados a casa para ser padres; la independencia masculina cedió ante la domesticidad negociada de familias notables que trocaron a sus diplomáticas hijas en alianzas intersectoriales para garantizar la paz. Pero los hombres no podían permanecer mucho tiempo en casa, después de la impactante intervención de los Estados Unidos en la guerra por la Independencia de Cuba en 1898, que pasa en inglés por Guerra Española-Americana por Cuba y Puerto Rico. La realidad geopolítica del control territorial de los Estados Unidos hace que un nuevo retorno a casa parezca remoto. España finalmente se da por vencida en su lucha por dominar las Américas y regresa a su propia casa. El populismo, por lo tanto, tiene una importante carrera narrativa en Hispanoamérica y una larga vida futura, aun cuando la cultura política cambie de nombre[70].

Se podría suponer que la diversidad de contextos nacionales y la variedad de proyectos partidistas en las novelas patrióticas de los siglos XIX y XX sobrecargarían cualquier estructura común hasta el punto de reventarla. La integración vertical de Chile, la integración racial de Cuba, las campañas de codificación racial en Argentina, el idilio retrógrado de Colombia, el paternalismo jesuítico del Ecuador, la ferocidad con que se ahuyentó a la vampiresa en Venezuela, ¿qué espacio posible puede articularlos? Una respuesta muy general es América, el espacio de los sueños bolivarianos de unidad continental. Esto explicaría, por ejemplo, el que Andrés Bello escribiera sobre Chile para promover un argumento sobre la autonomía cultural del continente; y el que Mitre ubicara su historia en Bolivia al escribir sobre su Argentina natal; o que el cubano Martí celebrara una novela dominicana como modelo para los escritores americanos. Pero la respuesta a la que he llegado es más específica que la meta de desarrollar naciones vecinas sobre la base de principios panamericanos. Las novelas comparten un espacio íntimo. Leídas en conjunto, revelan importantes puntos de contacto tanto en la trama como en el lenguaje; producen un palimpsesto que no puede derivarse de las diferencias históricas o políticas a las que se refieren. La coherencia nace de su proyecto común de construir un futuro mediante las reconciliaciones y amalgamas de distintos estratos nacionales imaginados como amantes destinados a desearse mutuamente. Esto produce una forma narrativa consistente que puede asimilar distintas posiciones políticas pues está impulsada por la lógica del amor. Con un final feliz, o sin él, los romances invariablemente revelan el deseo de jóvenes y castos héroes por heroínas igualmente jóvenes y castas: la esperanza de las naciones en las uniones productivas.

El tildar estos libros de romances no significa menospreciar su función pública; por el contrario, tradicionalmente en los Estados Unidos la etiqueta ha distinguido el carácter ético-político de los libros de ficción más canónicos. Y en América Latina, el romance no distingue entre la ética política y la pasión erótica, entre el nacionalismo épico y la sensibilidad íntima, sino que echa por tierra toda dis-

IMP.

tinción. En Hispanoamérica los dos son uno, Walter Scott y Chateaubriand en la misma olla, así le pese a George Lukács[71]. En *La novela histórica* (1937)[72], Lukács separa al Scott histórico del sentimental Chateaubriand poniendo entre ellos una insalvable distancia estética y política. Durante el Frente Popular, Lukács atenuó su distinción anterior entre épica y novela para defender la novela como constructora de una coherencia social más flexible que la épica[73]. Las novelas, sostuvo, podían ser objetivas e históricas. Fue Scott el que más se aproximó a la "gran objetividad histórica del verdadero escritor épico" (Lukács, 34), el que respetó e incluso celebró la necesidad histórica como progreso (Lukács, 58). Chateaubriand, en cambio, "cortaba y cambiaba su material según le placía" (Lukács, 290), "esforzándose por revisar la historia clásica a fin de restar valor histórico al viejo ideal revolucionario del período jacobino y napoleónico" (Lukács, 27). Como otros sentimentalistas, Chateaubriand escribía nostálgicas historias que ahora denominaríamos romances cuando, arguye Lukács, debió haber escrito novelas. Scott mira hacia delante; Chateaubriand hacia atrás; los héroes de Scott son hombres comunes partícipes del cambio histórico; los de Chateaubriand son hombres únicos y sensibles, víctimas de la historia. ¿Cómo era posible reconciliarlos?

La posibilidad parece aún más remota desde la tradición angloamericana que opone la novela al romance en términos que ahora parecen haberse invertido. La novela era el género doméstico del detalle superficial y de las intrincadas relaciones personales, mientras que el romance era el género de los acontecimientos audazmente simbólicos. La tradición probablemente se originó con la definición aportada por el doctor Johnson de romance como una "fábula militar de la Edad Media; un cuento de intrépidas aventuras de amor y hazañas caballerescas", en tanto que la novela era "un relato afable, en general de amor". Pero Walter Scott enmendó estas definiciones en su artículo sobre el romance (1823), acentuando en las novelas "la sucesión ordinaria de acontecimientos humanos [en] el estado moderno de la sociedad"[74], lo cual ponía en evidencia su rango menor, más apropiado para damas que para fornidos caballeros. Scott reclama, y se le concede, la importancia del historiador porque es un "romancista", interesado no sólo por "lo maravilloso y poco común", sino también por las dimensiones sociales y extrapersonales de un pasado común.

En los Estados Unidos, escritores como Hawthorne y su admirador Melville retomaron esta distinción e insistieron en la etiqueta de romance para sus libros dedicados al servicio de la patria[75]. Cooper sugirió la conexión entre el bien público y el deseo privado cuando se vanaglorió de que la cualidad especial del romance era su aspiración de esparcir justicia poética y alcanzar una verdad más elevada que la de las crónicas de matrimonios malogrados[76]. Y el crítico Leslie Fiedler observó que entre los romances masculinos y las novelas femeninas había una cercanía muy acentuada[77]. Cualquier distinción sería precaria puesto que todas las obras de ficción estadounidenses del siglo XIX pueden considerarse una variedad de romance[78].

Incluso Lukács, quien al servicio del Frente Popular formuló la oposición entre historia "heroica" y leyenda lacrimógena, mostró, a pesar de su teoría, cómo en la práctica los géneros se atraen mutuamente[79]. Lukács admitió que las novelas de los países europeos que podrían denominarse subdesarrollados eran incapaces de producir la modernidad de medio pelo de Scott, o su celebración de eventos pasados. Esto le fue posible a Scott porque Inglaterra ya había consolidado una burguesía "progresista". Y el feliz resultado de la historia inglesa produjo toda una clase de héroes. Sin embargo en países como Alemania o Italia, donde la unificación burguesa se frustró, el proyecto de escribir novelas celebradoras, a la manera de Scott, también fracasó. Como en muchos países de América Latina, las ficciones europeas buscaban sobreponerse a la fragmentación política e histórica a través del amor. Lukács nota la estrategia pero no repara en el *Leitmotiv*, ni en su relevancia para con el mismo Scott. "Así, mientras que la historia inmediata de Manzoni [en *Los novios*] es simplemente un episodio concreto tomado de la vida popular italiana —el amor, la separación y la reunión de dos jóvenes campesinos— su presentación la transforma en la tragedia universal del pueblo italiano en un estado de degradación y fragmentación nacional". La historia de los amantes de Manzoni se convierte en "*la* tragedia del pueblo italiano en su conjunto" (Lukács, 70). Gogol, asimismo, se concentra en la caída de los cosacos en el romance *Taras Bulba.* Es la tragedia de uno de los hijos del héroe, quien, enamorado de una joven de la aristocracia polaca, se convierte en traidor de su pueblo (Lukács, 74).

Los "novelistas históricos" latinoamericanos se vieron a sí mismos en una situación premoderna similar, aunque, siguiendo a

Benedict Anderson, debemos decir que fueron anteriores a muchos europeos a quienes ofrecieron modelos tanto de la ficción como de la fundación[80]. Como consecuencia, las historias latinoamericanas del período de construcción nacional tienden a ser más proyectivas que retrospectivas, más eróticas que fieles a los eventos. Vista desde los márgenes, la ejemplaridad de "medio pelo" de Scott resulta muchas veces inimitable[81]. Scott fue modelo de lo que una cultura nacional integrada podía aspirar a ser, como lo eran los extraordinarios héroes de los romances latinoamericanos. Para servir a sus complacientes herederos, Scott tuvo primero que congeniar con Chateaubriand, o con Rosseau o Stendhal. Era el ardiente sentimentalismo lo que posibilitaba dar cuerpo a historias que carecían de utilidad, es decir, de datos constructivos y halagadores.

El aunar el destino nacional con la pasión personal era precisamente lo que confería a los libros de los discípulos latinoamericanos sus rasgos específicamente americanos. Por un lado, casi nada parecía determinar el rumbo del discurso histórico desde mediados hasta el final del siglo XIX, puesto que, como Andrés Bello había advertido, faltaban datos básicos. Pero, por otro lado, la falta no era pretexto para ofrecer cualquier relleno narrativo. Supongo que el júbilo en la exhortación de Bello de imaginar el pasado se debe a la oportunidad que percibía de proyectar una historia ideal a través de lo que Northrop Frye llama el más elemental y satisfactorio de todos los géneros, el romance[82]. ¿Qué mejor manera de debatir la polémica de la civilización que convertir el deseo en la incesante motivación para un proyecto literario/político? El leer, sufrir y temblar con el impulso de los amantes hacia el matrimonio, la familia y la prosperidad, para luego ser devastado o colmado, es ya ofrecerse a servir un programa partidario.

HERMOSAS MENTIRAS

Al parecer, lo que los novelistas del *Boom* ya no podían admitir eran las fantasías interesadas en poblar los espacios vacíos. Allí donde los constructores de las naciones proyectaron una historia inédita en un continente vacío y prometedor, los nuevos novelistas trazan la densidad histórica sobre un mapa atiborrado de proyectos entreverados y deshechos. *Cien años de soledad,* por citar un ejemplo magistral, está tan impelida por la historia como las primeras novelas. Hace el recuento de todo un siglo de la historia de Colombia como una serie de alianzas eróticas entre familias notables. Pero son familias que riñen constantemente, que confunden el interés extranjero con la simple curiosidad y resisten a talentosos forasteros a quienes el romance anterior había acogido calurosamente. Las grandes novelas del *Boom* re-escriben, o des-escriben, las ficciones fundacionales como el fracaso del romance, la política erótica mal encauzada que no logró jamás unir a los padres con las madres nacionales, mucho menos a la gente decente con unas nacientes clase media y popular. La novela que se desintegra de manera más programática es tal vez *La muerte de Artemio Cruz* (1964), de Carlos Fuentes[83].

En un principio, Artemio se presenta como la figura clásica del padre, no tanto por haber sido un oficial del ejército de Pancho Villa (Zapata era a todas luces una opción demasiado extrema, tanto para él como para los héroes liberales del romance), sino por haber sido un amante apasionado. Artemio adoraba a Regina; se lanzó con tesón al frente de batalla con el propósito de llegar donde ella lo esperaba. Y ella le correspondía, adelantándose a la marcha del ejército con el objeto de preparar un sitio acogedor y un refrigerio capaz de aplacar el hambre de su hombre, como lo hicieron tantas otras soldaderas de la Revolución. Mientras hacían el amor, Artemio y Regina recordaban el coloquio amoroso de su primer encuentro, sentados en la playa, contemplando su doble retrato reflejado en el agua. Un recuerdo tan mágico y un acto tan adecuado para desvanecer la escena original de violación. El idilio imaginado era

> esa ficción... inventada por ella para que él se sintiera limpio, inocente, seguro del amor... esa hermosa mentira... No era cierto: Él no había entrado a ese pueblo sinaloense como a tantos otros, buscando la primera mujer que pasara, incauta, por la calle. No era verdad que aquella muchacha de dieciocho años había sido montada a la fuerza en un caballo y violada en silencio en el dormitorio común de los oficiales, lejos del mar[84].

Más tarde, en combate, Artemio enfrenta su cobardía; pero antes que tuviera tiempo de inventar su propia ficción, tal vez sobre su ardorosa pasión por Regina que hacía impensable la muerte, ella muere y Artemio se convierte en un desertor y un oportunista.

Para el lector, la deserción se convierte en una desilusión ética; asimismo, el fracaso erótico de este deshilado romance se manifiesta en el momento que el personaje emprende una nueva conquista. Cuando la Revolución llega a su fin, Artemio trata de ganarse a Catalina Bernal, la hija de un acaudalado terrateniente que bendice el desigual matrimonio, a fin de asegurar sus propiedades uniendo sus fuerzas a las de los victoriosos revolucionarios. Catalina se niega, o es incapaz de idear las consabidas mentiras románticas que habrían de legitimar su unión. Sospecha la traición de Artemio hacia su hermano y le ofende el consentimiento de su padre, cuando ella es lo suficientemente orgullosa para resistir la alianza. Pero sobre todo duda que el amor interesado pueda salir del corazón. Mientras que en *Doña Bárbara* se muestran atisbos de culpabilidad ante el matrimonio entre la hija mestiza de Bárbara, Marisela, y el civilizado Santos, un matrimonio que procuraba encubrir la historia de usurpación y guerra civil mediante una unión legítima, *Artemio Cruz* redirige la culpa para hacerla implacablemente autoconsciente. Aquí, los amoríos fundacionales propios del romance se revelan como violaciones, o como juegos de poder en los que se trafica con mujeres. Si Catalina sólo pudiera hacer por Artemio lo que Marisela había hecho por Santos, suspiraríamos aliviados. La pareja parece perfecta: una joven y hermosa aristócrata y un ingenioso muchacho de provincia con credenciales heroicas. Fuentes despierta en nosotros el deseo y nos arrastra hacia el ardor romántico que habíamos aprendido en los romances nacionales. Mas, si Catalina hubiese cedido, ¿se habría distinguido Artemio como un hombre honesto y admirado por reconstruir México sobre bases populares? ¿O habría sido más genuino que reprodujera la estructura popular de clase que los explotadores sin escrúpulos legaron al distinguido padre de Catalina?

Como lectores nos forjamos pocas ilusiones sobre el éxito de la posible carrera de Artemio en un país que "institucionalizó" la revolución como estrategia de control.[85] Es posible que las mentiras piadosas del romance nacional sean estrategias con igual intención para controlar los conflictos raciales, regionales, económicos y sexuales que amenazaban el desarrollo de las nuevas naciones latinoamericanas. Después de todo, estas novelas eran parte del proyecto general de la burguesía para lograr la hegemonía de esta cultura que aún se encontraba en estado de formación. Idealmente sería una cultura acogedora, un tanto sofocante, que enlazaría las esferas pública y privada de modo que habría lugar para todos, siempre y cuando todos supieran cuál era el lugar que les correspondía.

PARTE 2

AMOR Y PATRIA:
UNA ESPECULACIÓN ALEGÓRICA

Vale la pena preguntarse por qué las novelas nacionales de América Latina, aquellas que institucionalizaron los gobiernos en las escuelas y que resultan ahora indistinguibles de las historias patrióticas, son todas historias de amor. Una respuesta fácil, por supuesto, es que todas las novelas del siglo XIX en América Latina fueron historias de amor; pero esto lleva justamente a la pregunta de qué tiene que ver el amor con los requerimientos de una educación cívica. Hay que señalar que las novelas no se incluyeron inmediatamente en los programas de estudio de las escuelas públicas, excepto quizás en la República Dominicana, donde *Enriquillo* apareció más bien tarde y donde el número de estudiantes habrá sido lo bastante limitado como para proporcionarles la cantidad adecuada de libros[1]. En otros casos, las novelas por entregas o las sentimentales no eran en principio apropiadas para la escuela e incluso apenas llegaban a ser propiamente literatura, a juzgar por su exclusión en las primeras historias literarias nacionales. Escritas en el mismo período que las novelas de mediados de siglo y con una buena dosis del mismo impulso legitimador, los autores de estos libros tenían credenciales políticas comparables pero un criterio más clásico que los novelistas consagrados. Los historiadores de la literatura seleccionaron una suerte de prehistoria de la élite que sirviera a las consolidaciones "conservadoras progresistas" que asumían la tarea de definir el equilibrio de los nuevos Estados[2], pero omitieron las obras que eran tal vez las representaciones más útiles de aquellas consolidaciones opuestas: los romances que celebraban o predecían una identificación entre la Nación y su Estado[3]. La centralidad programática de las novelas vino con generaciones posteriores; en qué preciso momento y bajo qué particulares circunstancias se dio en cada país son preguntas que merecen un estudio aparte[4]. Pero en general, se puede suponer que ella se produjo después de que las renovadas oposiciones internas desenmascararon al Estado existente, al quitarle la careta de "nación ideal". En el momento en que el nacionalismo llegó a ser entendido como un movimiento político en contra del Estado[5], las novelas nacionales del siglo XIX prometían a los ministros de educación un modo de cerrar la brecha entre el poder y el deseo. Estos libros, tan seductores para esa élite de lectores cuyos deseos privados se confundían con las instituciones públicas, podían devolverle a cada futuro ciudadano los deseos fundacionales (naturales e irresistibles) hacia y del gobierno en el poder.

Las reflexiones que aquí propongo acerca de por qué el erotismo y la política se conjugan, nada menos que en el aula de clase, surgen de la comprobación de que este fenómeno sucedió prácticamente en toda América Latina. Una novela particular será celebrada en su ámbito nacional como producto autóctono, característico y de alguna manera inimitable; sin embargo, hemos visto que cada romance comparte con los otros mucho más que su estatus institucional. Las semejanzas son sintomáticas de la paradoja general del nacionalismo; es decir, rasgos culturales que parecen ser únicos y dignos de una (auto) celebración patriótica son con frecuencia típicos también de otras naciones e incluso diseñados según modelos extranjeros[6]. Casi como la intimidad sexual, aquello que parece ser lo más privado resulta a final de cuentas de un dominio vergonzosamente público[7].

En esta sección, me gustaría considerar en primer lugar *por qué* el erotismo y el nacionalismo se convierten en figuras recíprocas dentro de las ficciones modernas y, a continuación, analizar *cómo* la relación retórica entre la pasión heterosexual y los Estados hegemónicos funciona como una mutua alegoría, como si cada discurso estuviera arraigado en la supuesta estabilidad del otro. Para encontrar ejemplos de la probable conexión constitutiva entre las pasiones privadas y las políticas, uno puede remitirse, sin vacilar, a los capítulos siguientes. Pero antes, quiero especular sobre lo que podría estar detrás de la coherencia genérica que las lecturas individuales necesariamente pasan por alto.

Desde nuestra perspectiva histórica, tanto el amor romántico como el patriotismo tienden a pasar por naturales, aunque sepamos que éstos han sido el producto, quizá, de las novelas mismas que
sólo parecen representarlos. Admitir esta posibilidad significa preguntarse si lo que pudo ser un efecto del ambiente cultural en la novela
(por ejemplo, la representación del amor romántico o de un nacionalismo conciliador) no habrá sido también una causa parcial en la
creación de esa cultura. Si bien es verdad que los héroes y las heroínas
de las novelas latinoamericanas de mediados del siglo XIX se deseaban
apasionadamente según los esquemas tradicionales, y deseaban con la
misma intensidad el nacimiento del nuevo Estado que habría de unirlos, en ningún caso estaban representando afectos atemporales o generales. Esas pasiones no hubieran prosperado en la generación anterior.
De hecho, los amantes "modernos" estaban aprendiendo a hilvanar el
sueño de sus fantasías eróticas en la lectura de los romances europeos
que anhelaban realizar.

La idoneidad de la ficción europea a juicio de los fundadores latinoamericanos quizá también pueda leerse en el sentido
opuesto (en un gesto aprendido de Benedict Anderson)[8], lo cual significa que esta idoneidad responde a una coincidencia cultural que
debe ser tan fácilmente identificable desde la perspectiva de América
Latina como desde la europea. Así pues, mis observaciones más bien
locales sobre un momento y un género literario particulares de
América Latina me llevan a aventurar algunas conjeturas sobre las
implicaciones más generales. ¿Es posible, digamos, que fuera del contexto de América Latina la pasión política también se cimentara en lo
erótico? El deseo sexual entendido como el esbozo preliminar de toda
asociación humana ¿llegó a convertirse en "la explicación de todo",
como lo asegura Foucault?[9] Tal aseveración dista de ser hiperbólica e
incluso original. Hacia 1865 en Inglaterra, John McLean consideraba
en su influyente libro *Primitive Marriage* que la "atracción sexual era el
principio subyacente de todas las formaciones sociales", concordando
así con otros textos iniciales de antropología cultural como los de
Herbert Spencer, quien gozaría de mucha popularidad entre los positivistas latinoamericanos[10]. Por lo demás, si no hubiera una carga erótica o sentimental en el Estado, si nuestras identidades, como sujetos
modernos sexualmente definidos no tuvieran al Estado como objeto
primordial y por ende como una pareja de quien depende nuestra iden-

tidad, ¿qué otra cosa podría explicar nuestra pasión por "la patria"?[11] ¿Es posible que los romances sean en sí mismos sinécdoques del matrimonio entre Eros y Polis que se celebraba bajo el amplio palio de la cultura de Occidente? Iba a decir cultura burguesa, pero me abstuve por considerar que ésta pudo ser en igual medida la causa o el efecto de dicha unión. El provocativo estudio de Nancy Armstrong sobre Inglaterra, *Desire and the Domestic Fiction: A Political History of the Novel*, encaja aquí a las mil maravillas: "Más que examinar el surgimiento de la nueva clase media en términos de los cambios económicos que consolidaron su predominio en la cultura", la misma Armstrong postula "que la formación del Estado político moderno, en Inglaterra por lo menos, se logró ampliamente a través de la hegemonía cultural," sobre todo a través de la novela doméstica[12]. Esto quizá también valga en el caso de América Latina, donde las novelas, junto con las constituciones y los códigos civiles, ayudaron a legislar las costumbres modernas. Pero a diferencia de los libros ingleses que potenciaban el lenguaje de la domesticidad femenina al "desembarazarlo" de la política masculina, las novelas latinoamericanas se sirvieron del embrollo para producir un grupo resistente de hombres sensibilizados por el sentimiento.

Las varias posibilidades de lectura que iré sugiriendo en el caso de estas novelas no (sólo) significan un esfuerzo por poner de manifiesto que los latinoamericanos podrían tener algunas lecciones generales que enseñar. Estas posibilidades también se derivan de una inspiradora coincidencia entre dos importantes libros —uno acerca del deseo y el otro del nacionalismo— que parecen no tener relación entre sí. Se trata de la *Historia de la sexualidad* de Michel Foucault y de *Comunidades imaginadas* de Benedict Anderson. Ambos servirán para ubicar el contexto del patriotismo apasionado. A pesar de sus diferentes puntos de partida, sus líneas de investigación coinciden en dos puntos evidentes. Uno tiene que ver con las fechas: al final del siglo XVIII, cuando se produce el discurso originario (el sexo para Foucault y el patriotismo para Anderson)[13]. La otra coincidencia es una negación: estos dos discursos históricamente cifrados apuntan hacia su atemporalidad y a su condición humana (Foucault, 105: Anderson, 14). No importa cuán paradójicas y provocativas sean sus observaciones (en cuanto a que la sexualidad es una función de la estructura del poder que aparece para reprimirla y que el nacionalismo es siempre un fenómeno programado mas no por ello menos auténtico), la cronología de Anderson y Foucault es más bien convencional y difícilmente despierta escepticismo[14]. ¿Podría haber una significación recíproca en este cruce de caminos? Para averiguarlo habría que invitar a Anderson y Foucault a un *tête à tête*, lo cual nos ayudaría a clarificar algunos de estos dilemas.

Para Foucault el problema reside en encontrar la razón que explique por qué lo que parece estar reprimido genera tanta discusión; esto lo lleva a demostrar cómo la "prohibición" en contra de la discusión de las "irregularidades" sexuales ha generado una serie de discursos institucionales para controlarlas. Las patologías no existían antes de que las autoridades las inventaran y las desplegaran. Tal vez con el afán estratégico de subrayar la importancia de las prácticas sexuales "marginales" y argumentar, sin duda correctamente, que éstas han sido tanto la causa como el efecto del poder jurídico y clínico, Foucault tiende a pasar por alto lo que podríamos llamar la "otra" sexualidad y el "otro" discurso. Foucault parece indiferente ante el despliegue más obvio de la sexualidad burguesa, la legítima opción conyugal sin la cual no podría haber perversión alguna, y su indiferencia se hace extensiva al género literario más vendido del discurso burgués: las novelas que tanto hicieron por la construcción de la hegemonía heterosexual en el contexto de la cultura burguesa[15]. Foucault defiende su relativo silencio sobre el fenómeno masivo diciendo que éste fue de por sí discreto y decoroso:

> La explosión discursiva de los siglos XVIII y XIX provocó que este sistema basado en la alianza legítima sufriera dos modificaciones. Por un lado,... de la monogamia heterosexual... se habló cada vez menos... Ésta tendió a funcionar como norma, norma que tal vez era más estricta, pero menos escandalosa. Por otro lado, lo que comenzó a cuestionarse fue la sexualidad de los niños, de los locos y las locas, y de los criminales. (Foucault, 38)

Sin embargo, sabemos que el amor heterosexual se volvió escandalosamente exhibicionista a raíz da la preocupación que provocaron las masas de jóvenes lectoras de novelas sentimentales. La ausencia de un *ars erótica* en Occidente no necesariamente habla de un aburrimiento discursivo con la heterosexualidad, como supone Foucault, ya que existe una cantidad increíble de literatura sobre cortejos y emociones sexuales. Es verdad que las novelas románticas rara vez nos invitan a pasar a la alcoba, pero logran alimentar nuestro deseo de estar ahí.

51

Debido a que Foucault limita su *corpus* discursivo a los sistemas médico-
jurídicos que ejercen el poder en forma más bien directa, concibe el
deseo como el producto de una red de poder que se muestra represivo.
De haber considerado a la novela, el deseo también se hubiera mostrado como el efecto de una educación menos paradójica, algo así como
el aprendizaje de la paternidad republicana. Tal exclusión ayuda a
explicar por qué la insistencia casi defensiva de Foucault en que el
poder puede experimentarse en términos positivos carece en realidad
de ejemplos convincentes. Las "espirales del placer y del poder" que los
profesionales y los clientes derivaban el uno del otro (Foucault, 44-45)
no podían tener la misma resonancia que el poder cautivador de los
lectores que querían poseer o ser poseídos por los héroes y las heroínas
de las novelas.

      Poniendo de cabeza la observación de Foucault se puede
decir que, aparte de la ubicuidad de la "perversión", en la Europa
Occidental existe un discurso más obvio y público: el del amor conyugal "normal". Éste debió ejercer una enorme atracción como para mantener la vigencia de todos los otros discursos. No tanto una atracción
emocional (sin menospreciarla) sino más importante aún, una atracción legitimadora, que es el argumento de Foucault. Pero ¿qué cuerpo
monumental necesitaba afirmarse con tanta desesperación como para
explicar la clase de atracción sexual que la novela evidentemente
poseía? ¿Cuál fue el impulso defensivo que generó las espirales del
poder y del placer en los demás discursos? Sólo puedo pensar en un
cuerpo lo bastante inclusivo e inseguro a la vez: el Estado, de tenaz
cepa antimonárquica, que necesitaba (o necesitaría, según los casos de
"subdesarrollo" europeo que vimos en Lukács) un discurso legitimador
y lo encontró en el deseo erótico. El amor sexual era el tropo de la conducta asociativa, de las relaciones del mercado libre y de la Naturaleza
en general. Si las jerarquías tradicionales iban a ser desplazadas legítimamente, la base ideológica tenía que cambiar; y la opción que era de
esperarse, según este replanteamiento ideológico, no era sólo la avidez
intrínseca del ser humano, sino también su deseo de reproducirse, el
prurito socialmente irreprimible de compañía heterosexual y de familia. Por alguna razón, Foucault descalifica la búsqueda republicana de
legitimidad al establecer una curiosa continuidad entre la monarquía y
los Estados burgueses. Aunque no es exactamente silencio lo que guarda Foucault respecto a la construcción de los Estados modernos, vira el

timón después de describir la ruptura en la historia de la sexualidad y explica el surgimiento de las repúblicas aduciendo una genealogía más bien inconsútil (Foucault, 115). El Estado moderno, dice el filósofo francés, no es cualitativamente distinto de la monarquía; el uno hereda un sistema jurídico prácticamente intacto del otro. "En el fondo, a pesar de las diferencias en las épocas y en los objetivos, la representación del poder ha permanecido bajo el influjo de la monarquía. En lo que se refiere al pensamiento y al análisis político, aún no hemos cortado la cabeza del rey" (Foucault, 88). Las objeciones a los monarcas eran en realidad objeciones al abuso de leyes perfectamente razonables. ¿Por qué, pues, insiste Foucault en que la nueva clase (universal) inventó un nuevo lenguaje (universal)?

> La burguesía identificó [el sexo] con su cuerpo, o al menos subordinó el segundo al primero al atribuirle un poder misterioso e indefinido; apostó su vida y su muerte al sexo haciéndolo responsable de su bienestar futuro; puso sus esperanzas futuras en el sexo al imaginar que éste tendría efectos ineluctables en las generaciones por venir; subordinó su alma al sexo al concebirlo como la parte más secreta y determinante del alma. (Foucault, 124)

Los libros que iluminan el camino hacia este santuario interior son sobre todo las novelas que Foucault pasa por alto. Las novelas tendieron a desterrar las sexualidades alternativas y a construir modelos legítimos. Así y todo, una educación erótica —ya fuese natural o no— se encontraba oficialmente más allá del alcance de las jóvenes, no porque enseñara la perversión, sino porque hacía que incluso el sexo legítimo pareciera divertido. Los novelistas reiteraban incansablemente que sus obras eran "historia", no ficción, y por lo tanto, ni ocio ni pábulo de fantasías[16]. Pero las protestas de inocencia se convirtieron en el mismo tipo de señuelo retórico que las tramas sentimentales. Los lectores de Foucault ya pueden empezar a adivinar el impacto que esta "represión" tuvo en las ventas. En el siglo XIX todo el mundo estaba leyendo los textos prohibidos, lo cual es una razón de que el mexicano Ignacio Manuel Altamirano, entre muchos otros, los usara para realizar proyectos patrióticos. "Las novelas son sin duda el género que más gusta al público", escribió en 1868; "son el artificio que permite a los mejores pensadores de hoy llegar a las masas con doctrinas e ideas que de otro modo serían difíciles de difundir"[17].

Gracias a Foucault, parte del resabio homofóbico ha sido eliminado de las discusiones sobre la sexualidad, y ahora podemos reparar en lo deliberadamente lacónico que fue con respecto a la heterosexualidad y a la novela. Lo que sigue siendo curioso es, sin embargo, el modo en que parece dar por sentado el concepto de "poder estatal" que le sirve para sustentar muchos de sus argumentos sobre política sexual y control de la población (ej. Foucault, 25). ¿Resulta concebible, a pesar de Foucault, que el Estado haya obtenido parte de su emblemático poder gracias a su labor como garante (o dispensador) de derechos, servicios y orgullo nacional y a que, actuando como un amante celoso, castigue los afectos desleales? Con todo, las hipótesis de Foucault no reconocen realmente un momento de seducción en la sexualidad auspiciada por el Estado (la motivación para engendrar más patriotas y para asegurar su devoción), como si todos los estímulos institucionales fuesen indirectos o represivos[18]. Para resumir, la predilección de Foucault por la paradoja, su enfoque que para algunos será excéntrico y el ritmo seductor de su poderoso discurso no pueden sino producir placer en el lector. Pero tanto sus hipótesis como sus importantes observaciones son generadas alrededor de una serie de puntos ciegos, entre los que se encuentran el exhibicionismo heterosexual, la novela y la invención de los Estados modernos.

Algunos de estos puntos saltan a la vista en el texto de Benedict Anderson. Una de las preguntas que estructuran su libro [*Comunidades imaginadas*, FCE, 1993] es precisamente cómo fueron construidos los Estados-nación, y sus especulaciones lo llevan sin rodeos al discurso "ficticio" de los periódicos y las novelas. En especial, Anderson se pregunta cómo se explica la gran carga pasional que ha tenido el nacionalismo, inclusive —o especialmente— en los regímenes marxistas que supuestamente superaron los límites de la cultura nacional burguesa. En parte esto sucede porque el nacionalismo no está "alineado" con ideologías abstractas tales como el liberalismo o el marxismo, sino que es una derivación mística de los sistemas culturales religiosos "de los cuales —así como contra los cuales— surgió" (Anderson, 19). Una cierta carga espiritual de la Cristiandad se diseminó en un territorio limitado y en consecuencia se intensificó, una vez que la hegemonía del latín se fragmentó a lo largo de las fronteras en que se habían dividido las lenguas vernáculas (no eclesiásticas). Las fisuras se ahondaron después de que las burguesías locales desarrollaron un capitalismo basado en lenguas vernáculas impresas[19]. La comunidad imaginada de una nación, sugiere Anderson, hereda o se apropia de un espíritu de sacrificio que sería inimaginable si se tuviese como base el cálculo de los costos y beneficios que asumen las ideologías conscientes de sí mismas, y que Foucault parece presuponer cuando se queda perplejo ante la demencia de las masas de gente que mueren para salvar al "pueblo" (Foucault, 137). El nacionalismo hace posible que "tantos millones de personas no sólo maten sino, sobre todo, estén dispuestas a morir por imaginaciones tan limitadas" (Anderson, 16). Limitadas, porque el Estado moderno "opera de forma plena, llana y uniforme sobre cada centímetro cuadrado de un territorio legalmente demarcado", muy al contrario de las monarquías, que "estaban definidas por sus centros" y donde las "fronteras eran porosas e indistintas" (Anderson, 26).

La plenitud y la visibilidad inexorable de estos nuevos Estados que proliferaron particular y universalmente en Occidente, traen a colación una clase distinta de cuerpo que iba construyéndose de forma simultánea. Al tiempo que las naciones se estaban construyendo, demarcando meticulosamente sus fronteras y sus recursos, lo mismo sucedía con los cuerpos sexuales que llamaron la atención de Foucault. En lo que se refiere al período temprano de la consolidación de la burguesía, Foucault advierte que el sexo fue ligado por la fuerza a una economía productiva que distinguía un reino legítimo de la sexualidad en la relación conyugal claramente demarcada y que "desterró" los placeres esporádicos de una sexualidad polimorfa (Foucault, 36). En los márgenes, "el aislamiento, la intensificación y la consolidación de las sexualidades periféricas... *controlaban el cuerpo* y penetraban los modos de conducta" (Foucault, 48, las cursivas son mías). En consecuencia, Foucault interpreta su proyecto como una "historia de los cuerpos" (Foucault, 152), cuerpos sin género, fieles a esa convención duradera que confiere a los territorios un carácter femenino, en igual medida que el de Anderson es un estudio sobre los cuerpos nacionales. Como si ambos hubieran acordado que el discurso del otro era también el propio, Foucault traza el mapa de los cuerpos sexuales como si fuesen los lugares de la producción nacional y de la vigilancia gubernamental, mientras que Anderson se pregunta por el vínculo libidinoso que tenemos con los cuerpos políticos. El siglo XVIII no sólo es recordado por la racionalización del sexo (Foucault, 23–24) sino también por trazar mapas como el *logos* (¿y también el *locus*?) del deseo. En una doble paradoja, la represión era la causa del deseo y los grandes imperios eran los promotores de un ardor patriótico por el territorio local[20]. Aun así, Foucault no se cuestiona acerca del modo en que se engendra una nación y Anderson no menciona que los contornos definitivos de los nuevos cuerpos (nacionales) estaban convirtiéndolos en el objeto del deseo de la codicia burguesa.

Considerando la relevancia de los romances nacionales para América Latina, debo referirme a los muy diferentes valores que Foucault y Anderson asignan a la territorialización. Para Foucault, es siempre prohibitiva, como cuando establece la conexión entre la sexualidad supervisada por el Estado y el racismo. "Las obras, publicadas en grandes cantidades al final del siglo XVIII, libros sobre higiene, etc., el perfeccionamiento de la especie atestigua... la correlación de esta preocupación por el cuerpo y el sexo con un tipo de 'racismo'" (Foucault, 125; cf. 26). Pero Anderson se percata del potencial redentor atribuido al cuerpo nacional y contempla un mapa de cuerpos entrelazados mucho más allá de la Europa occidental de Foucault. Hace notar que la sexualidad supervisada por el Estado fue vista como la "solución" al racismo, a veces con resultados similarmente nefarios. Anderson elige un ejemplo sorprendente, típico de América Latina: la sugerencia de Pedro Fermín de Vargas de que la manera de *exterminar* a los ociosos y degenerados indios que había en Colombia a principios del siglo XIX era mezclarse con ellos y garantizarles la propiedad privada de la tierra (Anderson, 21). El mestizaje era el camino hacia la perdición racial en Europa, pero era la vía hacia la redención en América Latina, una manera de aniquilar la diferencia y construir el sueño profundamente horizontal y fraternal de la identidad nacional. Era un modo de imaginar la nación a través de una historia futura, como un deseo que conserva su vigencia con el paso del tiempo y a la vez deriva su irresistible poder gracias a un *sentimiento* natural y sin historia. "El hecho es que el nacionalismo piensa en términos de destinos históricos, mientras que el racismo delira con eternas contaminaciones, transmitidas desde los orígenes del tiempo a través de una secuencia interminable de cópulas fuera de la historia y detestables" (Anderson, 136).

A diferencia de la ardua búsqueda de Foucault por los orígenes de la sexualidad en una clerecía de moralistas y seudocientíficos, Anderson localiza el foco del nacionalismo precisamente en el espacio de nuestra imaginación democráticamente compartida, el espacio inaugurado por las novelas que nos unen de forma sucesiva y horizontal gracias a una "comunidad basada en la imprenta". Los periódicos, por supuesto, eran el eje de la información mercantil y política para una burguesía en ascenso, pero hubieran sido inconcebibles, sugiere Anderson, sin la existencia previa de una comunidad de imprenta que en un principio se consolidó por medio de los libros, específicamente de novelas. Las novelas fueron pioneras de lo que Walter Benjamin llamó "tiempo homogéneo, vacío", hecho a la medida de todo el mundo con base en un mismo calendario, de tal suerte que unificó a una sociedad entera a través de la simultaneidad. Éste es radicalmente distinto del tiempo figurado o "mesiánico" en el que no hay un "mientras tanto", sino sólo una relación paratáctica con la verdad revelada[21]. Así, en lugar de considerar las novelas (con frecuencia publicadas por entregas al lado de las noticias) como función de los periódicos, Anderson sostiene que los periódicos se derivaron de las novelas, y que en el profundo carácter "ficticio"de sus yuxtaposiciones calidoscópicas entre personas y acontecimientos, los periódicos eran en efecto los "best-sellers de un día" (Anderson, 39). Y las comunidades imaginadas de lectores producidas por estas yuxtaposiciones ficticias se convirtieron en las naciones modernas. Este proceso que Anderson describe de manera brillante cobró primero forma entre las élites lingüísticamente homogéneas del Nuevo Mundo que llegaron a ser los modelos prácticos, conforme con la trayectoria llena de vueltas del nacionalismo, para esa Europa que imaginó primero las naciones modernas (Anderson, 49, 78-79). Por lo tanto, no será demasiada presunción afirmar aquí que las novelas de América Latina parecen estar "corrigiendo" los romances europeos o por lo menos dándoles un buen uso, quizás ejemplar, al realizar sus deseos frustrados.

Pero estos deseos son precisamente la cuestión sobre la que Anderson guarda un extraño silencio. Respecto de la novela, como del periódico, valora su sincronización, la comunidad *horizontal* y democratizadora de su tiempo, más que su dinamismo a través del tiempo que deja fundamentalmente "vacío". Así, la visión general de la sociedad colonial mexicana que ofrece el picaresco *Periquillo sarniento* (1816) de Fernández de Lizardi parece ideológicamente indistinguible de las novelas románticas que pronto se adueñarían de las columnas de los periódicos (Anderson, 35). Esas novelas se proponían animar el transcurso del tiempo al espaciar sus entregas en números consecutivos de los diarios, pero sobre todo mediante la construcción de un deseo por ciertos desarrollos narrativos. Podemos deducir de las observaciones de Anderson que además de compartir información nueva, las comunidades de imprenta se iban consolidando con todos aquellos que leían el periódico, porque reían o (generalmente) suspiraban y lloraban con la misma entrega de la novela seriada. Por alguna razón, Anderson no discute las pasiones construidas mediante la lectura de novelas, o el ideal de sus modelos genéricos, los cuales estaban enseñando a los futuros republicanos a ser apasionados de un modo racional y seductoramente horizontal.

Aquí es donde Foucault entra en escena. Para Foucault, el lugar donde se encuentra la mayor inversión social moderna es en el cuerpo sexual, que quizá puede interpretarse como un cuerpo nacional. También es donde el propio Anderson hace una digresión sugerente al tiempo que analiza la pasión del sentimiento patriótico. Después de que lo explica mediante una analogía con la religión, Anderson menciona la centralidad constante de nuestras identidades sexuales (casi entre paréntesis y sin desarrollar el concepto) en una observación acerca de cuán universales son hoy día tanto la nacionalidad como los sexos. "[En] el mundo moderno, todos pueden, deben y 'tendrán' una nacionalidad, así como él o ella 'tienen' un sexo" (Anderson, 14). O dicho a la inversa, todo el mundo no sólo "tiene" una nacionalidad y un sexo en el mismo sentido imaginado, sino que estas imaginaciones nos constituyen como sujetos modernos. A diferencia de la comparación antagónica entre el nacionalismo y la religión, la posición intercambiable entre la nación y el sexo se refuerza en este caso mutuamente. Y es posible, a través de analogías superpuestas con la religión, ver al sexo y a la nación ayudándose mutuamente con el fin de desplazar vínculos anteriores. Por lo menos esta recíproca incitación de amor y país se siente en las novelas latinoamericanas que contribuyeron a formar generaciones de patriotas según las pasiones apropiadamente productivas de la relación liberal.

Al suponer una cierta posibilidad de traducir deseos románticos a republicanos, los escritores y los lectores del canon de novelas nacionales en América Latina han estado suponiendo de hecho una relación alegórica entre narrativas personales y políticas. Ésta es la relación que mi lectura tiene el propósito de subrayar. Alegoría es un término discutible, pero inevitable cuando se quiere describir cómo un discurso representa constantemente al otro e invita a una doble lectura de los hechos narrativos. De modo que si voy y vengo de las intrigas románticas a la consideración de los designios políticos es porque, en aquel tiempo, todos hacían lo mismo.

La dificultad con el término *alegoría* es que el ir y venir no es aquí simplemente una cuestión de idas y vueltas entre los mismos dos puntos o líneas, sino que el vaivén es más parecido a un tejido en el que el hilo de la historia se dobla al dar con un material ficticio y después retoma el proceso de hilvanar hechos reales. Las historias de amor y la trama política no dejan de superponerse la una a la otra. En vez del paralelismo metafórico entre, digamos, la pasión y el patriotismo que los lectores podrían anticipar de una alegoría sencilla, veremos aquí una asociación metonímica entre el amor romántico, que necesita la bendición del Estado, y la legitimidad política que necesita fundarse sobre el amor. Walter Benjamin ofrece una salida a este atolladero terminológico al establecer una heterodoxa correspondencia entre alegoría y dialéctica, una salida que nada tiene que ver con las alegorías más bien convencionales de Fredric Jameson ni con las ascéticas de Paul de Man[22].

No hace mucho, Jameson descubrió los encantos de la "literatura del tercer mundo" contemporánea gracias a la alegoría. "Todos los textos del tercer mundo son, en mi opinión, necesariamente alegóricos, y esto de un modo muy específico: tienen que leerse como lo que llamaré *alegorías nacionales*"[23]. Perderemos lo que es de interés en la literatura del tercer mundo, dice Jameson, si perdemos de vista la alegoría, "una forma muy desacreditada en occidente y el objetivo específico de la revolución romántica de Wordsworth y Coleridge, aunque se trate de una estructura lingüística que parece experimentar un notable resurgimiento del interés en la teoría literaria contemporánea" (Jameson, 73). Con este gesto, Jameson se une a un buen número de críticos que lamentan el desprestigio de la alegoría y que tratan individualmente de rescatar y apropiarse del término, como si hubiera una "hipótesis represiva" en su contra que garantiza su lugar como tema de nuestro interés crítico[24]. Si sólo pudiéramos saber cómo, nos exhorta Jameson, entonces podríamos ir más allá de la intrascendente superficie narrativa y ubicarnos ante "un desvelamiento o descubrimiento de la realidad dantesca de las cosas, un desnudamiento de nuestras ilusiones o racionalizaciones convencionales acerca de la vida diaria"

(Jameson, 70). Esta lectura paradigmática es gratificante para los que hemos refrescado el interés de Jameson por la alegoría, y un bienvenido recordatorio para otros acerca de la manera en que mucha gente sigue leyendo y escribiendo, de forma que no es posible desdeñar sin más la correspondencia entre nación y alegoría[25]. Pero Jameson afirma con ello demasiadas cosas (ya que claramente algunos textos del "tercer mundo" no son "alegorías nacionales") y a la vez muy pocas (ya que las "alegorías nacionales" aún se escriben en el Primer Mundo: el caso de Pynchon y Grass, entre otros). También me pregunto si suponer que estas alegorías "revelan" la verdad de una manera casi transparente, en vez de construirla con todo el descontrol epistemológico que implica el uso del lenguaje, no predispone a Jameson a distinguir de forma excesivamente tajante entre las literaturas del Tercer y del Primer Mundo. Incluso a llegar al extremo de incluir a Dostoievski, junto con Proust y Joyce, como una de las fuentes de las satisfacciones literarias del Primer Mundo.

En todo caso, los textos que me preocupan aquí datan de un período anterior a esa desastrosa clasificación geoliteraria, antes de esa preocupación cargada de culpa de Jameson por nuestras decepciones de lector con la literatura del "subdesarrollo" (Jameson, 65). Cuando se estaban escribiendo las novelas latinoamericanas, no había ni Primer ni Tercer mundo, sino sólo un Viejo Mundo que producía textos modelos y un nuevo Mundo donde aquellos modelos sirvieron de materia prima para construir la nación. Tal vez este conjunto de novelas explique mi apropiación abiertamente heterodoxa mas no del todo original del término *alegoría*. Cuando Walter Benjamin define la alegoría barroca como el vehículo del tiempo y la dialéctica, describe, de hecho, una estructura narrativa en la cual cada línea es una huella de la otra, en la cual cada una de estas dos instancias ayuda a la otra a escribirse. De manera parecida, detecto vasos comunicantes entre los discursos de Anderson y Foucault. Una interpretación más convencional define la alegoría en términos de una narrativa que observa dos niveles paralelos de significación. Estos niveles están temporalmente diferenciados, de manera que un nivel revela o "repite" el nivel de significado anterior (tratando desesperadamente de convertirse en el otro o mirando, desde una distancia metanarrativa, la futilidad de cualquier intento de acceder a un significado estable). La percepción de Jameson, que el nivel personal revela la prioridad de lo político, parece ajustarse a los límites de esta interpretación. Pero va más allá cuando observa que la estructura estática podría "ponerse en movimiento y volverse compleja si estuviéramos dispuestos a considerar la noción más inquietante de que tales equivalencias están en sí mismas en constante cambio y transformación en el presente perpetuo del texto" (Jameson, 73). De haber querido registrar la sucesión de estos cambios, Jameson hubiera podido aprovechar la pista dada por Benjamin, como me propongo hacer ahora al describir las alegorías de las novelas nacionales latinoamericanas no como una relación paralela, sino entrelazada entre el erotismo y la política.

La combinación de la alegoría y la dialéctica será sin duda insólita para aquellos lectores que gustan de las definiciones convencionales, pero fue el punto de partida del esfuerzo de Benjamin por salvar la alegoría en beneficio de la literatura histórica y probablemente por salvar la historia misma de ese amor romántico tardío por lo inmediato, tan caro a la cultura nazi. El ensayo de Benjamin sobre "Alegoría y *Trauerspiel*", en *El origen del drama trágico alemán* (1928)[26], entabla una polémica en contra de los críticos románticos que prefieren el símbolo por encima de la alegoría. Esto era lo mismo que preferir un "conocimiento resplandeciente pero en última instancia un conocimiento irresponsable de un absoluto" por sobre la conciencia de que el lenguaje, como la alegoría, funciona en el tiempo como un sistema de convenciones (Benjamin, 159-160). Benjamin explica de un modo protopostmoderno que la alegoría es sensible a la dialéctica entre la expresión y el significado por ser "una forma de expresión, tal y como el habla es expresión y, de hecho, tal y como la escritura es expresión" (Benjamin, 162). La alegoría trabaja a través de los resquicios, mientras que los símbolos "orgánicos" sacrifican la distancia entre el signo y el referente y se resisten al pensamiento crítico a fin de producir más entusiasmo que ironía.

A Benjamin aparentemente le impacientaba la pereza filosófica de los románticos. Con el símbolo, los románticos cortan el circuito estético y saltan a la apoteosis de lo bello, incluso lo sagrado del individuo. "En contraste, la apoteosis barroca es de orden dialéctico", pues su asunto no podía detenerse en el individuo sino que tenía que incluir una dimensión político-religiosa, "esa amplitud mundana e histórica" que es "de carácter dialéctico" (Benjamin, 160, 166). Su ejemplo principal de dialéctica alegórica es la relación entre la historia humana y la naturaleza, que era, por supuesto, la instancia de las correspondencias simbólicas favorita de los románticos. Pero Benjamin tiene el cuidado de señalar una diferencia estratégica entre tales figuras: en el símbolo, la naturaleza es un indicio de eternidad y parece independiente de la cultura; en la alegoría, es un registro de la historia humana y su decadencia (Benjamin, 167). Este registro dialéctico es lo que distingue la alegoría secular moderna, que tuvo su origen en la literatura barroca, de la concepción medieval de que la naturaleza es el inmutable telón de fondo de la historia que ella contiene (Benjamin, 171). No obstante, el mismo Benjamin llegó a matizar la distinción en 1938, cuando escribió las notas para el ensayo "Baudelaire como alegorista"; en estas notas identifica al poeta como un rezagado del "pensamiento alegórico" del siglo XVII, aunque añade que Baudelaire suprimió la dialéctica (barroca) de su noción de historia[27].

La distinción de Benjamin entre las alegorías medievales y barrocas pudo por lo tanto haberle parecido desdeñable a Paul de Man, o quizás omitió deliberadamente la diferencia histórica, así como el respeto de Benjamin por la dialéctica, en favor de sus "nuevos" propósitos "críticos"[28]. Si me detengo a mencionar a De Man es para despejar cierto espacio teórico, ya que su versión de la alegoría como el inevitable fracaso de las palabras en el afán de significar (sorprendentemente convencional en su inflexible estructura paralela que hace una reminiscencia irónica de la candorosa intemporalidad romántica) ha llegado a ser tan general que prácticamente ha anulado la proposición dialéctica de Benjamin[29]. Años después de la publicación del libro sobre el *Trauerspiel,* De Man parecía revivir en "La retórica de la temporalidad" (1969)[30] la preferencia de Benjamin por la pausa de la alegoría sobre la premura del símbolo. Sin embargo, desde el título mismo, De Man anunciaba una polémica que acabaría por descalificar la temporalidad histórica de Benjamin asociada con la alegoría como ficción retórica. El grito de batalla es el tiempo, pero lo que está en juego es la dialéctica.

Curiosamente, sin embargo, Benjamin nunca dejó que su dialéctica formara parte de nada constructivo. Tan sólo se desplaza hacia abajo y hacia atrás en una infinita regresión donde "la historia no adopta tanto la forma del proceso de una vida eterna como el de una inevitable decadencia... Las alegorías son, en el reino de los pensamientos, lo que las ruinas son en el reino de las cosas" (Benjamin, 177-178)[31].

Irresistible, también, sería el trágico sentido de la vida resultante para aquellos de nosotros que tendemos a sufrir más de una doble visión alegórica que de ex/implosiones simbólicas. Pero antes de que nos consuma un reconfortante pesimismo, podríamos considerar la posibilidad de que éste dependiera del ambivalente adiós de Benjamin a la alegoría teológica cuando afirma que el tiempo humano, histórico, es sólo una oportunidad para distanciarse de la naturaleza, de la decadencia. En el ensayo de Benjamin (como en el de De Man) la alegoría es la trayectoria de un fracaso filosóficamente afortunado, como el recurrente despertar de un sueño interminable de presencia absoluta.

Si quisiéramos malinterpretar voluntariamente a Benjamin para asirnos a unos términos mutuamente constructivos sin volvernos a mirar la desfalleciente estructura de desajustes, llegaríamos a formular una idea de cómo funcionan las ficciones fundacionales. Mi lectura posterga conscientemente las preguntas que se refieren al problema de la significación en última instancia, pues me preocupa más sugerir *cómo* estos libros llegaron a alcanzar su poder de persuasión, que determinar *si* realmente tenían derecho a tal cosa. Las ficciones fundacionales son modestas, incluso descuidadas, desde el punto de vista filosófico. Carentes del rigor que podría mantener los niveles de significados separados o mostrar la imposibilidad de hacerlo, en estas novelas el deseo es la hipóstasis de la verdad y luego el uno y la otra se intercambian con facilidad. Quizás con la excepción de *María*, estas novelas no caen en la trampa de un callejón sin salida improductivo. No se preocupan activamente de la distancia desproporcionada que separa la Verdad de la Justicia, la aporía que De Man localiza en Pascal[32], porque tienen conciencia de estar actuando y seduciendo[33]. Su propósito es ganar en el amor y en la política, no anclar la narración o calcular el costo del triunfo. Satisfechas de construir discursos personales y públicos "uno encima del otro en un círculo sin fin", como Pascal describiera su propia forma mundana de alegorizar[34], y sin ninguna base filosófica estable que transgredir o que desear, las novelas fundacionales son precisamente aquellas ficciones que tratan de hacerse pasar por verdad y convertirse en el terreno de la asociación política.

Si los novelistas hubieran seguido de cerca un modelo popular como el de Rousseau, quizás se habrían preocupado por lo que estaban haciendo. Rousseau se inquietó ante el "error referencial" de la palabra amor. Intuía que el amor no era la causa del deseo sino su efecto. "El amor es una mera ilusión: modela, por decirlo así, un Universo para sí mismo; se rodea de objetos inexistentes o de objetos cuya existencia se debe única y exclusivamente al amor; y ya que enuncia todos sus sentimientos por medio de imágenes, la lengua del amor es siempre figurada"[35]. Y la figura sustituye a la realidad una vez que "Lo patético se plantea como un poder ciego... estabiliza la semántica de la figura procurando que 'signifique' el patetismo de la revocación... la figuratividad del lenguaje del amor implica que lo patético en sí mismo ya no es una figura sino una substancia" (De Man, 198-199). Pero los novelistas que construían naciones no se ocuparon de semejantes cosas. La posibilidad de que la pasión hipostasiada fuera considerada como una realidad empírica no representaba un "peligro" sino precisamente la oportunidad de construir una cultura nacional legitimadora. Mientras que la *Julie* de Rousseau oponía la pasión a la piedad de un modo que debió haberles parecido anacrónico a los escritores latinoamericanos desde mediados del siglo XIX, éstos hacían del amor una virtud. Para Rousseau, la pasión erótica bien pudo haber sido patológica; para ellos, era la cura a la patología de la esterilidad social.

A pesar de su admiración por los estilos franceses e ingleses en boga, notamos que los latinoamericanos se atrevieron a hacer ajustes en los patrones importados. En *Martín Rivas*, el discípulo chileno de Balzac acomoda de manera explícita los enunciados del maestro conforme al material local: "Los franceses... dicen: *l'amour fait rage et l'argent fait mariage,* pero aquí el amor hace de los dos: *rage et mariage*"[36]. Esta "mejora" no significa que las novelas nacionales representen un avance literario respecto a obras como *Julie;* por el contrario son mucho más predecibles. El género mantiene a todos sus "personajes en una situación de tragedia sentimental, perseguidos por las desigualdades sociales que traen consigo la riqueza y la clase y por los caprichos de un padre tiránico" que *Julie* pone en tela de juicio. El espíritu de los novelistas latinoamericanos está más cerca de lo que Paul de Man dijo sobre "*Werther* o el capítulo de *Mignon en Wilhelm Meister o Sylvie*", que de *La nouvelle Héloise,* la cual "sería un texto muy diferente (y mucho más corto)... si se hubiera permitido que la narración se estabilizara" (De Man, 215). Más predecibles, y considerablemente menos difíciles de leer, estas novelas instauran una dialéctica entre el amor y el Estado, como sucede con *Julie* en la primera parte, pero jamás se detienen, como lo hace *Julie*, para volverse (en el sentido agustiniano de conversión)[37] y mirar hacia atrás.

Los novelistas latinoamericanos miran invariablemente hacia delante, como los mortales que Benedict Anderson deja dando la espalda al nostálgico Ángel de la Historia de Benjamin (Anderson, 147), y por tanto no desvían el deseo hacia la nostalgia inevitable en la alegoría[38]. En cambio, ubican el deseo en un movimiento espiral o zigzagueante dentro de una doble estructura que no deja de proyectar la narración hacia el futuro mientras el erotismo y el patriotismo se arrastran el uno al otro durante todo el proceso. Más que deplorar su carácter artificioso, estas novelas celebran su estatus artesanal como un punto de partida revolucionario. No hay ninguna crisis asociada con la pérdida/castración que genera el relato. Al contrario, la pérdida inaugura un espacio fecundo ya que es el padre el que ha sido castrado, no el héroe de la obra. Lo que voy sugiriendo es que algunas alegorías, como las que trataré en los próximos capítulos, no tendrán un nivel de referencia preexistente o eterno, pero, como apunta Nietzsche a propósito de la ficción de los anclajes empíricos, se forman a sí mismas tratando todo el tiempo de producir una ilusión de estabilidad.

Al percibir una estructura correspondiente y doble entre el romance personal y la desiderata política, no asigno prioridad a ningún registro en particular. Lo que quiero decir es que Eros y Polis son efectos el uno del otro, algo parecido a la explicación del Marqués de Sade del deseo sexual como el efecto de la conmoción del otro (aunque la analogía ciertamente habría escandalizado a los fundadores latinoamericanos)[39]. El interés erótico que imbuye estas novelas debe su intensidad a la prohibición en contra de la unión de los amantes por prejuicios raciales o regionales. Y las conciliaciones políticas, o los convenios, resultan urgentes porque en los amantes existe el deseo "natural" de acceder a la clase de Estado que habrá de unirlos. Por ejemplo, los historiadores aún no se ponen de acuerdo sobre la personalidad política de Juan Manuel de Rosas. ¿Fue un sanguinario y un bárbaro vengativo, dedicado a aterrorizar y torturar a los representantes de la *intelligentsia* argentina? ¿O fue un sagaz defensor de la autonomía cultural y económica de los argentinos, no más sanguinario que sus oponentes, igualmente extravagantes, que querían europeizar el país tan pronto como fuera posible? Si "aprendemos" por la lectura de *Amalia* que Rosas era un dictador sin escrúpulos, nuestro conocimiento es en gran medida una articulación política de la frustración erótica que compartimos con Amalia y Eduardo. Y sentimos la intensidad de su frustración porque sabemos que su obstáculo es el terrible dictador.

En el romance nacional, un nivel representa al otro y también lo alimenta, lo que equivale a decir que ambos son inestables. La pasión no correspondida de la historia de amor produce un exceso de energía, justo como lo advirtió Rousseau[40], un exceso que crea la esperanza de eliminar la interferencia política entre los amantes. Al mismo tiempo, la gravedad del abuso social, el poder amoral del obstáculo, le confiere a la historia de amor un sentido casi sublime de propósitos trascendentales. Conforme avanza la historia, la intensidad del sentimiento se eleva junto con el grito de compromiso, de manera que el estrépito hace aún más difícil distinguir entre nuestras fantasías eróticas y políticas para lograr un final feliz.

Lo que me parece ingenioso, de veras brillante, de esta productividad novelesca es que la inversión en una instancia de nuestra libido incrementa el valor de la otra. Y cada obstáculo que los amantes encuentran a su paso intensifica el amor, suyo y nuestro, por el posible surgimiento de una nación donde el enlace pueda consumarse. Los dos niveles de deseo son diferentes, lo cual nos permite hablar de una estructura alegórica, aunque no estén separados[41]. El deseo se imbrica entre la familia pública y la privada de un modo que pone al descubierto la contigüidad de los términos, su carácter extensivo y no meramente analógico. Y el deseo no deja de imbricarse, o simplemente de duplicarse a sí mismo en los niveles personal y político, porque los obstáculos que encuentra a su paso amenazan ambos niveles de felicidad. Estos obstáculos son casi siempre una convención social o un atolladero político; es decir, son públicos e interpersonales más que diferencias íntimas y particulares entre los amantes. El hecho de que los amantes casi nunca peleen entre sí probablemente tenga algo que ver con los resabios aristocráticos de estos romances; sus héroes y heroínas se muestran en plena florescencia, inmutables y fácilmente distinguibles de las masas de sirvientes y personajes secundarios. Los héroes románticos no se desarrollan del modo que esperaríamos en las novelas; mueven la narrativa como el imán mueve los metales sueltos, selectivamente y hacia el centro. Cuando las novelas europeas fueron importadas por los latinoamericanos, el género sufrió una infinidad de cambios, al igual que la ideología de la democracia liberal que lo caracterizaba[42]. Es cierto, la élite latinoamericana quería modernizarse y prosperar, pero además quería retener el privilegio prácticamente feudal que había heredado de tiempos coloniales. Lógicamente, una aristocracia en buen estado querría verse representada en los términos incorruptibles e ideales que Northrop Frye encuentra característicos del romance, "el corazón estructural de toda ficción"[43]. Pero para el privilegio recién conquistado por la burguesía latinoamericana, los galanes heroicos de Frye, los viles villanos y las hermosas heroínas del romance están fuera de lugar. En sus novelas, los estereotipos de clase, sexo y raza son transgredidos de modos inconcebibles para los romances europeos. Sin embargo, las observaciones de Frye acerca de los ideales masculinos y femeninos sí vienen al caso en este contexto: apuntan hacia los romances medievales de caballerías donde la victoria significaba la restauración de la fertilidad, la unión de los héroes hombre y mujer[44]. Podríamos decir también que los romances modernizadores están escritos de acuerdo con esa perspectiva, partiendo de un supuesto sagrado, como en el discurso religioso o mítico, y reconstruyendo una trayectoria de regreso a ese mismo punto de partida. La narración comienza conceptualmente desde una solución del conflicto, sin importar que esa solución se cumpla o no, y sirve como vehículo para el amor y el país que parecen, después de todo, haber preexistido a la escritura. Por una razón a todas luces cautelosa y normativa, sus héroes no son los protagonistas reflexivos que los teóricos europeos esperan encontrar en la novela. Al contrario, son infaliblemente nobles, por nacimiento y virtud propia. Los amantes no blancos son las más de las veces de la nobleza indígena o importada, como la madre de Sab, el Guaraní de Alencar, Enriquillo, Tabaré y los amantes africanos de *María*.

Mencionar el carácter "aristocrático" de los héroes burgueses latinoamericanos tiene el propósito de hacer énfasis en una particular carencia narrativa en estas historias; la carencia de un antagonismo personal o de disputas personales entre los amantes (excepto quizás por la lucha erótica de poder en *Martín Rivas*) es la materia de que aparentemente está hecho el romance sentimental. Los únicos problemas parecen aquí ser externos a la pareja. El hecho de que estos problemas puedan frustrar el romance es algo que alimenta nuestro deseo de verlo florecer. De modo que no sólo es el deseo que se duplica en el nivel público y privado; también es el obstáculo público que impide (e incita) los proyectos eróticos y nacionales. Una vez que la pareja afronta el obstáculo, el deseo se refuerza junto con la necesidad de superar el inconveniente y consolidar la nación. Esa promesa de consolidación constituye otro nivel de deseo y subraya el objetivo erótico, que es también una expresión microcósmica de la nación. Este movimiento en zigzag describe un tipo de alegoría que funciona sobre todo mediante asociaciones metonímicas entre la familia y el Estado, más que mediante el paralelismo de la analogía metafórica[45]. No es que haya aquí una insistencia en traducir de un discurso a otro, digamos por ejemplo del Buen Pastor de la alegoría cristiana, a Dios mismo. En estas épicas sentimentales un significado no sólo apunta a otro registro inaccesiblemente sublime, sino que *depende* del otro. La aventura romántica *necesita* de la nación, y las frustraciones eróticas *son* desafíos al desarrollo nacional. Del mismo modo, el amor correspondido es el momento fundacional en estos romances dialécticos. Ésta es una razón por la que no incluyo aquí la alegoría mucho más convencional de Alberdi, *La peregrinación de la luz del día, o los viajes y aventuras de la verdad en el Nuevo Mundo* (1871), cuyos propósitos alegóricos se anuncian ya desde el título. La razón principal, no obstante, puede que sea resultado de la primera: el libro no fue tan popular ni (por tanto) tan productivo, desde el punto de vista institucional, como para haber contribuido a reforzar el amor patrio. Alberdi habrá tomado prestado su título de *La peregrinación de Bayoán* (Puerto Rico, 1863) de Eugenio María de Hostos, una curiosa tentativa de consolidar la alianza (amorosa) pancaribeña que no resulta tan esquemática como las "fatigas de la verdad" de Alberdi. No obstante, *Bayoán* se muestra abiertamente didáctico en vez de seductor al poner de relieve distintos registros alegóricos, y sus lances contradictorios con la política y la pasión acaban convirtiéndose en una competencia entre el erotismo y el deber que poco tiene que ver con el americanismo fecundo de las ficciones fundacionales. Sea cierto o no que los rasgos convencionalmente alegóricos y puritanos de las peregrinaciones sentimentales y políticas de Hostos mantuvieron a *Bayoán* fuera del canon de los romances nacionales del que aquí me ocupo; la novela difícilmente pudo haber corrido otra suerte. ¿A qué país pudo haber celebrado, a qué gobierno concreto podría haber apoyado cuando el sueño de *Bayoán* era precisamente internacional y ajeno a las futuras instituciones que, en otro contexto, lo hubieran requerido?[46].

Por supuesto que las alegorías apelarán en forma retórica a cierto principio legitimador a priori. Siendo una justificación de los proyectos modernos y antiautoritarios, ese principio es con frecuencia la Naturaleza que ha sido redefinida, convenientemente, en términos más interactivos que jerárquicos desde los días de la Independencia ilustrada. Si el deseo erótico parecía ser la base natural y por lo tanto eterna de los matrimonios felices y productivos (incluyendo por extensión las familias nacionales), esto se dio gracias a tales redefiniciones. La Naturaleza ya no era el reino clásico de una ley predecible, sino el reino del flujo donde la energía podía enfrentar obstáculos y convertir la frustración en exceso. Era un mundo que producía ángeles y monstruos, no un mecanismo de relojería. Las alegorías se opondrán en ciertos momentos a estas nuevas definiciones. Por un lado, la élite de los escritores se negaba a renunciar a sus privilegios jerárquicos en favor de proyectos conciliatorios, y por el otro, los personajes principales a veces quedan cortos como modelos ideales cuando el romance cede a la tentación de novelar.

Sin embargo, más allá que cualquier demostración de los fracasos parciales de la alegoría está su desmedido éxito. En muchos casos, el doble trato de pasión y patriotismo en el romance contribuyó de hecho a brindarles una expresión cognoscitiva y un asidero emotivo a las formaciones sociales y políticas que articula, y a convertirnos en sujetos modernos. Los romances históricos llegaron a ser en sus respectivos países novelas nacionales, un término que no se refiere tanto a su popularidad comercial, aunque a decir verdad muchas de estas novelas fueron inmediatamente populares, sino al hecho de que se convirtieron en lectura obligatoria en las primeras décadas del siglo XX. Tal vez su promesa de un abrazo que nacionalizara era particularmente atractiva después de que la inmigración masiva en algunos países pareció poner en peligro el núcleo cultural, y después de que los regímenes latinoamericanos se decidieron por programas patrióticos para fomentar el desarrollo económico y cívico como respuestas a la Depresión y a la competencia representada por las ideologías "extranjeras". En otras palabras, dichos Estados aceptaron tácitamente las fabricaciones literarias de siglo XIX como las ficciones fundadoras donde se forjó el deseo de un gobierno autoritario a partir de la materia aparentemente prima del amor erótico.

Notas

I.

PARTE 1:
ROMANCE IRRESISTIBLE

1. Véase Carlos Fuentes, *La nueva novela latinoamericana* (México: Joaquín Mortiz, 1969), y la encantadora indulgencia de su admirador José Donoso: "esta omnipresencia monumental de los grandes abuelos [literarios] engendró... una generación de padres debilitados por el ensimismamiento en su corta tradición". La generación siguiente se quedó "sin padres pero, debido a ese eslabón que se perdió, sin una tradición que nos esclavizara". José Donoso, *Historia personal del Boom* (Madrid: Alfaguara, 1999): 23. Cortázar, al menos, admitió modestamente la continuidad en su entrevista "Un gran escritor y su soledad: Julio Cortázar", *Life en Español* 33, 7 (México, abril 1969): 43-55.

2. Julio Cortázar, "Para llegar a Lezama Lima", en *Vuelta al día en ochenta mundos* (México: Siglo XXI, 1967): 41-81.

3. Joyce, Faulkner y Kafka son sus maestros más citados. En cuanto a deudas al siglo XIX, Vargas Llosa por ejemplo dedicó un libro entero a sus múltiples relecturas de Flaubert, donde nunca menciona la estimulación que seguramente experimentó al leer *María* u otros libros escolares clásicos. Véase *La orgía perpetua: Flaubert y Madame Bovary* (Barcelona: Seix Barral, 1975).

4. Véase Severo Sarduy, "El barroco y el neobarroco", en *América Latina en su literatura*, ed. César Fernández Moreno (México: Siglo XXI, 1972): 167-184.

5. En *La nueva novela latinoamericana*, Fuentes explica la circularidad, o la condensación de la eternidad en un momento en la novela, gracias a la calidad mítica de la nueva narrativa que, según dice, hace que se vuelva universal, pág. 64.

6. La novedad queda obvia desde el prefacio-manifiesto de Alejo Carpentier a *El reino de este mundo* (1949), donde se quejaba de que el "realismo mágico" estaba en toda la historia latinoamericana menos en su literatura. Véase su "De lo real maravilloso americano", en *Literatura y conciencia política en América Latina* (Madrid: Alberto Corazón, 1969): 116-117.

7. Véase Doris Sommer y George Yúdice, "The Boom in Spanish American Literature: A General Introduction", en *Postmodern Fiction: A Bio-Bibliographical Guide*, ed. Larry McCaffery (Westfield: Greenwood Press, 1986): 189-214; y Fredric Jameson, "On Magic Realism in Film", *Critical Inquiry* 12, 2 (Chicago: Invierno 1986): 301-325, donde compara la "debilitada" historia posmoderna de las satinadas películas nostálgicas en los Estados Unidos con el cine latinoamericano históricamente denso que él llama "realista mágico".

8. Véase "The Boom Twenty Years Later: An Interview with Mario Vargas Llosa", en *Latin American Literary Review* 15, 29 (enero-junio 1987): 201-206. "Cuando escribí mis primeras novelas, quería mucho ser moderno. Quería diferenciarme de los escritores latinoamericanos anteriores. Los demás escritores latinoamericanos y yo estábamos en una especie de guerra contra lo que era la narrativa latinoamericana en esa época, la cual era muy convencional, y escrita por escritores que no prestaban mucha atención a los problemas formales. Quería ser distinto. Muchos escritores latinoamericanos todavía quieren llevar a cabo una revolución formal. Y esto se ha vuelto en algunos casos una especie de nueva tradición, la tradición de la experimentación y de lo moderno", pág. 202. Emir Rodríguez Monegal llega a la misma observación en "Tradición y Renovación", en *América Latina en su literatura,* ed. César Fernández Moreno y Julio Ortega (París: UNESCO, 1972): 139-166.

9. Percy B. Shelley, "Los poetas son los legisladores no reconocidos del mundo". "Defensa de la poesía" (1821).

10. Pedro Henríquez Ureña, *Corrientes literarias en la América Hispánica,* "Las conferencias de la cátedra Charles Eliot Norton del año académico 1940-1941", trad. Joaquín Díez-Canedo (México: FCE, 1969): 239.

11. Henríquez Ureña, pág. 185.

12. Henríquez Ureña, pág.187

13. Véase Richard Chase, *La novela norteamericana,* trad. Luis Justo (Buenos Aires: Sur, 1958).

14. Éste es el primer argumento de Leslie Fiedler en *Love and Death in the American Novel* (New York: Stein and Day, ed. rev. 1966): 23.

15. Benedict Anderson, *Comunidades imaginadas: Reflexiones sobre el origen y la difusión del nacionalismo (Imagined Communities: Reflections on the Origin and Spread of Nationalism),* trad. Eduardo L. Suárez (México: FCE, 1993).

16. Véase el principio de las *Notas sobre la historia italiana* de Gramsci. Véase también *Gramsci and Marxist Theory,* ed. Chantal Mouffe (London: Routledge & Regan Paul, 1979): 181. "[Una] clase hegemónica ha sido capaz de articular los intereses de otros grupos sociales con los suyos mediante la lucha ideológica. Esto, según Gramsci, es posible sólo si esta clase renuncia a una concepción estrictamente corporativista,… y presupone cierto equilibrio, es decir que los grupos hegemónicos harán unos sacrificios de naturaleza corporativa".

17. Neil Larsen escribe que el problema, inverso al que Gramsci estudió en Italia, era que con la Independencia latinoamericana, la burguesía se apoderó de un Estado al cual los ciudadanos no sentían pertenecer de verdad. *Modernism and Hegemony: A Materialist Critique of Aesthetic Agencies* (Minneapolis: University of Minnesota Press, 1990), cap.4.

18. Una versión reciente y típicamente reexaminada es *Origen y evolución de la novela hispanoamericana* de Samuel A. Arango (Bogotá: Tercer Mundo, 1988).

19. Djelal Kadir, *Questing Fictions: Latin America's Family Romance* (Minneapolis: Minnesota University Press, 1986): 4.

20. Antes de los "desencuentros modernistas" del último cuarto de siglo, la literatura era política, tal como lo plantea atrevidamente Julio Ramos. La literatura proveía el "código" civilizador que conquistaría la barbarie de forma tan cierta como los códigos civiles promulgados por los mismos autores. Julio Ramos, *Desencuentros de la modernidad en América Latina: Literatura y Política en el siglo XIX* (México: FCE, 1989): 62-63.

21. Jean-François Lyotard, *La condición postmoderna: informe sobre el saber,* trad. Mariano Antolín Rato (Madrid: Cátedra, 1989).

22. Paul Veyne, en *Cómo se escribe la historia: ensayo de epistemología,* trad. Mariano Muñoz Alonso (Madrid: Fragua, 1972) en el capítulo "La historia no existe", plantea un argumento similar al de Bello, pero de forma más general, al afirmar que la ciencia es de hecho incompleta y que sólo a la historia se le permite tener brechas porque no es una tela, no tiene tejido.

23. Andrés Bello, "Autonomía cultural de América" (1848), en *Conciencia intelectual de América*, ed. Carlos Ripoll (Nueva York: Eliseo Torres, 1966): 48-49. Una nota del editor nos informa que el título presente "ha sido usado en varias Antologías para presentar una selección del mismo".

24. La gramática representaba un lado del debate con las juventudes románticas que preferían variaciones autónomas del español. Existe un repaso acertado de esta no tan aguda polémica, sobre todo con Domingo Faustino Sarmiento, hecho por Julio Ramos, *Desencuentros...*, cap. 2. Véase también Allan Woll, *A Functional Past: The Uses of History in Nineteenth Century Chile* (Baton Rouge: Louisiana State University Press, 1982).

   En su prólogo a la *Gramática de la lengua castellana, dedicada al uso de los americanos* (Santiago, 1847), reproducido en Obra literaria, ed. Pedro Grases (Caracas: Biblioteca Ayacucho, 1979): 553-558, Bello arguye a favor de los contornos gramaticales lo suficientemente flexibles como para permitirle al español su vitalidad en América, pero lo suficiente sólidos como para salvaguardar la comunicación y la continuidad. El balance evitaría la frágil pedantería del latín (que se desintegró a lo largo de las fronteras nacionales en Europa) así como la proliferación consecuente de lenguajes mutuamente incomprensibles. Para tener una idea de la vasta obra fundacional, véanse los volúmenes publicados en honor del bicentenario de su nacimiento, *Bello y Chile, Bello y Londres, y Bello y América Latina* (Caracas: Fundación La Casa de Bello, 1981-1982).

25. La informativa "Filosofía de la Historia, Novela y Sistema Expresivo en la Obra de J. V. Lastarria (1840-1848)" de Bernardo Subercaseaux, en *Ideologies and Literature* 3, 11 (nov-dic 1979): 56-83, traza las líneas polémicas sugiriendo claramente, tal vez acertadamente, que la preferencia de Bello por la narrativa equivale al empirismo.

26. Como si prestara atención a este consejo, lo supiera o no, el embajador español de Chile escribió una biografía/historia de Valdivia y la llamó una novela. José M. Doussinague, *Pedro de Valdivia: O la novela de Chile* (Madrid: Espasa Calpe, 1963).

27. Bartolomé Mitre, "prólogo" a *Soledad*, véase *Los novelistas como críticos*, comp. Norma Khlan y Wilfredo H. Corral (México, coedición del Fondo de Cultura Económica y Ediciones del Norte, 1991): 43.

28. Para una colección útil de estos manifiestos, véase *Los novelistas como críticos*, ed. Norma Khlan y Wilfrido H. Corral (coedición del Fondo de Cultura Económica de México y Ediciones del Norte, Hanover, N. H.).

29. José Martí, *Obras completas* (La Habana: Editorial Ciencias Sociales, 1975), 23: 290.

30. Martí a Galván, 19 de septiembre de 1884, como prefacio a *Enriquillo* (México: Editorial Porrúa, 1976): 5.

31. José Martí, *Obras completas*, 6: 227.

32. Vassilis Lambropoulos organiza, para el caso de Grecia, una variación de esta intervención literaria en *Literature as National Institution: Studies in the Politics of Modern Greek Criticism* (Princeton: Princeton University Press, 1988). Asume que la crítica que trata las obras de ficción instrumentalmente, como proveedores posibles de "lo griego", produce la tradición nacional. Aunque esto es verdad hasta cierto punto para América Latina, tal como Beatriz González Stephan arguye en *La historiografía literaria del liberalismo hispanoamericano del siglo XIX* (La Habana: Casa de las Américas, 1987), también es verdad que los principales propagandistas nacionales diseminaban sus ideas mediante una ficción libidinosa.

33. Para un importante estudio del modo en que las brechas y ausencias constituyen en parte incluso la literatura aparentemente programática, véase Roberto González Echevarría, *La voz de los maestros: escritura y autoridad en la literatura latinoamericana moderna* (Madrid: Editorial Verbum, 2001).

34. D. A. Miller plantea un argumento paralelo respecto a las novelas victorianas en Inglaterra, dada su historia disciplinaria y los efectos persistentes en otros medios. En cuanto al potencial desestabilizador en que las lecturas modernas prefieren enfocarse, Miller arguye que la

función del "escándalo" es inscribir la norma por contraste. Véase *The Novel and the Police* (Berkeley, Los Angeles, London: University of California Press, 1988).

35. Luis Alberto Sánchez, en su *Proceso y contenido de la novela hispanoamericana* (Madrid: Gredos, 1953): 70-73, arguye en contra de la afirmación de Henríquez Ureña de que la colonia estuvo privada de ficción (pág. 71). Véase también Nancy Vogeley, "Defining the 'Colonial Reader': *El Periquillo Sarniento*", PMLA 102, 5 (octubre 1987): 784-800; 785.

36. Véase Beatriz González S., "Narrativa de la 'estabilización' colonial: *Peregrinación de Bartolomé Lorenzo* (1586) de José de Acosta, Infortunios de Alonso Ramírez (1690) de Carlos de Sigüenza y Góngora", *Ideologies and Literature,* nuevas series, 2, 1 (Primavera 1987): 7-52. En n. 2 ella cita a Pedro Henríquez Ureña como la voz solitaria entre los críticos que en 1927 desafiaron la suposición de que no había ficción en la colonia.

    Estas novelas tempranas prepararon lo que Roberto González Echevarría llama las tres narrativas maestras de América Latina: legal, de viaje, antropológica. Véase su "Redescubrimiento del mundo perdido: *El Facundo* de Sarmiento", en *Revista Iberoamericana* 143 (abril-junio 1988): 385-406. Quiero argüir que, con la consolidación nacional, se desarrolló un cuarto código maestro erótico inmensamente popular.

37. Vogeley, pág. 787, la cita fue sacada de *Postscript to The Name of the Rose* de Eco (Nueva York: Harcourt, 1983): 50. Existe una traducción del libro de Eco al español: *Apostillas al Nombre de la rosa,* trad. Ricardo Pochtar (Barcelona: Lumen, 1992). México fue una colonia excepcionalmente próspera. Por contraste, Adolfo Prieto nos reprende por asumir que hasta un público lector de periódicos era estable o considerable en Argentina o Chile. "Sarmiento: La forja del lector" (MS.).

38. Véase Jorge B. Rivera, *El Folletín y la novela popular* (Buenos Aires: Centro Editor de América Latina, 1968). Los adelantos tecnológicos de la prensa y una incorporación creciente de los "sectores marginados", sobre todo las mujeres lectoras de novelas por entregas, explican un aumento dramático en el consumo de periódicos en Europa durante los años 1820 y 1830 (15). "Los folletines ingleses y franceses son conocidos casi inmediatamente en toda Europa y pasan rápidamente a América, donde son consumidos con idéntica fruición y llegan a afirmar una verdadera hegemonía" (13). Véase también Elizabeth Garrels, "El *Facundo* como folletín", *Revista Iberoamericana* 143 (abril-junio 1988): 419-447; 436-437. Mientras Sarmiento daba por entregas su propio *Facundo* (10 de noviembre de 1824-4 de octubre de 1845), en *El Progreso* de Santiago aparecieron diez títulos de Alejandro Dumas. Otro *folletinista* popular era Eugene Sue, de cuya novela *Los misterios de París,* Sarmiento incluyó algunas muestras en marzo de 1844 y fue publicado enteramente por *El Mercurio* de Valparaíso para los suscriptores en 1845.

39. El romance, escribe Fredric Jameson, resuelve el dilema de la diferencia con "algo similar a una evaporación sémica" (pág. 118), una "resolución imaginaria de una contradicción real" que Lévi-Strauss consideró como el efecto general de la narrativa individual, en su ensayo "El estudio estructural del mito" (1963), en *The Political Unconscious: Narrative as a Socially Symbolic Act* (Ithaca: Cornell University Press, 1981): 77. Hay una traducción al español: *Documentos de Cultura, Documentos de Barbarie,* trad. Tomás Segovia (Madrid: Visor, 1989).

40. Leslie Fiedler, *Love and Death in the American Novel* (Nueva York: Stein and Day, ed. rev., 1966): 23.

41. David Bushnell y Nelly Macaulay, *The Emergence of Latin America in the Nineteenth Century* (Oxford y Nueva York: Oxford University Press, 1988): 7.

42. Bushnell y Macaulay, págs. 12, 53.

43. Susan Kirkpatrick, "The Ideology of Costumbrismo", *Ideologies and Literature* 2, 7 (1978): 28-44; 37. El cultivo de este género por parte de la burguesía española en los periódicos de los 1830 desarrolló y sirvió a un público lector que quería consumir nuevas imágenes de sí mismo.

44. Ludmilla Jordanova, ed., Languages of Nature: *Critical Essays on Science and Literature,* prólogo de Raymond Williams (London: Free Association Books, 1986), véase sobre todo

la discusión acerca de Sade y Laclos en A. E. Pilington, "'Nature' as Ethical Norm in the Enlightenment", págs. 51-85, y "Naturalizing the Family: Literature and Bio-Medical Science in the Late Eighteenth Century" de Jordanova, págs. 86-116.

45. Michael Mitterauer y Reinhard Sieder, *The European Family: Patriarchy to Partnership from the Middle Ages to the Present*, trad. Karla Oosterveen y Manfred Horzinger (Chicago: The University of Chicago Press, 1983).

46. Jacques Lacan acuñó este uso en *Escritos*, trad. Tomás Segovia (México: Siglo XXI, 1980). Fascinado por su imagen, el niño humano se para ante el espejo para jugar al escondite consigo mismo. Esto es amor a primera vista, la díada de la autoidentificación puede ser repetida entre el niño y la madre, un sistema cerrado y recíproco que Lacan llama el edénico reino Imaginario.

47. Véase Miriam Williford, *Jeremy Bentham on Spanish America: An Account of His Letters and Proposals to the New World* (Baton Rouge: Louisiana State University Press, 1980).

48. Juan Bautista Alberdi, "Las bases y puntos de partida para la organización política de la República Argentina" (1852). Véase Tulio Halperín Donghi, *Proyecto y construcción de una nación* (*Argentina, 1846-1880*) (Buenos Aires: Espasa Calpe Argentina, 1995): 192-233; 202 (énfasis mío).

49. Alberdi, 107.

50. En otros países, el militarismo tuvo una vida subsiguiente más larga (o una historia cultural menos interrumpida) y siguió presentando un valor político en las novelas. Incluso cuando el matrimonio civil y el heroísmo domesticado, feminizado, representaban el ideal de un escritor, otro escritor se habría opuesto con una celebración de la masculinidad agresiva. Véase, por ejemplo, Covarrubias en México, Acevedo Díaz y Javier de Viana en Uruguay, Picón Febres en Venezuela, Leguizamón en Argentina, entre otros novelistas.

51. Véase Asunción Lavrín, ed., *Las mujeres latinoamericanas: perspectivas históricas*, trad. Mercedes Pizarro de Parlange (México: FCE, 1985) con unos ensayos pioneros sobre la participación activa de las mujeres. Y K. Lynn Stoner recopiló una bibliografía de doce páginas sobre historias recientes, muchas de ellas sobre el siglo XIX. Véase "Directions in Latin American Women's History, 1977-1985", *Latin American Research Review* 22, 2 (1987): 101-134.

52. Jean Franco, *Conspiradoras: La representación de la mujer en México*, trad. Mercedes Córdoba (México: FCE, 1994), describe una "virilización" de la literatura, como respuesta compensatoria al lugar humilde de América Latina en el sistema mundial, para que las mujeres quedaran sorprendidas por la trivialidad de sus propias preocupaciones (pág. 94). Pero durante el apogeo de la victoria liberal en México, la distinción se borró por lo menos en las historias de amor sumamente patrióticas de Ignacio Altamirano.

53. Domingo F. Sarmiento, Facundo: *Civilización y barbarie* (Buenos Aires: Espasa-Calpe Argentina, 8ª ed., 1970): 12-13.

54. Véase Tony Tanner, "La Maison Paternelle", en *Adultery in the Novel: Contact and Transgression* (Baltimore: Johns Hopkins University Press, 1979): 120-132.

55. Jameson, *The Political Unconscious*, cap. 3, "Realism and Desire: Balzac and the Problem of the Subject": 151-184. En la estructura "alegórica" de la narrativa cómica de *La vieille fille*, el sexo debe leerse como figura que representa tanto el anhelo por el retiro del terrateniente como por la resolución de una contradicción social e histórica (pág. 158). La historia ocurre en 1816, pero fue escrita en 1836, después del fracaso de la Restauración debido al derrocamiento de los Borbones en 1830 por las fuerzas de la clase media liberal. El retorno del Conde de Troisville parece ser una breve "solución" (aristocrática y militar) a sus problemas; pero él ya está casado. Es el personaje en el horizonte de la narrativa que esboza un espacio para la Restauración verdadera.

56. La heroína del título es salvada aquí, al igual que Soledad, por un guardián de su niñez con quien escapa de un marido abusivo y un amante oportunista hacia una isla remota donde reina la justicia. En cuanto a las historias de amor convencionales, véase las que Paul de

Man menciona en contraste con *Julie.*Véase *Allegories of Reading: Figural Language in Rousseau, Rilke, Nietzcshe and Proust* (New Haven: Yale University Press, 1979): 215.

57. René Girard, *Mentira romántica y verdad novelesca,* trad. Guillermo Sucre (Caracas: Ediciones de la Biblioteca de la Universidad Central de Venezuela, 1963): 81.

58. Julio Cortázar, "Manuscrito hallado en un bolsillo", en *Octaedro* (Madrid: Alianza, 1999): 49-63.

59. En Robert Darnton, "What Was Revolutionary About the French Revolution?" *New York Review of Books* 35, 21 y 22 (19 de enero de 1989): 4.

60. Girard, pág. 82.

61. Tampoco deberíamos dejar de ver objetivamente las demoras a las que los fundadores de la nación se enfrentaron en medio de las ruinas de la colonia y las agotadoras guerras. Véase Tulio Halperín Donghi sobre esta cuestión y en general. "Una larga espera", en *Historia contemporánea de América Latina* (Madrid: Alianza Editorial, 7ª ed., 1977): 134-206.

62. Diana Balmori, Stuart F. Voss y Miles Wortman, *Notable Family Networks in Latin America* (Chicago: University of Chicago Press, 1984) traducida como *Las alianzas de familias y la formación del país en America Latina,* trad. Dorothy Ling (México: FCE, 1990). También Diana Balmori y Robert Oppenheimer, "Family Clusters: Generational Nucleation in Nineteenth-Century Argentina and Chile", *Society for Comparative Study of Society and History* (1979): 231-261.

63. Balmori, Voss y Wortman, pág. 4

64. El comercio era un oficio abierto a los criollos en el período colonial tardío cuando una reforma de los Borbones colocó a los intendentes nacidos en España a cargo, en general, de lo económico, lo burocrático y lo militar en los gobiernos provinciales que habían sido ignorados en la estructura administrativa más temprana y relajada. Véase John Lynch, *Administración colonial española, 1782-1810: el sistema de intendencias en el Virreinato del Río de la Plata,* trad. Germán O. E. Tjarks (Buenos Aires: Eudeba, 1962).

65. Para la discusión de las mujeres como capital de riesgo, véase Voss, "The *Gente Decente* in the Latin American Foundational Fiction and Historical Reality: Some Observations", ponencia presentada en el congreso de LASA, dic. 1989.

66. Balmori, Voss y Wortman, pág. 19.

67. Jean Elshtain, ed., *The Family in Political Thought* (Amherst: University of Massachussets, 1982), "Introduction": 1-30.

68. *Aves sin nidos* de Clorinda Matto de Turner (1889). Para lecturas informadas y cautivadoras de esta novela, véase Antonio Cornejo Polar, *La novela indigenista* (Lima: Editorial Lasontay, 1980) y *La novela peruana: Siete estudios* (Lima: Editorial Horizonte, 1977). Señala que el proyecto de Matto de Turner consiste en civilizar y educar a los indios, no salvaguardar su cultura, la cual, presuntamente, había sido corrompida sin remedio.

69. En la carta abierta a Ramiro de Maeztu, que aparece como prólogo a la edición de *Matalaché,* preparado por Juan Mejía Baca y P. L. Villanueva (Lima: Ediciones Populares, sin fecha), López Albújar afirma que por encima del distanciamiento del título, de la fortuna y del color de la piel está la atracción de los sexos, el poder irresistible del genio de la especie... El amor salva toda barrera (págs. 10-11).

70. Fuentes se despidió prematuramente de la narrativa populista en *La nueva novela latinoamericana* (México: Joaquín Mortiz, 1969). Una buena indicación es un renacimiento cubano de *Doña Bárbara; La última mujer y el próximo combate de Manuel Cofiño López.* Publicada originalmente en Cuba en 1971, esta novela tuvo catorce ediciones en diez años, recibiendo grandes elogios en América Latina y en la Unión Soviética.

71. Los exiliados argentinos en Chile, sin embargo, sí intentaron mantenerlos aparte en sus declaraciones. Vicente Fidel López escribió que el culto al pasado, muy parecido a la veneración de Chateaubriand por la Edad Media en *Génie du christianisme* (1802), no podría favorecer al futuro de Chile. Véase Allen Woll, *A Functional Past: The Uses of History in Nineteenth-Century Chile* (Baton Rouge: Louisiana State University Press, 1982): 17,

donde se refiere al "Clasicismo y romanticismo" de López, Revista de Valparaíso, no. 4 (mayo de 1842).

72. Georg Lukács, *La novela histórica*, trad. Jazmín Reuter (México: Era, 1966): 67. El énfasis es de Lukács. Las demás referencias de página se encuentran en el texto. J. M. Bernstein, *The Philosophy of the Novel: Lukács, Marxism and the Dialectics of Form* (Minneapolis: University of Minnesota Press, 1984) argumenta de modo persuasivo la continuidad hegeliana entre *Teoría de la novela* y *La novela histórica*.

73. Georg Lukács, *Teoría de la novela*, trad. Juan José Sebreli (Buenos Aires: Ediciones Siglo Veinte, 1966): 55.

74. Walter Scott, "Essay on Romance" en *Essays on Chivalry, Romance and the Drama* (London: Frederick Warne, 1887): 65-108.

75. En su prefacio a *La casa de los siete tejados* (*The House of Seven Gables*, 1851), Hawthorne plantea que "Cuando un autor llama a su obra un romance, no es necesario subrayar que lo que reclama es cierta holgura de movimientos, tanto en su técnica como en sus materiales, que no se creería autorizado a disfrutar si pretendiera escribir una novela" (51). Sin duda, Hawthorne distinguía así sus ambiciosos y sus abarcadores proyectos sociales de esas novelas sentimentales de las "escritorzuelas". Y Perry Miller está convencido retrospectivamente de que los romances americanos no eran precisamente novelas porque no eran historias de amor. "[La] verdadera carga del Romance en América,... no era para nada la historia de amor. Todos ellos trataban básicamente del continente, del patrimonio de América, de la naturaleza". Perry Miller, *Nature's Nation* (Cambrdige, Mass.: Belknap Press, 1958): 252.

76. Miller, pág. 250. Y Scott, en sus reflexiones tardías, pareció no darles importancia a las diferencias genéricas. En 1829, cuando publicó de nuevo sus *Novelas de Waverley* (*The Waverley novels*) bajo su propio nombre, Scott hizo poca, si la hizo, distinción entre el romance y la novela en su "Advertencia", "Prefacio general" y "Prefacio a la tercera edición". Los términos parecen intercambiables. Scott, de hecho, ayudó a domesticar el romance, a llevar al héroe aventurero de vuelta a la tierra y a la casa. Y la casa era Rowena, no Rebecca; era la familia legítima, pre-scrita.

77. Algunos años antes de escribir sus grandes romances, Cooper se entrenaba como escritor imitando, no al varonil autor de romances históricos Walter Scott, sino a esa dama y maestra inglesa de la novela psicológica doméstica, la señorita Jane Austen. La primera novela de Cooper, intitulada como una de las suyas, *Persuasión* (*Persuasion*, 1820), no fue una parodia sino un intento serio de estudiar el problema del matrimonio, y este "primer creador de los mitos americanos" siguió haciéndose pasar por una mujer con el seudónimo de Jane Morgan hasta 1823. Véase Leslie A. Fielder, *Love and Death in the American Novel* (New York: Stein and Day, ed. rev., 1966): 186, 190. En general, Fiedler muestra cómo los géneros se funden los unos en los otros, incluso en los propios términos del siglo XIX. La trama "neo-cómica" idealizadora del romance histórico (el joven obtiene, pierde y recupera a la mujer) es obviamente una historia de amor, mientras que los cuentos sentimentales de seducción, arrepentimiento, y triunfo femenino en Norteamérica son casi tan alegóricos y moralmente ideales como los romances patrióticos.

78. Meyra Jehlen arguye que el núcleo de la ética estadounidense estable y trascendental es la familia burguesa, la cual "inspiró la masculinidad estridente y hasta el celibato de sus héroes". La domesticación, o "burguesificación", del romance en las Américas supone que el héroe es un amante convertido en esposo, o que lo debería ser. Ya sea que nos fijemos en una noción de romance como la búsqueda erótica de un amor estable o la búsqueda de la libertad que aparentemente renuncia a la estabilidad, los ejemplos norteamericanos terminan trayendo a los héroes de vuelta a casa o los miran autodestruirse. "New World Epics: The Novel and the Middle-Class in America", en *Salmagundi,* a Quarterly of the Humanities and Social Sciences, no. 36 (Invierno 1977): 49-68.

79. Georgi Dimitroff, probablemente el teórico cultural principal de la Tercera Internacional del Partido Comunista en 1935, defendió una postura parecida de frente popular. Anunció

que era un error para los comunistas abandonar a los héroes nacionales y las tradiciones a las manipulaciones de los fascistas; llegó a ser legítimo y deseable dirigirse a las masas en una retórica familiar de la tierra y la sangre (la nación y la familia), a pesar de su ambigüedad política, en lo que era un llamamiento desesperado del partido al apoyo de la masa. Georgi Dimitroff, *The United Front* (San Francisco: Proletarian Publishers, 1975): 78. Existe una traducción de este libro al español: *Frente popular en todo el mundo* (Santiago de Chile: Uslam, 19?).

80. Anderson, pág. 49 en el original en inglés. Sobre los Estados americanos, escribe que además de ser los primeros en aparecer, por lo cual pueden ser elevados al nivel de verdaderos modelos, también su número y su emergencia contemporánea hacen que se presten a un estudio comparativo.

81. Richard Chase considera esta diferencia en el registro como fundamental para destacar la literatura inglesa: los escritores americanos, dice, son o "intelectuales" o "incultos", a diferencia del "nivel cultural medio" de la literatura inglesa, a lo mejor la única en toda la historia. Véase Chase, pág. 10 en el original en inglés.

82. Northrop Frye, *La escritura profana (The Secular Scripture: A Study of the Structure of Romance)*, trad. Edison Simons (Caracas: Monte Ávila Editores, 1992): 14.

83. En su novela *Una familia lejana* (1980), Fuentes intenta recomponer la familia burguesa en forma transnacional. James Romano afirma que esta invocación de la familia actúa como un torniquete para la desintegración nacional en una dimensión tanto cultural como histórica. (James V. Romano, "Authorial Indentity and National Disintegration", *Ideologies and Literature* 4, 1 (Primavera 1989).

84. Carlos Fuentes, *La muerte de Artemio Cruz* (México: FCE, 1962): 82.

85. El partido dirigente de México a partir del final de la Revolución fue llamado el Partido Revolucionario Institucional (PRI).

Notas

I.

PARTE 2:

AMOR Y PATRIA:
UNA ESPECULACIÓN ALEGÓRICA

1. Franklin J. Franco nos dice que Enriquillo fue "elevado desde el siglo pasado a la calidad de lectura obligatoria por el sistema de enseñanza oficial". *Trujillismo: Génesis y rehabilitación* (Santo Domingo: Editora Cultural Dominicana, 1971): 67. Pero otras novelas nacionales llegaron a ser lectura obligatoria sólo más tarde, después de que los gobiernos tuvieron fondos para la publicación masiva de casi todo, menos libros de texto (a menudo de ley natural, filosofía, literatura, a través de selecciones de los clásicos latinos, y de historia reciente). Como en los Estados Unidos, la literatura americana no tuvo una legitimidad académica inmediata. El primer "Programa de literatura española y de los Estados hispanoamericanos" de que se tiene noticia fue, en Argentina, el curso impartido por el Profesor Calixto Oyuela en 1884, para el cuarto año en el Colegio Nacional de la Capital (Buenos Aires: Imprenta Biedma, 1884). En la pág. 16, *Amalia* figura junto a *La Cautiva* y la poesía gauchesca. Pero la literatura, como parte de la educación patriótica, todavía era defendida por Ricardo Rojas en *La restauración nacionalista* (Buenos Aires: Librería de la Facultad, 1922; originalmente 1909). En México los primeros cursos universitarios de literatura fueron instituidos en 1912, con el principio de la Revolución (antipositivista). Véase Alfonso Reyes, "Pasado inmediato" (1939), *Obras completas* (México: FCE, 1960), 12: 214. Hacia 1933, las lecturas obligatorias ya incluían, desde hacía bastante tiempo, a Altamirano así como a Fernández Lizardi, Payno, Sierra, y otros. Véase *Programas detallados para las escuelas secundarias* (México: Secretaría de Educación Pública, 1933): 54.

El ejemplo de Chile tiene un conocido análogo en la enseñanza de la historia nacional. Es el culto tardío de Arturo Prat, el héroe de la Guerra del Pacífico de 1879. Iván Jaksic especuló para mí que *Martín Rivas* fue impuesto como texto obligatorio por los mismos líderes nacionalistas y educadores que respondieron a las demandas cívicas durante la Depresión (y como manera de enfrentar ideologías "foráneas") institucionalizando el heroísmo de Prat, convirtiéndolo en un modelo de esfuerzo y reconciliación nacional. Véase William F. Sater, *The Heroic Image in Chile: Arturo Prat, Secular Saint* (Berkeley; Los Angeles: University of California Press, 1973).

2. Véase Beatriz González Stephan, *La historiografía literaria del liberalismo hispanoamericano del siglo XIX* (La Habana: Casa de las Américas, 1987), sobre todo 193 y 159. La mayoría de los historiadores literarios tuvieron una formación religiosa rigurosa, y algunos de ellos estudiaron para ser curas. Tomaron prestados sus criterios estéticos de Aristóteles, Boileau y Luzán, y trabajaron en partidos políticos como abogados, profesores universitarios o decanos; la mayor parte de ellos eran senadores, diputados, ministros y diplomáticos. El proyecto era a menudo más un desiderátum que un registro ya que los nuevos países, tan resistentes a su pasado colonial, tenían poca literatura que exhibir, siendo Brasil una excepción.

3. Las literaturas indígenas, la literatura hispánica oral, muchas crónicas y varias formas híbridas fueron excluidas de las primeras historias literarias. González Stephan, págs. 191-192.

4. En previsión a tal sociología de la literatura, una manera de leer la historia de la institucionalización es sintomáticamente, a partir del registro de las publicaciones. Les agradezco a Antonio Cornejo Polar esta sugerencia y a Ludwig Lauherhaus de la biblioteca de UCLA su consentimiento. Este registro es a menudo magro hasta los años 1920 y 1930, cuando las grandes ediciones seguirán casi de manera anual. En las entradas claramente desiguales de *The National Union Catalog Pre-1956 Imprints,* algunas ediciones de *Amalia* aparecen antes de la década de 1930 (más en Europa que en Buenos Aires, y dos ediciones para los estudiantes americanos, con notas y ejercicios). Pero a partir de 1930, Sopena (primero en Barcelona y luego en Buenos Aires) empieza a producir impresiones cada dos o tres años, incluso en esta lista incompleta. Espasa-Calpe en Madrid y Buenos Aires, y Estrada son impresores simultáneos de *Amalia. El Zarco* de Altamirano (otro de los libros favoritos de los profesores de español americanos, como efectivamente lo eran casi todas estas novelas nacionales) apareció en 1901 y muestra tres impresiones en esta lista hasta 1940. En la década siguiente, Espasa-Calpe de Buenos Aires y México la reeditó cuatro veces, a las que se agregó la Editora Nacional de México en 1951. *Tabaré,* de Zorrilla de San Martín, para dar sólo un último ejemplo del *catálogo,* tuvo con el tiempo un número excepcional de impresiones y ediciones, sobre todo desde la década de 1920 (dos páginas completas del catálogo sólo para este libro). Y el *Martín Rivas* de Blest Gana parece haber sido lectura estándar desde fecha temprana (para los chilenos así como para los estudiantes americanos mediante la edición de D. C. Heath). La "Bibliografía anotada de y sobre Alberto Blest Gana" de Jorge Román-Lagunas, *Revista Iberoamericana,* nos. 112-13 (julio-diciembre 1980): 605-647, informa que durante el siglo XIX la novela tuvo cinco impresiones; en el XX, hacia 1980, ya había tenido treinta.

5. Ésta es la definición general de John Breuilly en *Nacionalismo y Estado* (*Nationalism and the State*), (Barcelona: Ediciones Pomares-Corredor, 1990).

6. Véase Breuilly, pág. 342. Según el autor, el querer un Estado-nación con muchos de los rasgos de otros es difícil de reconciliar con la justificación de que una nación singular necesita su propia forma de independencia.

7. Beatriz González Stephan señala repetidas veces (por ejemplo, pág. 184) que ésta era una de las contradicciones que enfrentaron las élites fundadoras de la nación en el siglo XIX. Puesto que eran la élite, imitaban a Europa; y puesto que eran los fundadores americanos de la nación, celebraban su entorno premoderno.

8. Benedict Anderson, *Comunidades imaginadas: Reflexiones sobre el origen y la difusión del nacionalismo (Imagined Communities: Reflections on the Origin and Spread of Nationalism),* trad. Eduardo L. Suárez (México, FCE, 1993). Las referencias a páginas posteriores aparecerán en el texto.

9. Michel Foucault, *La historia de la sexualidad,* vol. 1. *Introducción,* trad. Ulises Guiñazu (México: Siglo Veintiuno, 1996). Las referencias a páginas posteriores aparecerán en el texto.

10. Véase Anita Levy, "Blood, Kinship, and Gender", *Genders,* no. 5 (verano 1989): 70-85; 75.

11. La pasión patriótica tiene obviamente una larga historia, la cual Ernst H. Kantorowicz trazó magistralmente como una reconquista progresiva del patriotismo clásico en "Pro Patria Mori in Medieval Political Thought", *Selected Studies* (Locust Valley, N. Y.: J. J. Augustin Publisher, 1965): 308-324. Se puede resumir muy esquemáticamente la progresión de la manera siguiente: la Alta Edad Media rechazaba una patria terrestre; después la hizo paralela a Jerusalén (Francia es su ejemplo principal); desplazó el cuerpo místico de la Iglesia al cuerpo corporativo del Estado; comprendió la corporación como el cuerpo de la nación con el rey a su cabeza; y por fin dejó al rey atrás. Pero en este retorno, la antigua patria (ciudad, polis) es sustituida por la idea de la nación inclusiva tal como se desarrolló durante la Edad Media.

12. Nancy Armstrong, *Deseo y ficción doméstica (Desire and Domestic Fiction: A Political History of the Novel)*, trad. María Coy (Madrid: Cátedra, 1991): 17.

13. Respecto al período, Foucault prefiere darle importancia a la era victoriana antes que al siglo XVII, que coincidiría con y sería explicado por el ascenso del capital.

14. Un ejemplo reciente del consenso es el artículo de Henry Abelove, "Towards a History of 'Sexual Intercourse' During the 'Long Eighteenth Century' in England", *Genders* no. 6 (noviembre 1989): 125-130, donde arguye que el culto a la producción burguesa coincidió con un gusto creciente por el amor reproductivo que redefinió las otras prácticas sexuales como mero preludio.

15. D. A. Miller señala que "la reticencia más notable en la obra de Foucault parece relacionarse a la lectura de textos literarios e instituciones literarias", como si no pudieran ser legítimos objetos de análisis. Véase *The Novel and the Police* (Berkeley: University of California Press, 1988): viii, no. 1.

16. Michael Davitt Bell, *The Development of American Romance: The Sacrifice of Relation* (Chicago: Chicago University Press, 1980): xii.

17. Ignacio M. Altamirano, "La literatura nacional" (1868), *La literatura nacional*, ed. y prólogo de José Luis Martínez (México: Porrúa, Col. de Escritores Mexicanos, no. 52, 1949): 9-40; 17.

18. George L. Mosse también afirma que la sexualidad es reprimida o deformada, no construida, por el Estado. *Nationalism and Sexuality: Middle-Class Morality and Sexual Norms in Modern Europe* (Madison: University of Wisconsin Press, 1985).

19. Mary Louise Pratt ofrece algunos comentarios de advertencia sobre la premisa por parte de Anderson de la existencia de comunidad a través de los idiomas nacionales, pueden ser exclusionistas y codificadores de casta en un mapa interno de diferencias dialectales. Véase su "Utopías lingüísticas", en *La Lingüística de la escritura: debates entre lengua y literatura* (*The Linguistics of Writing: Arguments Between Language and Literature*), ed. Nigel Fabb, Derek Attridge, Alan Durant y Colin MacCabe; trad. J. Yagüe Bosch (Madrid: Visor, 1989).

20. En un ensayo reciente, Benedict Anderson llega a una observación parecida sobre el sudeste de Asia. Según él, aunque "el modelo nacionalista oficial vino de Europa, el Estado colonial fue mucho más importante". Puede que haya sido violentamente antinacionalista, pero debajo de la retórica hay una "gramática", una cuadrícula, de una especificidad territorial que los nacionalistas heredaron. "Census, Map, Museum: Notes on the Origins of Official Nationalism in Southeast Asia", borrador de enero de 1989.

21. "Mesiánico" como opuesto a "tiempo homogéneo, vacío" (en el cual, según Anderson, está basada "toda concepción moderna de importancia" pág. 30) son conceptos sacados de "Tesis de Filosofía de la Historia" de Walter Benjamin, *Illuminations*, ed. Anna Arendt (Nueva York: Schocken, 1969): 253-264. Existe una traducción en español: *Discursos interrumpidos I*, trad. Jesús Aguirre (Madrid: Taurus, 1973). Homi K. Bhabha arguye que la lectura utópica errónea que hace Anderson del tiempo homogéneo pasa por alto las prevenciones de Benjamin sobre nuestras diferencias inconmensurables al experimentar el tiempo. "Introduction", *Nation and Narration* (Londres: Routledge, 1990).

22. Desarrollo esto en "Allegory and Dialectics: A Match Made in Romance". *Boundary* 2, 18, no. 1 (enero 1991).

23. Fredric Jameson, "Third-World Literature in the Era of Multinational Capitalism", *Social Text* 15 (otoño 1986): 65-88; 69. Según Jameson, en los textos del Tercer Mundo la historia del destino individual siempre es una alegoría de la precaria situación de la cultura pública y la sociedad. Añade que es precisamente esta particular proporción de lo político a lo personal lo que hace que tales textos resistan a nuestros hábitos de lectura occidentales. Las siguientes referencias a las páginas de este ensayo aparecerán entre paréntesis.

24. Véase Stephen Melville, "Notes on the Reemergence of Allegory, the Forgetting of Modernism, the Necessity of Rhetoric, and the Conditions of Publicity in Art and Criticism", *October* 19 (invierno 1981): 55-92. Se trata de una respuesta a una serie de ensayos publicados en *October.* Incluyen "Pictures" de Douglas Crimp, *October* 8 (Primavera 1979): 75-88; "On the Museum's Ruins", *October* 13 (verano 1980): 41-57; Joel Fineman, "The Structure of Allegorical Desire", *October* 12 (primavera 1980): 47-66; Craig Owens, *"Einstein on the Beach:* The Primacy of Metaphor", *October* 4 (otoño 1977): 21-32; y "The Allegorical Impulse: Toward a Theory of Postmodernism", *October* 12 (primavera 1980): 67-86, y parte 2, no. 13 (verano 1980): 61-80.

25. Esto es lo que hace Aijaz Ahmad en su respuesta, que por lo demás es sabia, "Jameson's Rhetoric of Otherness and the 'National Allegory'", *Social Text* 17: 3-25.

26. Publicado originalmente como *Ursprung des deutschen Trauerspiels.* Se usará la traducción española de José Muñoz Millanes (Madrid: Taurus, 1990) como referencia de las páginas puestas entre paréntesis en el texto.

27. Walter Benjamin, "Central Park", trad. Lloyd Spencer, *New German Critique,* no. 34 (invierno de 1985): 32-58; 47-48. Según Benjamin, la correspondencia entre la antigüedad y la modernidad es la única concepción constructiva de la historia en Baudelaire. Añade que éste excluía una concepción dialéctica. A pesar de la ira de Baudelaire contra el sistema de producción de mercancías, su alegoría es un registro de la decadencia, tan extrañamente alienada del proceso como lo son las (otras) mercancías producidas a su alrededor.

28. Jonathan Arac señala un "poderoso patrón de omisión" en la adaptación de Foucault y Benjamin que hace de Man para "La retórica de la temporalidad", la omisión de la genealogía o periodización que había "ubicado" al Mallarmé de Foucault en el episteme postclásico y al Baudelaire de Benjamin a una distancia formal y contextual de los alegoristas barrocos. Jonathan Arac, "Afterword: Lyric Poetry and the Bonds of New Criticism", *Lyric Poetry: Beyond New Criticism,* ed. Chaviva Hošek y Patricia Parker (Ithaca, NY: Cornell University Press, 1985): 345-355; 351.

29. Otros lectores, desde luego, pueden y han interpretado esta intervención como la aclaración por parte de De Man de la imposibilidad que Benjamin anuncia. Pueden ser enteramente justificados; pero desde mi posición interesada algo se ha perdido. Es la promesa de que las asociaciones heterodoxas de Benjamin contribuirán a un vocabulario crítico para describir un género corriente y canónico pero muy poco entendido.

    Por ejemplo, Geoffrey Hartman es uno de esos lectores que aplaude la lectura que hace De Man de la alegoría como una liberación de las connotaciones trágicas que Benjamin atribuye al término (que aquí son consideradas erróneamente como independientes de la historia). "Looking Back on Paul de Man", *Reading De Man Reading,* ed. Lindsay Waters and Wlad Godzich (Minneapolis: University of Minnesota Press, 1989): 3-24, sobre todo 8-9. En el mismo volumen, Kevin Newmark explica en "Paul de Man's History", 121-135, que la aparente impaciencia de De Man con la historia era con la historia "orgánica", no lingüística y empírica. Una alternativa que empezara desde las relaciones tropológicas y desde la lectura de la historia a través de, y no como, metáforas, era mucho más prometedora para él.

    Y Lindsay Waters ofrece una prolongada lectura comparativa en su ensayo introductorio "Paul de Man: Life and Works", para el volumen Paul de Man, *Critical Writings* 1953-1978

81

(Minneapolis: University of Minnesota Press, 1989): ix-lxxiv. Su periodización ubica "La retórica de la temporalidad" en el punto culminante de su última y más rigurosa etapa de escritura académica; presagia un énfasis deliberado en la retórica y el lenguaje.

Lloyd Spencer, el traductor y comentarista de "Central Park", aparentemente lee a Benjamin y retoma lo que De Man diría de él. Para él, "las alegorías, incluso las que proclaman la estabilidad y la plenitud del significado en el universo (jerarquizado), se pueden deconstruir a sí mismas, revelando lo contrario de lo que quieren insinuar". (pág. 63). Y "Notes of the Reemergence of Allegory" de Stephen Melville empieza explícitamente con una referencia a De Man como la figura más importante de tal reemergencia en la crítica literaria. Véase no. 24.

En otro esfuerzo para rescatar la alegoría, *Empire For Liberty: Melville and the Poetics of Individualism* de Wai-chee Dimock (Princeton: Princeton University Press, 1989): 22-25, la convierte en un desarrollo funcional de la personificación. La autora parte desde la reducción del tiempo de De Man a un efecto de retórica alegórica, asumiendo que la visión retrospectiva de Benjamin sobre las ruinas del tiempo viene a ser lo mismo, y concluye que "el orden atemporal de la alegoría" es el espacio que gobierna a la vez las narrativas autónomas de Melville y el gobierno social en los Estados Unidos de la preguerra civil.

30. Publicado originalmente en *Interpretation: Theory and Practice,* ed. Charles S. Singleton (Baltimore: Johns Hopkins University Press, 1969): 173-210, y luego en *Visión y ceguera: ensayos sobre la retórica de la crítica contemporánea (Blindness and Insight: Essays in the Rhetoric of Contemporary Criticism)* de De Man, trad. Hugo Rodríguez Vecchini y Jacques Lezra (Río Piedras: Universidad de Puerto Rico, 1991).

31. Véase Michael W. Jennings, *Dialectical Images: Walter Benjamin's Theory of Literary Criticism* (Ithaca: Cornell University Press, 1987). Señala cuidadosamente el uso ambivalente que Benjamin hace de la alegoría. No fue sólo el registro de la autoalienación, el resultado ruinoso de los esfuerzos totalizadores, sino también un marco para las "imágenes vivas", una vez que los proyectos históricos son leídos desde las ruinas (págs. 172-173).

32. Paul de Man, "Pascal's Allegory of Persuasion", en Stephen J.Greenblatt, ed., *Allegory and Representation* (Baltimore: Johns Hopkins University Press, 1981): 1-25; 23.

33. Gracias a Richard Rorty, puedo llamar a estas maniobras pragmáticas y "postfilosóficas" (por haber renunciado al terreno estable de la naturaleza humana) antes que descuidadas. Según Rorty, "si en vez de considerar la novela como un tratado teológico o científico o filosófico la consideramos el depósito paradigmático de la sabiduría, en vez de decir que 'la filosofía y la democracia nacieron al mismo tiempo y en el mismo lugar', estaremos más inclinados a decir que la *ficción* y la democracia son cognados". (Véase sus "Comments on Castoriadis's 'The End of Philosophy'", *Salmagundi,* no. 82-83 (Primavera-Verano 1989): 24-30; 28.

34. De Man, "Pascal's Allegory of Persuasion", pág. 17.

35. Segundo Prefacio a Julie, citado por Paul de Man, *Allegories of Reading: Figural Language in Rousseau, Rilke, Nietzsche y Proust* (New Haven: Yale University Press, 1979): 198. Las referencias a las páginas de *Allegories* aparecerán entre paréntesis.

36. Alberto Blest Gana, *Martín Rivas (Novela de costumbres político-sociales),* Prólogo, Notas y Cronología de Jaime Concha (Caracas: Biblioteca Ayacucho, 1977): 249.

37. Kenneth Burke, *The Rhetoric of Religion: Studies in Logology* (Boston: Beacon Press, 1961): 51. Hay una traducción de este libro al español: *Retórica de la religión: Estudios de logología,* trad. Mary Román Wolff (México: FCE, 1975).

38. Joel Fineman, "The Structure of Allegorical Desire", en Stephen J. Greenblatt, ed., *Allegory and Representation* (Baltimore: Johns Hopkins University Press, 1981): 26-60; 46.

39. Véase Leo Bersani, "Representation and Its Discontents" en Greenblatt, págs. 145-162. Describe la concepción sadeana de la excitación sexual como una "conmoción compartida". Según él, la excitación es la consecuencia del sexo más que su motivo. Por lo tanto, la

excitación sexual debe ser representada antes de ser sentida; "más exactamente, es la representación de una conmoción alienada": 145.

40. Le debo este comentario provocativo a Jean Bethke Elshtain.

41. Catherine Gallagher, en *Industrial Transformations in the English Novel* (Chicago: University of Chicago Press, 1985), desarrolla una doble lectura similar. Le agradezco a Marshall Brown por señalarme este libro.

42. Véase Roberto Schwarz, "Misplaced Ideas: Literature and Society in Late Nineteenth-Century Brazil", *Comparative Civilizations Review* 5 (1979): 33-51.

43. Northrop Frye, *La escritura profana (The Secular Scripture: A Study of the Structure of Romance);* trad. Edison Simons (Caracas: Monte Ávila Editores, 1992): 14, 63.

44. Northrop Frye, *Anatomy of Criticism* (Nueva York: Atheneum, 1968): 193-195. Hay una traducción de este libro al español: *Anatomía de la crítica,* trad. Edison Simons (Caracas: Monte Ávila Editores, 1991).

45. Fineman, pág. 32. Después de una reseña de la crítica, concluye que la alegoría funciona de dos maneras posibles: perpendicularmente, caso en cual la metáfora la organiza (como la gran cadena del ser y otros modelos visuales, apenas narrativos) y horizontalmente, organizada por la metonimia que produce la narrativa. Jakobson, según dice, ve la metáfora, sin embargo, como central en ambos casos: según él, "es la estructura de la metáfora la que se proyecta sobre la secuencia de la metonimia, no al revés, y es por eso que la alegoría siempre es un modo jerarquizante, indicativo de un orden atemporal, a pesar de lo subversivo que pueda ser su contenido; es una figura inherentemente política y, por ende, religiosa, porque al diferir la estructura insinúa el poder de la estructura, lo que podemos llamar el efecto estructural".

Desde mi perspectiva, esto se parece a un argumento tautológico. ¿Por qué se considera el nivel político como necesariamente sagrado?

46. En el Prólogo de 1873, Hostos enfatizó la intención combativa del libro contra el despotismo continuo de España en las Antillas. Para asegurar una lectura alegórica, Hostos presenta las cartas de esta novela epistolar con una clave. Explica que los protagonistas Bayoán, Marién y Guarionex son también Puerto Rico, Cuba (su amada) e Hispaniola (su padre). Véase Eugenio María de Hostos, *La peregrinación de Bayoán* (Río Piedras: Ediciones Edil, 1970): 37. En la pág. 251, el protagonista repite su lamento característico respecto a la lucha entre amor y gloria en que el primero domina a la última. Les agradezco a Julio Ramos y a Rubén Ríos sus sugerencias sobre el caso especial de Hostos. Véase también los *Desencuentros* de Ramos: 52-57.

II

AUTENTICIDAD PLAGIADA:
EL COOPER DE SARMIENTO Y OTROS

¡Pobre Cora! ¿Por qué tuvo James Fenimore Cooper que matarla en *El último de los mohicanos* (1826)? Después de discurrir largamente sobre su heroísmo, generosidad, ingenio y cabal fuerza ética (por no hablar de las atracciones físicas en las que Cooper se detiene) la muerte de Cora parece cruelmente inmerecida. Y pobres de nosotros. ¿Por qué hacer que Cora sea tan admirable sólo para negarnos la continua fantasía de poseerla, o de convertirnos en ella? Esto resulta sumamente desconcertante tratándose de un romance, o novela sentimental, que por principio debería unir al héroe con la heroína después de hacerlos sortear todo tipo de obstáculos en apariencia insalvables.

Uno de los problemas aquí es que Cora no es en absoluto la heroína. Y mucho menos el mohicano Uncas su héroe. Cora es una mujer marcada por un pasado mestizo que ponía en entredicho el claro orden que Cooper deseaba para los Estados Unidos. Y por este preciso motivo tiene que quitarle la vida trágicamente: para frenar en seco nuestros devaneos sentimentales y dejarnos sólo con los amantes legítimos, quienes deben ganar nuestra simpatía definitiva. Ellos son la infantil Alicia, medio hermana de Cora, y su apuesto pretendiente inglés, el mayor Heyward.

Debo confesar de una vez que mis reacciones ante Cooper, una desilusión romántica seguida de una resignación práctica, están marcadas por mi propio pasado como lectora de los herederos latinoamericanos de Cooper. Ellos lo releyeron y lo reescribieron, ya fuese para defender la muerte de Cora arguyendo un sacrificio necesario, o para redimirla como la heroína americana más pintoresca y convincente. Considerando los inevitables años y libros que han mediado entre Cooper y yo, no puedo leerlo sino a través de estos escritores, justo como Jorge Luis Borges leyó *Don Quijote* a través de la reescritura de Pierre Menard. Como Menard en el cuento de Borges, los latinoamericanos produjeron textos contemporáneos con cada relectura de Cooper. Borges nos dice que "el texto de Cervantes y el de Menard son verbalmente idénticos, pero el segundo es casi infinitamente más rico. (Más ambiguo, dirán sus detractores; pero la ambigüedad es una riqueza)"[1].Cuando Cervantes escribió, por ejemplo, que la historia es madre de la verdad, era un simple "genio lego" proponiendo un mero elogio retórico de la historia. Pero cuando Menard lo rescribe, a Borges le parece que "la idea es asombrosa. Menard, contemporáneo de William James, no define la historia como una indagación de la realidad sino como su origen. La verdad histórica, para él, no es lo que sucedió; es lo que juzgamos que sucedió". Borges llega a entender que esta brillante puesta al día del texto no debe ser motivo de sorpresa ya que, aun en el supuesto de que la propia versión fetichista de Menard quiera irónicamente reinscribir una estabilidad textual que le fue negada a Cervantes, la sola práctica de la reescritura ya ha dejado abierta la posibilidad de manipulaciones posteriores. Esto lleva a su reseñador póstumo a razonar lo siguiente:

> ...Pensar, analizar, inventar (...) no son actos anómalos, son la normal respiración de la inteligencia" (...) Menard (acaso sin quererlo) ha enriquecido mediante una técnica nueva el arte detenido y rudimentario de la lectura: la técnica del anacronismo deliberado y de las atribuciones erróneas. Esa técnica de aplicación infinita nos insta a recorrer la *Odisea* como si fuera posterior a la *Eneida* (...) Esa técnica puebla de aventura los libros más calmosos[2].

¿Por qué no, pues, leer a Cooper a través de los escritores latinoamericanos que lo leyeron primero? Cada lectura es original porque ninguna realmente lo es, ya que la mera pretensión de originalidad se ve enfrentada por una infinita sucesión de relecturas. Dicho de otro modo, la originalidad es precisamente lo inestable, aquello que se descompone y recompone a sí mismo con cada lectura. La lección que se desprende de la quizá involuntaria desestabilización de la escritura instrumentada por Menard, incluida la suya propia es que, incluso si *pudiéramos* dejar de lado todos los textos que median entre Cooper y nosotros, estaríamos fetichizando su novela al asumir que "pensar, analizar e inventar" son actividades discretas. Y lo que es peor: perderíamos de vista una serie de "audaces" revisiones latinoamericanas[3].

El mismo Cooper sin duda se habría opuesto a este tipo de manejos a la hora de explotar para ellos su novela *El último de los mohicanos*. Todas esas libertades enturbiarían ciertamente su proyecto fundacional, un libro que se convirtió en el "gimnasio del corazón" norteamericano, según el siglo y medio de testimonios autobiográficos aportados por "políticos, empresarios y soldados, pero también por quienes llegaron a ser sus historiadores, predicadores y escritores"[4]. Para no faltar a la verdad, pocos constructores de naciones hubieran permitido que otros escritores vinieran a meter mano a sus construcciones. Tampoco les hubiera gustado la falsa humildad de Walt Whitman al escribir "aléjense de mí", un gesto liberador que a todas luces promete una obediencia paradójica al garantizar el derecho a desobedecer: "pero ¿quién puede alejarse de mí?"[5]. Y Cooper parece estar especialmente a la defensiva en lo que respecta a su texto fundador para América. Manipular equivalía a entrometerse con la providencia, porque el pretexto de Cooper para escribir era (defender) la mismísima creación de Dios, los límpidos y naturales contornos de los Estados Unidos. No denuncia huellas de escritura sino que revela una creación perfecta que una élite espiritual puede heredar. Más verdadera, sin duda, que aquellas historias escritas "cobardemente", cuyos ausentes autores rehuyen la crítica[6], y más verdadera incluso que la Biblia, donde las intenciones de Dios están matizadas por el lenguaje falible de los hombres (Cooper, 107). La vastedad virginal de Estados Unidos es la escritura transparente del Autor Supremo. Cuando David Gamut no comprende la referencia de Ojo de Halcón al único libro digno de leerse, el guía explica:

> Está abierto frente a tus ojos... y quien lo posee no es avaro. He oído decir que hay hombres que leen libros para convencerse a sí mismos de que existe un Dios. Es posible que el hombre deforme sus obras en los asentamientos, de tal manera que convierte eso que es tan claro en la selva en materia de duda entre comerciantes y sacerdotes. Si acaso hubiera uno de estos hombres, y me siguiera de sol a sol, a través de los recodos del bosque, vería lo suficiente como para darse cuenta de que es un tonto, y que la peor de sus tonterías radica en tratar de ponerse al nivel de Aquél a quien jamás podrá igualar, ya sea en bondad o en poder. (Cooper, 138)

Sin embargo, la misma novela que tenemos ante nosotros pone de manifiesto que Cooper es su propio Menard, que toma a la naturaleza imperecedera como excusa para ornamentos aventureros e históricos. Si Dios ya se ha tomado la molestia de escribir, ¿quién es el hombre para reescribir la creación hasta el punto que la naturaleza le ceda el paso a la civilización? Esta contradicción parece irritar a Cooper a medida que reduce la obra divina a materia prima de la escritura. Únicamente el autorrefrenamiento del Autor y la misión puritana de hacer visibles las señales de Dios, pueden resolver la contradicción. Cooper parece estar consciente del problema y hace esfuerzos notorios por escribir una extensión de la naturaleza, con el fin de proveer a sus héroes de una prehistoria legitimadora. Pero el extender, el interpretar, el escribir, inevitablemente produce suplementos. Y en Cooper éstos pasan de una pretendida plenitud estática a convertirse en un proyecto vivo de interminables reescrituras.

En el hecho de que los latinoamericanos reescribieran los libros de Cooper de tan variadas *maneras,* subyace el *porqué* se le prestó tanta atención a este escritor. ¿Por qué lo hicieron, pues? Domingo Faustino Sarmiento (1811-1888) da más de una pista. Probablemente el personaje más destacado de la nación argentina como periodista, ideólogo, general y presidente, Sarmiento proveyó un argumento para explicar la utilidad del norteamericano a otros autores nacionales que prácticamente establecieron un club de admiradores de Cooper. Sus razones fueron lo suficientemente poderosas como para hacer que el propio Sarmiento se refiriera a las novelas de Cooper con gran detalle al comienzo de *Facundo* (1845), libro traducido por la esposa de Horace Mann como *Life in the Argentine Republic in the Days of the Tyrants* [La vida en la República Argentina en la época de los tiranos][7]. Algo en los escritos de Cooper garantiza la reseña de múltiples escenas de *El último de los mohicanos* y de *La pradera* (1827) que sirve como punto de partida al argentino para su propio libro, un libro que parece tener muy poco en común con la ficción y menos aún con Norteamérica. ¿O sería la conexión, quizás, el valor emblemático de Cooper entre los lectores europeos como *el* escritor americano de su tiempo? Estos lectores considerablemente civilizados lo admiraban, y éste es el argumento de Sarmiento, porque Cooper había desarrollado una fórmula para escribir sobre América que le sacaba provecho a la originalidad del continente y que por lo tanto debía tomarse como un modelo de la escritura del Nuevo Mundo. Esto equivalía a que Cooper "transportó la escena de sus descripciones fuera del círculo ocupado por los plantadores al límite entre la vida bárbara y la civilizada, al teatro de la guerra en el que las razas indígenas y la raza sajona están combatiendo por la posesión del terreno" (Sarmiento, 24).

ENCRUCIJADAS Y DESENCUENTROS DE RAZA Y GÉNERO

Esto sugiere que Sarmiento entendió que Cooper marca al héroe y a la heroína naturales y legítimos, más bien como una falta de signo, como un prístino incoloro en el sentido original de la blancura, lo cual deja a la perfecta Alicia y a Heyward sin mancha alguna[8]. A diferencia de Cora, cuyo pelo negro y maneras aristocráticas denuncian una historia complicada, y a diferencia de Uncas cuya raza está marcada por su tez salvaje, sobre Alicia o Heyward no pesa marca o traza alguna de un pasado comprometedor, no hay "cruce" de sangre. Son éstos los que sobreviven y también, presumiblemente, prosperan y pueblan la inocente y benigna América. Herederos de la tierra en virtud de un amor recíproco que no exhibe cruce alguno del pasado, emprenden una vida juntos, él para inscribirse en un territorio virgen, y ella para ser inscrita por él, igualmente inescrutables.

La heroína de la novela es, pues, también América, a un tiempo madre y consorte de los padres fundadores blancos. Por la misma razón, visto desde otro lado, las mujeres pueden ofrecer el terreno legítimo para la sociedad sólo si parecen no tener marcas ni historia, tal y como América se apareció a los colonos que la llamaron tierra virgen. Figuras retóricas como el "bosque virgen" y su "seno" son tan convencionales aquí que uno puede pasar por alto el acto evanescente de un lenguaje que vaporiza a la mujer por medio de la sustitución. La novela de Cooper ofrece un tono doméstico a lo que ha sido llamado el sueño pastoral de América y ayuda a mitigar cierta ambigüedad o culpa respecto de la conquista por el hombre blanco de una Tierra Virgen[9]. ¿Qué podía ser más legítimo que cortejar y conquistar a una virgen? Si la penetración del hombre amenazaba con destruir lo virgen, ciertamente esta violación quedaba cancelada toda vez que la conquista se planteaba en términos de un amor recíproco. ¿O no? La conquista doméstica de la mujer no fue del todo benigna, como vemos en el caso de Cora. ¿Cómo podía serlo cuando, por razones aparentemente éticas e históricas, las mujeres debían ser terreno inerte para la actividad humana?[10]. Aquellas que pueden servir no actúan. Y aquellas que no pueden servir son eliminadas.

Reducir a la mujer a una página en blanco, que llevará mejor la inscripción del hombre, significa, entre otras cosas, que Cora no será la adecuada. Su defecto no sólo radica en una discontinuidad racial sino también en una cierta ambigüedad de género evidente en su dignidad varonil (Cooper, 119). Junto con ella, Uncas también es víctima de este romance fundador, no sólo porque su presencia amenaza con complicar las mezclas raciales de Cora, sino también porque en su masculinidad hay cabida para esa gracia y sensibilidad que se asocia con las mujeres. Ambos personajes atraviesan las rígidas barreras raciales y sexuales, aunque los lectores hayan notado con mayor frecuencia la defensa de Cooper de la pureza racial que su empeño simultáneo por no transgredir las fronteras entre los géneros. Los resquemores con respecto al mestizaje devenían en misoginia. Al decir esto no pretendo ignorar la penosa ambivalencia que uno siente cada vez que, como ángel exterminador, Cooper dirige su rabia crítica a los blancos puros, o cada vez que prefiere a las mujeres con pasado. Por el contrario, quiero subrayar el dolor, el sacrificio catártico de las seductoras impurezas sociales, que se hace necesario siempre que la nación quiere ser establecida en los términos más claros posibles.

Uno podría imaginar, partiendo de la lectura de Michel Foucault, que la defensa que hace Cooper de la pureza racial y de género concuerda con el "mapa" o "cuadrícula" de conocimiento del siglo XVIII. Foucault asume que la *épistéme* clásica postula una plenitud universal, cada una de cuyas partes se ajusta perfectamente dentro de una tabla de categorías; todo desbordamiento de una categoría sobre otra debía entenderse como un simple error o como un síntoma de los límites temporales del conocimiento humano. La ciencia, en una forma u otra, era taxonómica. Aún así, Cooper muestra que esta visión del siglo XVIII es innecesariamente estática o que está atrapado entre una afirmación clásica del conocimiento y la desenfadada búsqueda decimonónica de nuevas categorías. Las taxonomías, continúa Foucault, estaban dando paso a las historias, y la atención se volcaba de las partes estáticas a los organismos inestables, combinaciones mudables que desequilibraban y finalmente desarticulaban las minuciosas redes del conocimiento clásico[11]. Charles Brockden Brown ya empezaba a ocuparse de las mezclas en *Arthur Mervyn* (1799), donde el matrimonio del héroe con una viuda judío-portuguesa hace que el orden social parezca posible más por inclusión que por eliminación[12]. Pero él, junto con Cooper, se preocupaba por lo apropiado de ciertas mezclas para América. Cierta variedad de europeos podía mezclarse, como sucede en *Los pioneros* (1823) de Cooper, pero con cautela.

En el libro más defensivo, *El último de los mohicanos*, escrito tres años después, tanto Sarmiento como sus extraviados lectores latinoamericanos hallarían un respaldo a unas hipótesis alternativas acerca del orden y el progreso. Desde el punto de vista de Sarmiento, cada uno de los personajes de la novela puede ser localizado en una gráfica estable de utilidad, de la utilidad en el lenguaje (siendo el francés inferior al inglés, por ejemplo); de la musicalidad y la religiosidad (un exceso en David Gamut en contraste con la parquedad de los iroqueses), de las prácticas domésticas (la comida cocida de los mohicanos y la comida cruda de los iroqueses), y del género (la feminidad idealmente infantil de Alicia, la masculinidad de Heyward y los desconcertantes excesos de Cora y de Uncas). Estas jerarquías tienden más a establecer una red de valores que a motivar la novela. La motivación viene precisamente del compromiso de mantener estas categorías puras contra los trastornos de género y, más relevante quizás, contra las mezclas raciales. Si es bastante malo aquí ser indio o incluso francés, mucho peor es ser una mezcla que trastorne las posiciones en la escalera racial. Esto explica el porqué Ojo de Halcón se defiende otra vez como hombre sin mezcla de sangre; así como Chingachgook también se siente tentado a llamarse a sí mismo "un hombre sin mezcla" (Cooper, 37)[13]. En lo que se refiere a Cora, su tragedia es haber nacido de una sobrecarga sanguínea. Su sangre era tan robusta que "parecía lista para romper sus ataduras" (Cooper, 21). Su sangre la mancha, la hace literalmente imposible de clasificar, esto es, la convierte en un error epistemológico para el gusto clásico[14]. Heyward está de acuerdo en que esto es una "desgracia", porque a pesar de que no haya nada que reprocharle a Cora, hay una mancha que "oscurece" su valía (Cooper, 308). En contraste, Alicia es pura, así llamada en honor a la verdad etimológica y por la madre que sacrificó su juventud con tal de permanecer fiel a Munro.

Pero por el otro lado (del novelista romántico), la novela de Cooper parece a punto de romper las cadenas del conocimiento clásico mediante sus personajes más vitales y admirables. Gracias a ellos, América y el siglo XIX prometen prácticamente ser el lugar y el tiempo para nuevas posibilidades e historias aún sin trama. Si América es diferente de Europa, como el nacionalismo de Cooper y Sarmiento insiste que es, sus hijos deberían someter las categorías del Viejo Mundo a una nueva reflexión al igual que a nuevas combinaciones. ¿Cómo podía ser de otra manera, si en vez de la Naturaleza en forma histórica de Europa, América era la encarnación de la Vastedad, esto es, de una tierra desconocida y sorprendente? Por lo tanto, junto con su mapa de la civilización, Cooper y Sarmiento nos ofrecen sendas guías para viajar hacia lo desconocido: un conocedor llamado Ojo de Halcón y toda una prosapia de exploradores mestizos argentinos. Y al lado de estos personajes que son la quinta esencia de lo "americano", cuya nobleza rústica se atreve a entremezclar distintas categorías sociales, tenemos a Cora, una combinación de dignidad "masculina" y sensualidad "femenina".

Sin embargo, no nos acompañan por mucho tiempo, tal y como Sarmiento se apresura a reconocer. Cooper introduce estas figuras anómalas para dar fe de que América puede ser original ofreciéndose ella misma como escenario para las diferencias, las variaciones y los cruces. Pero más adelante los rechaza, como si fueran inadaptados, monstruos. Si Ojo de Halcón parece redimible en el marco de la lectura clásica porque a diferencia de los gauchos es un hombre sin mezcla, en definitiva lleva sobre sí la misma condena que todos los otros debido a la obsesión de Cooper con la pureza social. Ojo de Halcón enturbia las jerarquías ideales que Sarmiento y su Cooper tienen en mente, porque ni la cuna ni la lengua pueden equipararse a su valía. Y Cooper deja atrás al explorador, como seguramente sus demás personajes dejan atrás sus identidades cruzadas después de la mascarada carnavalesca de las escenas finales del rescate. Chingachgook no puede seguir siendo un castor en el mismo sentido en que Heyward no puede ser un bufón ni Alicia una india. Y Cora, delatada en su papel de muchacha blanca, difícilmente puede seguir siendo la amada de un mohicano. En el funeral de su hija mayor, Munro le pide a Ojo de Halcón que consuele a los dolientes con la promesa de que "llegará el día en que podamos reunirnos alrededor del trono [de Dios] sin distinción de sexo, clase o color". Este hombre más "natural" discrepa: "Decírselos... sería como decirles que no habrá nevadas en invierno" (Cooper, 411). Ser bella, vital, virtuosa e ingeniosa no era suficiente para Cora. Más bien, era ser demasiado para una mujer.

En el entierro, algunos lectores lloran junto con las indias. Sarmiento también habrá llorado, pero con esas lágrimas de gratitud catártica del que siente la profunda injusticia pero también la "necesidad" de lo que ya era una política de expulsión o genocidio de los indígenas tanto en los Estados Unidos como en Argentina. Para Sarmiento, el compromiso de Cooper con el progreso hacía que el sacrificio fuera inevitable. Sin duda, Cooper no pudo haberse tomado en serio la imagen de América ya realizada como un orden racional e incorrupto de las cosas. Por el contrario, América estaba simplemente disponible para los hombres que le impusieran claridad y racionalidad. Aparentemente leal a la *épistéme* del siglo XVIII, Cooper parecía defender la pureza de la vastedad natural americana, de la misma manera como insistía en la simplicidad transparente de su heroína virginal. Pero lo que a él realmente le interesa, según la lectura de Sarmiento, es defender la naturaleza de la sociedad, para que así, la naturaleza abrace la civilización. Al lector argentino no le incomoda la posible paradoja de amar la vastedad hasta la muerte[15], o la relativa paradoja de amar a vírgenes como Alicia. Basta amar a una virgen para que deje de serlo; basta con habitar la prístina vastedad americana para mancharla. La violación de la pureza que parece legitimar a América desconcertó a algunos lectores norteamericanos, pero la paradoja de pureza productiva era precisamente lo que Sarmiento apreciaba: engendrar a los colonos civilizados que conquistarían la tierra que aún era abrumadora.

Sarmiento no tenía la intención de preservar la virginidad o la totalidad de América, todo lo contrario, los espacios vacíos eran el problema en sí: "El mal que aqueja a la República Argentina es la extensión". La naturaleza discursiva y demográfica del país era un vacío que "se le insinúa en las entrañas" (Sarmiento, 9)[16] y que invitaba a la escritura del hombre y al suplemento que juntos podían producir. Esto significaba, por supuesto, cuerpos para poblar la pampa y sistemas modernos de producción e intercambio. Pero el suplemento inmediato de Sarmiento era, de hecho, su propia reescritura nativa de textos "exóticos", relatos de viajeros que proveyeron la única pampa que él conocía[17]. Ante el peligro de que las objeciones a la naturaleza parecieran blasfemias, Sarmiento afirma con arrogancia: "Debiéramos *quejar-nos, antes, de la Providencia,* y pedirle que rectifique la configuración de la tierra" (Sarmiento, 12). La mala traducción piadosa de la señora Horace Mann dice: "Esto sería quejarse de la Providencia e invocarla para cambiar los contornos físicos"). Sarmiento y su Cooper proceden entonces a tomar a la providencia de la mano; resienten el temor reverencial que produce una tierra tan inmensa y desolada que resultaba incontrolable. El horizonte indistinto de una pampa sin fin bien podía servir de inspiración a lo sublime americano y ser una fuente de orgullo nacional, como ocurre con el americano de Sarmiento que "cuanto más hunde los ojos en aquel horizonte incierto, vaporoso, indefinido, más se aleja, más lo fascina, lo confunde y lo sume en la contemplación y la duda" (Sarmiento, 26). Pero ese mismo paisaje obstinado vence a la razón y a la industria.

Dicho más precisamente, aquel horizonte se burla de él bajo la figura de una provocación abrumadora: una virgen insolente y tentadora que no acaba de tener la forma de una mujer porque nadie hasta ahora ha sido capaz de hacer de ella una mujer. A diferencia de la tierra virgen de Cooper, la pampa argentina es casta sólo en el sentido más técnico. Exige ser admirada como es, con su carácter salvaje e informe, pero aguarda al hombre que ose hacerla productiva. Mientras tanto, "ostenta su lisa y velluda frente, infinita, sin límite conocido, sin accidente notable; es la imagen del mar en la tierra...; la tierra aguardando todavía que se la mande producir las plantas y toda clase de simiente" (Sarmiento, 10-11). Lo sublime americano es una respuesta conflictiva a la combinación de responsabilidad e insuficiencia: el deber de intervenir y la impotencia ante un enorme cuerpo hermético. En cualquier caso, lo que Sarmiento reclama para Argentina es un cuerpo manejable y demarcado de forma reconocible que un individuo moderno pueda amar, porque la pasión verdadera del prócer era el progreso.

Por eso, los consortes improductivos de la tierra, los indios y los gauchos tan indolentemente a gusto en la naturaleza irredimible, tuvieron que ser eliminados por el proyecto nacional. Tanto los unos como los otros son racialmente incapaces, en el lenguaje protoposi-tivista de Sarmiento, de establecer una conducta asociativa. Aprender sobre el positivismo europeo en América Latina era como aprender que la gente hablaba en prosa. Éste ya era un hábito del pensamiento que se había desarrollado, como había sucedido en Europa, a partir de ciertas desilusiones con el idealismo revolucionario. En un sentido amplio, el positivismo en América Latina resulta ser, con frecuencia, una tradición ecléctica que combina una reverencia por lo positivo o "científico", que en el presente contexto significa el dato empírico, junto con el supuesto de que las ciencias sociales emergentes debían tomar a las ciencias naturales, sobre todo a la biología, como sus modelos. Los males sociales se diagnosticaban como era debido y los remedios se prescribían en consecuencia. El organicismo de Herbert Spencer era especialmente popular y ya para entonces se concertaba con el esquema comptiano de las etapas progresivas de la historia[18]. Ya que el crecimiento significaba modernización y europeización, los ideólogos más extremos defendían una política que combinaba la inmigración blanca con la remoción de indios o negros, al tiempo que otros se conformaban con redimir a las razas "primitivas" por medio del mestizaje y la imposición ideológica de lo blanco. Los lectores de Cooper de la América Latina del siglo XIX se distinguían entre los que defendían las categorías de Sarmiento y, como veremos más adelante, los que desarrollaban una más conciliatoria y romántica.

LOS DISCÍPULOS
CON AUTORIZACIÓN PROPIA

El libro en el que Sarmiento elogia las novelas de Cooper parece seguir con diligencia la pauta del maestro. En *Facundo*, Sarmiento de hecho estaba escribiendo América a través de sus conflictos raciales y culturales; y produjo el que probablemente sea el libro más leído e influyente de los libros que Cooper pudo haber inspirado. Curiosamente, sin embargo, Sarmiento secunda a Cooper con admirable sutileza e incluso le toma ventaja. Después de haber establecido la América de Cooper como modelo para Argentina, Sarmiento difícilmente sacrificará su propia particularidad o la de su país; es un escritor demasiado astuto como para subordinarse, él o la nación que espera encabezar, frente a la autoridad de otro. Sarmiento tenía la costumbre de abismarse en lecturas intensas, o como Sylvia Molloy lo demuestra, de traducir la obra de otros en una operación que se relacionaba con el plagio[19]. Lo que quiero sugerir es que, en el caso de su versión de Cooper y en múltiples casos tomados de *Recuerdos de provincia* (1850), el gesto aparentemente deferente de Sarmiento, su respetuoso listado de maestros y modelos, es una estrategia para marcar distancia. Esto constituye el segundo movimiento de una maniobra que funciona como un bumerang que finalmente regresa a las manos trayendo como botín una autoridad prestada. El primer paso, lógicamente, consiste en esgrimir el bumerang retórico, asumir el control total, anunciar el objetivo y pronosticar el premio.

Cualquier lector de literatura o historia o política hispanoamericana sabe lo que Sarmiento se propone con *Facundo*. Prácticamente nos dice cuál es el premio en el subtítulo del libro: *civilización y barbarie*. Esta oposición construye una diferencia normativa entre lo que Argentina debiera ser y lo que ahora es, entre el control productivo y el exceso esporádico, una diferencia que redunda en un programa donde lo uno se consigue mediante la eliminación de lo otro. Es evidente a todas luces que Sarmiento desprecia la Argentina presente al verla como un derroche improductivo. Lo hace repetidas veces y con pasión, cada vez que menciona a un gaucho que descuartiza a una vaca sólo para comer su lengua, o a un caudillo regional como Facundo Quiroga, quien sacrifica ejércitos enteros para su gloria personal y a decenas de mujeres para satisfacer su apetito lujurioso.

Sin embargo, el exceso es precisamente lo que caracteriza la escritura de Sarmiento en este exorbitante texto, mitad ficción, mitad biografía, mitad historia política, mitad manifiesto, un libro genéricamente inmoderado que obviamente es mucho más que un solo libro[20]. Sarmiento escribe en el marco de lo que pudo haber sido para él un estilo americano, y al mismo tiempo contra éste; escribe *en* conflicto sobre el conflicto. Sarmiento funda una peculiar retórica política americana al resistir, de manera simultánea, su entorno anárquico y las restricciones artificiales de los géneros europeos que marcarían una distinción entre la poesía y la política y que continuarían ignorando la especificidad de la vida americana[21]. *Facundo* desborda las categorías genéricas establecidas. Incluso parece estar escrito fuera del control literario de Sarmiento; se lee como un producto febril de una inspiración que jamás estaría dispuesta a someterse al trabajo de depuración editorial. Con sólo releer el título mismo uno se percata de que la relación entre el título y el subtítulo hace una equivalencia entre Facundo y los dos términos opuestos[22]. Alberdi debió haber estado entre los primeros en notar que este libro bicéfalo proponía argumentos a favor y en contra de los mismos asuntos[23]. Una presión retórica explosiva mantiene la amenaza de hacer estallar (en ambos sentidos, exagerar y destruir) la dicotomía inicial de civilización *versus* barbarie, y las que se desprenden de ella: el futuro *versus* el pasado; europeos *versus* indios; sedentarios *versus* nómadas; y, en general, premeditación *versus* pasión. Estas oposiciones tienden a entrecruzarse unas con otras hasta el punto que el mismo Sarmiento admite cuán inútil resulta tratar de mantenerlas en el lugar correspondiente. Un ejemplo notorio es la forma en que trata al "salvaje" dictador Rosas, a quien se le da el crédito de haber logrado la unidad nacional que los civilizados unitarios sólo acariciaban en sueños. Las mejoras que habrían de operar sobre el régimen de Rosas ciertamente no tendrían el objetivo de eliminar su forma autoritaria de gobernar, sino de reemplazarlo en la cima con una élite más legítima[24]. Lejos de querer destruir el trabajo de este auténtico "bárbaro", Sarmiento quiso apropiárselo, del mismo modo en que quiso apropiarse del más mínimo resquicio de lo salvable en el carácter singular de Argentina. (A nadie sorprende que Alberdi pensara que el libro debía haberse llamado *Faustino* en lugar de Facundo)[25]. Después de todo, había que defender la originalidad del país como la justificación de la Independencia y del patriotismo que Sarmiento debía atribuirse a sí mismo para ganar el apoyo necesario a su propio liderazgo.

Su canto a esa originalidad viene desde el comienzo, mucho antes de que aparezca Rosas, incluso antes del grueso del libro donde esboza la figura del tirano nacional en los rasgos regionales menores de Facundo. Se da en la primera sección, después de que Sarmiento apura a su lector a través de la vasta y vacía extensión del país que gauchos nómadas e indios dejaron estéril, una ausencia que incita a escribir. El capítulo 2 es donde Sarmiento hace una pausa en su propia dicotomía y se detiene, con cierto orgullo lugareño, a considerar la "Originalidad y peculiaridades del pueblo argentino". La señora Mann termina ahí su traducción del título, pero Sarmiento añade una lista de tipos intraducibles: "El Rastreador. El Baqueano. El Gaucho malo. El Cantor". Reconocer las loables peculiaridades de los argentinos, dentro de una campaña sin tregua a favor de la civilización, es un movimiento particularmente sarmentino. Muestra cómo su yo americano desborda los gustos, valores y estructuras emocionales europeas. Diferentes de los europeos por una parte, y de los nómadas nativos por otra, los americanos son asimismo extensiones de ambos;

son culturalmente dobles y diferentes de sí mismos: un exceso violento. Por lo tanto, una verdadera literatura americana necesariamente tendría que ser heterodoxa según las normas europeas; daría lugar a "escenas tan peculiares, tan características y tan fuera del círculo de ideas en que se ha educado el espíritu europeo, porque los resortes dramáticos se vuelven desconocidos fuera del país donde se toman, los usos sorprendentes, y originales los caracteres" (Sarmiento, 24).

Esos inimitables personajes argentinos ocupan a Sarmiento en este segundo capítulo, donde es necesario establecer su legitimidad como líder específicamente argentino. Y, sin embargo, el modelo literario de Sarmiento para describir el drama indígena y sus extravagantes actores es, como he dicho antes, el norteamericano Cooper. Resulta extraño que Sarmiento se refiera a un extranjero precisamente cuando está celebrando lo más característico de su país, como si la diferencia entre el yo doméstico y el otro importado no tuviera relevancia a la hora de poner a la venta su identidad política nacional. Una de las explicaciones que ofrece Sarmiento es su percepción de los fermentos de una estética local, propiamente americana, en la obra de Cooper, una estética bárbara de lo sublime (probablemente tomada más de viajes por los Estados Unidos, como el de Chateaubriand, que de Cooper)[26] que a un tiempo era deferente y desdeñosa de Europa. "Los accidentes de la naturaleza producen costumbres y usos peculiares a estos accidentes, haciendo que donde estos accidentes se repiten, vuelvan a encontrarse los mismos medios para controlarlos, inventados por pueblos distintos" (Sarmiento, 25). Pero para ofrecer esta explicación, Sarmiento ha tenido que enmendar a Cooper para adecuarlo a la Argentina; ignora deliberadamente las diferencias territoriales entre las novelas de Cooper, que según el determinismo geográfico de Sarmiento serían significativas. Por más que la inmensidad de Cooper semeje un vientre protector en *El último de los mohicanos*, *La pradera* muestra una expansión deslumbrante. Y este paisaje expansivo es el que Sarmiento elige para la universalización de América. "La poesía para despertarse ... necesita el espectáculo de lo bello, del poder terrible, de la inmensidad de la extensión, de lo vago, de lo incomprensible.... De aquí resulta que el pueblo argentino [¿y el norteamericano?] es poeta por carácter, por naturaleza. ¿Y cómo ha de dejar de serlo, cuando en medio de una tarde serena y apacible, una nube torva y negra se levanta sin saber de dónde, y se extiende sobre el cielo mientras se cruzan dos palabras y de repente el estampido del trueno anuncia la tormenta que deja frío al viajero, y reteniendo el aliento por temor de atraerse un rayo de dos mil que caen en torno suyo?" (Sarmiento, 26).

Es muy posible que la identidad nacional aparentemente excéntrica de Sarmiento, es decir reflejada y de segundo grado, fuera programática para un hombre que quería modernizar su país al "europeizarlo" o "norteamericanizarlo". Lo que interesa aquí no es tanto la derivación que hace Sarmiento de la originalidad de Cooper sino el modo en que se las ingenia para invertir los términos y las deudas implícitas. Sarmiento lo consigue apelando a una lógica de doble filo, que comienza, como ya hemos visto, anunciando oposiciones programáticas entre civilización y barbarie, y volviendo después a un modelo de escritura que aborda las oposiciones americanas, un modelo por una norma europea (es decir, exótica) que supuestamente glorifica la conquista de la tierra. La tierra había resistido al embate de etiquetas que pretendían domesticarla, tanto para Cooper como para Sarmiento, pues el Galán adecuado y su herramienta de escritura no habían aparecido aún por esos lares. ¿Ante la autoridad de quién se rendirá la virtuosa y obstinada Tierra? ¿A quién le permitirá inscribir su nombre, para marcar así un derrotero? Ciertamente no a los indios. Ellos ya habían tenido su oportunidad, y obviamente no estuvieron a la altura del desafío, sobre todo porque fueron designados como "nómadas", de esos que han poblado el discurso de América desde el asentamiento de Roanoke en el siglo XVI y *La tempestad* de Shakespeare. Y dado que para los europeos civilización significaba asentamientos estables, decir indio era prácticamente un sinónimo de bárbaro. Desde el "descubrimiento" europeo, pasando por el período de rivalidades imperialistas y de conquistas internas, América fue nombrada y renombrada en honor de los padres que pelearon en y por ella. Cooper sigue una de esas historias de conflicto sobre lo que, por lo menos hasta ahora, se conoce como el Lago George. Los jesuitas le habían conferido el "título de lago 'du Saint Sacrement'. Los ingleses, menos fervorosos, pensaban que le habían conferido suficiente honor a sus inmaculadas aguas dándole el nombre de uno de sus príncipes gobernantes". Ambos habían eliminado el "nombre original de 'Horican'" (Cooper, 12).

Si Cooper estaba en efecto convencido de que América era digna de ser amada por ser prístina e intocada por la historia, en este acto buscaba establecer su legitimidad de esposa. Reconocer a sus consortes anteriores hubiera sido como poner en duda la permanencia de los actuales. Cooper, de hecho, se las ingenia para escribir con una mano la prehistoria "erótica" de la tierra respecto a los indios y a los franceses y para borrarla con la otra. Como sucede con Alicia, cuya historia familiar no deja huella alguna de experiencia, el paisaje que rodea el lago George sigue siendo virgen porque no muestra traza de rivalidades ni de intrigas previas. Éstas se convirtieron en la historia de sus pretendientes, no la de ella. "Se erigieron fuertes en los diferentes puntos que dominaban la ruta, y fueron tomados y recuperados, destruidos y reconstruidos, mientras la victoria favorecía a los hostiles estandartes" (Cooper, 13). Tal vez su inocencia, tal vez su carácter salvaje, le permitieron resistir a sus esfuerzos por marcarla[27]. De cualquier modo, las huellas de sucesivas inscripciones habrían sido problemáticas para Cooper, si esperaba convencernos de que la tierra salvaje era pura y virginal. El Padre pudo haber estado dispuesto a compartir a su niña virgen con un marido digno, para que fueran fecundos y se multiplicaran. Pero su castidad y la transparencia de su lenguaje no podían sobrevivir al matrimonio.

Con muchas menos muestras de culpa o de nostalgia, Sarmiento ejecuta un "ninguneo" similar, esto es, se niega a reconocer la figura de un alguien amenazante[28]. Llamar a los indios y a los gauchos mestizos "beduinos americanos" en *Facundo* (Sarmiento, 14)[29] basta para eliminarlos de la historia, ya que "no puede haber progreso sin la posesión permanente del suelo, sin la ciudad" (Sarmiento, 18). Esto sería suficientemente embarazoso para los lectores de hoy si el nomadismo en realidad cancelara los derechos "conyugales" a la tierra. Después de todo, el Antiguo Testamento prometía la tierra a los patriarcas y a los profetas, una promesa tan preciada por los colonizadores puritanos como inspiradora para Sarmiento (Sarmiento, 8). La vida nómada de indios y de gauchos era el único salvoconducto espiritual en un mundo de asentamientos decadentes. Pero algunas investigaciones recientes han mostrado que los indios norteamericanos, que Sarmiento no sin regocijo vio exterminados, no eran nómadas todo el tiempo. De hecho, la palabra que empleaban los algonquinos para referirse a la tierra conocida en la actualidad bajo el límpido nombre de "Virginia" significaba "densamente poblado". Los algonquinos, por regla general, vivían en pueblos adonde los colonizadores ingleses iban periódicamente a refugiarse cuando sus propios recursos se agotaban[30]. Los pretendientes que obviamente se adjudicaban el triunfo eran los europeos, aquellos que sabían cómo escribir en superficies suaves. Sarmiento no escamotea palabras, pues aquí se adjudica a sí mismo ni más ni menos que el papel de príncipe azul al escribir una épica de la (pro)creación. Ni más ni menos hubiera podido atribuirle a su modelo putativo, Cooper.

El tercer paso en la tortuosa trayectoria retórica de Sarmiento es, por supuesto, acortar la distancia entre los modelos importados y la manufactura local. Su Cooper apoyaba evidentemente una posición racista extrema y le servía de respaldo a Sarmiento en contra de algunos críticos de su país[31]. Si se hubiera detenido a considerar que la lucha de Cooper por la tierra probablemente tenía tanto que ver con su defensa desde la retaguardia de los derechos "feudales" en el Estado de Nueva York (acosados por la legislación antiarrendataria de las "masas" democratizadoras) como con la política de desplazar a los indios formulada por Monroe en 1824, Sarmiento lo habría admirado aún más[32]. Era tan fácil para el argentino como para el neoyorquino fusionar en una sola las clases "anárquicas" no propietarias con los "salvajes". Lamentablemente para Cooper, las "masas" estaban ganando terreno, mientras que los indios más serviciales seguían perdiéndolo. Jane Tompkins subraya cuán típica era en aquellos años, como en el caso de Cooper, la celebración cargada de culpa de tal pérdida. "Entre la Guerra de 1812 y la Guerra Civil, los norteamericanos escribieron sesenta y tres novelas sobre las relaciones indio-blanco.... Con pocas excepciones, el héroe y la heroína blancos se casaban al final, a los indios.... malos se les mataba y el indio bueno bien moría o se eclipsaba"[33]. Estas novelas purificadoras de la sangre lamentaban el sacrificio, como Sarmiento aparentemente lo lamenta en el segundo capítulo de *Facundo,* pero no tan abiertamente como para que los lectores pasen por alto el apenas disimulado respiro de alivio.

El Cooper de Sarmiento es extrañamente parecido a un Cooper marxista, como el que Lukács recuerda a través de Gorky, uno que le da un triste pero necesario adiós a un mundo primitivo que el Capitalismo vendrá a reemplazar[34]. Ni Lukács ni Sarmiento podían darse el lujo de sentir preocupación alguna por la posición posiblemente ambivalente de Cooper, entre los signos clásicos claramente definidos, y un evolucionismo romántico[35]. Sarmiento "sabía" que Cooper era un hombre moderno dedicado al progreso y al cambio.

También "sabía" que el progreso dependía de mantener los signos claros; dependía de distinguir al indio del blanco, al hombre de la mujer, de tal suerte que en la batalla por América el mejor de los hombres sería el vencedor. El Cooper de Sarmiento no sólo estaba poniendo en orden los signos descuidados que excedían el marco de las categorías ideales. También estaba clarificando la cuestión americana al limpiar el espacio sobre el que los colonos anteriores habían garabateado antes de que los escritores ingleses ideales hicieran su aparición. Así, a diferencia del lector promedio norteamericano, y a diferencia de los novelistas latinoamericanos que vendrían después, Sarmiento no permite que el sentimentalismo lo distraiga. Nos asegura que el genocidio es la condición necesaria para el progreso; y afirma que éste es el mensaje más profundo y significativo que subyace en las novelas de Cooper.

Y después de establecer a Cooper como el modelo de las proezas literarias y militares que Argentina haría bien en imitar, Sarmiento hace el cuarto y último movimiento de acuerdo con su lógica magistralmente circular. Con todo atrevimiento, pone en duda la originalidad del maestro después de notar que sus "descripciones de usos y costumbres... parecen plagiadas de la Pampa". Nótese que dice "plagiadas", no inspiradas, o sugeridas, o incluso copiadas. ¿Qué pudo haber querido decir Sarmiento con esa palabra? ¿Nos está simplemente diciendo que la experiencia norteamericana es muy similar a la sudamericana? Si éste fuera el caso, ¿por qué no entonces señalar esta relación desde otro ángulo y decir que el Sur evidencia similitudes con el Norte? Esto mantendría el orden cronológico (y ontológico) entre el texto de Cooper y el comentario de Sarmiento, entre el centro y la periferia. En otras palabras, ¿por qué no decir que la pampa parece una copia de la pradera? Después de todo, el solo hecho de las referencias a Cooper, por no mencionar los proyectos nacionales de Sarmiento, pone de manifiesto que los Estados Unidos proporcionaron el modelo a seguir por Argentina y no a la inversa. Por supuesto que su comentario podría pasar por una espontánea o irónica forma de enfatizar las similitudes y por ende de establecer la posibilidad de que Argentina se podía desarrollar tal como lo hicieron los Estados Unidos. Quizás esto podría pasar por levedad, si no fuera por la naturaleza de los detalles que Sarmiento encuentra tan apropiados y apropiables en las novelas de Cooper, y que preceden de manera inmediata al comentario sobre el plagio. Esos detalles, que he mencionado como la medida de la admiración de Sarmiento por Cooper y que ahora debemos tomar en consideración, representan ciertas escenas significativamente predecibles para el lector argentino:

> Cuando leía en *El último de los Mohicanos,* de Cooper, que Ojo de Halcón y Uncas habían perdido el rastro de los Mingos en un arroyo, dije: "Van a tapar el arroyo". Cuando en La Pradera, el Trampero mantiene la incertidumbre y la agonía mientras el fuego los amenaza, un argentino habría aconsejado lo mismo que el Trampero sugiere, al fin, que es limpiar un lugar para guarecerse, e incendiar a su vez, para poderse retirar del fuego que invade sobre las cenizas del que se ha encendido... Cuando los fugitivos de La Pradera encuentran un río y Cooper describe la misteriosa operación del Pawnie con el cuero del búfalo que recoge, va a hacer la *pelota,* me dije a mí mismo: "Lástima es que no haya una mujer que la conduzca, que entre nosotros son las mujeres las que cruzan los ríos con la *pelota* tomada con los dientes por un lazo". El procedimiento para asar una cabeza de búfalo en el desierto es el mismo que nosotros usamos para *batear* una cabeza de vaca o un lomo de ternera. En fin, otros mil accidentes que omito prueban la verdad de que modificaciones análogas del suelo traen análogas costumbres, recursos y expedientes. No es otra la razón de hallar en Fenimore Cooper descripciones de usos y costumbres que parecen plagiadas de la pampa. (Sarmiento, 25-26)

Sarmiento puede decir, anticipándose a lo que Cooper cuenta, cómo los personajes más característicamente americanos habrán de (o en el caso de los paunies, tendrían que) comportarse. Y este despliegue sostenido de presencia tiene un efecto peculiar. Sugiere que el verdadero Cooper era el mismo Sarmiento, sobre todo si la redundancia de publicar lo que el público argentino ya sabía, se le hubiera ocurrido a él. Sarmiento prácticamente se jacta de haber anticipado muchas páginas de Cooper antes de haberlas leído. Y cualquiera puede imaginarse cómo lo leyó, casi preparando emboscadas y trampas textuales para el pobre Cooper, para ver si el admirado autor americano podía salir airoso de sus aprietos aplicando las soluciones americanas correctas.

Quizá, ya consciente de su reputación de jactancioso inveterado, Sarmiento evade astutamente toda imputación de arrogancia al evitar compararse a sí mismo con Cooper. Sarmiento no estaba, tal y como él mismo lo implica, compitiendo con Cooper, ni mucho menos mejorándolo. Y el norteamericano no copia de Sarmiento sino de la pampa, ya que el plagio que le atribuye no es de un texto en particular, ni, en todo caso, del principal intérprete de la pampa: el mismo

Sarmiento. La grandeza de Cooper estriba en haber imitado deliberadamente a la Tierra, la creación de Dios, el texto divino que el americano dice respetar. Y la atribución de Sarmiento de una inspiración
divina en el plagio de Cooper es aún más astuta que la calculada modestia de quedar fuera de toda comparación posible. Salvaguarda el
valor del modelo como un artista americano. Si Cooper, a pesar del
plagio, no hubiera tenido también el valor de ser el honorable retratista
de la realidad americana, no habría sido útil para Sarmiento ni como
punto de partida ni como mentor.

Aquí, la doble intención de Sarmiento es reducir la
estatura de su modelo y, al mismo tiempo, mantenerlo como modelo.
Esto responde a un dilema característico de ciertos autores nacionales
en América Latina; es decir, a una cierta reticencia para compartir la
autoridad, incluso con los modelos que otorgan dicha autoridad a sus
discípulos y quienes, por lo tanto, deberían ser respetados como legítimos. En el caso ejemplar de Sarmiento, Cooper constituye una oportunidad tanto de mejorar el modelo, como de mejorarse a sí mismo. De
no haber sido por el éxito de Cooper y el éxito del país que ayudó a
fundar, ¿qué base habría tenido Sarmiento para escribir sobre América?
Y si Sarmiento se hubiese permitido a sí mismo convertirse en una
mera copia de Cooper, o si la pampa fuese una imitación de la pradera,
¿de dónde habría venido su propia autoridad, y de dónde la soberanía
de su propio país? El estratega militar que hay en Sarmiento seguramente entendió que la mejor defensa es a veces un movimiento ofensivo. En consecuencia, obedeciendo a una táctica diseñada para liberarse
a sí mismo y a su país del ignominioso cargo de ser meras copias (que
él estaba más que dispuesto a reconocer, si uno se atiene a sus argumentos en pro de la modernización en este mismo libro), Sarmiento
lanza la primera descarga sobre Cooper. Por supuesto que tenía el
propósito de hacer el menor daño posible, porque sin su oponente
como contrapartida, sin un espejo que fuera capaz de reflejar un nombre legítimamente americano, Sarmiento no podía albergar la esperanza de hacerse un nombre para sí mismo.

Entonces, ¿qué espera conseguir sembrando la duda acerca de la originalidad del modelo norteamericano, sugiriendo que
podría tratarse de la copia de su propia imitación de la Argentina?
Sarmiento quiso, estoy sugiriendo, cosechar una originalidad
irrefutable que estuviera bien arraigada en el terreno estable de los pre-

cursores. Su deseo de una autoridad incuestionable es tan grande, que en vez de simplemente canibalizar el texto de Cooper como si se tratara de un subtexto, un pretexto para su propio trabajo (una forma de consumirlo que habría puesto en evidencia la prioridad del modelo), Sarmiento prefiere jugar con él, como si el tiempo y la linealidad fueran ilusorios, y como si un lector pudiera erigirse como la máxima autoridad sobre el texto de otro.

Este desplazamiento o inversión metaléptica entre texto y comentario, entre maestro y discípulo, se repetirá en los *Recuerdos de provincia* (1850), donde en un momento revelador Sarmiento hace la afirmación paradigmáticamente circular y autopromotora de que "para mi progenie, yo soy mi propio sucesor"[36]. En general, la lógica autorreflexiva del libro, lo cual en este caso quiere decir que siempre se tuerce para reflejar bien a su autor, propondrá necesariamente una revaluación del plagio. Hace esto de manera explícita cuando menciona al canónigo Funes, acerca de quien Sarmiento escribe: "Sobre el deán Funes ha pesado el cargo de plagiario, que para nosotros se convierte, más bien que en reproche, en muestra clara de mérito"[37], el mérito de la erudición y del buen gusto. Esta indulgencia, que raya en entusiasmo por los plagiarios, libera a Sarmiento de cualquier escrúpulo que pudiera tener por escribir su propia biografía plagiando la de Benjamín Franklin: "... libro alguno me ha hecho más bien que éste". "Yo me sentía Franklin", dice, para preguntarse a sí mismo inmediatamente después, de manera retórica y un tanto defensiva, "¿y por qué no? Yo era pobrísimo, como él, estudioso como él". Esto es, ya era un verdadero "Franklincito" antes de descubrir su propia personalidad en el libro de otro. Un poco más adelante añade: "y dándome maña y siguiendo sus huellas, podía llegar a formarme como él ... y hacerme un lugar en las letras y en la política americana"[38]. Esta adulación de Sarmiento probablemente tiene el propósito de dramatizar su apoyo al libro de Franklin frente a los estudiantes argentinos. En general, Sarmiento nos dice en uno de los apéndices, donde lista algunas de sus publicaciones y promete otras, que: "La biografía es el libro más original que puede dar la América del Sur en nuestra época, y el mejor material que haya de suministrarse a la historia". Éste es el género, de acuerdo con Sarmiento, al que pertenece *Facundo,* lo mismo que los *Recuerdos de provincia* que estamos leyendo, siendo ambos libros historias personales acerca de personajes ejemplares.

Pero la celebración que hace Sarmiento de los logros de Franklin da una pauta para el elogio de sus propios y aún más grandes éxitos. Sarmiento habrá estado saboreando ya la satisfacción de haber superado a Franklin, tanto en logros literarios como en la brillante carrera política que estos mismos *Recuerdos* ayudaban a establecer. Mientras los escribía, a manera de currículum vitae narrativo o de autorretrato político[39], hacía circular una fotografía con una leyenda que decía: "Sarmiento, futuro presidente de Argentina"[40]. Si su cautelosa y deferente disminución de Franklin parece una osada apropiación, Sarmiento ya la había anticipado en sus líneas sobre Cooper; y también la había llevado considerablemente más lejos en uno de los primeros capítulos de *Recuerdos*. Se trata de aquél dedicado a Domingo de Oro como "el modelo y el tipo del futuro argentino"[41]. Pero este futuro modelo es historia pasada para el profético Sarmiento que concluye en la siguiente página: "La vida de Oro es una prueba de mi manera de comprender su rara elocuencia". ¿Cómo podemos separar aquí al sujeto de su representación? ¿Cómo podemos saber dónde reside la prioridad? ¿En la profecía, en la prueba?

Esta inversión táctica ya nos es familiar por el trabajo de Pierre Menard. Si bien parece un tanto anacrónico malinterpretar a Sarmiento por intermediación de Borges, es por lo menos una estrategia que ambos nos enseñan. Sería casi perverso equivocarse leyendo a Sarmiento como si fuese el Menard de Cooper, de Franklin y el de Oro. Si hubiéramos tratado de estabilizar respetuosamente algunas de sus fuentes, como las novelas de Cooper, la biografía de Franklin y la vida de Oro, estaríamos confundiendo "pensar, analizar e inventar" con actividades discretas. Y si quisiéramos ser todavía más anacrónicos, podríamos mencionar que Jean Baudrillard hace una observación similar acerca de la producción en el mundo "postmoderno", una observación que debería tener muy poca relevancia para un escritor del siglo XIX que se daba cuenta de que su país ya estaba retrasado en el tiempo. Aduciendo que la cultura occidental solía estar o que se percibía a sí misma más sólidamente fundamentada, Baudrillard se queja de que todo lo que podemos producir hoy día son simulacros, copias de modelos que en sí mismos carecen de autenticidad. Incluso lo que llamamos realidad no es sino una serie de construcciones ficticias, ni más ni menos genuinas que sus "re-presentaciones"[42].

Baudrillard comienza su meditación con un gesto que, sin lugar a dudas, se ha puesto de moda en la filosofía francesa contemporánea. Comienza con una parábola borgeana, aquélla sobre los cartógrafos que están tan decididos a hacer una representación científicamente exacta de la realidad que producen un mapa tan grande como el imperio. Empieza con Borges para enseguida descartar a su modelo, señalando con condescendencia que la ironía de Borges depende de una noción ingenua de lo Real, de un imperio que precede al mapa[43]. Baudrillard lee entonces sin mencionar la circularidad proverbial de Borges, el torbellino textual que derrumba cualquier pretensión de originalidad estable y que tiene tan mala reputación entre sus seguidores franceses. Independientemente de que esta lectura le haga o no justicia al pensamiento de Borges, al menos uno tiene que conceder que la lectura de Baudrillard es una lectura estratégica (en el mismo sentido en que Sarmiento malinterpreta estratégicamente a Cooper). El teórico de la simulación y del fracaso de la referencialidad sería inconsecuente si se refiriera respetuosamente a la autoridad que le dio base para elaborar sus teorías. Baudrillard opta a todas luces por la orfandad intelectual, quizás con la intención de dramatizar su propio tema: la imposibilidad de un linaje y de la relación entre el origen y lo que le sigue. Si todo es (y todos nosotros lo somos) inauténtico, sería absurdo seguir los pasos de cualquiera.

Pero esto no era absurdo para Sarmiento que se inclinaba por una opción diferente. He dicho opción porque imagino, en mi necesaria lectura menardiana, que tuvo mucho de dónde escoger. Por ejemplo, pudo resignarse a renunciar a la originalidad, con la misma irónica y altiva modestia que Baudrillard y Borges. También pudo asumir una originalidad absoluta, prácticamente divina, como de hecho lo hizo en *Mi defensa* (1843) y, por un aparente desliz retórico, como lo hace en *Recuerdos*. "Cuando hube terminado esta obra [un libro de pedagogía], pude decir en mi regocijo que había producido algo digno: *et vidi quod esset bonum*. Entonces me aplaudí a mí mismo"[44]. Una tercera opción pudo ser lo que llamo el efecto bumerang: atribuir a otro la originalidad, y la autoridad que ello implica, de modo que ambas puedan ser arrancadas de las manos del modelo en un relampagueante juego del "ahora lo ves, ahora no lo ves". Si la estrategia que Sarmiento desarrolló con Cooper es característica, como parece serlo dados los usos subsecuentes que hizo de ella con Funes, Franklin y Oro entre otros, entonces claramente prefiere esta última opción. Sarmiento propone modelos, los reduce a un tamaño manejable, y se vanagloria en su aprobación supuesta (o explícita), incluso cuando estos modelos tienen credenciales dudosas. El capítulo sobre Oro, por ejemplo, critica la mal encaminada perspicacia del modelo, la cual termina por despejar los obstáculos políticos para la victoria de Rosas. Sin embargo, el capítulo termina citando enteramente una carta de alabanza que Oro había mandado al autor.

Sarmiento se distancia de sus modelos sólo lo suficiente para rezagarlos, no para hacerlos a un lado ni despreciar su ofrecimiento de legitimidad. Aquí, la ambigüedad es verdaderamente ingeniosa viniendo de alguien que debería haber "sabido" que la historia puede ser una ficción, un simulacro. Si lo sabía, esta ficción fue muy oportuna para el escritor que se atrevió a inventarla. Así, Sarmiento consigue atribuirse a sí mismo la autoridad y el privilegio de un pensador fundacional. Al mismo tiempo, su demanda de legitimidad se basa en la aprobación implícita proporcionada por un origen establecido; establecido con el propósito de despejar cualquier duda y por el simple hecho de que él lo considera un modelo. *Facundo,* después de todo, tiene algo que ver con el estatus ejemplar de Cooper entre los latinoamericanos que lo admiraron, imitaron y adoptaron como el más destacado de los narradores estadounidenses.

LOS COOPERS DE PIERRE MENARD

A pesar de ser lectores menardianos, los novelistas latinoamericanos no siguieron muy de cerca ni al modelo extranjero ni a su proveedor argentino, a menos que, por supuesto, seguir a Sarmiento signifique aprender a dar un paso whitmaniano que se aleje lo suficiente como para encontrarle usos comparativamente oportunos a Cooper. También aprendieron (y después lo heredaron) el paso hacia atrás del discípulo, poniendo al modelo detrás de la copia: "Tú eres como los escritores románticos", Marito le comenta ingenuamente a su heredero guionista en *La tía Julia.* "Para ser sincero, *ellos son* como *yo*... Nunca he plagiado a nadie"[45]. Estos románticos eran los autores nacionales, en el mismo sentido plurivalente que se describe a Sarmiento. Ellos nos ocuparán en los siguientes capítulos, de modo que bastarán aquí pequeñas menciones mientras consideramos las posibles repercusiones del elogio de Sarmiento a Cooper. Como novelistas, dichos autores se sentían obligados a desafiar las hipótesis de Sarmiento acerca del potencial didáctico y socialmente constructivo de las vidas individuales ejemplares[46]. Escribir novelas era ya un pronunciamiento sobre la naturaleza —colectiva y creadora de parejas— de la construcción de la nación. Si una de las metas principales del programa nacional argentino era poblar la pampa desierta, si para la cultura modernizadora burguesa que las élites sudamericanas estaban tratando de adoptar el deseo sexual se había convertido en efecto en lo que Foucault caracterizó como la "explicación de todo", las biografías heroicas difícilmente serían (re)productivas en la medida necesaria[47]. Por regla general, los novelistas suponían estar "corrigiendo" a Cooper, o por lo menos estar leyéndolo correctamente. La mayoría sabía, por ejemplo, que el autor de *El último de los mohicanos* realmente prefería, o debió haber preferido, a Cora como la madre arquetípica de América. Más que conservar a América racialmente pura, un Cooper latinoamericanizado y romántico les advertía a sus compatriotas que la esperanza de paz y progreso del país no debía sacrificarse a un ideal de pureza tan anacrónico y autodestructivo como el heroísmo militar. La consolidación nacional requería de la reconciliación de las diferencias, no de su exclusión. El proyecto hegemónico de la clase dominante tuvo que ganarse el apoyo de otros igualmente interesados (por lo general) en un proyecto liberal nacional que los beneficiaría a todos, tal y como el héroe del romance ganó a la heroína a través del amor y de una preocupación práctica por su bienestar. Una élite blanca, casi siempre de las grandes ciudades porteñas, tenía que convencer a todo el mundo, desde los terratenientes y mineros hasta las masas de indígenas, negros y mulatos, de que un liderazgo liberal uniría razas y regiones tradicionalmente antagonistas en una nueva prosperidad.

En la práctica política, los argentinos evidentemente eran maridos mucho menos celosos que Cooper. En la introducción vimos al prudente Juan Bautista Alberdi reconocer sus propias deficiencias nacionales y hacer de la necesidad de compartir su patrimonio con los extranjeros una virtud. (Importar sementales anglosajones para desarrollar una raza superior y manejable, como diríamos según la lógica ganadera que prevalecía en aquella época). El amor sexual haría el resto, una vez que el ejército argentino de mujeres deseables conquistara a los futuros conquistadores blancos. Pero Cooper, convencido de su propia superioridad, no había visto ninguna ventaja en la amalgama. Después de todo, él *es* el Príncipe anglosajón encantador a quien desean las morenas argentinas.

¿Es posible que la erótica o la retórica de cuento de hadas que le atribuyo al teórico político Alberdi provenga de las novelas contemporáneas latinoamericanas más que de su propio discurso jurídico? ¿Es también posible que yo hubiera entendido al Cooper de Sarmiento como un defensor de la inscripción ilustrada, o del beso civilizador, a través de este mismo embrollo entre el romance y la construcción de la nación? Quizás Sarmiento era insensible a la historia de amor entre la tierra y los hombres que la harían prosperar. El drama de la seducción puede resultarle superfluo al hombre acostumbrado a dar órdenes. Si me veo atrapada en esta confusión retórica se debe tanto a una tradición de literatura latinoamericana como a mi lectura tardía. Sarmiento se convirtió en el pretexto de otros Pierre Menards en América Latina. Sin embargo, para defender esta posible lectura "romántica" e inapropiada de Sarmiento, debo destacar la inevitable resonancia del *romance* en el lector de hoy. Referirse a Cooper como a un romancista, podría parecer simplemente un galicismo para decir "novelista"; y la señora Mann lo traduce indistintamente como "*romancer*" y como "*novelist*" (Mann, 24). La diferencia entre estos dos términos corresponde a una tradición angloamericana, no a la de las lenguas romances[48]. Pero cuando Sarmiento usa romance en un comentario sarcástico sobre el abuso de Facundo de su novia ("¿No es éste un lindo romance?", Sarmiento, 126), la palabra adquiere la precoz cualidad de historia de amor, incluso aunque ese significado probablemente haya aparecido un siglo después, quizás en Hollywood. Mediante un anacronismo consciente, pues, me encuentro a mí misma leyendo el epíteto de Sarmiento como un reconocimiento del asunto erótico en la obra de Cooper.

Los novelistas nacionales ciertamente lo leyeron como si fuese erótico. Su Cooper alegorizó la retórica seudocientífica de Sarmiento sobre la civilización y la barbarie, colonizadores blancos encarando la pampa, en una historia de amor correspondido. Por lo tanto, los matrimonios nacionales ideales se proyectaban con frecuencia en romances entre blancos e indias (los personajes que dan nombre a *O Guaraní* [1857] e *Iracema* [1865] del brasileño José de Alencar, son ejemplos de ello) o mestizas, inspirados sin duda en la *Atala* de Chateaubriand (como doña Mencia en *Enriquillo* [República

Dominicana, 1882] de Manuel de Jesús Galván y Marisela en *Doña Bárbara* [Venezuela, 1929] de Rómulo Gallegos). El ideal del mestizaje, acuñado de manera tan peyorativa en inglés como *miscegenation* (entrecruzamiento), tenía su base en la realidad de una mezcla racial a la que se le atribuían diferentes virtudes y defectos, y que tenía que cuajar en algunos países si había de producirse algo parecido a la unidad nacional. Unidad, de acuerdo con la retórica positivista, no era tanto un concepto político o económico como biológico. José Vasconcelos formuló la que probablemente sea su variante más famosa y utópica en *La raza cósmica* (1925), un libro escrito después de la Revolución Mexicana, cuando las masas indígenas irrumpieron en los debates en torno a la nación y al progreso. Pero ya desde la época del famoso discurso de Simón Bolívar en Angostura, los latinoamericanos han asumido, al menos retóricamente, una identidad racial mixta. "Es imposible asignar con propiedad" decía el Libertador, "a qué familia humana pertenecemos... Nacidos todos del seno de una misma madre, nuestros padres, diferentes en origen y en sangre..."[49].

Sólo una novela atípica como *María* (Colombia, 1867) de Jorge Isaacs, su "canción del cisne" en favor de la esclavocracia, podía permitirse revivir el pesimismo, al estilo de Cooper, respecto al mestizaje. Como la mestiza Cora, esta María de origen judío nació en las Indias occidentales (Jamaica) y, pese a ser completamente inocente y admirable, también lleva la mancha de la diferencia racial. La suya es una mancha judía y sirve como un signo a la hora de apuntar las diferencias aún más perturbadoras entre los negros y los blancos. Como en *Enriquillo* y en *O Guaraní*, la amenaza real que se cierne sobre la sociedad de una plantación se vuelve inexpresable para Isaacs. Lo que parece estar diciendo es que ninguna amalgama, por más inocente o sincera que sea, puede ser productiva en la sociedad aristocrática que él añora. Aunque más programático quizás, *Tabaré* (1888) del uruguayo Juan Zorrilla de San Martín resulta también atípico por su sacrificio de la diferencia racial en la persona del héroe mestizo. El indio de ojos azules está fuera de lugar tanto en la sociedad blanca como en la india, al igual que lo estaba Ruth, la trágica mestiza cultural de Cooper, la cautiva de *The Wept of Wish-Ton-Wish* (1829). No obstante, una cantidad aún mayor de escritores latinoamericanos tendieron a ser programáticos en un sentido más sintético. Cuando en el romance los enamorados son ambos blancos, es seguro que provienen de áreas hostiles entre sí, como en *Amalia* (1851) de José Mármol, donde el héroe es un muchacho de Buenos Aires y su heroína una joven viuda sin hijos de la provincia de Tucumán. Lejos de dejarse disuadir por el pasado de su heroína, como habría sido el caso de un Cooper mal asimilado, Mármol admitió que Argentina adolecía de una historia improductiva que el romance nacional subsanaría. Igualmente, Alberto Blest Gana une en *Martín Rivas* (1862) al hijo de un empresario minero en bancarrota en el norte de Chile con la hija del usurero de Santiago que había adquirido la mina. El héroe finalmente convence a los banqueros de Santiago de que la unión será mutuamente satisfactoria, al mismo tiempo que algunos sectores de las élites de Chile sellaban tratos políticos y financieros. Donde las diferencias raciales y regionales mantienen separados a los amantes, como en las novelas abolicionistas de Cuba, *Francisco* (1839) de Anselmo Suárez y Romero, *Cecilia Valdés* (1839; 1882) de Cirilo Villaverde y *Sab* (1841) de Gertrudis Gómez de Avellaneda, la culpa de la tragedia personal y nacional recae en los hábitos arcaicos y antiamericanos del orden social. El programa implícito o explícito en favor del cambio salva a estas novelas de la crueldad del Cooper de Sarmiento y del pesimismo de la tragedia de Isaacs. Esto no significa que el racismo y la parcialidad económica dejasen de existir entre los novelistas. Para ver el prejuicio en acción, uno sólo tiene que observar que los amantes indio y mestizo aparecen en libros como *O Guaraní* y *Enriquillo* para posibilitar que los negros desaparezcan; o que el Tucumán de *Amalia* no pasa de ser un productor secundario para las decisiones comerciales que se tomaban en Buenos Aires. La hegemonía, después de todo, no es un proyecto igualitario sino un proyecto que legitima el liderazgo de un sector social que ha conseguido el consentimiento de otros. El romance, por lo tanto, servía para darle un aspecto cariñoso a la unidad nacional, no necesariamente para igualar a los amantes.

Los latinoamericanos se deben haber sentido aliviados al ver que Cora Munro fue redimida en su país cuando se relajó el nerviosismo defensivo con respecto a la codificación racial y de género; es decir, después de que el trabajo del hombre estuvo concluido y el Oeste conquistado. Cora vuelve para ser celebrada en el período tardío y "decadente" de las novelas baratas. El mismo Cooper preparó el camino para liberar al menos a una heroína legítima, Ellen Wade en *The Prairie* (1827), de la parálisis inhumana que el nacimiento noble hace caer sobre sus mujeres[50], en especial sobre la "autosuficiente" Mabel Dunham en *The Pathfinder* (1840). De hecho, los Menards del norte, engendrados por Cooper, que escribieron novelas baratas, se entusiasmaron celebrando a heroínas mestizas e incluso sustituyendo a los gallardos héroes tradicionales por mujeres salvajes como protagonistas. La gran diferencia con Sudamérica es que la producción masiva de novelas del Oeste, empezando por la industria literaria de Beadles en 1858, no era una empresa que buscara establecer una conciencia estadounidense y un proyecto nacional, sino más bien quería desarrollar esos primeros esfuerzos para abastecer el creciente mercado del sensacionalismo. La heroína amazónica por excelencia de finales de siglo, según Henry Nash Smith, representa una innovación ejemplar que marca la decadencia de las novelas melodramáticas del Oeste que aprendieron a complacer a un público estadounidense siempre ávido de más aventuras gratuitas[51]. Pero si hacemos una lectura más generosa, estas heroínas tan poco refinadas significan el retorno de la reprimida Cora. Cooper pudo haberse sentido obligado a condenarla porque era demasiado capaz y estaba demasiado llena de sorpresas para el gusto tan convencional del héroe. Su automotivación complicaba aún más el derecho que él tenía de motivarla y, por extensión, de manipular la tierra. Pero para los Menards del Sur, Cooper también pudo haberla preferido. En ese caso, su novela puede ser vista como una tragedia, junto a la *María* de Jorge Isaacs y las desgarradoras novelas antiesclavistas de Cuba. Para demostrar la profunda predilección de la tradición por Cora, estos Menards sureños pudieron haber señalado toda su línea doméstica de descendientes: las pistoleras, bebedoras empedernidas, Calamity Janes que conseguían a sus hombres de la forma que fuera.

Lo que sugiero, tal vez provocadoramente, es que los cambios de rol de género son tan propios de los romances fundacionales latinoamericanos como lo son los cruzamientos raciales y regionales. Incluso en un romance tardío, defensivo y "populista" como *Doña Bárbara*, escrito cuando los hombres volvieron a ser hombres y las mujeres mujeres, el héroe aparentemente ideal tiene, de nuevo, una paradójica lección que aprender de la mujer. Tiene que enamorarse perdidamente de la mujer apropiada para así poder mantener su condición de amo.

Estos romancistas entendieron por qué Cooper tenía que hacer del impresionable Heyward un padre fundador, y no del idealmente masculino Ojo de Halcón. También sintieron la tragedia de tener que sacrificar a un hombre tan agraciado y sensible como Uncas, a quien Alencar revive como el héroe de *O Guaraní*. Algunos lectores, incluyendo a Sarmiento, pudieron haber pensado que la América ideal de Cooper se basaba en categorías precisas de raza y de género, pero los romancistas latinoamericanos reconocieron la distancia improductiva que los opuestos ideales tienen que mantener para permanecer puros. Si de alguna manera es un amante, Ojo de Halcón está enamorado de la vastedad igualmente pura, que es de una simpleza tan sublime como la de Alicia, o del impasible Chingachgook, la elección de D. H. Lawrence. De hecho, su afecto recíproco es más convincente si consideramos que a los dos hombres los une un mismo respeto, más que un amor erótico, por la naturaleza. Su versión casta del deseo homosocial[52] adquiere forma de un *ménage à trois* donde nadie realmente viola a nadie. Nadie tiene hijos tampoco. Esta pureza categórica es una razón de por qué Natty tiene que evitar a Judith Hutter en *The Deerslayer* (1841). Lo que otros lectores han definido como su castidad es también el orgullo de Natty de ser un "hombre sin cruzamiento alguno", tan libre de inclinaciones femeninas y domésticas, como de sangre india. Los lectores norteamericanos pueden inquietarse por lo que parece ser la doble lealtad sin resolver entre la civilización y la barbarie que se aprecia a través de las contradicciones de Ojo de Halcón. Es obvio que éste traiciona a Chingachgook al servir de guía a los otros hombres, aquellos que "civilizan" la vastedad, se casan con vírgenes y las convierten en madres. Pero el Cooper que los romancistas latinoamericanos decidieron leer es ése que se despide de la masculinidad ideal y obsoleta de Ojo de Halcón, al tiempo que le daban la espalda, durante este momento apacible, a los heroicos Bolívar y San Martín.

Esta impresionante cadena de lectura y escritura de Cooper ciertamente tuvo su origen en un texto específico. Pero después de la juguetona observación de Sarmiento sobre el plagio, después de advertir que es él quien hace de Cooper un hito en la literatura de América del Sur, debemos preguntarnos de quién es el texto originario. ¿Es el de Cooper o es la apropiación de Sarmiento? ¿Es el padre quien hace al hijo o es gracias al hijo que el padre se reconoce como tal? Con este símil, quiero sugerir el carácter edípico de esta inversión entre el modelo y el comentarista, y, como consecuencia, incorporarlo a la estrategia que Beatriz Sarlo y Carlos Altamirano han identificado de manera tan convincente en *Recuerdos de provincia*. Me refiero a la repetida negación de Sarmiento de su linaje paterno y a la importancia personal de su padre. El hijo parece haberse engendrado a sí mismo sobre el cuerpo y la genealogía de su madre, cuya identidad a veces se confunde intencionalmente con la de la tierra materna. El superfluo padre es pueril, o afeminado, lo que termina siendo la misma cosa, de manera que Sarmiento puede reemplazarlo en el texto familiar[53].

Sin embargo, a pesar del posible paralelo entre su padre y Cooper (o cualquier otro modelo en *Recuerdos*) la rivalidad de Sarmiento con los mentores adoptivos permite algo distinto que la pura negación, algo que debió haber servido de inspiración para otros autores nacionales. Le permitió subordinar al maestro, cuidadosamente y sin eliminarlo, de tal suerte que no se perdiera la legitimidad de su aprobación, que Sarmiento se atribuye a sí mismo. Esta diferencia (que Tulio Halperín Donghi también sugirió al contrastar la autocreación de Sarmiento en *Mi defensa* con el respeto por el linaje en *Recuerdos*)[54] manifiesta un patrón estratégico que he tratado de rastrear aquí. Éste podría ser paralelo al parricidio, pero está ingeniosamente restringido, quiero decir, en la práctica de Sarmiento que hace pasar el plagio como la originalidad más eficiente a través de la inversión de la prioridad entre modelo y revisión.

Felizmente para imitadores autorizados como Sarmiento, y para sus lectores menardianos, la imitación con frecuencia sobrepasa al modelo, incluso al punto de llegar a constituirse en el modelo mismo. Esto es, para resumir, doblemente fundacional: primero por establecer el origen y segundo por mejorarlo. Y si este desplazamiento tiende a poner en duda cualquier pretensión de originalidad, el aspecto liberador de esta duda para los que vienen después en el campo de la escritura y de la historia, es que deja sin resolver la cuestión de la prioridad entre el maestro y el discípulo. Sarmiento resulta ser un sacerdote protoborgeano que los une a los dos con un anillo de Moebius en el cual el anverso y el reverso, el origen y la trayectoria, son sólo ilusiones de perspectiva. Después de este matrimonio, sería más bien indigno recordarle a Cooper su distancia con Argentina, de la misma forma en que resultaría mal intencionado recordarle a Sarmiento sus deudas como discípulo.

Notas

II.

AUTENTICIDAD PLAGIADA:
EL COOPER DE SARMIENTO Y OTROS

1. Jorge Luis Borges, "Pierre Menard, autor del *Quijote*", *Ficciones* (Buenos Aires: Alianza Emecé, 1982).
2. Borges, 59.
3. Estas oportunidades para hacer lecturas erróneas, incluso en una novela tan didáctica e imperiosa como la de Cooper, son quizá el único punto en el cual me aparto de Jane Tompkins, en *Sensational Designs: The Cultural Work of American Fiction, 1790-1860* (Nueva York y Oxford: Oxford University Press, 1985). Su defensa, generalmente convincente, de los "*best-sellers*" como indicadores y árbitros de nuestra cultura política, tiende a subestimar la probabilidad de que los mensajes sean procesados de manera distinta, incluso cuando este mensaje se expresa apasionadamente. Véase pág. xviii.
4. Martin Green, *The Great American Adventure* (Boston: Beacon Press, 1984): 23.
5. Walt Whitman, "Song of Myself": 47. *The Portable Walt Whitman*, selección y notas por Mark Van Doren, rev. Malcolm Cowley (Nueva York: Penguin Books, 1981): 92.
6. James Fenimore Cooper. *El último mohicano*, traducción de Héctor F. Engel (Buenos Aires: ACME Agency, S. R. Ltda., 1947). Las referencias de página que aparecen en el texto se refieren a esta edición.
7. Domingo F. Sarmiento, *Facundo: Civilización y barbarie* (Buenos Aires: Espasa-Calpe Argentina, 8ª ed., 1970). Las referencias de página que aparecen en el texto se refieren a esta edición. Juan Bautista Alberdi acusó a Sarmiento de publicar su libro en los Estados Unidos con el respaldo de una traductora que necesariamente sería confundida con su ilustre marido por los lectores hispanoparlantes. Véase el *Proceso a Sarmiento* de Alberdi, prólogo de León Pomer (Buenos Aires: Ediciones Caldén, 1967): 13.
8. Nina Baym, "The Women of Cooper's Leatherstocking Tales", *American Quarterly* 23 (1971): 696-709. Baym señala (698) que las mujeres son los "signos principales, el lenguaje de la comunicación social entre los hombres", y, por lo tanto, la base de la civilización masculina. Para desarrollar esto podríamos decir que la base ideal de la civilización de Cooper era el lenguaje transparente, sin marcas, que Alice representaba, más que las huellas polivalentes que revelaba Cora.

9. Annette Kolodny explora la metáfora de la tierra como mujer y las relaciones contraproducentes de los americanos con ella. Véase su *The Lay of the Land* (Chapel Hill: North Carolina University Press, 1975). Señala que debido al miedo a la castración y al encierro se produce un deslizamiento inevitable de nuestro deseo pastoril de volver a un amor edípico y "pasivo" por la tierra como Madre, hacia un deseo agresivo posedípico de dominarla, un deseo que yo identifico con el romance. A pesar de esta movida repetida (cada vez más hacia el Oeste), Kolodny sigue abogando por una América pastoril. La escena en Glenn's Falls muestra la extendida compañía de héroes y ayudantes que se esconden en las cuevas de la Naturaleza, las cuales se abren convenientemente por delante y atrás (*The Last of the Mohicans:* 63-66, 96-97 en el original en inglés). Véase también Cecilia Tichi, *New World, New Earth: Environmental Reform in American Literature from the Puritans to Whitman* (New Haven: Yale University Press, 1979): 173.

10. La suposición de la estabilidad de la mujer que "da base" a la actividad masculina es desarrollada provocativamente por Luce Irigaray en *Speculum: espéculo de la otra mujer,* trad. Baralides Alberdi Alonso (Madrid: Editorial Saltés, 1978).
    Véase sobre todo el ensayo "Toda teoría del 'sujeto' se ha adecuado siempre a lo 'masculino'": 149-164. "La negación de una subjetividad a la mujer, ésta es sin duda la hipoteca que garantiza toda constitución irreductible de objeto: de representación, de discurso, de deseo. Imaginad que la mujer imagina y el objeto perderá en el acto su carácter (de idea) fijo(a). De referencia, en suma, más última que el sujeto mismo, que sólo se mantiene en pie gracias a los efectos retroactivos de cierta objetividad, de cierto objetivo. Cuando ya no existe 'tierra' que pisar (reprimir), que trabajar, que representar(se), y también —una vez más— que desear apropiar(se), materia opaca que no se conociera como tal, ¿qué cimiento queda a la existencia del 'sujeto'? Si la tierra girase, en especial si girase sobre sí misma, la erección del sujeto correría el peligro de verse desorientada en su elevación y en su penetración": 149.

11. "Taxonimia" es como Foucault lo expresa. Michel Foucault, *Las palabras y las cosas: una arqueología de las ciencias humanas,* trad. Elsa Cecilia Frost (México: Siglo Veintiuno, 1971).

12. Tompkins, en *Sensational Designs,* es sin duda un lector norteamericano reciente que podría estar de acuerdo con la lectura brutalmente lúcida que Sarmiento hace de Cooper. En la pág. 94, señala que *Arthur Mervyn* de Charles Brockden Brown es sobre el matrimonio entre culturas como resolución de la tensión social; el héroe se casa con una viuda judíoportuguesa. Éste es el tipo de mezcla que no ocurre en *El último mohicano.* Afirma que la mayoría de los críticos intentan pedir disculpas por las intrigas y personajes de Cooper, pero Tompkins se ocupa sabiamente del racismo obvio y convencional en Cooper. El tema de *El último mohicano* es el mestizaje cultural (114). Y la lección, sobre todo en el fuerte William Henry, es que cuando los controles sociales empiezan a fallar, la consecuencia final es una carnicería (117).

13. Véase Leslie A. Fiedler, *Love and Death in the American Novel* (Nueva York: Stein and Day, ed. rev. 1966) y su lectura de *The Wept* como la primera novela antimestizaje en nuestra literatura. Añade que *El último mohicano* debe ser releído a la luz de ésta, y se refiere a los contemporáneos de Cooper que lamentaban la muerte de Cora Fiedler (204) (traducción nuestra).

14. Su padre le confiesa a Heyward que en las Antillas su destino fue casarse con la mujer que sería la madre de Cora, hija de un caballero de esas islas y de una dama que tuvo la desgracia de descender de esa clase que es esclavizada para atender a la alta sociedad. Según él, se trata de la maldición que pesa sobre Escocia por su unión desnaturalizada con comerciantes extranjeros (187-188 en el original en inglés).
    El capítulo de Jane Tompkins, "No Apologies for the Iroquois", presenta argumentos demasiado simples para justificar la blancura de Cora (*Sensational Designs:* 119). El peligro de su confrontación con Magua se ve agravado, en mi opinión, por el hecho de que ella ya es una categoría corrupta, porosa a su efecto oscurecedor. Wayne Franklin incluso supone que ella siente una atracción erótica por Magua. Véase su *The New World of James Fenimore Cooper* (Chicago: Chicago University Press, 1982): 224.

15. Annette Kolodny muestra que la relación de Cooper con la metáfora organizadora de lo pastoril americano ofrece un argumento convincente para leer a la vez la dimensión contraproducente de la tierra como mujer y la dimensión cosificada de la mujer como tierra. Tal como muchos de los autores que Kolodny estudia, Cooper participa de la culpa ecológica que predice o bien la esterilidad o bien la venganza de la naturaleza al entrampar a los saqueadores en su seno: 90-97.

16. Ésta es una imagen que la señora Mann sustituye prudentemente en inglés con metáforas muertas: "penetra su mismo corazón". Véase Sarmiento: "El mal que aqueja a la República Argentina es la extensión: el desierto la rodea por todas partes, se le insinúa en las entrañas; la soledad, el despoblado sin una habitación humana".

17. Roberto González Echevarría nos recuerda el nativismo de segunda mano de Sarmiento y desarrolla un argumento sobre el parentesco de *Facundo* con los libros de viajes, el cual, al igual que otros libros de este género, se preocupa por producir una identificación con los lectores civilizados del país de origen distanciando al narrador de las extrañas y maravillosas escenas que se contemplan. Véase su "Redescubrimiento del mundo preferido: El *Facundo* de Sarmiento", *Revista Iberoamericana*, no. 143 (abril-junio 1988): 385-406.

18. Véase la obra clásica de Leopoldo Zea, *El pensamiento latinoamericano.* (Barcelona: Editorial Ariel, 1976) y su Prólogo a la antología que editó, *Pensamiento positivista latinoamericano* (Caracas: Biblioteca Ayacucho, 1979).

19. Véase el excelente artículo de Sylvia Molloy, "Sarmiento, lector de sí mismo en *Recuerdos de Provincia*", *Revista Iberoamericana* 54, 143 (abril-junio 1988): 407-418, sobre todo 415 y 417.

20. Para la guía más apasionada y juguetona para escuchar esa multiplicidad y el conflicto con el género de poesía gauchesco que también constituyen el *Facundo*, véase Josefina Ludmer, *El género gauchesco: Un tratado sobre la patria* (Buenos Aires: Editorial Sudamericana, 1988): 24. Elizabeth Garrels señala que Sarmiento decidió publicar el *Facundo* durante 1845 en la nueva sección para novelas en serie, en *El Progreso*, el periódico que editó en Santiago entre 1842 y 1845. En contraste, publicó su quizá comparable biografía de Aldao en la "Sección Correspondencia". Véase "*El Facundo* como folletín", *Revista Iberoamericana*, no. 143 (abril-junio 1989): 419-447; 426.

21. Debo esta observación poderosa a la ponencia de Carlos Alonso, "Reading Sarmiento: One More Time, with Passion", presentada en la conferencia del MLA en 1988. Véase también Julio Ramos, *Desencuentros...*, cap.1, "Saber del otro: Escritura y oralidad en el *Facundo* de D. F. Sarmiento": 19-34.

22. Ludmer hace una observación parecida: "La barbarie no sólo dramatiza el enfrentamiento con 'la civilización' sino un segundo enfrentamiento, interior, consigo misma... La doble tensión, hacia fuera y adentro de sí es la mejor definición de *Facundo*, el texto de Sarmiento": 26.

23. Alberdi, *Proceso a Sarmiento:* 16. "Es el Facundo un libro que tiene dos caras como la Jano de la fábula: una es la de la civilización; la otra es la de la barbarie... Tiene dos conciencias, dos morales. Está por el pro y por el contra en las mismas cuestiones de su país".

24. Sarmiento menciona esto ya en la pág. 6; pero es explícito en la pág. 217. "La idea de los unitarios está realizada; sólo está de más el tirano; el día que un buen Gobierno se establezca, hallará las resistencias locales vencidas y todo dispuesto para la *unión*".

25. Alberdi en el *Proceso a Sarmiento,* afirma que las ideas y los intereses que motivaban a Facundo como agente de Rosas, eran las mismas que motivan al biógrafo de Facundo (pág. 30).

26. Más que de Cooper, Sarmiento probablemente aprendió sobre lo sublime "americano" del capítulo sobre América de François-René de Chateaubriand, en sus *Memorias*, trad. Aurelio Garzón del Camino (México: Cía. General de Ediciones, 1961). Respecto a la Catarata del Niágara, por ejemplo, escribe que no pudo expresar los sentimientos que lo conmovieron al contemplar un desorden tan sublime.

27. Aunque es cierto que en su Prefacio de 1826 Cooper lamentaba la "corrupción" de los nombres de lugares, también lamenta la muerte de Cora, el exterminio de los mohicanos y la alteración general del paraíso. Pero la narrativa lo muestra como dispuesto, por ahora, a pagar el precio para establecer su familia americana. Luego, el Cooper más cauteloso y menos optimista de *The Deerslayer* (1841) intenta poner fin a la violencia del nombramiento, incluso cuando escribe sobre Glimmerglass o el Lago Otsego. Para Deerlayer, los bautizos hechos por el hombre blanco siempre predicen desperdicio y destrucción.

28. Octavio Paz, *El laberinto de la soledad* (México: FCE, 1980; originalmente 1959): 40. "El ninguneo es una operación que consiste en hacer de Alguien, Ninguno.... Sería un error pensar que los demás le impiden existir. Simplemente disimulan su existencia, obran como si no existiera. Lo nulifican, lo anulan, lo ningunean".

29. Una cosa es que Sarmiento lo diga y es completamente otra cosa que lo diga el británico Walter Scott, quien muestra una admiración reacia: "'Las vastas llanuras de Buenos Aires —dice— no están pobladas sino por cristianos salvajes, conocidos bajo el nombre de *guachos* (por decir *Gauchos*), cuyo principal amueblado, consiste en cráneos de caballos, cuyo alimento es carne cruda y agua y cuyo pasatiempo favorito es reventar caballos en carreras forzadas. Desgraciadamente —añade el buen gringo— prefirieron su independencia nacional a nuestros algodones y muselinas'. ¡Sería bueno proponerle a la Inglaterra, por ver, no más, cuántas piezas de muselina daría por poseer estas llanuras de Buenos Aires!": 16; 12.

30. Peter Hulme, "Versions of Virginia: Crossing Cultures in Early Colonial America". Véase su *Colonial Encounters* (London: Methuen, 1987). Véase también Michael Rogin, quien se refiere a las diferencias entre las tribus del norte y las del sur. Según él, las tribus norteñas eran más pequeñas y más numerosas que las cinco confederaciones de indios del sur; estaban menos establecidas que las tribus sureñas, y nunca desarrollaron una agricultura de gran escala o una estructura social tan complejamente estratificada como las de aquellas. Para ubicar a Cooper en un movimiento general de eliminación de los indios, véase Michael Rogin, *Fathers and Children: Andrew Jackson and the Subjugation of the American Indian* (Nueva York: Knopf, 1975): 166-167.

31. Su crítico más feroz era Juan Bautista Alberdi, uno de los miembros fundadores de la Generación de 1837, llamada más tarde "Joven Generación Argentina". Estos jóvenes románticos y rebeldes habían prometido superar el antagonismo fratricida entre los centralistas europeizantes llamados Unitarios, basados en Buenos Aires, y los federalistas más autóctonos, quienes estaban entonces en control bajo el dictador Rosas. Cuando la dictadura se convirtió en terror, casi toda la Generación de 1837 se retiró a un sectarismo unitario, excepto Alberdi. Y su crítica del *Facundo* de Sarmiento resucita el principio de flexibilidad y conciliación. Véanse sus *Cartas quillotanas* donde Alberdi se opone a la formulación binaria de ciudad y campo desierto, "un error empírico e histórico, y fuente de la antipatía artificial entre los sectores que se necesitan y complementan". Citado en *Historia de la literatura argentina/1* (Buenos Aires: Centro Editor de América Latina, 1967): 308.
Sarmiento, por supuesto, sabía que era esquemático. Admite, por ejemplo, que los negros se integraron bien, pero también se alegra de su exterminación casi total en las guerras. Véase el ensayo sugerente de William H. Katra, "Reading *Facundo* as Historical Novel", *The Historical Novel in Latin America*, ed. Daniel Balderston (Gaithersburg, Md.: Ediciones Hispamérica, 1986): 31-46.

32. Véase Brook Thomas, *Cross-Examination of Law and Literature: Cooper, Hawthorne, Stowe, and Melville* (Cambridge: Cambridge University Press): 23. La élite dirigente (a la que Cooper pertenecía) era sostenida por su posición social y las relaciones de familia. Cuando Van Buren habló en contra de la "aristocracia" de Nueva York, en vez de reivindicar el gobierno popular, quería reemplazarla con un nuevo liderazgo de los poderosos emergentes, o sea con la Regencia de Albany.

33. Tompkins (*Op. cit.*) 110.

119

34. Georg Lukács, *La novela histórica*, trad. Jazmín Reuter (México: Era, 1966). "...[d]el hermoso análisis que hace Máximo Gorki de las novelas de Cooper... se desprende claramente la actitud ambigua de los autores clásicos de novelas históricas. Tienen que aplaudir la exterminación de los nobles indígenas americanos, del sencillo, decente y heroico Leather Stocking como un paso necesario para el progreso, pero no pueden dejar de ver y de describir la mediocridad humana de los vencedores. Y éste es el destino ineludible de toda cultura primitiva que entra en contacto con el capitalismo": 437.
   Katra (39) lee luego a Lukács a través de Sarmiento y concluye de manera bastante apresurada que ambos celebraban esta "marcha despiadada del progreso", cuando, de hecho, Lukács intenta establecer una distinción entre las novelas históricas clásicas y las del Frente Popular que pueden adaptarse al "comunismo primitivo". Compare con Lukács: 438.
35. Me refiero aquí a la distinción posiblemente esquemática de Michel Foucault en *Las palabras y las cosas: una arqueología de las ciencias humanas*, trad. Elsa Cecilia Frost (México: Siglo Veintiuno, 1971).
36. Véase la discusión maravillosamente perspicaz de Sylvia Molloy, pág. 416.
37. Domingo Faustino Sarmiento, *Recuerdos de provincia* (Buenos Aires: Biblioteca de la Nación): 151. El pasaje continúa: "Aquello, pues, que llamamos hoy plagio, era entonces erudición y riqueza".
38. Sarmiento, *Recuerdos:* 229.
39. William J. Nowak arguye que el gesto para llegar a ser representativo de la Argentina, la sinécdoque para un país entero, significaba que el autorretrato de Sarmiento era resueltamente impersonal. Véase "La personificación en *Recuerdos de provincia:* La despersonalización de D. F. Sarmiento", *Revista Iberoamericana*, no. 143 (abril-junio 1988): 585-601.
40. Carlos Altamirano y Beatriz Sarlo, "La estrategia de *Recuerdos de provincia*", en su *Literatura/Sociedad* (Buenos Aires: Hachette, 1983): 163-208; 165.
41. Sarmiento, *Recuerdos de provincia:* 68. Una cita extensa aparece en el cap. 3, y corresponde a la nota 26.
42. Jean Baudrillard, *Cultura y simulacro*, trad. Vicens A. y Rovira P. (Barcelona: Kairós, 1993).
43. Baudrillard: 2.
44. Sarmiento, *Recuerdos:* 142.
45. Mario Vargas Llosa, *La tía Julia y el escribidor* (Barcelona: Seix Barral, 1977).
46. Los historiadores de este período, notablemente Bartolomé Mitre, también escribían biografías, las cuales consideraban como uno de los tipos de historia más precisas.
47. Michel Foucault, *La historia de la sexualidad*, vol. 1. *Introducción*, trad. Ulises Guiñazu (México: Siglo Veintiuno, 1996).
48. Véase el cap. 1, parte 1, notas 76-80.
49. Simón Bolívar, en *Pensamiento político de la emancipación*, ed. José Luis Romero (Caracas: Biblioteca Ayacucho, 1977): 114.
50. Henry Nash Smith, "The Dime Novel Heroine", en *Virgin Land: The American West as Symbol and Myth* (Cambridge: Harvard University Press, 1950): 126-135.
51. Baym (*Op. cit.*) continúa su observación, pág. 706.
52. Para la formulación definitiva de esta idea, véase Eve Kosofsky Sedgwick, *Between Men: English Literature and Male Homosocial Desire* (Nueva York: Columbia University Press, 1985).
53. Véase Carlos Altamirano y Beatriz Sarlo: 168.
54. Tulio Halperín Donghi, en "Intelectuales, sociedad y vida pública en Hispanoamérica a través de la literatura autobiográfica", que aparece en *El espejo de la historia: Problemas argentinos y perspectivas latinoamericanas*, cuenta que una vez enunciado como hombre de origen modesto, Sarmiento extrema la acusación y la transforma en reivindicación. Sarmiento da de nuevo cuenta de sí mismo en *Recuerdos de provincia*, que abre literalmente con su árbol genealógico. Halperín define este esfuerzo como el de adaptar la tradición de la élite letrada al clima social e ideológico de la era republicana (pág. 58).

III

AMALIA:
EL VALOR DEL CORAZÓN Y DE LA CASA

"El 4 de mayo de 1840, a las diez y media de la noche, seis hombres atravesaban el patio de una pequeña casa de la calle Belgrano, en la ciudad de Buenos Aires" (Mármol, 11)[1]. Los lectores de *Amalia* de José Mármol (1851, publicada por entregas en *La Semana* de Montevideo) quizá recuerden esta ominosa primera oración. Es la fecha lo que la hace ominosa, ya que marca la intensificación del terror de Rosas en contra de la élite tradicional, y también la hora tardía, típicamente conspiratoria. Cinco de los seis hombres están, de hecho, conspirando para unirse a la resistencia en Montevideo. El sexto, su guía, resulta ser un infiltrado que los entrega a la Mazorca, el escuadrón de la muerte de Rosas. Esta traición, y el resto de la laberíntica novela de Mármol sobre el terror y las frustradas campañas en su contra, prácticamente requiere que los lectores aventuren una interpretación política que redundará en una toma de partido. Para muchos, *Amalia* es un folleto maniqueo cuya segunda impresión en las columnas de *El Paraná* fue debidamente suspendida en 1852, durante el periodo posterior a la dictadura de Rosas en el que no había "ni ganadores ni perdedores"[2]. La novela era tanto un panfleto en contra del Federalismo que abogaba por una libre asociación de provincias semiautónomas, como un himno al ideal Unitario de régimen centralizado bajo la tutela intelectual y comercial de Buenos Aires[3]. La ciudad le tomó gusto al régimen Unitario con Bernardino de Rivadavia, el pensador utópico que fue elegido presidente de las Provincias Unidas en 1826. Rivadavia proporcionó cierto respiro durante las guerras civiles de Argentina (la "década de la anarquía", 1820-1830) y una promesa de liberalización del colonialismo patriarcal en las esferas privada y pública[4]. Pero la victoria de Rivadavia fue ilusoria en un país donde las regiones del interior resentían su subordinación al centro. Su renuncia en 1827 trajo de nuevo el caos, y los argentinos no deseaban sino un líder fuerte. En 1829 lo consiguieron cuando Juan Manuel de Rosas, ranchero de la Provincia de Buenos Aires y el "Restaurador de la Ley", fue elegido como gobernador de la provincia. En 1835 fue investido de un poder casi absoluto que ejerció despiadadamente desde 1840 hasta su caída en 1852.

Pero otra interpretación política de esa primera oración de *Amalia* es posible si tomamos en cuenta que más allá de la amenaza obvia anunciada por la exactitud en el cronometraje, el peligro acecha en el lugar. No me refiero sólo al contraste entre el espacio interior civilizado que los conspiradores dejan atrás y las calles salvajes donde todos, excepto uno, son asesinados, aun cuando David Viñas está en lo correcto al advertir un código ideológico a lo largo de toda la novela, que contrapone una esfera privada ilustrada con una vida pública bárbara[5]. Para subrayar su postura podríamos añadir que, en un nivel, los unitarios entendieron su misión como "domesticación" de los exteriores salvajes y, en otro nivel, los exiliados, que se las arreglaron para escapar, también querían regresar a casa y ser domésticos.

Lo que me interesa aquí es la calle que Mármol escogió como la zona de peligro, la calle de Belgrano. Cuando nos enteramos que el emigrante frustrado que se destaca en el texto como un personaje digno de admiración también se llama Belgrano, podemos sospechar una amenaza adicional contra la hegemonía unitaria. Ésta es tan seria como la reacción federalista: la amenaza de una centralización estática y autónoma que literalmente no tiene ningún futuro. Este "joven de la espada", a quien admiramos tanto por su epíteto fálico como por los tristones ojos negros acentuados por su hermoso y pálido rostro (Mármol, 12), resulta ser el sobrino de Manuel Belgrano (Mármol, 26), el héroe de los unitarios más importante de la Independencia y el epónimo de la calle. El ilustre apellido, repetido al mismo tiempo que el joven Eduardo sustituye en nombre y en lugar a su antepasado, parece sumarse a la gloria de la causa unitaria. Pero hay más que un simple indicio del hábito incestuoso o de la esterilidad en este circuito cerrado. ¿Qué espacio posible hay allí para la historia o cualquier otro gesto narrativo, si Belgrano el hombre puede permanecer en la calle

Belgrano adoptando una pose heredada de noble y militar? En lo que ocurre a continuación, los hombres de Rosas resuelven el enigma del nombre y el lugar como si enfrentaran un nudo gordiano. La violencia es lamentable, pero también es la oportunidad de Mármol para narrar, de arrancar a Belgrano de la estrecha contienda unitaria y embarcarlo en un proyecto más flexible.

La batalla de Eduardo contra los mazorqueros es prácticamente sobrehumana: lo rodean con cuchillos de carnicero que dirigen hacia su cabeza como una coalición amenazante de bárbaros que converge en un centro civilizado, y él, abriendo brechas en su alianza, se encamina al mismo tiempo hacia el centro de la ciudad. Finalmente, se desmaya a consecuencia de la pérdida de sangre causada por una herida en el muslo, y Belgrano literalmente está a punto de perder su cabeza cuando de repente el último de los asesinos cae, uniéndose al círculo de los federalistas muertos, y Eduardo sobrevive en el centro de ellos. El salvador, en esta dramatización en miniatura de las guerras civiles, es su mejor amigo, Daniel Bello. Él, escurriéndose por detrás del asaltante, le propina un golpe seco con un arma misteriosa. Luego, saca a Eduardo y en secreto lo lleva a una casa, no la suya o a la de él, sino a una casa en un suburbio distante, donde su prima viuda, Amalia. Es decir hacia un refugio periférico, lejos del centro adonde los hábitos superfluos y suicidas de Belgrano lo estaban conduciendo. Eduardo será perseguido por la policía como único sobreviviente del ataque. Y Daniel le advierte que lo encontrarán, si se niega a cambiar su condición social basada en sus orígenes (aristocráticos), por una nueva condición basada en la domesticidad. Volver a casa, cada vez se hace más claro, no es en absoluto un regreso sino un encontrar el lugar donde está la mujer.

Más tarde Bello le revelará su arma, a la cual llama *casse-tete,* que en español se traduce como rompecabezas, literalmente un quebranta-huesos pero también un enigma y quizás un juego de palabras que alude a su amenaza de desintegración permanente. El detalle es importante, porque el galicismo evidentemente asocia a Bello con la oposición francófila a Rosas. Esta admiración por Francia no era sólo típica de los jóvenes intelectuales que imitaban el modelo de los románticos franceses; también era una respuesta al bloqueo punitivo de Francia contra Buenos Aires (mientras que Rosas continuaba traficando con Inglaterra al punto de asfixiar la industria nacional)[6] y a sus promesas de brindar apoyo a la resistencia. La francofilia de Daniel aparece detallada en largas escenas de un viaje clandestino a Montevideo, donde nuestro héroe trata de pactar alianzas entre los líderes exiliados y simpatizantes franceses, escenas que recrean las negociaciones frustradas de Juan Bautista Alberdi[7]. Pero el arma misma a la que él alude, con su asa de mimbre unida por dos cuerdas con puntas de bolas de hierro y cubierta por una fina red de suave cuero, resulta ser extrañamente familiar. No me refiero sólo al chiste visual que se produce cuando la curiosidad de Amalia por la herramienta escondida de Daniel finalmente le hace mostrar lo que se parece a unos genitales artificiales de mimbre (miembro):

> —¿Qué arma es ésa, Daniel, que usas tú y con la que has hecho a veces
> tanto daño?
> —Y tanto bien, podrías agregar, prima mía.
> —Cierto, cierto, perdona; pero respóndeme; mira que he tenido esta
> curiosidad muchas veces.
> —Espera, déjame terminar este dulce.
> —No te dejo ir esta noche sin que me digas lo que quiero.
> —Casi estoy por ocultártelo entonces.
> —¡Cargoso! (Mármol, 391)

El chiste, tan característico de la disposición de Mármol para el diálogo, aunque quizás perdido con el paso de las generaciones de lectores forzados[8], ha sido preparado de antemano, en la misma página, cuando Daniel formula en voz alta su deseo de que Eduardo haya cambiado su torpe espada por algo menos pesado, a lo que Eduardo condesciende: "Yo no uso armas misteriosas, caballero". "Así será", Daniel replica, "pero son más eficaces, y sobre todo más cómodas".

La familiaridad a la que me refiero es también una similitud estructural y estratégica entre este falo nuevo y mejorado y el lazo tradicional de los gauchos, o bolas. El artefacto es una triple cuerda en cuyas puntas hay tres bolas de hierro que se enredan alrededor de las piernas de la víctima. Estructuralmente, el arma de Daniel desplaza el poder del centro rígido (que Eduardo sigue prefiriendo) a una periferia múltiple, tal y como lo hacen las bolas, siendo la diferencia entre dos y tres bolas una medida de la plurivalencia alcanzada una vez que el falocentrismo cede a la diseminación. Y estratégicamente, la discreta masculinidad de Daniel, alojada cerca del corazón en el bolsillo de su pecho (lo cual pone patas arriba la ocurrencia de Freud de que el corazón está en los genitales) es más potente que la espada de Eduardo, tanto como son las boleadoras (éstas habían sido instrumentales para que la causa unitaria perdiera toda esperanza después de que el caballo del general Paz fue atrapado entre las vertiginosas sogas de las tropas gauchas de Rosas)[9]. La analogía es, en honor a la verdad, ambigua. Incluso puede dejar incrédulo al lector ante la transgresión de un significante francés, *casse-tete,* que apunta a un significado "bárbaro". Tampoco podemos imaginar fácilmente que los fines de la élite (salvar a Eduardo) se realicen a través medios populares (herramientas gauchas). Pero esta falta de imaginación, sostenía Alberdi, tenía más que ver con una estrechez doctrinal que él asociaba con Sarmiento, que con la economía política del país. Los gauchos, después de todo, difícilmente podían ser eliminados en aras de una limpieza que trocara la barbarie por la civilización. Eran los trabajadores rurales que producían la riqueza de la nación y mantenían los negocios en sus ciudades[10]. Sin embargo, después de 1840, más y más intelectuales argentinos se atormentaban con la idea de que el "americanismo", ese grito de guerra para tantos héroes de la Independencia y el nexo que podría haber conciliado a centralistas y federalistas, ahora parecía estar en absoluta contradicción con el "progreso" nacional[11].

Por la época en que Daniel Bello expone su misterioso instrumento, sabemos que él encarna el signo que Mármol concebía como exceso y transgresión, un vestigio de la joven *intelligentsia* argentina que había intentado elevarse por encima (y quizás apartarse de) el paralizante enfrentamiento entre los unitarios y los federalistas. La Generación de 1837, como se les conocía, se reunió en torno a Esteban Echeverría, quien había regresado de París en 1830 con el espíritu iconoclasta de Hugo en contra de las convenciones y las profecías utópicas de Saint-Simon aún frescas en su cabeza. En una guerra de posición en contra de los dos partidos tradicionales, estos jóvenes imaginaban a la Argentina como una comunidad sin otro partido que la *Patria,* y sin más régimen que los treinta años de independencia. "Desde las alturas de estos hechos supremos, no sabemos lo que son los unitarios y los federalistas..., plebeyos y caballeros, viejos y jóvenes, capital y provincias... divisiones malintencionadas que vemos desaparecer como humo ante las tres grandes unidades que son el Pueblo, la Bandera y la Historia argentina"[12]. Eran en su mayoría hijos de las familias unitarias y querían reconocer al Otro federalista en sí mismos, con la esperanza de poder producir una chispa de reciprocidad entre los federalistas que manejaban el poder. Sus mayores, así como el Eduardo de Mármol, eran escépticos respecto a si podía salir algún bien de esta innoble ambigüedad. Sin embargo, esto también nos da una idea muy clara de la postura unitaria, de acuerdo con la doble postura de autodefensa y de participación de Bello; la duplicidad era endémica a una ciudad que pensaba que debía ser una nación[13]. "Eduardo, yo soy porteño; hijo de esta Buenos Aires, cuyo pueblo es, por carácter, el más inconsistente y veleidoso de la América;... condición por la cual buscaron el despotismo por el gusto de hacer una inconstancia a la libertad. Y esto mismo lo piensas tú, Eduardo" (Mármol, 188).

El grupo se inauguró oficialmente en junio de 1837, cuando comenzó a reunirse en la librería de Marcos Sastre[14]. Allí, los miembros leerían y discutirían obras de Cousin, Guizot, Lermimier, Quinet, Villemain, Saint-Simon, Leroux, Lamennais (cuyas *Paroles d'un croyant* se leían como una teología de la liberación)[15], Mazzini, Tocqueville, entre muchos otros[16]. Fue en este salón literario donde Echeverría presentó los borradores de lo que llegaría a ser su *Dogma socialista,* una selecta compilación de socialismo utópico francés, que se convirtió en la plataforma ideológica del grupo[17]. Parte de su práctica, lógicamente, consistía en interponerse entre los antagonistas tradicionales. De manera que los árbitros culturales del gobierno de Rosas, Pedro de Angelis y Felipe Senillosa, recibieron una calurosa invitación a unirse al salón. Así lo hicieron, pero pronto se retiraron. A comienzos de 1838, Rosas cerró la librería. Su hasta entonces relativa tolerancia terminó abruptamente y prohibió incluso la publicación de periódicos de "mujeres" como *La Moda* de Juan Bautista Alberdi. La revista de modas fue objeto de la sospecha correcta de servirles de fachada a los "petimetres" amanerados y europeizantes; era un biombo con la doble función de esconder y de mostrar una íntima verdad[18], una voz femenina haciendo las veces de órgano público de los hombres[19]. Alberdi no dudó en describirse a sí mismo como un afeminado, pese a que cualquier indicio de homosexualidad se hubiera tomado como un ultraje[20]. La prohibición lo desconcertó, porque este joven de la provincia de Tucumán creía tercamente en la conciliación entre el centro intelectual de la nación y las zonas medulares del interior. Ésta es la razón de que su diario publicara regularmente eslóganes federalistas y llamamientos a Rosas[21]. Una vez que fallaron, Alberdi estuvo entre los primeros en dejar Buenos Aires. "Si alguna vez el grupo de Echevarría soñó una conciliación en la que pudiera convertirse en el *cerebro* del formidable *brazo* político de Rosas, este sueño ahora terminó"[22].

Los miembros se agruparon entonces en forma clandestina en la "Asociación de Mayo"; ya que no pudieron ganar el favor de Rosas, ahora conspirarían para ganar poder sobre él[23]. Y continuaron yéndose uno por uno conforme el terror crecía. Fueron a Montevideo, Santiago de Chile, La Paz. Un grupo particular, "el club de los cinco", cuyos contactos con el ejército incluían al oficial que los denunció, guardaba una relación de semejanza más que casual con el partido de los posibles emigrantes que aparecen al principio de la novela de Mármol[24]. En el exilio, los "proscritos" publicaron periódicos y en general se dedicaron a la agitación política. Esta vez no fue para conseguir un nuevo acercamiento a Rosas sino para derrocarlo.

Sólo Echeverría permaneció en Argentina el mayor tiempo posible, antes de que finalmente se fuera a Montevideo, sin un centavo y obligado a vender sus libros. Pero antes de partir lejos, se quedó un largo rato en "Los Talas", el rancho a las afueras de Buenos Aires que compartía con su hermano. (En un movimiento similar, hacia el final del libro Daniel Bello traslada a Amalia y a su guardián a la "casa solitaria"). "Emigrar", diría Echeverría, "es inutilizarse para el país"[25]. Al igual que él, los héroes hogareños de Mármol saben que la batalla está adentro, en el interior del yo/el otro y en el interior de la ciudad que prácticamente era el país entero. Bello, como los muchos argentinos que él representa, estuvo esperando a que algo ocurriera en Buenos Aires; nadie podía entender por qué el ejército de liberación del general Lavalle nunca llegó a la ciudad. Aunque las alianzas con las provincias eran importantes para la lucha y en última instancia para la consolidación nacional después de Rosas, las campañas provinciales de Lavalle solamente consiguieron debilitar la resistencia y mantuvieron errático el objetivo principal. Rosas y sus pocos adeptos de confianza estaban en la capital.

Pero el mismo Mármol (1818-1871) tuvo que irse en 1840, después de pasar algunos meses en el calabozo del dictador. Fue bien recibido por los exiliados que ya estaban en Montevideo, a pesar de que Mármol era demasiado joven como para haber sido un miembro original de la Asociación de Mayo. Por entonces, la flexibilidad política con el régimen era evidentemente imposible. Con la excepción de Alberdi y otros pocos, cualquier conciliación con los federalistas parecía equivocada. La Generación de 1837 se las había ingeniado para concebir un camino ideológico intermedio hipotético y luego reconocer la ilusión. Esto significa dejar de lado la promesa romántica de que el encanto popular y espontáneo del "americanismo" podía ser la criada del progreso. La pérdida política fue muy real. Llevó a una intransigencia renovada entre los intelectuales argentinos, una obstinación que más tarde causaría, entre otras cosas, el rechazo del general Mitre a unirse a otras provincias en la ratificación de la Constitución de 1853 esbozada por Alberdi. Buenos Aires se rebelaría en contra de las provincias y ganaría.

De entre los miembros de la original Generación de 1837 sólo Alberdi mantuvo cierto equilibrio durante y después del terror. Sólo él publicó críticas mordaces de postulaciones firmemente enraizadas y monolíticas (por no decir unitarias) tales como las del *Facundo* (1845) de Sarmiento, donde los términos *civilización* y *barbarie* alcanzaron su desafortunada claridad paradigmática. Fue Alberdi quien mantuvo con vida los principios fundamentales del *Dogma socialista* de Echeverría, lo suficiente como para esbozar una propuesta práctica para la nueva constitución después de la derrota de Rosas. En ella estipulaba, entre otras cosas, que la capital política del país no debía ser Buenos Aires, que ya de hecho era su centro económico; esto tenía la intención de prevenir una tiranía unitaria que los federalistas de pura cepa justamente temían. Para consolidar el acto de balance legislativo propuesto por Alberdi, Mármol añadiría uno literario, es decir, su volátil héroe.

Daniel Bello representa una mezcla inestable: es a duras penas un unitario ortodoxo y ciertamente no un federalista sincero; es un cordero bajo la piel de lobo, el caballero que no duda en mostrar jactancia federalista. Los *Recuerdos* de Sarmiento habían dibujado una figura menos deshonesta pero en muchos sentidos igualmente exorbitante en la figura de Domingo de Oro, el federalista ilustrado que tenía al tirano por objetivo político, pero cuya estrategia era contraproducente: forzar las negociaciones entre Rosas y sus rivales sólo abría el camino del terror. Su parecido con Bello es notable:

> [S]alido de una de las familias más aristocráticas de San Juan, ha
> manejado el lazo y las bolas, cargado el puñal favorito como el primero
> de los gauchos... Pero estas predilecciones gauchas en él son un com-
> plemento, sin el cual el brillo de su palabra habría perdido la mitad de
> su fascinación; el despejo adquirido por el roce familiar con los hom-
> bres más eminentes de la época,... la seguridad del juicio adquirido en
> una edad prematura, y las dotes que traía ya de la Naturaleza, toman
> aquel tinte romancesco que dan a la vida americana las peculiaridades
> de su suelo... Oro ha dado el modelo y el tipo del futuro argentino,
> europeo hasta los últimos refinamientos de las bellas artes, americano
> hasta cabalgar el potro indómito; parisiense por el espíritu, pampa por
> la energía y los poderes físicos. (Sarmiento, *Recuerdos;* 68)[26]

Una vez que el terror se apodera de la ciudad, Bello se escapa de la
policía tanto como le da la gana, prácticamente hasta el final del libro,
gracias a su talento innato. Pero es también gracias a las credenciales
federalistas de su padre, como las credenciales de muchos federalistas
históricos cuyos hijos —Rafael Corvalán, los hermanos Quiroga, Alejandro Heredia, Vicente Fidel López— se unieron a la conspiración[27].

> Don Antonio Bello era un hombre de campo, en la acepción que tiene
> entre nosotros esa palabra, y al mismo tiempo hombre honrado y sin-
> cero. Sus opiniones eran, desde mucho antes que Rosas, opiniones de
> federal; y, por la Federación, había sido partidario de López primera-
> mente, de Dorrego después, y últimamente de Rosas, sin que por esto
> él pudiese explicarse la razón de sus antiguas opiniones... sin embargo,
> tenía un amor más profundo que el de la Federación; y era el amor por
> su hijo. Su hijo era su orgullo, su ídolo y, desde niño empezó a
> prepararlo para la carrera de las letras, para hacerlo *dotor,* como decía
> el buen padre. (Mármol, 37)

Esta jerarquía familiar invertida, que privilegiaba al hijo intelectual
rebelde sobre un padre asociado con el poder dictatorial, es una de las
medidas de la transgresión constitutiva de esta ficción fundacional.
Para hacer un contraste, uno puede pensar en las novelas argentinas
defensivas de las décadas de 1920 y 1930, con frecuencia llamadas
mundonovistas y que yo prefiero llamar populistas. Mientras *Amalia*
asume el caos social en ausencia de un poder legítimo, y por lo tanto se
da a la tarea de construir una nación/familia legítima a partir de
elementos inestables, las novelas populistas insisten nerviosamente en
salvaguardar una estructura patriarcal ya establecida. Los hijos ingo-
bernables devastan ese orden, casi tanto como las sensuales mujeres

que los incitan[28]. Para Mármol, sin embargo, los hijos y amantes hacen sus propias familias. Y un padre indulgente parece consentir al hijo que lo aprecia a medida que ambos dan los pasos obligatorios de un conflicto edípico que ya ha sido resuelto a través del amor.

Daniel, que es bromista divino como Hermes, arriesga continuamente su vida para proteger a sus amigos y fortalecer la resistencia. Pero jamás es tan imprudente como para arriesgarla por una noción de honor y masculinidad feudal e inflexible. Esto lo hace diferente de los amantes aparentemente ideales de Mármol, el impecablemente correcto "joven de la espada", y su ángel de la guarda encarnado en su anfitriona. Belgrano saltaría a la menor provocación para defender su buen nombre y el de Amalia, si no fuera por el brazo protector de Bello que está ahí para salvarlo de un suicidio honroso pero estúpido. Y Amalia es un personaje suficientemente plano como para confesarle al policía que ha estado registrando su casa que sí, que ella es una unitaria orgullosa de serlo (Mármol, 295). Orgullosa pero no muy inteligente, es lo que los lectores piensan, después de que Bello nos ha enseñado cómo pensar.

Este tránsfuga estratégicamente promiscuo es tan voluntarioso como Rosas mismo[29]. Desde el principio, Daniel insiste en tener el mando absoluto. "Déjame hacer las cosas a mí solo" (Mármol, 28). Contra las objeciones de Eduardo, Bello explica de manera casi paternal: "Tú tienes más talento que yo, Eduardo, pero hay ciertos casos donde yo valgo unas cien veces más que tú" (35). Y estas tácticas son tiránicamente astutas. Daniel le insinuará a su leal sirviente Fermín que cualquier descuido puede resultar en su enrolamiento en las filas del ejército. En un paroxismo de lealtad, el sirviente dice de inmediato que antes de traicionar a Daniel, "primero me hago matar" (41). También chantajeará a la matrona del prostíbulo local para que permita reuniones clandestinas: "No exijo de usted sino discreción y silencio; la menor imprudencia, sin costarme a mí un cabello, le costaría a usted la cabeza" (100). Su repetición de la respuesta de Fermín es justo lo que Bello quiere. "Mi vida está en manos de usted hace mucho tiempo, señor Daniel; pero aunque así no fuera, yo me haría matar por el último de los unitarios" (100). Ésta es precisamente la clase de respuesta que Rosas obtiene de su propio criado: "yo le sirvo a vuecelencia con mi vida" (60).

El sagaz Daniel es la viva imagen de Rosas, descrito por muchos como un monstruoso pícaro[30], pero una imagen invertida. Mientras Daniel se multiplica a sí mismo para cubrir todos los frentes, en su casa y en el mundo, Rosas, con inteligencia, permanece oculto en la más pública de sus apariciones, en el frente de batalla:

> ¿Dónde dormirá Rosas? En el cuartel general tenía su cama, pero allí no dormía.
> En la alta noche se le veía llegar al campamento, y el héroe popular hacía tender su recado cerca de sus leales defensores. Allí se lo veía echarse; pero media hora después ya no estaba allí. ¿Dónde estaba? Con el poncho y la gorra de su asistente, tendido en cualquier parte, donde nadie lo hallase ni lo conociese. (Mármol, 414)

El retrato del héroe y su doble se las ingenian para confundir tanto a los aliados como a los enemigos, como si fueran figuras de un falo lacaniano que continuamente está jugando al escondite con nuestro deseo de conocerlo. Cuando, por ejemplo, el viejo maestro de Daniel, don Cándido, recurre a él en busca de protección, porque ni siquiera las personas apolíticas e inocentes están a salvo de la Mazorca, Bello percibe una oportunidad. Más que consolar a don Cándido, opta por aprovechar el efecto del terror oficial para obligar al nervioso anciano a espiar en beneficio de los conspiradores. "Daniel se reía" conforme elucubraba, mientras que "don Cándido, que lo estaba mirando y devanándose los sesos por comprender la ocupación de su discípulo" (Mármol, 145). Esta manipulación no puede sino recordar la entrevista de Rosas con el embajador inglés (68-80). Después de varios intercambios que le dejaron "verdadera perplejidad de ánimo, no pudiendo explicarse el objeto que se proponía Rosas" (74), el señor Mandeville se congratula a sí mismo por entender finalmente y garantizar lo que Rosas quería de él, esto es, apoyo militar contra la resistencia. Pero Rosas tiene sumo cuidado de no perder su ventaja. El inglés obtiene una respuesta que está calculada para convencer a su gobierno de que estaría actuando sólo motivado por su propio interés; cualquier deuda de gratitud por la información habría de ser cobrada por Rosas. "'Haga usted lo que quiera. Lo único que yo quiero es que se escriba la verdad' dijo Rosas, con cierto aire de indiferencia, al través del cual el señor Mandeville, si hubiese estado con menos entusiasmo, habría descubierto que la escena del disimulo comenzaba" (77). He aquí a un argentino sobrepasando a un inglés en maquinación y en verborrea, cuyo pueblo ejercía lo que los críticos llamaban un virtual monopolio comercial en la Argentina y quienes probablemente le habían enseñado a Rosas algo acerca de la relación entre la malicia y el poder. Si su éxito delata cierto orgullo patriótico en Mármol, el orgullo suficiente para que los lectores nos preguntemos quién pudo haber sido el instructor de Daniel Bello, entonces la manipulación del escritor no ha sido en vano[31].

Bello, como Rosas, obtiene resultados; de ahí que él sea el verdadero héroe de la obra. Pero a diferencia del tirano, a quien Sarmiento acredita a final de cuentas con haber establecido la supremacía de Buenos Aires, el héroe de Mármol no solamente enmascara el efecto de la élite tras un signo "bárbaro", aunque también lo hace, sino que además logra cubrir la distancia entre signos antagónicos, la distancia que el terror de Rosas necesitaba para instrumentar su campaña contra la oposición. Bello rellena ese espacio y por ende cancela la oposición entre ambos polos, tal y como los jóvenes conciliadores de 1837 habían tratado de hacer. Al mismo tiempo, Bello sugiere el grado en que Rosas ya había cancelado las oposiciones al obligar a la federación a ponerse detrás de la capital[32]. Más que un simple transgresor, prefiero pensar en Bello como uno de esos rompecabezas en los que los espacios marcados de diferentes maneras pueden intercambiarse produciendo múltiples combinaciones, porque falta un cuadrado que queda abierto. El cero se convierte en la cifra mágica, el espacio vacío que hace posible las manipulaciones que la integridad de Belgrano no puede concebir.

Nuestro enigmático héroe cambia más que las líneas partidistas; todo lo relativo a él parece doble o contradictorio, incluso su género. Además de la maña que puede asociarse típicamente a las mujeres (su amada Florencia se convierte en un doble) y que Sarmiento atribuye despectivamente a Rosas, Daniel también resulta femenino desde el punto de vista físico: "La blancura de sus lindas manos, porque eran, en efecto, manos que podrían dar envidia a una coqueta" (Mármol, 96). Y, si las mujeres son admirables en esta novela, como de hecho lo son, es porque son tan independientes y valerosas como los hombres deberían ser. Amalia está disponible para ayudar a Belgrano porque, como ella dice, "yo soy libre; vivo completamente aislada" (29). Luego ella confronta al jefe de la policía con esta generalizada inversión de roles: "En Buenos Aires sólo los hombres tienen miedo; pero las señoras sabemos defender una dignidad que ellos han olvidado"

(295). Victorica ya sabía, por supuesto, que los enemigos más persistentes del régimen eran los estudiantes universitarios y las mujeres (66). (Véanse también pág. 299: "Sólo Dios sabe, sí, sabe cuántas nobles mujeres han bajado al sepulcro paso a paso"; y en la pág. 411: "Sin disputa, sin duda histórica, la mujer porteña había desplegado, durante esos fatales tiempos del terror un valor moral, una firmeza y una dignidad de carácter... que los hombres estaban muy lejos de ostentar"). En la época en que se desdeñaba a los hombres jóvenes de Buenos Aires por haber adquirido "hábitos femeniles" (401), el adjetivo difícilmente apuntaba hacia las mujeres; más bien parecía no tener relación con ellas.

En contraste con esta moda de virtudes "unisex", las distinciones raciales parecen indelebles en esta novela. De hecho, una de las pocas diferencias claramente programáticas entre Rosas y sus rivales se daba en la cuestión de la inmigración blanca de Europa. Rosas se opuso, mientras que sus impugnadores estaban convencidos de que era la necesidad más urgente de Argentina. Sarmiento y Alberdi estaban de acuerdo (a pesar de sus ásperas disputas sobre todos los temas, desde los proyectos federales a las convenciones ortográficas)[33] en que la estirpe racialmente inferior de españoles y de indios necesitaba mejorarse mediante el influjo de inmigrantes anglosajones. El determinismo biológico de Sarmiento se vio atenuado de alguna manera por su fe en la educación masiva y las instituciones modernas en general, pero Alberdi era implacable[34]. Como también lo eran otros como Juan María Gutiérrez, el historiador literario de la "Generación": "Comprenden mal la democracia, los que invocándola ponen en menos los antecedentes de la cuna. Por muchos vuelcos que den las sociedades, jamás alterarán con ellos las leyes fundamentales de la naturaleza"[35]. Como sus ciudadanos ideales, los de Mármol son impecablemente blancos y, como en el caso de Florencia Dupasquier, mitad franceses. Incluso entre los unitarios reformistas, como Daniel, el gaucho mitad español mitad indio produjo una revulsión prácticamente visceral que se extendió por asociación a los federalistas en general. (El narrador describe al infiltrado Merlo como "un hombre del vulgo... se hermana con... el gaucho por su antipatía a la civilización" [Mármol, 13]). A Fermín también le llamaban gaucho; pero cuidadosamente se le pone aparte como a un blanco (34). Y aunque la novela jamás menciona a los indios, ya que apenas se aventura fuera de la capital, los argentinos los trataron casi del mismo modo que los norteamericanos, es decir, por medio de campañas de exterminio en aras de una expansión territorial, como la que Rosas dirigió en 1833 para levantar su menguante popularidad.

El destino de los argentinos negros, sin embargo, es menos familiar que la historia del exterminio de los indios. Durante las guerras de independencia, en las que Argentina en repetidas ocasiones ayudó a sus estados hermanos, los esclavos africanos fueron reclutados en grandes números. La élite criolla que impulsó esas guerras, e incluso los monarquistas constitucionales que proyectaron una continuidad conservadora para evitar la anarquía, difícilmente habrán imaginado cuan incontrolable llegaría a ser esa movilización. Los privilegios mismos por los cuales luchaban los criollos podían perderse a causa de sus antiguos esclavos, ya que la importancia militar de los negros y los mestizos garantizaba una serie de reformas en su favor que la élite unitaria a duras penas concedería después de la lucha[36]. Rosas sabía cómo sacar partido del resentimiento de las masas argentinas. Un resultado de la reconquista del poder por parte de la élite después de 1852 (que culmina con la adaptación de la propuesta de Alberdi de un federalismo ilustrado a través de la inmigración europea más que de la educación de las masas) fue que los negros parecían haber desaparecido por completo del panorama de la nación. Lo notable es que esta vez el "genocidio" será el resultado de una campaña "textual". El gobierno aparentemente decidió cerrar los ojos ante las diferencias raciales y eliminar la categoría que correspondía a los negros en el censo nacional[37]. Esto recuerda la ceguera voluntaria de Florencia cuando a duras penas se digna notar la presencia de las mujeres negras en la casa de María Josefa (Mármol, 85). Sin embargo, los mismos negros eran reconocidos en otro ámbito. Rosas tenía ojos y oídos para su apoyo entusiasta y su casi inabarcable red de espionaje formada por los trabajadores y sirvientes en la ciudad. La primera cosa que Daniel requiere de Amalia cuando ella acepta ocultar a Belgrano, por ejemplo, es que despida a su servidumbre negra. Más tarde, los amantes son espiados y denunciados por otra trabajadora negra. Sin embargo, el texto social de color aparentemente inalterable de Daniel, deja un espacio abierto a ciertas sombras atractivas cuando los colores se desangran y se mezclan; es decir, cuando el negro es blanqueado. "Sólo hay en la clase baja una excepción, y son los mulatos; los negros están ensoberbecidos, los blancos prostituidos, pero los mulatos, por esa propensión que hay en cada raza mezclada a elevarse y dignificarse." (29).

Las simpatías de Daniel no siempre son predecibles; ni todas sus lecciones tienen una marca de duplicidad. Una constante autorreflexión impide que sus juegos encantadores degeneren en hipocresía. Pero Belgrano se desconcierta por la naturaleza indefinida de su amigo y su falta general de escrúpulos. Esta desilusión, o crítica, le da a Mármol la oportunidad de defender todo un proyecto estético-político, el mismo que había compartido con otros románticos de su generación, a pesar de que la mayoría de ellos se había retractado desde hacía tiempo. Tal proyecto fallaría, sugiere Mármol, si sus metas se confunden con las meramente "ideológicas"; era, al mismo tiempo, una reforma cultural basada en una apreciación romántica de la naturaleza en continuo estado de cambio, una noción que negaba la corriente clásica de pensamiento de la cual habían dependido tantos esquemas rivadavianos fallidos. La respuesta de Daniel es digna de citarse:

> No hay nada, mi querido Eduardo, que se explique con más facilidad que mi carácter, porque él no es otra cosa que una expresión cándida de las leyes eternas de la Naturaleza. Todo, en el orden físico como en el orden moral, es inconstante, transitorio y fugitivo; los contrastes forman lo bello y armónico en todo cuanto ha salido de la mano de Dios... (Mármol, 187).

Deliberadamente inestable, Bello objeta el personalismo anárquico que, por dar un ejemplo, le impide al general Paz unir sus fuerzas con las de Lavalle, y mantiene a los exiliados pugnando absurdamente por la supremacía en los cafés de Montevideo. ¿Hay aquí alguna insinuación de que una generación más vieja de arrogantes unitarios podría aprender algo sobre asociaciones y coaliciones de los federalistas virtuosos? Éstos no escasean en el libro, desde el padre de Daniel hasta el jefe de policía Victorica, a quien Mármol agradece en una nota a pie de página por su trato bondadoso mientras él estuvo prisionero de Rosas (Mármol, 291), y en especial Manuelita Rosas, a quien Mármol contribuyó a promover como una figura casi mítica de la eterna gentileza femenina, tanto en esta novela como en su biografía sobre ella[38]. Daniel no les da importancia a algunos chismes que Amalia escucha en el Baile Federalista: "Son invenciones de las unitarias, cuya imaginación está irritada... La señora de Rolón es de lo mejor que hay en el círculo federal; su corazón siempre tiene sensibilidad para todos" (191). En cualquier caso, las ideas políticas opuestas conviven en Daniel Bello. Es un matrimonio de conveniencia, sin duda, pero un delicado vínculo de respeto y afecto bendice la unión. Claramente, Mármol ha forzado un equilibrio desigual en la pareja, pero Bello sigue siendo de todos modos un modelo de lo que sería la cohesión nacional.

También desempeña el papel de agente, en la medida en que hace posible la unión de Belgrano y Amalia: este artista en cruzar líneas es un mediador natural. Y el matrimonio, una figura para la base institucional del gobierno que Sarmiento defendía (no la rectitud personal), redundaría en estabilidad social[39]. Los lazos de amor (no la espada de la justicia) consumarían el éxito de esta generación de románticos ahí donde sus ancestros clásicos fracasaron. "Nuestra nueva política necesita del afecto", como decía Gutiérrez, "necesita deponer de una vez la daga, tan clásica como la espada de la Justicia. Ahora es tiempo en que se vuelve imprescindible dar mucho amor"[40]. En su historia de amor publicada por entregas desde Montevideo, el marco sentimental de las intervenciones diarias de Mármol en la empantanada política argentina logra mucho más que mantenernos leyendo y anhelando de entrega en entrega. Esto no quiere decir que el anhelo fuera ajeno a la intervención. Por el contrario, lo garantizaba mediante la construcción de nuestro deseo por una clase particular de sexualidad que trasciende barreras. Tan pronto como Bello lleva a su amigo herido, casi castrado, de la ciudad a casa de Amalia donde podía adquirir una sexualidad más moderna, comenzamos a sospechar que el descentramiento geográfico de Mármol es en sí mismo un movimiento estratégico, conciliador. Y cuando nos enteramos de que la adorable Amalia viene de todavía más lejos, de la ciudad provincial de Tucumán, el peso de la asociación convierte nuestra corazonada en un gesto seguro de reconocimiento. La relación amorosa inevitable entre Amalia y el joven de Buenos Aires será el emblema de un nuevo acercamiento nacional entre el centro y la periferia, o, cuando menos, entre la historia moderna y la pastoral arcádica. Tucumán era la vieja capital colonial, cuando España estaba más preocupada por llevarse el oro y la plata peruanos a la costa Atlántica que por alentar el comercio desde el puerto de Buenos Aires. Después de que Buenos Aires declarase la independencia en 1810, Tucumán fue la plaza donde las Provincias

Unidas declararon su independencia en 1816[41]. Tucumán fue también el primer centro importante que repudió a Rosas una vez que éste institucionalizó el terror, y Mármol tiene el cuidado de recordárnoslo. "La sala de representantes de Tucumán, en ley del 7 de abril de ese año 1840, había cesado de reconocer en el carácter de gobernador de Buenos Aires al dictador don Juan Manuel de Rosas." (Mármol, 43). En otras palabras, Tucumán ya se encontraba en la órbita centralista, gratamente provinciana, pero difícilmente era el rival que Córdoba había sido[42].

La historia de amor entre "la bella tucumana" y el sobrino del general Belgrano adquiere proporciones programáticas, aun si pasamos por alto que Juan Bautista Alberdi, el único "tucumano" entre los románticos de la capital, el admirador de Mármol en Montevideo[43] y su compañero de alojamiento en Río[44], se convirtió en el arquitecto de la conciliación nacional. Por esto, Alberdi fechó su nacimiento junto con el nacimiento de la nación (tal y como lo hizo Sarmiento), como si estas fechas fuesen inseparables, gemelas dependientes la una de la otra[45]. Mármol incluso habrá intentado una suerte de paridad engañosa entre las ciudades al dedicar la segunda parte del libro a Amalia y comenzarla con una descripción de Tucumán, ese paraíso tropical del interior tan parecido a un vientre materno, tal y como había empezado la primera parte con un soltero con espada en Buenos Aires. Es verdad que la descripción está diferida y mediatizada por la alusión a un observador inglés. No propongo, por cierto, que para Mármol la relación ideal entre las figuras masculina y femenina sea una relación de igualdad. Simplemente quiero destacar un punto más obvio y prometedor: es que las ciudades marcadas por un código genérico *podían* relacionarse por la seductora hegemonía de la capital amorosa sobre su provincia servicial, lo cual es muy diferente del aislamiento dictatorial que debilitaba a ambos centros de civilización.

Rosas no les veía utilidad a las seducciones políticas. A quienes no podía moldear con artimañas, simplemente los eliminaba. Y mientras su imperio se tambaleaba en las ruinas de la popularidad local y la opinión internacional, Rosas se volvía más sordo que nunca para con las peticiones especiales y las solicitudes amistosas; tan sordo que, por ejemplo, se negó a oír a sus aliados más cercanos que intercedían a favor de Camila O'Gorman. Esta muchacha de veinte años, hija de una familia de sólidos principios federalistas de la capital, era amiga personal de Manuelita, la hija favorita de Rosas. En diciembre de 1847, la muchacha había escapado con un joven cura, Uladislao Gutiérrez, sobrino del gobernador, ¿de dónde?, pues de Tucumán. Para ser justos con la historia, habrá que recordar que Rosas trató primero de ocultar el desaguisado, pero el periódico de emigrados de Montevideo, el *Comercio del Plata,* hizo mucho escándalo incluyendo chistes sarcásticos acerca de la moralidad de los federalistas[46]. Los amantes fueron entonces perseguidos y nada, ni siquiera los ocho meses de embarazo de Camila, pudieron salvarlos de la ejecución que nunca fue olvidada por los más íntimos colaboradores del tirano[47]. Al escribir apenas tres años después del imborrable escándalo ocasionado por este exagerado castigo contra la pasión, Mármol debió haber percibido y en consecuencia explotado la buena disposición de sus lectores para abrazar la causa de sus amantes, menos peculiares pero igualmente proscritos. Y debió haber anticipado que retrasar un clímax trágico habría de alimentar las fantasías del público respecto de la pareja de fugitivos, antes que abrir las heridas sentimentales todavía enconadas por el ultraje político.

Naturalmente, si Mármol estaba en efecto reescribiendo la historia de Camila como una alegoría hegemónica, su romance reubicaría a los amantes de manera que ella fuera del voluptuoso interior y él de la violenta capital. No obstante, la historia de amor entre la Señora Tucumán y el Señor Buenos Aires ocupa muy poco espacio en esta novela de más de 500 páginas. Pero sí ocupa la parte central del libro. Y es precisamente en el centro, de alguna manera descentrado gracias a Bello (y también quizás a Rosas, que era lo suficientemente inteligente como para ser un provinciano de la provincia central), donde ellos pudieron tener la esperanza de hacer de su amor algo duradero. La mayor parte de la novela es un lío maravillosamente heterodoxo de intrigas, conversaciones de salón, descripciones minuciosas de interiores y de ropas dignas de los diarios de "modas" de la oposición unitaria, de documentos históricos y de estudios caracterológicos de agentes históricamente identificables[48]. Todo esto coordinado con holgura en una trama sobre la competencia estratégica personal de Daniel Bello contra el personalista Rosas. La tensión crece hasta un punto insoportable que inevitablemente acelera el pulso. ¿O son los latidos del corazón una función de la canción de amor que Mármol ha estado tocando en armonía con los temas de la vida y la muerte? De hecho, los lectores queremos mucho más que la sola supervivencia de los héroes individuales. Queremos que sobrevivan porque deseamos cada vez más su enlace institucional y mutuo: la unión de Daniel con Florencia pero, con más pasión aún, la unión de Amalia con Belgrano. Estos últimos finalmente se casan. Pero apenas una hora después ella queda viuda de nuevo cuando el policía "bárbaro" irrumpe en su casa. Belgrano y Bello detienen a los intrusos con increíble heroísmo y éxito, pero no lo suficiente como para dar tiempo a que el padre federalista de Bello llegue y ahuyente a la policía. Los dos amigos *podían* haberse salvado gracias a la presencia conciliadora del padre. La tragedia no era inevitable; fue más bien un error de cálculo.

Quizás esto explique por qué los cabos sueltos de esta escena final inciden en la imaginación del lector como cierto tipo de posibilidad o de promesa. Belgrano está muerto, de eso no hay duda, pero desde el principio sabíamos que era un anacronismo y comenzamos a despedirnos de él. La gran pérdida es Daniel, nuestro modelo de los futuros argentinos, quien parece estar herido de muerte. Sin embargo, en vez de pronunciar la frase narrativa final sobre su cuerpo, el narrador termina con una meditación ambivalente sobre la (i)legitimidad del federalismo y la autoridad paterna: "su padre, que con una sola palabra [Restaurador] había suspendido el puñal, que esa misma palabra levantara para tanta desgracia y para tanto crimen" (Mármol, 529). Don Antonio llega para llenar un vacío de poder en la ciudad que Rosas, como los unitarios, había abandonado para hacer la guerra en las provincias. Llega en lugar del ejército de liberación conducido por Lavalle, quien carecía o del valor o de la oportunidad para intervenir. Buenos Aires es un centro vacío esperando a que el padre *real* venga a casa y restaure el orden. El título de Restaurador sigue siendo legítimo, aunque Rosas no lo merece. El lugar del nombre del padre está aún intacto; es la última palabra. Si la inteligencia de Daniel no ha reproducido todavía las manipulaciones de Rosas para nuestro beneficio, si los federalistas buenos no estaban todavía retratados en igualdad de condiciones respecto de los unitarios buenos, esa palabra por sí sola establecería la concordia entre los aparentes antagonistas de *Amalia*.

Probablemente quien sobrevivió a todos ellos es Amalia, el personaje homónimo de la novela cuyo nombre guarda cierto parecido con el de Argentina. Indudablemente a ella se le rompe el corazón con la muerte de Eduardo, pero el solo hecho de que su amor hubiera sido consumado, en la primera rendición de Amalia a la pasión, asegura la trascendencia de la novela. Promete un niño, tal vez para reemplazar a aquel que Rosas asesina en el vientre de Camila. Huérfana en su niñez (¿la colonia tanto tiempo ignorada por España?), Amalia se casó con su primer esposo por respeto a la decisión de su madre y por necesidad de protección (¿el estéril unitarismo de Rivadavia?). Pero en su éxtasis con Eduardo, le confiesa lo que su nuevo esposo seguramente descubrió por sí solo: ésta era su primera celebración del amor, "mi primer himeneo" (Mármol, 522). Libremente se entregaron el uno al otro, la tucumana y el porteño, quizás para producir a un hijo que tenga un poco de ambos.

Si estoy extremando esta posibilidad de manera intencional hasta tal punto que apenas alcanza a cubrir mi propia construcción ficticia, es con el objeto de revelar las conexiones entre la novela de Mármol y los ideales originales del romanticismo argentino. Como el grito de batalla estético y político de los jóvenes que se reunían en la tienda de Sastre durante 1837, el romanticismo desafiaba los hábitos de pensamiento ilustrados, clásicos, que llevaron a Argentina a la independencia pero que ahora resultaban anacrónicos. Aquellos hábitos se habían convertido en obstáculos para la consolidación y el progreso nacional. "¡Qué bárbaros!" espetó Miguel Cané en contra de la vieja guardia. "¡No ser un romántico en el siglo XIX es no ser patriota, o progresista, o cristiano, o humano!"[49]. La lucha contra la pureza categórica era a la vez ideológica y estética de acuerdo con la fórmula ampliamente difundida de Víctor Hugo. "El romanticismo, es el liberalismo en literatura"[50]. El clasicismo, denunciaban los jóvenes, había mantenido paralizada la literatura argentina en el molde de la imitación y había aprisionado a la política argentina en un conflicto irresoluble entre los unitarios y los federalistas. Las medidas ilustradas de Rivadavia de la década de 1820 tenían el propósito de europeizar el país, pero habían fracasado en la frontera americana. El pensamiento ilustrado, por ejemplo, no daba cuenta de la popularidad de Rosas. Los románticos francófilos apuntaban, después de un irónico lapso de reflexión, que las ideas no podían ser simplemente importadas.

Los viejos hábitos eran literalmente estériles, comparados con el proyecto nacional de Alberdi, por ejemplo; éste tenía el propósito de dominar el "desierto", no por medio de la eliminación de los "bárbaros" sino poblándolo. Este revisionista de la consolidación argentina, que solía llorar sobre las páginas apasionadas de la *Julie* de Rousseau colocada bajo su escritorio en la clase de latín y que solía insistir en que su notoria debilidad por las mujeres y los bailes obedecía a las órdenes estrictas de su médico, entendió muy bien el mecanismo del aumento de la población[51]. Y si el futuro naciente que yo veo en y entre las líneas de la conclusión de Mármol es una proyección, entonces el proyecto de Alberdi bien pudo haberla engendrado. Al menos una sección notable de sus *Bases* para la nueva constitución prácticamente se lee como si fuera un manual para amantes. De acuerdo con las buenas maneras de la burguesía, se reconcilian los asuntos del corazón con los asuntos del Estado. Junto con otros "prepositivistas", Alberdi observó que siendo hijos de españoles, los argentinos están racialmente incapacitados para adoptar una conducta racional, mientras que los anglosajones eran muy trabajadores y eficientes por naturaleza. Por lo tanto, Argentina debía atraer tantos anglosajones como le fuera posible.

El problema estaba en que el Estado no reconocía más religión que el Catolicismo y, sin que hubiera una sanción legal para el matrimonio entre credos opuestos, los protestantes, quienes obviamente desearían a las mujeres argentinas, no tendrían otra opción que deshonrar a las mujeres a las que no podrían resistirse y producir hijos ilegítimos[52]. Otro problema para los argentinos era cómo mantener el poder político y al mismo tiempo estimular a los extranjeros a amasar fortunas. Alberdi mostró cómo el doble peligro podía eliminarse, si tan sólo Argentina concediera la libertad religiosa. El resultado sería, sostiene este casamentero político, que el romance conquistaría literalmente todo. Esto podría redundar en una paridad entre los prósperos maridos y las irresistibles esposas. Y aún más, la unión produciría herederos nacionales legítimos que tendrían asegurado el poder local y el capital extranjero.

> Necesitamos cambiar nuestras gentes incapaces de libertad, por otras gentes hábiles para ella, sin abdicar el tipo de nuestra raza original, y mucho menos el señorío del país; suplantar nuestra actual familia argentina, por otra igualmente argentina, pero más capaz de libertad, de riqueza y progreso. ¿Por conquistadores más ilustrados que la España, por ventura? Todo lo contrario; conquistando en vez de ser conquistados. La América del Sur posee un ejército a este fin, y es el encanto que *sus hermosas y amables mujeres* recibieron de su origen andaluz, mejorado por el cielo espléndido del nuevo mundo. Removed los impedimentos inmorales, que hacen estéril el poder del bello sexo americano y tendréis realizado el cambio de nuestra raza sin la pérdida del idioma ni del tipo nacional primitivo[53].

Amalia podría ciertamente ser una de estas mujeres, a pesar de que su conquista del centro es la condición previa para embelesos futuros de mayor alcance. Su encanto designa el deseo erótico como el ámbito "natural" de toda posible dialéctica de conciliación política y crecimiento económico. Amalia no necesita ser convincente ni compleja como personaje para ocupar un lugar central en este romance nacional. Es suficiente con que sea deseada y que los obstáculos políticos se pongan en el camino de ese deseo, remitiendo repetidamente la energía erótica hacia una conciliación política. La historia de amor de Amalia se vuelve una ficción fundacional porque proyecta el tipo de cópula social liberal entre las regiones y partidos que podían establecer una familia pública legítima.

El mismo ardor con que la Generación de 1837 esperaba derretir las congeladas categorías de alianza, terminó disolviendo las barreras literarias tradicionales. Las distancias remilgadas entre géneros literarios, registros de lenguaje y unidades clásicas fueron superadas con la efervescencia de las transgresiones románticas. Había una voluntad de hibridación, de sorpresas, de yuxtaposiciones heterodoxas. Echeverría inició esta "revolución" con *Elvira o la novia del Plata* (1832), pero fue su "épica", *La cautiva* (1837), la que realmente abrió de golpe las puertas a un nuevo terreno literario americano. En ella celebra al héroe "común", de hecho celebra a la heroína, mucho más heroica, y se posesiona de los regionalismos populares sin necesidad de señalarlos con comillas o cursivas[54]. Si bien esto excedía al español convencional, los románticos insistían en que su lenguaje era el argentino, no el español. En la continua polémica con los clasicistas, Juan María Gutiérrez se unió a Alberdi en su celebración de excesos aún mayores. "En París todo es francés, Madrid todo es español. Pero Buenos Aires es el lugar donde todo ha venido, viene y vendrá, gracias al Señor, de Francia, España... de todas las naciones civilizadas". Los hábitos lingüísticos del mundo entero se superponen para constituir un idioma argentino[55].

Visto desde este trasfondo, el estilo de Mármol nos parecerá ahora conservador. David Viñas, por ejemplo, advierte con una mezcla de desprecio y vergüenza que *Amalia* es una especie de vaivén estilístico de intensos contrastes: un lenguaje espiritual, prácticamente etéreo que flota como un halo alrededor de los héroes, en especial de las heroínas; y una obstinada atención hacia la proximidad carnal, casi bestial, de los villanos[56]. Por supuesto que Viñas está en lo cierto. Ningún lector de hoy puede pasar por alto la destreza de Mármol para la caricatura, su flagrante racismo no cuestionado, o su pasión por el lujo (importado) que es prácticamente un sinónimo de la virtud civilizada y que llena páginas enteras con la descripción de decorados interiores y noticias de la moda. Más elitista a veces que sus compañeros en el exilio, y compartiendo, en apariencia, la claridad esquemática y binaria que prevalecía después de 1840, Mármol incluso se revela a sí mismo partidario de la monarquía, como Manuel Belgrano. Este héroe de la independencia había estado buscando durante años un príncipe europeo que tomara las riendas del nuevo Estado para evitar la instauración de una república que amenazara a la élite local con una tiranía de las masas (Mármol, 338).

No puedo sino conceder la existencia de todas estas dicotomías y características regresivas en *Amalia*. Pero se trata de una larga y también maravillosamente compleja, e incluso contradictoria, aventura formal. Es, para hacer eco a Bajtin y ser concisos, una novela. En contraste con las pasmosas pérdidas ideológicas que sufriera la Generación de 1837, muy poco había sido aventurado o perdido en el frente estético. Pese al gesto romántico de incorporar escenas y significados locales en sus textos, Echeverría conserva una lógica rígidamente binaria. Entre 1838 y 1840 escribió *El matadero*, una historia casi naturalista acerca de una pandilla de carniceros que atacan y, con una mazorca, "violan" a un unitario que pasa por el lugar (un esnob, más como Eduardo que como Daniel). Esto fue después de que Echeverría perdió la esperanza de ir más allá de las dicotomías. La historia es evidentemente más pesimista de lo que era *La cautiva*, probablemente porque durante la época del terror parecía natural desplazar al bárbaro desde la frontera india hasta el centro mismo de la entidad política argentina. Pero los trabajos tempranos tampoco fueron más allá de las dicotomías[57]. Noé Jitrik se pregunta, por ejemplo, cómo puede ser posible cualquier reconciliación política cuando a los personajes del poema se les pone como indios bárbaros o como víctimas civilizadas. Después de materializar el enemigo ¿qué puede hacer el escritor? "¿Lo exterminas o tratas de asimilarlo? Pero, después de proponer esta alternativa, ¿es posible todavía la asimilación?"[58].

Muchos otros intentaron hacer ficción romántica. Entre ellos estaba Juana Manuela Gorriti y el futuro general y presidente

143

Bartolomé Mitre. Como Mármol en *Amalia,* escribieron pronunciamientos ideológicos dentro de ficciones sentimentales. ¿Qué hay, pues, en este libro que lo hace incontestablemente la primera gran novela argentina?[59] Para seguir la pauta de Benedict Anderson, podemos advertir que el cuidado de Mármol en fechar y marcar el paso del tiempo en su novela tiene una importancia significativa para la construcción de la nación. Podríamos recordar a este respecto la primera oración de *Amalia* y la insistencia de mantener al lector al día. Anderson dirige nuestra atención hacia esta clase de "tiempo calendario" que suministraba el marco de las narraciones nacionales por medio de los periódicos y las novelas y permitía la simultaneidad de acontecimientos relacionados, uniendo al lector y al escritor en un momento social compartido. Pero si señalamos esto en *Amalia,* podríamos también recordar otras ficciones cronometradas y fechadas con total precisión y que fueron, además, escritas por líderes mucho más creíbles de la resistencia liberal. *El matadero,* por ejemplo, comienza con un irónico rechazo de la temporalidad épica de las primeras crónicas de América: "A pesar de que la mía es historia, no la empezaré por el arca de Noé y la genealogía de sus ascendientes como acostumbraban hacerlo los antiguos historiadores españoles de América, que deben ser nuestros prototipos"[60]. Procede en seguida a fechar el relato en la década de 1830, cuando hubo una escasez de carne. *Soledad* (1847) de Mitre tiene lugar inmediatamente después de la guerra de independencia en Bolivia. Y muchos de los cuentos de Gorriti marcan el momento preciso en el que ocurren. Probablemente la razón más asequible y certera para dar cuenta del éxito institucional de *Amalia* sea que se trata de la obra de entretenimiento más larga y mejor construida, que mantuvo a los lectores de *La Semana* en un estado de anticipación esperanzada hasta la víspera misma de la victoria contra Rosas.

Otra razón puede ser que a diferencia de Mármol, la pasión y la política con frecuencia compiten por la simpatía del lector hacia otros escritores. Para Gorriti, por citar un ejemplo ilustrativo, la posibilidad de este antagonismo parece casi irrelevante, porque tanto el deseo como el poder pertenecen al mundo masculino, tan capaz de producir horror como de conquistar la gloria. Su alternativa es una celebración espiritualizada del sacrificio "femenino"; es decir, del amor cristiano que es posible solamente en las víctimas de la historia. La propia marginación de Gorriti de los debates ideológicos y estratégicos entre los aspirantes a ocupar un lugar como agentes en la historia de Argentina se prueba y se universaliza repetidamente en sus cuentos sobre la incompatibilidad entre las mujeres y los hombres. Así pues, lejos de enturbiar las distinciones tradicionales entre los géneros, como lo hace Mármol, Gorriti las subraya. La alternativa al machismo no radica para ella en la flexibilidad sino en ese ideal compensatorio que es el *marianismo*[61]. No obstante, en algunas ocasiones sus heroínas se ven atrapadas entre el deseo personal y el deber espiritual; es decir, la feminidad en la mujer es vulnerable no sólo porque es victimizada por los hombres sino porque puede hacerse cómplice de ellos. La lectora ideal de Gorriti jamás tiene dudas acerca de cuál es la decisión correcta; sabe, como el lector clásico y preburgués de Racine, que la sexualidad puede pervertir la virtud femenina y convertirla en un poder destructivo. En el cuento "El tesoro de los incas", por ejemplo, una princesa india le revela el secreto del tesoro de Cuzco al español que la sedujo. Rosalía paga por su pecado una vez que las autoridades coloniales se enteran de la existencia de dicho tesoro; la torturan a ella y a su familia, con la esperanza de conocer el secreto, para finalmente matarlos[62]. Ésta es una de las advertencias de Gorriti contra la posibilidad de sucumbir ante el deseo cruzando líneas nacionales y de clase. Otro cuento, "Un drama en el Adriático", trata de una noble veneciana que se enamora de un oficial austriaco del ejército de ocupación. Después de enterarse de que su increíblemente solícito y cariñoso hermano está conspirando, junto con otros patriotas, para la liberación, ella los traiciona ante su amante, pero no sin librar una batalla interior que se espera los lectores resolverán a favor del patriotismo y en contra de la pasión. Lo principal es que al escoger a su amante ella pierde la batalla y causa una pérdida general para ambas partes. Los desesperados italianos prefieren cualquier cosa a la ignominia, incluyendo el cataclismo del suicidio masivo que da como resultado la victoria austriaca sobre las víctimas[63]. En contraste, una heroína "victoriosa" es aquella que elige perder en el amor. Clemencia, por ejemplo, la protagonista idealizada de "La hija del mazorquero" (¿Manuelita Rosas?), sacrifica todo, incluso sus fantasías románticas con el unitario a quien salvó, y finalmente su vida. Su brutal padre confunde a la muchacha con la amante del unitario y le corta el cuello. Éste es el modelo de historia con final "feliz". "Su sangre virgen encontró el favor de Dios y, como un nuevo bautismo, Él proyectó la divina luz de la salvación sobre la pecadora ahora redimida"[64]. El amor, en lo que puede llamarse el modelo fervientemente católico e incluso colonial, involucra un sacrificio personal. El ideal femenino aquí es la Virgen María o incluso Cristo mismo, alguien que pueda borrar la pizarra de la historia, no la burguesía prudente cuya pasión produce niños para llenar los espacios vacíos.

En cuanto a la precoz novela de Mitre, nos muestra a la protagonista adolescente luchando contra sus pasiones y haciendo esfuerzos desesperados por evadir al viejo monárquico con quien ha sido obligada a casarse. Una distracción en la soledad de su recámara es la lectura, la cual le ocasiona tantos problemas como placeres, porque Soledad, que así se llama la heroína, lee *La nouvelle Héloise* de Rousseau. Entre un capítulo prohibido y otro, se va gestando en ella una peligrosa atracción hacia un visitante embustero que representaría una parodia de Saint Preux a ojos de esta Julie criolla. Soledad se salva de la falsa pasión cuando su primo y amor de la niñez regresa de las guerras, frustra la ignominiosa cita y pone a salvo la virtud de su prima. Entonces el primo Eduardo aguarda con paciencia el deceso servicial del superfluo marido, para que él y Soledad puedan casarse. Sin un compañero de lectura culto a su lado, no es extraño que Soledad entendiese totalmente mal a Rousseau. Ella logra darse cuenta de que la novela construye una clase particular de deseo ilícito entre los dos jóvenes que estaban separados por el padre de Julie (la madre en el caso de Soledad) y el hombre mayor con quien ella se casa obedientemente. Pero Soledad, o Mitre, pasaron por alto la construcción igualmente poderosa en Rousseau de una virtud femenina que, como aparente freno sobre la pasión, de hecho, la produce. Julie y Saint Preux no hubieran podido amarse tan intensamente si no hubieran luchado tan apasionadamente contra el amor. Sin embargo, tal vez la lectura errónea de Mitre sea menos ingenua de lo que parece, al sugerir junto con algunos cuentos de Gorriti que el deseo femenino necesita del control masculino. En primer lugar, el héroe militar es privilegiado y, como el mismo Mitre, se atribuirá el crédito de defender la virtud (pública); y en segundo lugar, evita el conflicto entre la pasión de Soledad y su virtud al negarle la libertad de entrar en conflicto.

Aunque *Soledad* "corrige" las fallas de su modelo europeo torturado y pesimista, entre otras cosas al devolverle la virtud al héroe y sugerir que América es el espacio idóneo para el florecimiento del amor moderno y la productividad burguesa, un espacio de donde los padres aristocráticos como los de Julie fueron eliminados junto con la colonia, el final feliz de Mitre es más bien forzado. Como Echeverría y Gorriti, Mitre también repite la oposición de la retaguardia unitaria simbolizada por un "nosotros" contra un "ellos". Esto es, contrasta a los jóvenes amantes civilizados, que ya pertenecen a la misma familia como primos, con el forastero bárbaro y feudal que (como Rosas) es un marido lascivo y sentimentalmente ilegítimo. No hay conciliación aquí, sólo consolidación. Y este apresurado final narrativo, a diferencia de las lentas pero seguras seducciones entre sectores encontrados en *Amalia*, parece anticipar la hostil respuesta del General Mitre a la demanda constitucional de 1853 de llevar la capital al interior. También subraya la división entre "nuestras" novelas europeizantes que Mitre defiende en su prólogo y los poetas gauchescos de "ellos", en boga en aquel momento. Esa clase de literatura "oral" era evidentemente una contradicción en sí misma; en cambio, Mitre prefirió los libros que los héroes y las heroínas novelescos estaban leyendo, libros europeos. Desde la distancia impuesta por el exilio, él y otros novelistas argentinos le dieron la espalda a la pampa y adoptaron poses románticas en la dirección de Europa[65].

El único libro realmente comparable con *Amalia* era *La novia del hereje o la inquisición de Lima* de Vicente Fidel López, publicado de manera serial en 1846 y como libro en Buenos Aires junto con *Amalia* en 1854[66]. Desde el exilio en Chile, este miembro fundador del salón de Sastre puso en práctica algunas de las mismas seducciones narrativas que hicieron a Mármol tan atractivo. Por medio de una larga y compleja intriga que tiene lugar en el Perú inquisitorial del siglo XVI, la novela de López les asigna a los desgraciados amantes bagajes culturales e ideológicos opuestos; fue tan lejos que hasta convirtió al liberal en un "hereje", es decir, un inglés protestante. El matrimonio de éste con la hija del primer ministro del Virrey y su escape a Inglaterra donde la pareja procrea una familia, lleva los mismos temas de Mármol a un final feliz. Puede ser que este desenlace satisfaga, pero lo cierto es que no compromete al lector políticamente. *La novia* trata de un mundo pasado perfecto cuya solución de los problemas es una solución dada, mientras que en el mundo de *Amalia* prima lo indefinido, lo inestable. El acercamiento y la verdadera práctica de las novelas históricas al estilo de Scott (que oculta temas contemporáneos tras disfraces medievales) producen, tal y como el aristócrata escocés pudo haberlo deseado, un fin prefabricado. En cambio Mármol deja sueltos los cabos del final. Su "Explicación" preliminar admite que el libro es solamente una mascarada de novela histórica. "Por ficción calculada" el autor imagina que varias generaciones han mediado entre los hechos contemporáneos y la escritura. El cálculo compensa haciendo de Mármol nuestro contemporáneo, situado a igual distancia de los hechos. Al ausentarse él mismo de la historia, logra proyectar mucho más que un consuelo posible ante el horror; también establece su "presencia" narrativa para las generaciones futuras de lectores.

No obstante, puede ser que otros factores hayan intervenido en el éxito comparable de estos libros, factores externos a sus méritos relativos de combinar la convención con el exceso romántico. López, el historiador que reconoció, en un grado aún mayor que Mitre, cuán íntimamente asociadas están las novelas con la historia, terminó quedándose del lado del perdedor en la batalla entre Alberdi y Mitre[67]. Hijo de un federalista prominente, López defendió la constitución de Alberdi como el único medio estable y equitativo para consolidar a un país tan dividido. Mitre, por supuesto, no lo hizo. Y el nuevo gobierno establecido en Buenos Aires después de la victoria de Mitre nombró a José Mármol como senador, no a Vicente Fidel López, al tiempo que promovía la celebridad de *Amalia* como la novela fundamental.

Cualesquiera que fueran las circunstancias, la celebridad estaba más que justificada. *Amalia* constituye un asombroso nuevo punto de partida estético que finalmente les dio forma a las pasiones de los primeros románticos argentinos. Esa forma se llama novela, en el uso más flexible, híbrido y "no genérico" del término. Proveyó una erótica de la unidad, desterró a los héroes demasiado admirables a vagar por los márgenes y consintió que el texto fuera un cuerpo poroso donde es posible todo tipo de escritura. El éxito personal de Mármol, incluido el nombramiento para el Senado, donde habló con elocuencia y frecuencia aunque no siempre con buen tino, y su semirretiro como director de la Biblioteca Nacional, se afirma, en buena medida, en el éxito de los versos patrióticos que lanzó contra Rosas. Pero algunos de sus contemporáneos debieron haber notado en la novela una concepción del nuevo ciudadano argentino, honorable en última instancia pero lo suficientemente elástico para asociarse con otros, incluso con los oponentes. Para muchos, *Amalia* fue *la* novela del liberalismo argentino triunfante. Sin embargo, aún hoy se la considera más una obra del período que un texto fundador. El propósito de la novela, según se observa, era derrocar a Rosas. Una vez que esto se logra, la política de Mármol se vuelve irrelevante.

En lugar de *Amalia,* ahora es *Martín Fierro* (1872) lo que el pueblo argentino llama su "épica". El largo poema narrativo escrito en dialecto gaucho por José Hernández desarrolla un género ya existente de poemas políticamente conciliatorios que, como demuestra Josefina Ludmer de manera magistral, construyó una voz nacional al apropiarse del lenguaje de los argentinos "auténticos", aunque notablemente inútiles, en aras de proyectos patrióticos y económicamente racionales[68]. En cierto sentido, este poema es un canto de cisne. Hernández lo escribió cuando los gauchos habían prácticamente desaparecido debido a las políticas tanto militares como económicas del gobierno. Los gauchos fueron reclutados a la fuerza en ejércitos enviados a luchar contra los indios en guerras que bien pudieron haber tenido el propósito de un doble exterminio; y fueron confinados en espacios cada vez más estrechos, entre los ranchos modernizados y privatizados que seguían expandiéndose en la que alguna vez fuera la vasta pampa. La historia de Martín Fierro trata de estos abusos, de cómo lo convirtieron en el criminal y el vagabundo que los blancos consideraban de antemano que los gauchos eran, y de su escape de los asentamientos de los blancos. Pero en la segunda parte, titulada "La vuelta" (1879), el poema muestra la resignación del gaucho frente al nuevo orden y a sus pequeños beneficios. Como el héroe políticamente prometeico de *Amalia,* y como ciertos líderes de la Argentina posterior al gobierno de Rosas, Martín Fierro prefería vivir a medias que morir peleando por una idea de libertad imposible.

Ciertamente, hay buenas razones para leer el poema de Hernández como la épica argentina por antonomasia. Pero también *Amalia* merece esta distinción. Ambas narraciones se abren paso a través de los conflictos de la Argentina de mediados de siglo para mostrar la posibilidad y la necesidad de una reconciliación. La diferencia entre la aspiración de cada uno de estos libros a un sitial fundacional es cualitativa; es decir, se trata de una diferencia que atañe al tipo de simpatías políticas que cada uno de los libros despierta. Tanto el neounitarianismo conciliatorio de Mármol como el federalismo reformado de Hernández aspiraban a consolidar una nación más que a defender la autonomía de las provincias; y con ello sentaron una base común, en mayor medida que los partidos antagonistas originales. Pero su coincidencia significa, por supuesto, que ambos venían de diferentes posiciones. Y en la política posterior a Rosas, los viejos vínculos y proyectos podían quedar interrumpidos pero no olvidados. Los debates políticos sobre las virtudes de la inmigración europea o el proteccionismo llegaron a ser tan partidistas y apasionados que se convertían en extraparlamentarios y continuaban, de nuevo, en el campo de batalla. El mismo Hernández se opuso al liberalismo de élite de Mitre y en 1870 participó en una revolución comandada por un caudillo provincial[69].

Tomando en cuenta que *Amalia* y *Martín Fierro* coinciden en proyectar una unidad nacional después de los devastadores años de la división, escoger a uno como *la* épica del país es como tomar una posición partidista particular; es renovar los debates acerca de qué clase de unidad debería alcanzar Argentina. Una elección cruza el código masculino-femenino de las ciudades, una capital amante con una provincia amada; la otra elección atraviesa las fronteras de las clases sociales entre hombres rurales, a medida que los rancheros adoptan el lenguaje del peón en aras de un proyecto de entendimiento y legitimación mutua. (Ninguna de estas opciones imaginó un movimiento simultáneo que cruzara las líneas divisorias del género y la clase). Un libro excluye a las masas de trabajadores mestizos y negros mediante un sube y baja lingüístico entre las alturas espirituales y las bajezas bañadas en sangre; el otro excluye a las mujeres y a los hombres "ciudadanizados" (feminizados), a quienes se les asociaba con extranjeros que no podían mantener en orden su lenguaje o la misión de su propio género y que por lo tanto eran inservibles para la comunidad argentina de héroes y gauchos[70]. La novela llama a los gauchos "bárbaros"; el poema se mofa de todos los demás, a quienes considera literalmente como bárbaros, extraños, acomodándose a sus anchas al estilo casero típico de la Argentina. Si estas "épicas" se confrontaran una con otra como si fueran imágenes en un espejo mirando desde direcciones opuestas hacia un umbral patriótico, el lector que llama a una de ellas realidad y a la otra su reflejo, declara —de hecho— de qué lado del espejo se encuentra. Recordar el significado político que los lectores coetáneos le conferían a *Amalia,* y el hecho de que *Martín Fierro* se convirtiera en la épica nacional sólo medio siglo después de haber sido publicado, es también recordar que estas lecturas son tan históricas como partidistas. Los admiradores de Mármol, una élite de argentinos cultos que regresaban del exilio para asumir el control de su país natal, sin duda estuvieron de acuerdo con las posiciones tomadas en el libro. Por lo menos podían escoger entre el enlace hegemónico y el paternalismo indulgente en las formulaciones inconsistentes de la novela. El éxito de Mármol ocurrió por lo tanto de la noche a la mañana. Pero Hernández tuvo que esperar. No quiere decir que no fuera inmediatamente popular; lo fue, tanto con la gente de la ciudad que podía darle rienda suelta a su nostalgia por los gauchos desaparecidos, sin miramiento alguno por los mismos gauchos que seguían subsistiendo mientras recitaban su poema. Hernández fue popular, pero no fue considerado seriamente como artista, y ciertamente no como un artista de estatura nacional, hasta que Leopoldo Lugones comenzó una polémica literaria en 1913 al proclamar a *Martín Fierro* como la épica argentina. Lugones tenía la esperanza de que celebrar su particularidad local protegería la cultura argentina de la "corrupción" socialista y anarquista de la inmigración extranjera[71]. Desde entonces, la reivindicación ha parecido menos extravagante que evidente, especialmente después del populismo literario de la década de 1920, cuando, por ejemplo, el joven Jorge Luis Borges ayudó a fundar un diario llamado *Martín Fierro*, después de que generaciones de niños inmigrantes se identificaran a sí mismos como argentinos por medio de ese poema, y después del largo período peronista, cuando el propio Rosas se estaba convirtiendo en un símbolo de patriotismo nativo[72]. Sin embargo, Lugones sabía que estaba levantando polémica al favorecer el "americanismo" por encima del progreso en un país aún dominado por el liberalismo sarmentino. Él mismo debe haberse sorprendido de su propio éxito en la promoción de la exaltación poética de la cultura del mestizo autóctono sobre la novela favorita de Argentina, el género que más seducía a la burguesía europea.

Notas

III.

AMALIA:
EL VALOR DEL CORAZÓN Y DE LA CASA

1. José Mármol, *Amalia*, 5ª edición (Madrid: Espasa-Calpe, Colección Austral, 1978). Las referencias de página aparecerán entre paréntesis en el texto.
2. Carlos Dámaso Martínez, "Nacimiento de la novela: José Mármol", *Cuadernos de la literatura argentina*, vol. 1. *La novela argentina tradicional* (Buenos Aires: Centro Editor de América Latina, 1985): 265-288; 271.
3. Véase, por ejemplo, Myron I. Lichtblau, *The Argentine Novel in the Nineteenth Century* (Nueva York: Hispanic Institute in the United States, 1959): 48-49.
4. Donna J. Guy señala que los unitarios se interesaron por la educación de las mujeres y "el interés de Rivadavia por el progreso de las mujeres presagió una nueva era para las relaciones de familia"—y dominadas hasta entonces —y después— por el imperio de la justicia paterna, *patria potestad*. Véase "Lower-Class Families, Women, and the Law in Nineteenth-Century Argentina", *Journal of Family History* (otoño 1985): 318-331, sobre todo 324.
5. David Viñas, *De Sarmiento a Cortázar* (Buenos Aires: Ediciones Siglo Veinte, 1971): 17.
6. Los críticos contemporáneos se quejaban de que su economía política de ganadero se ocupaba de vender carne, pieles y algo de grano y de convertir al país en un concesionario para la manufactura inglesa. Jorge M. Mayer, *Alberdi y su tiempo*, 2 vols., 2ª ed. (Buenos Aires: Biblioteca de la Academia Nacional de Derecho y Ciencias Sociales de Buenos Aires, 1973): 109.
7. Mayer, *Alberdi...*: 261-264, sobre todo el encuentro con Bouchet Martigny y las cartas entre Alberdi y el señor Baradere que fueron usadas para formar una alianza de conspiración.
8. Véase Adolfo Prieto, *Proyección del rosismo en la literatura argentina* (Rosario: Seminario del Instituto de Letras, Facultad de Filosofía y Letras, 1959); véase también la *Historia de la literatura latinoamericana* de Enrique Anderson Imbert (México: FCE, 1954), 2: 24. *Amalia*, dice, es la única obra perdurable de Mármol. Varias generaciones de argentinos aprendieron su visión apasionada del terror de Rosas. La historia también fue popularizada en dos películas, adaptaciones para la radio y la televisión y canciones populares.
9. Un ejemplo histórico importante de la ventaja fue la derrota del General Paz durante la sublevación de los Unitarios el 1 de mayo de 1831. Según cuenta Crow, el caballo del ge-

neral era más rápido que los de sus enemigos y por un momento pareció que se iba a escapar; pero de repente un gaucho usó con destreza sus bolas argentinas, y el caballo y el jinete se cayeron a la vez... Después de este incidente la causa unitaria era un caso perdido. "Una bola bien lanzada había despejado el último gran obstáculo del camino de Rosas" (traducción nuestra). John A. Crow, *The Epic of Latin America,* 3ª ed. (Berkeley, Los Angeles, London: University of California Press, 1980): 582.

10. Juan Bautista Alberdi, *Proceso a Sarmiento:* 33.

11. David Viñas, *Literatura argentina y realidad política* (Buenos Aires: Jorge Álvarez editor, 1964): 8. Señala que la contradicción en la Generación de 1837 era su americanismo literario y su antiamericanismo político.

12. Mayer, *Alberdi...:* 222. La cita es de Alberdi y es muy parecida a las afirmaciones de Echeverría.

13. James Scobie en *Argentina: A City and a Nation* (Nueva York: Oxford University Press, 1964) reconoce su título prestado de *Argentine, un monde, une ville* de René Marill (París: Hachette, 1957).

14. Noé Jitrik, *Esteban Echeverría* (Buenos Aires: Centro Editor de América Latina, 1967): 29.

15. Véase F. de La Mennais, *El dogma de los hombres libres: palabras de un creyente,* trad. Mariano José de Larra (Tegucigalpa, 1925). En el Prefacio de la edición en inglés de 1834 (Nueva York: Henry Ludwig) aprendemos que La Mennais empezó como un monarquista apasionado y conservador durante la Restauración, pero cambió durante los "tres días revolucionarios de julio de 1830": vii. Después de que el papa Gregorio XVI convence al abate de suprimir la publicación de *L'Avenir,* los sentimientos radicales están latentes y él publica *Paroles d'un Croyant,* por el cual es excomulgado. Su defensa de un Cristo revolucionario es especialmente interesante: "Cuando veais a un hombre conducido a la cárcel o al suplicio, no os deis prisa a decir: Ese hombre es un malvado, que ha cometido un crimen contra los hombres... Diez y ocho siglos hace, en una ciudad de Oriente, los pontífices y los reyes de aquel tiempo enclavaron sobre una cruz, después de haberlo azotado, a un sedicioso, a un blasfemo, como le llamaban": 9-10.

16. Félix Weinberg, "La época de Rosas y el romanticismo", *Historia de la literatura argentina/1* (Buenos Aires: Centro Editor de América Latina, 1967): 169-216; 173.

17. Weinberg: 196.

18. Henri Lefebvre da este doble sentido en "Toward a Leftist Cultural Politics: Remarks Occasioned by the Centenary of Marx's Death", trad. David Reifman, *Marxism and the Interpretation of Culture,* ed. Cary Nelson y Lawrence Grossberg (Urbana: University of Illinois Press, 1988): 75-88; 78.

19. Mayer, *Alberdi...:* 196. La publicación escasa de cuatro a seis páginas de hecho repone el Salón y es anunciada como *La Moda, gacetita semanaria de música, de poesía, de literatura, de costumbres, de modas, dedicada al bello mundo federal.*

20. Le agradezco mucho al profesor Tulio Halperín Donghi esta observación. Contestando generosamente a mis corazonadas sobre el período, escribe que la representación en la novela coincide con testimonios más personales. Menciona a título de ejemplo que la elección de una figura femenina para su autorretrato no suponía una confesión de ambigüedad sexual; al contrario, él y sus amigos nunca le perdonaron su homosexualidad a Rivera Indarte. Carta del 15 de febrero de 1988. Véanse también las relaciones tensas con Rivera Indarte que Mayer registra, *Alberdi y su tiempo:* 80, 277, 383, donde es llamado *perverso:* 404.

21. Weinberg: 175.

22. Jitrik: 30-31.

23. José Luis Lanuza, *Echeverría y sus amigos* (Buenos Aires: Paidós, 1967): 112.

24. Lanuza: 137.

25. Lanuza: 133.

26. Le agradezco a Beatriz Sarlo por señalar esta semejanza. Sarmiento, *Recuerdos:* 68.

27. Hasta el propio hijo de Rosas colaboró con ellos. Véase Mayer, *Alberdi...:* 276.

28. Francine Masiello, "Texto, ley, transgresión: Especulación sobre la novela (feminista) de vanguardia", *Revista Iberoamericana*, nos. 132-133 (julio-diciembre 1985): 807-822. Señala que en el canon *mundonovista* argentino la desobediencia es un desastre. Masiello hizo el mismo tipo de argumento respecto a las novelas de Manuel Gálvez que hace aquí respecto a las de Wast: 809.

29. En general, tal como Mark D. Szuchmann arguye de modo convincente, los Unitarios tendían en efecto a ser tan tramposos y salvajes como sus homólogos Federalistas. Véase su "Disorder and Social Control", *Journal of Interdisciplinary History* (verano 1984): 83-110 y en *Family, Order, and Community in Buenos Aires 1810-1860* (Palo Alto, Calif.: Stanford University Press, 1988).

30. En *Nuestra América* (Buenos Aires, 1918) Carlos Octavio Bunge registra esta observación general sobre la habilidad verbal de Rosas: "Sus discursos no son nunca categóricos; son difusos, complicados con digresiones y con frases incidentales. Esta prolijidad es evidentemente premeditada y calculada para confundir al interlocutor. Y, en efecto, es bastante difícil seguir al general Rosas en las vueltas de su conversación... Rosas se mostró *tour a tour* consumado estadista, particular afable, infatigable dialéctico, orador vehemente y apasionado; representó, según los momentos, con rara perfección, la cólera, la franqueza y la simplicidad. Se comprende que, visto frente a frente, pueda intimidar, seducir o engañar": 275.

31. Le agradezco aquí a Carlos Lizarralde por su lectura que localiza un desasosiego textual parecido en la descripción del General Paz que hace Sarmiento.

32. Mayer resume: "Por supuesto que no era federal; era porteño y nada más. 'Todos dicen que soy federal y me río'", *Alberdi...:* 99.

33. Después de sus discusiones ruidosas con Andrés Bello sobre la ortografía, Sarmiento tuvo la satisfacción de ganar *El Mercurio* de Santiago por sus variaciones románticas y americanistas. Pero en 1844 Alberdi, recientemente emigrado, dirigió el periódico y abandonó las innovaciones, el primero de muchos gestos disidentes.

34. Mayer: *Alberdi...:* 420-422.

35. Juan María Gutiérrez, *Los poetas de la revolución* (Buenos Aires: Academia de Letras, 1951): 142.

36. Véase Tulio Halperín Donghi, "Una larga espera", cap. 3 de *Historia contemporánea de América Latina:* 134-206.

37. Para este proceso véase Reid Andrews, *Los afro-argentinos de Buenos Aires* (Buenos Aires: De la Flor, 1989).

38. Elvira B. de Meyer, "El nacimiento de la novela: José Mármol", *Historia de la literatura argentina/1* (Buenos Aires: Centro Editor de América Latina, 1967): 216-239; 225. Antes de publicar *Amalia,* Mármol escribió un breve tratado intitulado *Manuelita Rosas. Rasgos biográficos.* Éste fue muy popular, tanto en Buenos Aires como en Europa, tal como lo atestiguan tres ediciones en un año. Una circunstancia curiosa de este libro, publicado originalmente en 1850, es que el propio Rosas guardó la copia que Mármol le dedicó a Manuelita.

39. Le agradezco a Mark. D. Szuchmann por señalar que Sarmiento defendía las formas institucionales de intercambio social propias de las sociedades británica y norteamericana, mientras Alberdi prefería dejar que los criollos se abandonasen a sus hábitos, creyendo que sus excesos serían templados por los beneficios del federalismo económico. Carta del 23 de mayo de 1988.

40. Mayer, *Alberdi...:* 244. Carta de Gutiérrez a Alberdi, sin fecha.

41. José Luis Romero, *Las ideas políticas en Argentina* (Buenos Aires: FCE, 1997): 86-87 en la edición inglesa.

42. Le debo esta comparación y aprecio por la casta arcadiana de Tucumán a Tulio Halperín Donghi.

43. La primera gran oportunidad de Mármol fue recibir el tercer premio del concurso de poesía en honor al Día de la Independencia. Alberdi defendió el tono revoltoso y exaltado de

Mármol contra el prejuicio clásico de Florencio Varela; y Alberdi dijo la última palabra como editor y prologuista de los poemas ganadores en *Certamen poético de Montevideo*, 25 de mayo de 1841 (Imprenta Constitucional del P. F. Olave), pág. 80

44. Mayer, *Alberdi...*: 379.
45. Mayer, *Alberdi...*: 39. "El campo de las glorias de mi patria, es también el de las delicias de mi infancia. Ambos éramos niños: la patria argentina tenía mis propios años".
46. Después, Sarmiento pudo contar el castigo contra Rosas, *Recuerdos de provincia:* 37.
47. Mayer, *Alberdi...*: 466-467.
48. La narrativa histórica se introduce de manera irresistible cuando Mármol narra el avance de Lavalle sobre Rosas:
    > Ya estaban frente a frente.
    > Su voz se oía.
    > Sus armas se tocaban... Entretanto la pluma del romancista se resiste, dejando al historiador esta tristísima tarea (411).
    Las págs. 421-430 registran las clasificaciones oficiales de víctimas y explican en una nota a pie de página que éstas fueron añadidas en 1855, después de que los registros de la tiranía se hicieron públicos. Para tener una idea del contexto internacional de esta crisis para Rosas, véase Hernán Vidal, *"Amalia:* Melodrama y dependencia", *Ideologies and Literature:* 41-69.
49. Mayer, Alberdi...: 192. Una carta sin fecha a Alberdi.
50. Weinberg: 172.
51. Mayer, *Alberdi...*: 82. "Nos tocó a Cané y a mí sentarnos juntos en el primer banco, tan cercanos de la mesa del profesor, que quedábamos ajenos a su vista. Una mañana, en la primavera de 1829, sacó (Cané) de un bolsillo un libro, para ver si nos entreteníamos más agradablemente, que los versos de Virgilio... Al recorrer sus primeras líneas de un estilo y de un asunto que hasta entonces habían sido desconocidos por mi corazón, mis ojos se bañaron de lágrimas. Este libro era la 'Julia', de J. J. Rousseau: la Julia que mantuvo mi alma por más de cuatro años inundada en dulces ilusiones".
52. La libertad de religión como una condición de inmigración era obviamente un desafío legislativo para los liberales en toda América Latina. Véase, por ejemplo, la declaración del Presidente Justo Rufino Barrio de 1873 en Guatemala, cuya población protestante en 1982 era el 30 por ciento. Virginia Garrand Burnett, "Protestantism in Rural Guatemala, 1872-1954", *Latin American Research Review* 24, 2 (1989): 127-142.
53. Juan Bautista Alberdi, *Las "Bases" de Alberdi,* ed. Jorge M. Mayer (Buenos Aires: Editorial Sudamericana, 1969): 406 (énfasis mío).
54. Jitrik: 25.
55. Elvira B. de Meyer: 252.
56. David Viñas, *Literatura argentina y realidad política:* 126-128.
57. Weinberg: 211.
58. Jitrik: 28.
59. Elvira B. de Meyer: 220.
60. Esteban Echeverría, *Prosa literaria*, ed. Roberto F. Giusti (Buenos Aires: Ediciones Estrada, 1955): 8.
61. Véase Lucía Guerra Cunningham, "La visión marginal en la narrativa de Juana Manuela Gorriti", *Ideologies & Literature*, Nuevas Series, 2, 2 (otoño 1987): 59-76. Pero su resumen sencillo del proyecto de Mármol (70) sugiere que la oposición pudo haber sido juntada con demasiada fuerza.
62. Juana Manuela Gorriti, *Narraciones,* ed. W. G. Weyland (Silverio Boj) (Buenos Aires: Ediciones Estrada, 1958): 76-97.
63. *Ibíd.*, págs. 57-67.
64. *Ibíd.*, págs. 99-118.

65. Para varias otras (in)versiones del destino de *Julie* en Argentina, véase Elizabeth Garrels, *"La Nueva Heloísa* en América", *Nuevo Texto Crítico* 11, 4: 27-38.

66. Véase el excelente artículo de Elizabeth Garrels, "El 'espíritu de la familia' en *La Novia del Hereje* de Vicente Fidel López", *Hispamérica* 16, 46-47 (abril-agosto 1987): 3-24.

67. Mitre polemizó contra las historias ficticias (y contra López), paradójicamente, en la sección del periódico dedicada al folletín. Véase "Uneven Modernities", ponencia presentada por Julio Ramos en la reunión de ACLA en abril de 1986 en Atlanta.

68. Josefina Ludmer, en *El género gauchesco*, detalla las maniobras literarias de los poetas de la élite que afectan una *Aufhebung* estética (y político-económica) de los gauchos.

69. Fue forzado a exiliarse después de la derrota y escribió su poema en su mayor parte en Brasil. Véase Ángel Rama, "Prólogo" a *La poesía gauchesca* (Caracas: Biblioteca Ayacucho, 1977): también 190.

70. Le agradezco a Josefina Ludmer por su trabajo aquí, sobre todo donde juega con el *género gauchesco* como un acto masculino de engendrar: 49-50.

71. Véase el "Prólogo" de Ángel Rama, *La poesía gauchesca,* donde se refiere a la atracción de Lugones por una cultura nacionalista en 1913. Véase también *Corrientes literarias* de Henríquez Ureña: 147.

72. Por ejemplo, Manuel Gálvez, *Vida de Don Juan Manuel de Rosas* (Buenos Aires: El Ateneo, 1940).

IV

SAB *C'EST MOI*

Gertrudis Gómez de Avellaneda bien pudo haber dicho algo similar a la ocurrencia de Flaubert sobre Madame Bovary, porque, evidentemente, la escritora cubana se identificaba con el héroe de su novela abolicionista, *Sab* (1841). Sab es un esclavo mulato perdidamente enamorado de su joven ama blanca. Al borde de la rebelión, encarna precisamente la clase de (auto)retrato explosivo que le permite a la novelista construir una persona paradójica, intersticial y, en última instancia, nueva o americana. En otras palabras, nunca fue fácil situar a "la Avellaneda", o Gertrudis la Grande como también es conocida, en términos convencionales o estables. Nacida en Cuba en 1814, hija de un aristócrata español venido a menos y una próspera madre criolla, vivió semiestablecida en España desde 1836 hasta su muerte en 1873. Su fidelidad nacional y la gloria ganada aún son motivo de disputa entre ambos países. Y aunque las lectoras feministas la reclaman para una tradición de ilustres mujeres[1], Avellaneda siempre ha figurado en la corriente principal, canónica y preponderantemente masculina de la literatura hispánica[2]. Ni del Viejo ni del Nuevo Mundo, ni escritora de mujeres ni de hombres, Gertrudis era ambas opciones, o quizás era algo diferente; ella era Sab.

Su identificación con el personaje obviamente no es autobiográfica. Tampoco es sólo mimética, en el sentido de representar las características y las pasiones de la escritora[3]. Tan osado como es este ejemplo particular de lo que podría llamarse una mímesis espiritual, considerando el hecho de que la novelista y el protagonista difieren aparentemente en toda manera concebible incluyendo el género, la raza y la clase; el imitar una personalidad en otro personaje es una práctica literaria más bien común y hubiera sido por sí misma mucho menos atractiva que lo que Avellaneda consiguió en *Sab*. Lo asombroso de este autorretrato es que identifica a la autora con el esclavo en apariencia desvalido, gracias a su función productiva compartida, su labor literaria condicionada en ambos casos por la necesidad de socavar y reconstruir. El oscuro esclavo representa a la novelista privilegiada porque ambos desahogan sus pasiones a través de la escritura y porque sus desbordamientos literarios desestabilizan el sistema retórico que los construye y constriñe.

Sab escribe al final del libro, después de su lastimosa historia de humillación y pérdida. Exhausto y al borde de la muerte, escribe una larga carta sobre Carlota, su ama de pelo castaño y compañera de juegos de infancia a quien ama desesperadamente. Y mientras escribía "la carta de Sab", probablemente en 1839, Avellaneda también escribió una larga carta autobiográfica al hombre a quien amaba apasionadamente y que logró ignorarla durante toda una vida[4]. En la carta de Sab, el héroe de Avellaneda declara su amor por la ingenua muchacha y explica los otros intereses que motivaron la narración. El nombre de Sab al final de la carta hace las veces de una rúbrica para toda una novela que parecía ser una simple historia acerca de un esclavo que es ignorado, mal entendido y que se mantiene pasivo ante la injusticia de las relaciones sociales. (La literatura sobre Sab como "noble salvaje" es bastante predecible)[5]. Pero la carta lo muestra como el autor de su propia historia y el único que podía ayudar a realizar el sueño de Carlota de casarse con Enrique Otway, el apuesto hijo de un oportunista comerciante inglés. Hasta el momento de la conversación con Teresa, previa a la lectura de la carta de Sab, Carlota desconoce el interés fluctuante de Enrique respecto a ella (el cual depende de sus estimaciones en cuanto al total de su dote) y la estoica infatuación de su prima con el mismo ídolo rubio. Ahora Carlota sabe que Enrique casi rompe su compromiso con ella después de enterarse que la dote en efecto estaba mermada; y descubre que Sab le ha restituido su fortuna entregándole a Teresa su billete ganador de la lotería. También se entera de que Sab se mató literalmente a matacaballo, cuando corría tras Enrique para darle la nueva de la buena fortuna de ella.

La carta fue escrita después, cuando Sab se está muriendo, y va dirigida a Teresa para que la salvaguarde. Ella la lleva consigo al convento donde elige vivir lo poco que le queda de vida, y Carlota se casa con el hombre que pronto da muestras, incluso a ella, de ser indigno del amor que le profesa. A punto de morir, Teresa le revela la carta a Carlota. Gracias a Sab, a quien reconoce como a una alma gemela, Carlota finalmente se da cuenta de lo mucho que los esclavos y las mujeres tienen en común. "¡Oh las mujeres! ¡Pobres víctimas ciegas! Como los esclavos, ellas arrastran pacientemente su cadena y bajan la cabeza bajo el yugo de las leyes humanas" (221)[6]. No obstante, su fe en el amor (y en la liberación) revive, gracias al alivio que trajo consigo la carta de Sab. En ella, Carlota consigue releer su romance bajo la luz de lo que pudo haber sido.

En otras palabras, el final descubre a Sab como el verdadero agente y autoridad de la misma fábula que lo retrataba como el objeto indefenso de la historia. La rúbrica le da autoridad a la novela y despeja cualquier duda respecto de su papel constructivo en el libro. Ya ausente al tiempo de estampar su firma, Sab se vuelve una presencia ante Carlota, su amante y lectora ideal; Sab puede presentarse a sí mismo gracias a la escritura. Del mismo modo, Avellaneda se hace presente en Cuba por medio de un libro escrito en la distancia, desde la ausencia que paradójicamente hace posible ese apasionado suplemento que llamamos escritura. Sab, tanto como Avellaneda, escribe desde la desesperanza. Pero mucho antes de estampar su firma, sospechamos que Sab escribe, dirige y manipula todo cuanto leemos. Es Sab quien, al principio del libro, dirige a Enrique Otway a la casa de Carlota; y es Sab quien decide salvar al indigno rival después de que éste cae inconsciente en una tormenta. Más tarde, Sab es quien se ofrece de guía en una expedición a través de las traicioneras cuevas de Cubitas, a donde la familia de su amo planeaba una excursión para impresionar a Enrique. Y es Sab de nuevo quien permuta la suerte de los personajes al cambiar los billetes de lotería. Por último, es Sab quien determina sus destinos cuando se lanza al galope para impedir que Otway se embarque rumbo a Europa.

Queda claro que Sab produce su historia. Gertrudis hizo lo mismo dentro de los límites que los circunscribieron a ambos. Sólo él, junto con ella, tiene el suficiente dominio sobre la narrativa como para hacer resonar los secretos más íntimos de los otros personajes; de Enrique, por ejemplo.

> Yo he sido la sombra que por espacio de muchos días ha seguido
> constantemente sus pasos; yo el que ha estudiado a todas horas su
> conducta, sus miradas, sus pensamientos...; yo quien ha sorprendido
> las palabras que se le escapaban cuando se creía solo y aun las que
> profería en sus ensueños, cuando dormía: yo quien ha ganado a sus
> esclavos para saber de ellos las conversaciones que se suscitaban entre
> padre e hijo,... (154)

La productiva confusión de género, y también la de raza y
clase, que la identidad entre Sab y Gertrudis implica, se cuenta entre
los desencuentros lingüísticos liberadores que logra esta novela. Pero
quizá el mejor ejemplo sea la descripción de Sab mismo. En la primera
escena, cuando Otway detiene a Sab para preguntar cómo llegar a la
casa de Carlota, el esclavo es presentado mediante una serie de negaciones u omisiones. No es un campesino que posea tierras, aunque por
su apariencia podía ser fácilmente confundido con uno; tampoco tiene
un color que sea fácilmente identificable.

> No parecía un criollo blanco, tampoco era negro ni podía creérsele
> descendiente de los primeros pobladores de las Antillas. Su rostro re-
> presentaba un compuesto singular en que se descubría el cruzamiento
> de dos razas diversas, y en que se amalgamaban, por decirlo así, los ras-
> gos de la casta africana con los de la europea, sin ser no obstante un
> mulato perfecto (23).

Es como si los signos heredados de un lenguaje europeo
fueran incapaces de capturar un referente americano elusivo. Antes de
describir a Sab en términos positivos, el texto primero tiene que borrar
o tachar un cierto espacio lingüístico etnocultural a fin de componer un
nuevo signo. Sab, y por asociación Avellaneda, es diferente, en cierta
medida ajeno a las categorías establecidas de representación. En el
siguiente párrafo, Avellaneda recompone los mismos significantes que
acaba de desestabilizar, o liberar, de un modo casi incoherente cuando
describe el color de Sab como "un blanco amarillento con cierto fondo
oscuro" (24). La autonomía de cada significante racial es negada unas
cuantas líneas antes para poder amalgamarlos otra vez aquí. Sab es una
nueva encarnación de un extinto aborigen "cubano", uno que excede o
viola las estrictas categorías raciales que han hecho que la esclavitud
funcione. El lector, y Otway, están prácticamente incapacitados para
reconocer las relaciones sociales existentes por lo claro de la piel de

Sab. Y es esta indefinición racial, esta nueva tonalidad de significado social, lo que será una de las características más radicales de la novela. A pesar de la aparente incoherencia de este exhaustivo catálogo de colores, Sab es reconocido como un residente típico de la Cuba central, tanto por Enrique Otway como por el lector. La incoherencia, en otras palabras, se debe a cierta obsolescencia lingüística más que a percepciones equivocadas. La novela comienza, entonces, con una aporía entre el lenguaje y sus referentes que se repetirá, de manera significativa en más de una novela canónica escrita por una mujer. Un ejemplo particularmente encantador, que no puedo dejar de mencionar, es la nostálgica serie de viñetas sobre la vida en una plantación de Venezuela llamada *Las memorias de Mamá Blanca* (1929) de Teresa de la Parra. Como se verá en el último capítulo, el gracioso desencuentro entre el nombre de Blanca Nieves y su oscuro color, entre muchos otros "errores" de representación, permite el efecto conciliatorio del humor y el afecto.

El resultado, tanto en *Sab* como en *Memorias,* es la certeza de que nuestra realidad sugiere su propia forma imaginaria, para usar los términos de Lacan, pero que todavía carece de expresión simbólica. Si la realidad tuviera una forma expresable, si pudiéramos imaginar un signo adecuado que representara a Sab, un signo que nombrara a este paria sin nombre en el lenguaje esclavista de los "nuevos ricos"[7], ese signo podría ser, quizá, cubano. Entonces reconoceríamos que él es tan legítimo y autóctono en este Nuevo Mundo como lo fueron los indígenas, o como les dicen los españoles, los amos "naturales" de la isla. De hecho, el término "hijo natural", que significa bastardo en el lenguaje establecido y se atribuye tanto a Sab como a Teresa, adquiere un valor legitimador por asociación, debido a que el huérfano Sab está relacionado espiritualmente con los amos aborígenes gracias a su madre adoptiva, Martina, una vieja esclava que defiende su abolengo de la realeza india.

Si nos preguntáramos cómo pudo Avellaneda identificarse con un personaje tan complejo, uno tan difícil de situar entre la negación y el exceso, sus motivos aparecerían como en un enjambre de posibilidades, todas ellas ligadas a la necesidad de ambos sujetos de transgredir el orden simbólico, el orden del padre, a su empeño por construir una identidad. Antes de tratar de especificar la naturaleza de su exceso o transgresión, tal vez valga la pena notar que el orden patriarcal imperante en esta novela se encuentra en una crisis profunda. No hay personaje aquí que pueda ser considerado como un padre legítimo o efectivo. Don Carlos de B., el amo de Sab y el padre de Carlota, es, en general, incapaz de ordenar nada; es demasiado dulce o ingenuo, o simplemente demasiado perezoso, como para dar continuidad y cohesión a este reino simbólico. Su hijo moribundo, el único en una casa llena de mujeres, subraya la nulidad de Don Carlos como progenitor y le fija a su elegante mundo esclavista una fecha de vencimiento definitiva. Es fácil darse cuenta de que el padre craso y extranjero de Enrique, Jorge Otway, es igualmente problemático. A pesar de su energía y ocasionales golpes financieros, el hombre es demasiado calculador y desvergonzado para ser un modelo legítimo. Su hijo es aún menos prometedor porque resulta ser el clon de Jorge, carente de la voluntad necesaria para confrontar a su padre con valores alternativos. En comparación, a pesar de que Sab combine las virtudes opuestas de la dulzura desinteresada y la dedicación enérgica, no puede aspirar a ser padre. Lo que le falta a Sab es el derecho a aspirar a la legitimidad en el orden patriarcal simbólico, precisamente porque no tiene padre ni patronímico; no hay un espacio en su lenguaje en el que pueda ocupar la posición del nombre del padre.

En este vacío social, la "autor-idad" puede pasar a nuevas manos, manos femeninas y/o mulatas. Con la excepción de Martina, tampoco hay madres, sólo la "madrina indígena" de Sab, para mantener la promesa, o la memoria, de un orden alternativo al sistema patriarcal esclavista. Ella, la amante de Cubitas, es una inspiración para luchar por una suerte de independencia de la esclavitud. Desde el espacio de su exilio social, Sab también puede obtener una suerte de independencia; este espacio le permite construir un orden "artificial" diferente, que reconozca su legitimidad natural. Y esto es exactamente lo que el esclavo hace cuando siembra un jardín en medio de la plantación. El texto nos cuenta que Sab cultiva este terreno particular para facilitarle a Carlota un espacio ideal para la intimidad y el ensueño. Seguramente este Edén en miniatura, sacado del sistema esclavista rival y compuesto de la más sorprendente combinación de flores y de arbustos del vergel del amo, debió haberle dado a Sab otra clase de satisfacción personal. Él, tanto como Carlota, necesitaba un rincón para recrearse.

No había en Puerto Príncipe en la época de nuestra historia, grande afición a los jardines: apenas se conocían: acaso por ser todo el país un vasto y magnífico vergel formado por la naturaleza y al que no osaba el arte competir. Sin embargo, Sab que sabía cuánto amaba las flores su joven señora, había cultivado vecino a la casa de Bellavista, un pequeño y gracioso jardín... No dominaba el gusto inglés ni el francés en aquel lindo jardincillo: Sab no había consultado sino sus caprichos al formarle (70).

Ahí, en aquel pequeño mundo, independientemente organizado, la amante y lectora ideal de Sab habrá de deleitarse. En consecuencia, es ahí donde él, su amante verdadero, se siente satisfecho y feliz.

En un trabajo análogo, y desde el espacio de su marginalidad literaria, Gertrudis se las ingenió para componer un *Doppelgänger* a partir de características tradicionalmente incompatibles. En su totalidad fragmentada, Sab resulta ser más agradable que perturbador, más ángel que monstruo, de la misma manera que el jardín de Sab posee una cualidad más edénica que artificial (inglesa o francesa). Sab, cuyo nombre supuestamente africano no tiene una connotación masculina o femenina en español, es al mismo tiempo pacifista y rebelde, razonable y apasionado, práctico y sublime, violento y delicado, celoso y generoso. Es, en suma, una combinación tan integral de opuestos chocantes en el léxico heredado y convencional que cualquier esperanza de descifrar sus características resulta ilusoria. Su origen en un sistema lingüístico tradicional y binario no parece importar ya. Sab es nuevo, tan natural y atractivo como el jardín que siembra en ese espacio interior y liberado dentro de la plantación. De manera similar, Gertrudis construye un nuevo yo entre los intersticios de un lenguaje patriarcal que hubiera terminado por representarla simplemente como mujer y blanca.

Gertrudis Gómez de Avellaneda entendió que para escribir algo nuevo tenía primero que violentar un texto anterior, y así abrirse un espacio para sí misma. El hecho de que esta novela reconozca que escribir implica una violencia necesaria no debe sorprendernos. De una forma u otra, la noción era casi un tópico de la literatura romántica. En *Sab* la violencia se dirige sobre todo en contra del sistema retórico que organizaba las razas de acuerdo con una jerarquía de color rígida, del más claro al más oscuro. La mezcla innombrable pero familiar que Sab representa no es el único dilema que dicho orden está obligado a confrontar en la novela. Otro paria es Enrique Otway, cuya blancura deslumbrante redunda en una apostura cegadora que se presenta en contraste con su carácter despreciable (154). De hecho, su blancura hiere su contexto cubano de los tonos sutiles como una interrupción extranjera que amenaza con disolver la armonía tropical.

Al mismo tiempo que *Sab* abandona los fuertes colores que podrían dividir trágicamente a los cubanos los unos contra los otros, la novela también descodifica la oposición de género sexual. Pone de manifiesto la porosidad y la disponibilidad estratégica de los signos, por ejemplo los signos "masculino" y "femenino"[8]. Si Enrique es un hombre decepcionante al ser incapaz o reacio a sentir una pasión desinteresada y sublime por Carlota, uno estaría tentado a decir que Sab es heroico, al grado de ser apasionado y sentimental. Puede corresponder a la profundidad de los sentimientos de las mujeres, a la intensidad de Carlota y al afecto de su madre adoptiva. Es decir, Sab es heroico hasta el punto de ser femenino. El código genérico también llega a relajarse en el otro extremo, con Teresa, una mujer que renuncia a la infatuación romántica en aras de las pasiones socialmente aceptadas. Prima ilegítima de Carlota y el miembro de la familia más desprotegido, económicamente hablando, Teresa es la única que entiende los sentimientos sublimes de Sab y los toma como una fiebre liberadora. Ella le ofrece fugarse con él, lejos de las frustraciones de Sab y de sus propios deseos equivocados por Otway. La admiramos por su prudencia y por un control emocional que no puede confundirse con la timidez o la mojigatería que el lenguaje patriarcal requeriría de las mujeres. Pero sobre todo, la admiramos por la novedad de ser un personaje femenino que se enamora de los principios abstractos que Sab representa. Sin embargo, Avellaneda no insiste en establecer un equilibrio entre los personajes masculinos y femeninos. Aquí, la coincidencia de rigor entre lo femenino y lo admirable es confirmada por un reparto donde todas las mujeres son nobles (llevado al nivel casi de lo cómico en la "princesa india", Martina), mientras que el rango de los hombres va del ideal feminizado de Sab al inútil de Don Carlos pasando por el oportunista del viejo Otway.

Esta irónica asociación de la virtud con las mujeres, así como los insistentes paralelos que Avellaneda establece entre la condición de las mujeres y la de los esclavos, ha llevado a varias lecturas feministas de *Sab* sumamente justificadas. Pero para el propósito de especificar la naturaleza feminista de esta novela, parece importante recordar que los personajes y gran parte de la lucha erótica en el texto son *típicos* del período. O, más bien, se volvieron típicos una vez que las otras novelas latinoamericanas repitieron, o de manera independiente inventaron y variaron, sus personajes fragmentados. Aquellas novelas crearían un contexto alrededor de ésta la pionera, haciendo del osado proyecto de Avellaneda parte de un canon legítimo. Esto no minimiza el efecto de la novela. Por el contrario, hace que su impacto se sienta en todo el continente. A pesar de que algunos lectores decidan concentrarse en lo que hace la novela de Avellaneda particularmente feminista, argumentando que ella escribe en contra de la tradición masculina (e incluso que usa el abolicionismo como un código para un feminismo aún más radical)[9], a mí me interesa más mostrar que la autora estaba a la vanguardia de lo que llegaría a ser el canon estándar masculino, y por ende sugerir que el canon en sí es extraordinariamente feminizado.

Aun si quisiéramos ver en Avellaneda a una rebelde solitaria, nos resultaría imposible a estas alturas poner dentro de un paréntesis las novelas posteriores de finales del siglo XIX gracias a las cuales inevitablemente leemos la suya. Nuestro acercamiento a *Sab* es necesariamente como la lectura de Borges del *Quijote* de Menard. Está contaminado, o enriquecido, por capas de lecturas intermedias. Para algunos lectores de hoy, influidos como casi irremediablemente estamos todos por preceptos feministas y más generalmente por las lecciones de lectura postestructuralistas, las novelas románticas del siglo XIX producen un sentido extraño de familiaridad y contemporaneidad. El canon latinoamericano de novelas románticas parece librar una lucha constante en contra de los hábitos clásicos de pensamiento oposicionista. En vez de mantener la pureza de la raza, la clase, el género y las diferencias culturales, los romances "históricos" que vinieron a ser considerados novelas nacionales en sus respectivos países, casaron al héroe con la heroína cruzando estas últimas barreras. Después de las guerras de independencia y de las guerras civiles que continuaron en muchos países latinoamericanos, insistir en las categorías puras llegó a ser literalmente autodestructivo. Si las naciones habían de sobrevivir y prosperar, tenían que mitigar los antagonismos raciales y regionales y coordinar a los sectores nacionales más diversos a través de la hegemonía de una élite culta; es decir, a través del mutuo consentimiento más que de la coerción. Incluso los padres fundadores más elitistas y racistas entendieron que su proyecto de consolidación nacional bajo un gobierno civil necesitaba de una hibridación racial. Por supuesto que para algunos, como para los arquitectos políticos de Argentina, Sarmiento y Alberdi, los planes no contemplaban la unión de los blancos con los negros (y mucho menos con los indios), sino más bien el matrimonio entre los hispanos, supuestamente incapaces de libertad y progreso, con los anglosajones que podían sacar ventaja de las oportunidades económicas que los criollos seguían dejando escapar. Aun así, la consolidación Argentina, después de que el centralismo de Buenos Aires luchara contra la insistencia de las provincias de crear un poder federal, fue siempre discutida en términos más interregionales que interraciales. Claramente, sin embargo, esta clase de abrazo político, así como las variaciones en el código de colores de la amalgama nacional, implicaba una cierta exclusividad, principalmente de los sectores que no encajaban en los planes ilustrados: estos sectores eran los indios y los gauchos en Argentina; los negros en el *Enriquillo* de Galván (República Dominicana, 1882); y en la Cuba que Avellaneda representaba, los sectores idealmente excluidos eran la aristocracia azucarera criolla y los intrusos ingleses.

A diferencia de las novelas militantes populistas que vendrían después, donde los héroes miden su hombría contra los rivales imperialistas o dictatoriales que compiten por el amor de su patria, las primeras novelas celebraron una rama del heroísmo doméstico, sentimental y casi femenino. En lugar del caudillo, o del jefe local, cuyo poder venía de estar en la cima de una rígida pirámide patriarcal de partidarios, el héroe sentimental y burgués de la época desarrolló relaciones más laterales con sus conciudadanos. Ejercía una libertad de elección (de mercado), que se manifestaba, por ejemplo, en escoger a su pareja romántica; y en conquistarla con amor, siempre consciente de que ella disfrutaba de la misma clase de libertad. En consecuencia, el vínculo entre los dos, que es la estructura hegemónica que coordina diversos intereses apelando a un mutuo beneficio, parece hacer caso omiso de la necesidad de poder militar o de cualquier otra clase de poder coercitivo. Alternativamente, la relación amorosa reemplaza el poder con el deseo, como si el poder y el deseo fueran dos cosas radicalmente diferentes.

Con relación a *Sab,* la pregunta obvia es qué tiene que ver la Cuba de Avellaneda con esta estética postindependentista y el mandato conexo de llamar a una tregua interna después de las guerras civiles. En 1830 Cuba estaba todavía a muchas décadas de alcanzar su independencia, por no hablar de reconciliar las diferencias en casa después de la partida de España. También estaba lejos de abolir la esclavitud, como lo habían hecho otras colonias de España después de su independencia, y por lo tanto estaba lejos de crear al menos el espacio legítimo para la amalgama racial. En cierto sentido, Cuba representa un reflejo de Brasil, la otra sociedad esclavista aparentemente anómala y duradera. Ninguno de los dos países se adecua al patrón general de la independencia de América Latina en las décadas de 1810 y de 1820, seguida de las guerras civiles que terminaron hacia mediados del siglo. Cuba estaba entre las últimas colonias que España perdió al final del siglo, mientras que Brasil, desde hacía tiempo independiente de Europa, era una monarquía soberana en casa. Sin embargo, ambos países fueron esclavistas hasta el final del siglo, cuando Cuba se deshizo de España, y Brasil se convirtió en república. Si la esclavitud creó un vínculo entre ambos, también debió haberlos distanciado mucho más de otros países donde la esclavitud había sido abolida, por lo menos oficialmente, con la independencia temprana. Por lo tanto, es aún más significativo que los romances nacionales cubanos y brasileños se parecieran tanto a los de los otros países. Esto sugiere una coherencia cultural e incluso política en el proyecto literario/político de reconciliar las oposiciones, de abrazar al otro, que va más allá de las diferencias históricas entre los países.

No puedo dejar de repetir lo notable que es esto, porque Cuba seguía en desacuerdo con España; se estaba preparando militar y culturalmente para una serie de luchas que durarían décadas. Sin embargo, el género conciliador del romance en ésta y otras novelas abolicionistas parece haber seducido incluso a los cubanos. Tal vez el romance cobró auge porque la unidad interna sería necesaria para la lucha contra España. El romance entre los sectores previamente segregados habría de crear idealmente la unidad nacional entre blancos y negros, ex amos y ex esclavos, que la guerra por la independencia necesitaba. En otras palabras, en Cuba el abolicionismo llegaría a convertirse en una *condición*, no en un resultado, de la independencia. El hecho de que *Sab* haya aparecido por segunda vez durante la lucha de independencia (en 1871, el mismo año en que Avellaneda la excluyó de su respetable *Obras completas*), y que haya sido publicada por entregas en un periódico revolucionario cubano de Nueva York, sugiere cuán importante fue esta novela como arma ideológica[10]. Aun si su proyecto romántico fuera insuficiente para alcanzar el objetivo de establecer un amor recíproco entre las razas, las distinciones rígidas e irracionales, que pertenecían al viejo orden, tenían que ser suavizadas antes de que la independencia pudiera ser una alternativa segura para la minoría blanca de Cuba. La amenaza de los levantamientos de esclavos y las lecciones de la revolución de Haití seguramente tuvieron algo que ver con la salida de la familia de Avellaneda de Cuba en 1836.

Los críticos probablemente estén en lo cierto al señalar que Sab representa quizá una versión feminizada y radicalizada del "noble amante negro", tema tan popular en la literatura romántica. Los héroes negros habían conquistado a los públicos blancos desde *Oroonoko; or the Royal Slave* (1688) de Aphra Behn, pasando por la versión plenamente romántica en *Bug-Jargal* (1826) de Víctor Hugo, donde por primera vez el amor, trágica (y violentamente) cruza las fronteras de la raza y la clase; hasta las novelas abolicionistas escritas en Cuba[11]. Parte de su atractivo heroico era, sin duda, el efecto catártico que producían cuando perdían, de modo inevitable, ante las injustas pero inamovibles leyes del Estado. En el contexto de las novelas cubanas abolicionistas del momento[12], la variación de Avellaneda equivale a dislocar al personaje del género trágico, quizá siguiendo el gesto revolucionario de Víctor Hugo[13]. Una dislocación específica la hace invertir las supuestas identidades raciales entre el amante y la amada. Las novelas hispanoamericanas que relatan amores interraciales han sido con frecuencia versiones amorosas o erotizadas de la "misión civilizadora" del blanco. Hablan de un amante activo que pertenece, a un tiempo, al género masculino y a la raza blanca (la burguesía liberal), y el objeto sumiso de su atención galvanizadora viene siendo casi siempre una mulata (las masas que debían ser incorporadas al proyecto hegemónico). Los ejemplos que vienen a la memoria van desde la canónica *Cecilia Valdés* (1839, 1882) del cubano Cirilo Villaverde, hasta una de las novelas populistas más importantes, *Doña Bárbara* (1926) del venezolano Rómulo Gallegos[14]. Cuando el amante es un esclavo, su amada por lo general también es una esclava. Pero, como Mary Cruz advierte en su prólogo a la novela de Avellaneda, Sab es el único "hombre de la raza esclavizada" que se atreve a desear a una mujer blanca[15].

Esto evidentemente escandalizó o aterró a las autoridades españolas en Cuba, así como a los grupos poderosos de comerciantes y plantadores que controlaban la economía del azúcar en la isla[16], ya que el libro fue prohibido casi de inmediato. Sin embargo, no es fácil saber si *Sab* los escandalizó más que cualquier otra novela contemporánea, como *Francisco* de Suárez y Romero, que sólo pudo ser publicada póstumamente y en el extranjero. Su fecha de publicación tardía pudo haber tenido algo que ver con el hecho de que *Francisco* es una clara denuncia contra la esclavitud. El fatal triángulo amoroso que enmarca la narración, involucrando a un digno esclavo negro, a la esclava mulata que corresponde a su amor y al lascivo amo blanco que no se detiene ante nada para poseerla, parece casi un pretexto para la revisión implacable y detallada de los horrores institucionalizados de la esclavitud que la novela lleva a cabo. A través de todo el libro, Suárez recalca la mansedumbre cristiana de Francisco. En *Sab* la censura es más sutil y la respuesta más violenta. La esclavitud no es su problema más urgente; el problema es más bien un sistema general de relaciones desiguales, binarias, estéticas y sociales entre lo claro y lo oscuro, los hombres y las mujeres, los amos y los sirvientes[17].

Esta diferencia de enfoque, de las ataduras esclavistas a los enlaces racistas, se refina en *Cecilia Valdés* con mucho más detalle y a lo largo de muchas más páginas. Esto contribuye a dar cuenta de su proclamado prestigio como la novela nacional cubana posterior al período de la abolición (1880-1886)[18]. La historia es sumamente familiar, incluso entre los cubanos que nunca han leído la novela. Ésta se volvió realmente popular cuando fue llevada a la escena por Gonzalo Roig como revista musical[19]. Se entiende por qué la nación constituida después de que la esclavitud cede a discriminaciones delicadas y duraderas, se identifica más con el trágico ensayo de costumbres minuciosamente exclusivas de Villaverde que con la proyección de unidad de Avellaneda. Por lo tanto, su mirada a la escala de colores merece más que una mención de paso en este capítulo dedicado a otra novela menos pesimista y de un feminismo más rebelde.

En *Cecilia Valdés* casi nadie escapa a la acusación de racismo, ni la mulata ni su amante blanco, ni mucho menos el narrador blanco. Una primera versión mucho más corta, publicada al mismo tiempo que las novelas abolicionistas de 1839, pero lo suficientemente inofensiva como para aparecer en Cuba y después en España, destacaba a una heroína predeciblemente idealizada, a un autor omnisciente que conocía su valor y poco del don de provocar la duda que caracteriza a la novela de cuatro partes de 1882[20]. En ella, el narrador llama continuamente la atención sobre su propia ceguera social al no ofrecer información hasta mucho después de que haya dejado de ser novedad para nosotros. La información es aplazada de manera un tanto transparente y con una torpeza estudiada que deja al narrador voluntariosamente ingenuo porque, en primer lugar, aquí no hay una Teresa librepensadora que sepa lo suficiente como para escuchar a los negros. Como en *Sab*, son los esclavos quienes pueden contar la historia de Cecilia, la hija de un caballero blanco desconocido y de una mulata que se vuelve loca cuando su amante se lleva a su hija a un orfanato. Esta primera tragedia se revierte demasiado tarde como para salvar a la madre, pero Cecilia se cría en parte en la casa de su abuela, donde aprende que cualquier marido blanco es preferible a uno negro, y en parte en la calle, donde se enamora de Leonardo Gamboa, el hijo mimado de un esclavista español quien —¡horror!— resulta ser también padre de la niña. Ambos desconocen que su amor es incestuoso, también ignoran que sus expectativas en conflicto: la aventura para él y el matrimonio para ella, chocarán violentamente. Para subrayar el potencial de productividad perversa que existe en el tema del incesto, la hermana más joven de Leonardo es la doble de Cecilia, de modo que él y Adela "a no ser hermanos carnales se habrían amado" (Villaverde 57).

La otra mujer en la vida de Leonardo es Isabel Ilincheta, elegante, correcta, la contraparte perfecta de la independiente y desenvuelta Cecilia. Isabel parece superior a la norma de las heroínas niñas buenas; de hecho, es más bien un héroe, inspirado quizás en la esposa independentista de Villaverde[21]. Isabel es quien lleva los negocios de su padre, cultiva café en vez de cultivar azúcar que tanto maltrata al esclavo, y su atractivo femenino no interfiere con su marcado atractivo viril[22]. El hecho de que Leonardo pueda profesar amor por ambas mujeres, tanto por el sustituto incestuoso y finalmente narcisista de su hermana carnal, como por la unión fiscal ideal entre el café de Isabel y su azúcar, e incluso jactarse de que muchas mujeres más caben en su corazón, auguran aquí el destino esquizofrénico e irracional del deseo. Las campañas de conquista amorosa, las intrigas y los celos, las dudas que siente Isabel ante la posibilidad de formar parte de una insensible, si no brutal, familia de tratantes de esclavos, son ingredientes todos dispuestos contra el minucioso telón de fondo de un sistema inhumano: inhumano porque niega los derechos humanos de los negros y porque convierte en monstruos a sus amos. La tragedia llega a un clímax circular cuando Cecilia y su amante deciden vivir juntos, tienen una niña y se separan una vez que el aburrido Leonardo se siente listo para casarse con Isabel. Cecilia se queja de la traición con su desesperado admirador mulato, sastre de día y músico de noche, que con sus oficios se perfila como proveedor de un estilo cubano[23]. El patrón trazado aquí para la construcción de una nación, a partir de colores y de gustos encontrados, evidentemente deja a Leonardo fuera de juego después de haber traicionado la belleza característica de Cuba. Como resultado de la rabia asesina de su admirador en contra de Gamboa, Cecilia queda tan loca como su madre había quedado, y su bebé queda irremediablemente huérfana de padre y madre.

Ésta es una novela sobre un amor imposible, no porque los negros y los blancos no deban amarse entre sí (después de todo, ambas razas se atraen mutuamente y producen hijos hermosos), sino porque la esclavitud lo hace imposible. Como lo apunta el frustrado alcalde de la Habana: "En todo país de esclavos... las costumbres tienden... a la laxitud y reinan, además, ideas raras, tergiversadas, monstruosas" (Villaverde 279). El romance y la conveniencia no coinciden en este país que no es exactamente americano, ni siquiera es un país, del mismo modo en que éstos no coincidirían en la Europa aristocrática y jerárquica. Sabemos que Gamboa padre se casó con su esposa por dinero y después buscó el amor en otra parte, y que Leonardo, quien admiraba e incluso amaba a Isabel por sus virtudes prácticas, sigue arrastrado por una irracionalidad romántica. Leonardo mina o excede sus propios afectos naturales porque el privilegio arcaico ahoga la genuina pasión. Padre e hijo son seducidos tanto por el poder absoluto de sus ventajas raciales y sexuales como por los encantos de sus queridas. Esto no es un libre mercado moderno y racional de los sentimientos, donde el deseo desprotegido puede engendrar el crecimiento social[24], sino un bastión de las costumbres coloniales donde el proteccionismo erótico alienta el deseo hasta crear una plusvalía improductiva que desborda el cauce social.

La novela, pues, plantea el problema de la explotación racial, cuya otra cara es la autodestrucción. El contrato matrimonial cuyo objetivo es reproducir a la familia dentro del hogar, es aquí tan claramente ficticio y tan fácilmente infringido como lo fue el acuerdo de 1817 que Inglaterra a duras penas había conseguido con España para detener las importaciones de esclavos; una promesa que debió haber alentado la reproducción en casa de la fuerza de trabajo. Los contratos conyugales incumplidos y el contrabando de esclavos, son sin duda metáforas el uno del otro. Pero el alcalde de La Habana percibe también una relación alegórica, en el sentido barroco de Benjamin, de causa y efecto entre la disolución social y la esclavitud. La brutalidad permitida por las nuevas importaciones y el privilegio contraproducente que fomentaba, decía el alcalde, corroían los valores más sagrados de la sociedad: "paz y armonía familiar" (Villaverde, 282). Quizá la familia no estuviera tan amenazada por estos amores extramaritales, los cuales son vistos por los hombres con indulgencia, a no ser por el secreto impuesto por el código contradictorio de los contratos matrimoniales burgueses. Es el secreto el que hace que Leonardo corra el riesgo del incesto. No sería culpable con Adela porque su relación es clara; pero el parentesco de Cecilia es un secreto explosivo, un punto ciego debilitante donde los dictados del privilegio de los amos traicionan los lazos de la familia moderna. Tanto el narcisismo como el secreto apuntan a las contradicciones morales de la sociedad esclavista que presume ser moderna. Ni los productores del azúcar, cuyos excesos producen las rebeliones, los suicidios de los esclavos y las intervenciones inglesas; ni los amantes pueden lograr que una sociedad estratificada coincida con los pactos burgueses. La tragedia, como he dicho, no es causada por el romance interracial sino por el secreto que oculta lo resbaladizo de las categorías raciales.

La tenue distinción entre la exogamia y el incesto pasa inadvertida, en buena medida por una reticencia a asimilar la información que los esclavos dominan. Una informante es María de Regla, la querida nana negra de Adela, exiliada por entonces en una plantación de azúcar. Eventualmente cuando obtiene una audiencia con la joven, en compañía de su madre y de su hermana, al final de la parte III, capítulo 8, "ata los cabos" de lo que había sido una historia deliberadamente inconexa. Esta esclava es también quien amamantó a Cecilia en lugar de su madre y la que conoce la identidad del padre, lo cual explica su expulsión de la casa en La Habana. Es ella la que atestigua el heroísmo suicida de un esclavo del campo que se traga su propia lengua para hacer sentir su forzado silencio; la misma que ahora tiene a las señoras de la casa fascinadas durante horas mientras discurre sobre el efecto atroz de la esclavitud cuando las familias negras son separadas y vendidas por piezas, la esclava hegeliana cuyo poder narrativo sobre las embelesadas señoras proviene del conocimiento obtenido en el trabajo que sólo ella podía realizar. Una vez que su grata irrupción en la recámara de las señoras libera el curso narrativo de la novela, el lector quizás sienta, en retrospectiva, una irritante desconfianza de sí mismo: no acerca de la trama evidentemente incestuosa que revela la esclava y que comenzó a dibujarse desde la primera página de la novela. Cualquiera de nosotros es capaz de anticiparse a los hechos narrados, y halagarse por la inteligente lectura. Me refiero, pues, a la desconfianza o autocensura que María de Regla provoca en nosotros lectores cuando autoriza cierta información a la que nos habíamos resistido en el momento de saberla de una fuente por entonces cuestionable, su marido Dionisio.

En la parte II, capítulo 17, el hombre solitario y amargo, separado de su esposa durante doce años, se cuela en un baile formal y exclusivo de los artesanos libres "de color" y ahí sufre el rechazo de Cecilia. Enfurecido, Dionisio dispara calumnias que ya sospechábamos nosotros y ella también: que Cecilia y su amante son parientes demasiado cercanos y que su esclavizada niñera fue enviada a la plantación de azúcar donde el señor Gamboa estaría a salvo de su conocimiento; en resumen, que por culpa de esta mulata altiva e insensata que estaba a punto de consumar su propio desastre, Dionisio y su esposa llevaban vidas desastrosamente solitarias y humillantes. No es la información ya familiar lo que incomoda al lector en el momento de escuchar a María de Regla, sobre todo cuando la inofensiva esclava la reitera dentro del espacio convencional dedicado a la lectura de novelas sentimentales. Es más bien el pensar de nuevo en la escena del no querer saber, el no querer de Cecilia, el de sus admiradores y, seguramente, de muchos lectores. Villaverde tiende una trampa a los que prefieren no escuchar a los negros en la escena del baile. Por un tiempo Dionisio no tiene nombre, es sólo un negro, envejecido, demasiado oscuro, mal vestido, libidinoso y fuera de lugar. La novela de Villaverde cuenta con las reglas de etiqueta que censuran al oscuro y agresivo entrometido por codiciar el objeto apenas bronceado del deseo general, que concuerdan con las mismas normas de buen gusto que prestaba —al igual que páginas enteras— de sus artículos para la revista *La Moda* en los que describía un estilo no particularmente nacional (al igual que la revista homónima de Alberdi)[25]. Seguramente los hombres libres, acreditados por la invitación y por las referencias biográficas del narrador, tienen más derecho de llamar la atención de Cecilia. ¿No es comprensible entonces la precaución, si no el desdén, de Cecilia? ¿Qué posible significado tendría la retahíla de insultos y recriminaciones de Dionisio? Cecilia se preocupa por un rato, al menos hasta el siguiente baile; y María de Regla le recuerda al lector que debe preocuparse también de por qué Dionisio, la fuente de la información, el narrador más apropiado de la historia, no fuera atendido debidamente. En esta novela, como en *Sab*, son los esclavos los que saben y cuentan, si sólo los amos estuvieran dispuestos a escuchar a los esclavos cuyo dominio de la lengua española debió haber sido de por sí una elocuente promesa de coherencia social. Al trazar la distinción entre los negros que saben y los blancos o mulatos que se niegan a saber, Cirilo Villaverde se confunde a sí mismo con un informante omnisciente, tal y como Avellaneda lo hizo cuando puso el nombre de Sab al final de su libro. En cambio, la rúbrica de Villaverde aparece al principio, en el título inicial de la página, vía sus propias iniciales (¿y credenciales?), C. V., que también pasan por las de Cecilia Valdés[26]. Él es Cecilia, engañado como ella, renuente pero obligado a separar el deseo del destino, más blanco que negro, pero como Leonardo Gamboa confiesa respecto a su propio color, definitivamente cubano en sus orígenes indefinidos: "Mi madre en realidad criolla, y no podría poner las manos en el fuego por la pureza de su sangre" (Villaverde, 38). La confusión no produce un nuevo arquetipo autóctono, como en *Sab*, sino una jerarquía imposible y precaria en la cual el deseo de la mulata de ascender coincide trágicamente con el gusto de su amante por los bajos fondos. Comparada con los osados pronunciamientos abolicionistas de *Sab*, la política racial en *Cecilia Valdés* es sutil de manera insidiosa, constituyente, y los amantes nunca lo pasan por alto. Mientras que una anhela el privilegio racial el otro lo explota.

Dado el pesimismo de Villaverde años después del idilio posible pero frustrado de *Sab*, resulta que los censores españoles se habrían preocupado demasiado por el potencial subversivo de la novela abolicionista. Sin embargo, aun si no lograra borrar siglos de inscripciones racistas, los patrulleros de la prosa tenían razón al temer por el destino de la peculiar institución gracias a la cual los tratantes y los amos se enriquecían. De hecho, los negros rebeldes estarían entre los adalides más apasionados por la libertad durante la guerra de los Diez Años de Cuba por la independencia (1868-1878). La novela de Avellaneda fue detenida en el muelle de La Habana, ya que los censores precavidos preferían que los lectores, blancos y mulatos, no se hicieran de ideas peligrosas[27]. Quizás el mayor peligro del libro fue representar a un esclavo con deseo y pasión por su ama blanca. Su fervor y la legitimidad que va de la mano de la pasión para los lectores románticos, tenía como blanco a la élite esclavista. El exceso en *Sab* amenaza siempre con desbordarse en una explosión sangrienta. En contraste, una novela canónica como *O Guaraní* (1857) de José de Alencar, causó poca preocupación entre los esclavistas brasileños, quizás porque el protagonista adora a su amante portuguesa rubia y de ojos azules como a la viva imagen de la Virgen, no como un objeto del deseo humano. Al igual que *Francisco*, el brasileño evita la radicalización de *Sab*, porque su guaraní es un santo y porque Alencar (antiabolicionista como era) prefirió identificar a sus amantes con las razas puras, (aunque se mezclarían después de llevar la novela a un final feliz). El cargo duradero de radicalismo en el caso de *Sab* seguramente se debe al éxito con que convierte los signos de raza y de género en los frágiles objetos de su recreación. Avellaneda desestabiliza las oposiciones desde el principio, al ofrecernos en Sab una mezcla ideal de colores y de afectos; y utiliza esa combinación para crear un efecto de espejo en el lector ideal de la carta de Sab; es decir, Carlota o la élite cubana que ha vivido deslumbrada y cegada por las preferencias europeas. Sab encarna la posible consolidación nacional. Como tal, va más allá de la denuncia en la lucha por la igualdad social para los negros y las mujeres. Será una construcción literaria de elementos encontrados, pero los lectores cubanos lo reconocen como vecino típico y admirable e imitable.

Este romance, como otros, tiende a reconciliar tensiones, a diferencia de las novelas populistas y antiimperialistas de las décadas de 1920, 1930 y 1940. Éstas insisten en reforzar los límites entre el yo y el otro, entre la posesión legítima e ilegítima de los recursos nacionales. Pero es posible que esta distinción, repito aquí, sea un flagrante anacronismo menardiano. Puede ser que esté leyendo *Sab* como un típico ejemplo del canon, de tal suerte que pase por alto una variación significativa que une a este libro con las novelas populistas que vendrían después. Es que *Sab* distingue claramente entre los protagonistas cubanos "legítimos", tanto negros como blancos, y los extranjeros "ilegítimos", los Otways. Como los primeros españoles que dejaron restos de sangre en las cuevas de Cubitas adonde Sab es el guía de la excursión y Martina la memoria viva, estos ingleses vinieron a Cuba con el solo propósito de explotar su riqueza; esto es, a casarse con ella por su dinero.

La caracterización que hace Avellaneda de los ingleses como parásitos sociales es de alguna manera sorprendente en el contexto histórico general de su libro. Éste fue escrito en un momento en que el círculo dominante de los abolicionistas cubanos, que solía reunirse en la sala de Domingo del Monte, colaboraban con Inglaterra[28]. El país era la potencia mundial que más había hecho por abolir la esclavitud por aquellos años. Por razones obvias esta alianza convirtió al grupo de Del Monte en el blanco de la enemistad y la represión por parte de las autoridades en Cuba, que incluían a la "sacarocracia" criolla, a los comerciantes españoles y a los tratantes. Pero en España la resistencia contra la abolición y contra Inglaterra fue más lejos. Fue tan lejos que llegó a defender la misma soberanía nacional o imperial española. Durante las primeras décadas del siglo XIX, los ingleses echaban mano a toda clase de medios políticos y militares a fin de detener el comercio de esclavos, hasta el punto de amenazar la estabilidad de España[29]. De más está decir que esto también desató la furia de los cultivadores cubanos del azúcar, para quienes el grupo de Del Monte era una enojosa extensión del poder inglés[30].

Tampoco complacía la intervención inglesa a Gertrudis Gómez de Avellaneda. Evidentemente alimentaba cierta esperanza de que Cuba obtuviera su libertad sin necesidad de "venderse" a Inglaterra. Además de ser una española liberal y también una criolla abolicionista, Avellaneda tenía razones más locales para pertenecer sólo de manera marginal al grupo de filiación inglesa. En primer lugar, ella no era ni de La Habana ni de otra parte del occidente de la isla donde el azúcar amargaba las vidas de un sinnúmero de esclavos. Su mundo social e intelectual no estaba polarizado entre el poder de la caña de azúcar y la resistencia abolicionista. El país de Avellaneda estaba en otra parte; era la "Cuba Chica", situada en el margen de la sociedad de las plantaciones, al este de la Habana y de Matanzas[31]. Es "Cubita", representada una y otra vez en *Sab* (ya sea en las cavernas uterinas asociadas con Martina o en el jardín que Sab dispuso en medio de la plantación) como el mundillo cuyo amo era el cubano legítimo, el protagonista mulato feminizado.

No insistiré en que Carlota representa a Cuba, o a "la Cuba chiquita", con su nombre que comienza y termina como el del país, y su dote mermada que todavía atrae a los amantes mercenarios (40). Pero sí quiero sugerir que el romance con Enrique Otway sigue una ruta paralela a la de los extraviados asuntos que asociaban a algunos cubanos sentimentales con sus "aliados" ingleses y a otros con los conservadores españoles. Las alianzas, dice Avellaneda, son unilaterales. Los ingleses, en igual medida que los tratantes y los comerciantes españoles, utilizaban a Cuba para sus propios beneficios. Y Cuba no sacaba nada a cambio, nada sino el prestigio inútil e improductivo de la elegancia europea. Una España pálida e indolente, como Otway, debía su bienestar a la misma población que excluía de su sociedad, no sólo a los negros sino también, hasta cierto punto, a los súbditos cubanos de la colonia.

Ciertamente Avellaneda no incluiría a todos los españoles en su crítica. En un país de inmigrantes, no se podía siempre predecir quién encajaría en el "nosotros". Después de todo, ella misma era una española por la familia de su padre y también por elección propia. Seguía siendo cubana más bien como compromiso sentimental. Para dramatizar las oportunidades de pertenecer al país, Avellaneda le da al joven Otway más de una oportunidad para cambiar el oportunismo extranjero por un sentimiento nacional. La virtud, en la forma de la pasión por el otro, lo tienta, pero no lo suficiente para convertirlo en un héroe del Nuevo Mundo. "Subyugado por ella, a pesar suyo, sentía palpitar su corazón con una emoción desconocida" (88). Enrique *pudo* haber escogido amar a Cuba, como lo hizo Avellaneda, pero sus lealtades divididas y finalmente tradicionales obstaculizan el despegue pasional. Tal vez por su edad, Enrique parece más capaz que su padre de albergar un sentimiento sincero; el joven casi se redime a través del amor. Como en otros romances, la diferencia generacional sugiere una posible apertura política y sentimental. En *Amalia* (Argentina, 1851), *Martín Rivas* (Chile, 1862), *Enriquillo* (República Dominicana, 1882) y *Soledad* (Bolivia, 1847), los padres con frecuencia representan valores que sus hijos consideran anacrónicos y antiamericanos. Pero la tragedia aquí es que Enrique acaba por reconciliarse con su padre. El amante de Carlota pierde su identidad viril debido a que evade el conflicto edípico y se convierte en el clon de su padre más que en su rival. Y el nacimiento de Cuba se demora porque los clones no tienen la esperanza de engendrar nada nuevo.

El hombre real aquí es, desde luego, Sab, o la propia Avellaneda, tan apasionada como Carlota y tan escrupulosa y desinteresada como Teresa. Él/ella es el más viril, como hemos dicho, porque él/ella es femenina. Y él/ella es el más cubano porque, como ya lo hemos sugerido, se aleja del binarismo y compone un tipo único y "autóctono".

La novela insinúa, por lo menos, que la continua intimidad entre los sectores ya cubanizados haría avanzar la consolidación de la colonia hacia una nación independiente. Sab mismo representa un producto de esa intimidad y el precursor ideal de la autenticidad nacional. Su deseo por Carlota es también el deseo por una solidaridad nacional aún mayor. No es un sueño revolucionario sino, como la novela lo indica, la esperanza de legitimar una relación familiar que ya de por sí es íntima. La unión no es impensable sino tal vez redundante e incluso incestuosa. Veamos otra vez esa primera escena, cuando Sab conoce a Otway. Aquél explica que nunca supo quién fue su padre; era un secreto que su madre no revelaría. Lo único que Sab sí sabía era que su guardián, don Luis, se preparó para la muerte después de haber tenido una larga y secreta conversación con su hermano, don Carlos. Desde entonces, el padre de Carlota ha cuidado de Sab casi como si fuera un hijo (29-30). Una conversación entre Enrique y Carlota corrobora la insinuación de una relación familiar, aunque por alguna razón Sab parece no haber entendido el punto (52). En cualquier caso, ya que Sab y Carlota son sin duda primos, el contacto íntimo de un posible "incesto" podría haber proveído una consolidación familiar ideal dentro del proyecto de la construcción nacional. El incesto aquí no es el final improductivo del amor, como lo sería en novelas posteriores como *Cecilia Valdés, Aves sin nido* (Perú, 1889) e incluso *Cien años de soledad* (Colombia, 1967). Más bien era la prueba de que los cubanos se habían amado durante mucho tiempo y habían producido una nueva nación. Para los preindependentistas como Avellaneda, *Sab* no es una advertencia en contra de una pasión secreta y contra natura. Es una oportunidad de consolidación.

Esta clase de amor entre primos es la norma en muchas de las novelas fundacionales que vinieron después, como por ejemplo en *Soledad, María, Amalia, Enriquillo* y *Doña Bárbara*. En estas construcciones nacionales que dependían del matrimonio de poderosos intereses en conflicto, la posible unión entre Sab y Teresa fracasa necesariamente. Si Sab hubiera superado su propio y limitante ideal amoroso y hubiera respondido al afecto que él inspiraba en Teresa, su amor no habría producido la clase de estabilidad hegemónica que el reconocimiento de Carlota prometía. La historia de Teresa, tan ilegítima y dependiente económicamente como el esclavo, no se conjuga con la de Sab sino que se desarrolla de forma paralela (36). Mientras que Carlota hubiera compensado la noble cubanidad de Sab y su prudente diligencia con el aura de una legitimidad ampliamente reconocida, la desposeída compañera no ofrecía otra cosa que la fuga: "Deja estas tierras, déjalas y busca otro cielo" (159). Ella lo hubiera incapacitado como héroe al alejarlo del lugar que lo reclamaba como modelo de una nación amalgamada.

Después de conocer el racismo contraproducente que perdura en *Cecilia Valdés,* la confianza de Avellaneda en una Cuba coherente resulta quizás parcial o forzada, parcial en su representación de los hechos y forzada por su final más voluntarioso que convincente. Avellaneda hace que Teresa se ofrezca a Sab, pero nunca para tentarlo realmente; tampoco su libertad de abandonar Cuba resuelve los problemas de la isla. Estos callejones narrativos sin salida, junto con la preferencia de Sab por el sacrificio personal por sobre el deseo de luchar, todo apunta a una grieta ideológica en el motor de la novela. Pese al espacio que Sab y Avellaneda logran liberar dentro del discurso que los atrapa, como escritores están unidos por una doble atadura. En primer lugar, Sab y Gertrudis siguen admirando a una heroína esquemática cuyas adorables cualidades, su inocencia e ingenuidad, le impiden reconocer lo que vale Sab. Carlota empieza a amar a Sab sólo después de que ha dejado de ser Carlota y se ha convertido en la amargada y desilusionada señora de Otway. La aventura romántica que pudo haber liberado a Sab sella su destino trágico. El lenguaje mismo que canaliza sus sentimientos asegura que no estarán presentes en su lector ideal hasta que ya sea demasiado tarde. En segundo lugar, Sab también se niega a amarse a sí mismo a través de su doble textual, Teresa. Se niega porque aspira al reconocimiento de su señora, porque no abandona las categorías genéricas binarias del amor romántico ideal. Carlota no es sólo su compañera de juegos de la infancia y el objeto de fantasías incestuosas; también es la encarnación de un signo ideal e impoluto. Su nombre es mujer.

Pero para Sab o para Teresa no hay nombres adecuados que los legitimen. No hay nuevas categorías en el lenguaje de una sociedad esclavista. Ni Sab ni Avellaneda logran acuñar alguna. ¿Se debe esto a cierta brecha insalvable en su lenguaje? ¿O es por el temor de Avellaneda a caer en una violencia verbal excesiva, el mismo horror que le producían a Teresa las fantasías de venganza de Sab?

> He pensado también en armar contra nuestros opresores los brazos encadenados de sus víctimas; arrojar en medio de ellos el terrible grito de libertad y venganza; bañarme en sangre de blancos (147).

Es indudable que Avellaneda prefirió no seguir a Hugo cuyo héroe negro es un líder de la rebelión de los esclavos en Haití; ella más bien se inclinó por imaginar la posibilidad de un matrimonio pacífico y legítimo de los signos dentro del orden de cosas existente. Avellaneda se sintió, sin duda, más segura escribiendo viejas palabras en nuevas combinaciones, que inventando nombres nuevos y revolucionarios. Aquella opción parecía incoherente sólo a los extranjeros, pero ésta sería a todas luces más violenta que constructiva.

Notas

IV.

SAB *C'EST MOI*

1. Una colección de ensayos en conmemoración de Avellaneda representa las distintas afirmaciones sobre ella. *Homenaje a Gertrudis Gómez de Avellaneda*, ed. Rosa M. Cabrera y Gladys B. Zaldívar (Miami: Ediciones Universal, 1981), incluye el énfasis de Severo Sarduy en su cubanismo de quinta esencia (que recuerda la *Patria y cultura* de Rafael María Merchán [La Habana: Ministerio de Educación, Dirección de Cultura, 1948: 116-121]), otros sobre sus raíces europeas, y una sección sobre su feminismo.

    Entre el número creciente de ensayos sobre Avellaneda como feminista se encuentran: Mirta Aguirre, *Influencia de la mujer en Iberoamérica* (La Habana: Servicio Femenino para la Defensa Civil, 1947): 20-26; Belkis Cuza Malé, "La Avellaneda: Una mujer con importancia", *Gaceta de Cuba* 74 (1969): 28-29; Alberto J. Carlos, "La Avellaneda y la mujer", Actas del Tercer Congreso Internacional de Hispanistas (México: Colegio de México, 1970): 187-193, y "La conciencia feminista en dos ensayos; Sor Juana y la Avellaneda", Instituto de Literatura Iberoamericana, *El ensayo y la crítica en Iberoamérica* (Toronto: Universidad de Toronto, 1970): 33-41; Pedro Barreda Tomás, "Abolicionismo y feminismo en la Avellaneda: Lo negro como artificio narrativo en *Sab*", *Cuadernos Hispanoamericanos* 342 (1978): 613-626; Beth Miller, "Avellaneda, Nineteenth Century Feminist", *Revista Iberoamericana* 4 (1974): 177-183; Nelly E. Santos, "Las ideas feministas de Gertrudis Gómez de Avellaneda", *Revista Interamericana* 5 (1975): 276-281; y Lucía Guerra, "Estrategias femeninas en la elaboración del sujeto romántico en la obra de Gertrudis Gómez de Avellaneda", *Revista Iberoamericana* 51, 132-133 (julio-diciembre 1985): 707-722.

2. Véase el cap. 4 de *Las Románticas: escritoras y subjetividad en España, 1835-1850* de Susan Kirkpatrick (Madrid: Cátedra, 1989). Véase también Mary Cruz, "Gertrudis Gómez de Avellaneda y su novela *Sab*", Unión (La Habana) 12, 1 (1973): 116-149. Nos informa que, desde la publicación de sus *Poesías* y *Sab* en 1841, el nombre de Avellaneda empezó a aparecer en diccionarios, colecciones, manuales biográficos, etc. (118). Cita al contemporáneo de Avellaneda, Bretón de los Herreros, quien dijo, memorablemente, que "esta mujer es mucho hombre": 127. José Martí la criticó por su "masculinidad" que no le resultaba natural. Véase su comparación con Luisa Pérez Zambrana. José Martí, *Obras completas* (La Habana: Editora Nacional de Cuba, 1963) 8: 309-313. José Zorrilla, por contraste, elogió el "error" de la naturaleza. "Porque la mujer era hermosa, de grande estatura, de esculturales contornos, de bien modelados brazos y de airosa

cabeza, coronada de castaños y abundantes rizos... [e]ra una mujer; pero lo era sin duda por un error de la naturaleza, que había metido por distracción una alma de hombre en aquella envoltura de carne femenina". Véanse sus *Recuerdos del tiempo viejo* (Madrid: Tipografía Gutenberg, 1882), 3: 131.

3. Es Carlota, la señorita mimada, antes que Sab, quien ofrece una representación mimética de Avellaneda. Para esa identificación, basada en datos autobiográficos, véase Mildred V. Boyer, "Realidad y ficción en *Sab*", *Homenaje a Gertrudis Gómez de Avellaneda*: 292-300. Véase también Lucía Guerra para quien Carlota se convierte, retroactivamente, en "el sujeto romántico básico" y, por lo tanto, en la representante de la novelista: 709.

4. "Autobiografía de la Sra. Dra. Gertrudis Gómez de Avellaneda", incluida como apéndice a *Sab* (París: Agencia General de Librería, 1920): 247-290. La carta está dirigida a Ignacio de Cepeda y Alcalde y fechada del 23 al 27 de julio de 1839.

5. Para un resumen y una reafirmación, véase Concepción T. Alzola, "El personaje Sab", *Homenaje a Gertrudis Gómez de Avellaneda*: 283-291.

6. Gertrudis Gómez de Avellaneda, *Sab*, "Prólogo", Mary Cruz (La Habana: Editorial Letras Cubanas, 1983). Todas las citas de la novela se referirán a esta edición y aparecerán entre paréntesis en este ensayo. Este pasaje insinúa cuánto admiraba Avellaneda a George Sand. Su viaje por Francia, camino de España, expuso a Avellaneda a escritores todavía desconocidos para muchos americanos.

7. El término *advenedizos* en la pág. 100 de la novela se refiere a los primeros conquistadores españoles y, por extensión, a los oportunistas ingleses contemporáneos.

8. En el último capítulo, retomaré la estrategia de Sor Juana Inés de la Cruz, la brillante y muy citada poetisa y dramaturga mexicana, quien probablemente da los primeros ejemplos cuando defendió su derecho a escribir. Véase Aurelio González, *Antología de los mejores relatos de los Siglos de Oro, Sor Juana Inés de la Cruz, Respuesta a Sor Filotea de la Cruz*, pág. 191-245. (Alfaguara, 2001, Grupo Santillana de Ediciones, S. A.)

9. Lucía Guerra: 708-709.

10. Mary Cruz, "Prólogo", *Sab* (La Habana: Editorial Arte y Literatura, 1976): 56. Según ella, la fecha, situada en plena Guerra de Independencia (empezada en 68), justifica su hipótesis según la cual la novela fue empleada como un arma ideológica de amplia repercusión.

11. En su Prólogo, pág. 9, Cruz supone que la novela de Hugo debió tener impacto en Avellaneda, durante su viaje a Francia en 1836. Ese mismo año, Félix Tanco le proponía a Domingo del Monte escribir en el estilo de *Bug-Jargal*. Según él, se imponía la emergencia de un Víctor Hugo latinoamericano para saber "por fin qué somos".

12. Véase el artículo seminal de Roberto Friol, "La novela cubana en el siglo XIX", *Unión* 6, 4 (La Habana, 1968): 179-207.

13. Mary Cruz plantea un argumento convincente respecto a la novela de Hugo como el modelo de *Sab*. Véase su "Gertrudis Gómez de Avellaneda".

14. Otros ejemplos cubanos contemporáneos son "El Niño Fernando" (publicado en 1925 en el periódico *Cuba Contemporánea* 39: 255-288) de Félix Tanco Bosmoniel, *Francisco* de Anselmo Suárez y Romero, y luego, *El negro Francisco* de Antonio Zambrana y Vázquez.

15. Mary Cruz, "Prólogo": 11.

16. Estos poderosos enclaves se componían de capitalistas españoles y criollos. Aquellos controlaban el comercio de esclavos y financiaban la maquinaria necesaria para los ingenios azucareros, mientras que éstos constituían lo que se llamaba la "azucarocracia", es decir, los dueños de los ingenios, la tierra y los esclavos.

17. Este desplazamiento de una cuestión local, histórica a la crítica más general del pensamiento binario y esencialista, ha llevado a por lo menos algunos lectores a asumir, o entender mal, el romanticismo de Avellaneda como fundamentalmente apolítico. Véase, por ejemplo, Carmen Bravo-Villasante, *Una vida romántica: La Avellaneda* (Barcelona: Buenos Aires Editora Hispanoamericana, 1967): 85. Véase también Allison Peers quien estableció este tono, en *Historia del movimiento romántico español*, 2ª ed. (Madrid: Gredos, 1967) 2: 135, y Raimundo Lazo quien hace énfasis en el amor Platónico de Sab: "Más que un relato

antiesclavista, es un romántico embellecimiento de un esclavo". *La literatura cubana* (México: UNAM, 1965): 86.

18. Manuel Moreno Fraginals, "Plantation Economies and Societies in the Spanish Carribean, 1860-1930", *The Cambridge History of Latin America*, vol. 4 c. 1870-1930, ed. Leslie Bethell (Cambridge: Cambridge University Press, 1986): 187-232; 189.

19. Antonio Benítez Rojo y Eduardo González me informan que la popularidad de la "zarzuela" se debía a la familiaridad con el libro. Pero Benítez añade que la novela era, en efecto, una lectura estándar en las escuelas, tal como *Sab.*

20. Para las diferencias, véase por ejemplo el Prólogo de Imeldo Álvarez García, en Cirilo Villaverde, *Cecilia Valdés*, 2 vols. (La Habana: Editorial Letras Cubanas, 1981): 5-46. Véase también Roberto Friol: 178. Las referencias a las páginas de la novela aparecerán entre paréntesis.

21. Imeldo Álvarez García: 14-15. En 1855 Villaverde se casa con Emilia Casanova, quien obligó a su familia a irse de Cuba para Nueva York, debido a su abierta crítica a España. Más tarde escribirá *Apuntes biográficos de Emilia Casanova de Villaverde* sobre su continua obra política, valentía e inteligencia.

22. Cirilo Villaverde, *Cecilia Valdés*, estudio crítico por Raimundo Lazo (México: Editorial Porrúa, 1979): 174. Las referencias a las páginas de esta novela serán de esta edición. "No había nada de redondez femenil, y, por supuesto, ni de voluptuosidad... Y la razón era obvia: el ejercicio a caballo... el nadar... las caminatas casi diarias en el cafetal... habían robustecido y desarrollado su constitución física... Para que nada faltase al aire varonil y resuelto de su persona, debe añadirse, que sombreaba su boca expresiva un bozo oscuro y sedoso, al cual sólo faltaba una tonsura frecuente para convertirse en bigote negro y poblado" En la pág. 88, el padre de Isabel dice con orgullo que ella es "todo un hombre", el pilar de la plantación.

23. Le debo esta percepción astuta a Norman Holland.

24. Las posibilidades liberadoras de los mercados libres son sugeridas en general cuando, por ejemplo, la esclava María de Regla aprende las negociaciones, para el bien de todos, de un vendedor callejero. Villaverde: 267.

25. El autor da la siguiente nota al pie de página a la parte 2, cap. 3: 82, sobre una noche de gala en la Sociedad Filarmónica: "la relación que sigue la tomamos casi al pie de la letra de un seminario que se publica en La Habana en 1830, titulado *La Moda*". La novela, así como esos artículos, fueron dedicados a las mujeres cubanas.

26. Le agradezco esta observación a Enrico Mario Santí.

27. Véase Edith L. Kelly, "La Avellaneda *Sab* and the Political Situation in Cuba", *The Americas* 1 (1945): 303-316. Véase también su "The Banning of *Sab* in Cuba: Documents from the Archivo Nacional de Cuba", *The Americas* 1 (1945): 350-353.

28. Para un buen estudio de la influencia de Del Monte en la literatura abolicionista, véase Iván Schulman, "Reflections on Cuba and Its Antislavery Literature", *Annals of the Southeastern Conference on Latin American Studies* 7 (1976): 59-67.

29. Para un resumen sucinto de este conflicto, véase Hugh Thomas, "Cuba from the middle of the eighteenth century to c. 1870", en *The Cambridge History of Latin America*, vol. 3 *From Independence to c. 1830* (Cambridge: Cambridge University Press, 1985): 277-298, sobre todo 286-287. Existe una versión de este ensayo en español ("La colonia española de Cuba") en la *Historia de América Latina*, vol. 5. *La Independencia* (Barcelona: Crítica, 1991): 154-170.

30. En Brasil, puede que el conflicto con Inglaterra fuera todavía más agudo porque los mismos factores defendían a la vez la soberanía y la esclavitud. Véase Leslie Bethell y José Murilo de Carvalho, "Brazil from Independence to the Middle of the Nineteenth Century", *The Cambridge History of Latin America*, vol. 3 *From Independence to c. 1830* (Cambridge: Cambridge University Press, 1985): 679-746. Véase sobre todo 724-742. Existe una versión de este ensayo en español ("Brasil (1822-1850)") en la *Historia de América Latina*, vol. 6, *América Latina Independiente. 1820-1870* (Barcelona: Crítica, 1991): 319-377.

31. Antonio Benítez Rojo establece esta distinción en "Poder/Azúcar/Texto: triada de lo cubano", *Cruz Ansata* (Bayamón: Universidad Central de Bayamón, 1986), 9: 91-117.

V

O GUARANÍ E *IRACEMA:* LA DOBLE CARA DEL INDIGENISMO EN BRASIL

"Tupí or not Tupí, that is the question". Oswald de Andrade hizo la pregunta en un inglés tropicalizado al comenzar su "Manifiesto antropófago" de 1928. Junto con otros modernistas brasileños que desafiaron las instituciones literarias a través de las páginas de la *Revista de Antropofagia,* Andrade sustituyó al indio ornamental del nativismo romántico, más cristiano que vuestra merced, por el genuino caníbal. "Nunca fuimos catequizados. Lo que hacíamos era carnaval. El indio vestido como un senador del imperio… O aparecía en la ópera de Alencar lleno de buenos sentimientos portugueses"[1]. Más famoso y menos punzante que Oswald, su contemporáneo Mario de Andrade optó por la sutil maniobra de reemplazar a José de Alencar, al dedicarle la primera versión de *Macunaíma* (1928), cuyo protagonista *malandro* pone de cabeza a los héroes del superado maestro[2]. Al igual que aquellos indios idealizados, el avatar modernista está abierto a los europeos, sobre todo a nivel del paladar. Los brasileños, según proclamaban los modernistas, eran caníbales, tupís, hijos de los brasileños más auténticos que lucharon más exitosamente contra los extranjeros después de descubrir lo delicioso que sabían. Oswald, por ejemplo, era notorio por su uso de textos extranjeros, menos como modelos que como ingredientes. Su chiste antropofágico cocinado a partir de la cruda pregunta de Hamlet deriva su mordacidad de haber incorporado el inglés. (O ¿es el chiste totalmente inglés al reducir la vacuidad ontológica de Hamlet a la decisión de evacuar: *to pee?*)[3]. Si el extranjero ya estaba inevitablemente dentro de uno, por lo menos debería estar allí al gusto americano. Consumir o no consumir; el eco shakesperiano de la pregunta redunda en la única respuesta posible. En un país formado mediante múltiples y repetidas invasiones culturales, los modernistas se inclinaron por el consumo conspicuo. ¿Qué otra cosa podían hacer, si un apetito menor habría significado renunciar, en nombre de la autonomía, a la misma cultura nacional? Habría significado definir lo nacional "por sustracción", como lo advirtió Roberto Schwarz[4], y optar por la identidad tupí sin más, aunque siempre habría más porque a estas alturas hasta "tupí" evoca lo extranjero.

Vale la pena preguntar por qué lo tupí constituye un resto persistente de lo brasileño, incluso de la sustracción preferida por el proteccionismo cultural de los puristas. ¿Por qué sobrevive una identidad indígena dentro de una cultura que sigue exterminando a los indígenas de carne y hueso? Oswald de Andrade quizás se lo preguntaba también, mientras demostraba la contradicción de afirmar el nativismo en un lenguaje europeo. Los aspirantes a tupís estaban a merced del inglés, de manera similar que los indios estuvieron a merced del portugués. Los que fueron devorados en un caso y en otro son los propios caníbales. No quedaba nada prístino, ni siquiera la lengua tupí, llamada así, y alternativamente *lingua geral*, por los jesuitas que consolidaron varios dialectos para reemplazarlos, eficazmente, por el portugués. Pero muy a menudo los jesuitas fracasaban en su intento; en primer lugar, porque los indios preferían retirarse a la selva o suicidarse antes de vivir en las misiones y, en segundo lugar, porque los conquistadores se impacientaban por despejar el territorio, de ser necesario, hasta de sus habitantes originales. En las zonas de asentamiento europeo, el resultado fue prácticamente un genocidio.

Con el juego inicial de palabras, Andrade da cuenta de la inevitable europeización de la cultura brasileña; pero apunta simultáneamente a la tenacidad de la identidad "indígena" aunque el país fuera fundado en la erradicación de los mismos. El blanco de la burla no es sólo el nativismo, sino que se dirige también al escepticismo que desacredita las raíces nativas como "falsas", simplemente porque son producto del deseo de recuperarlas. Los simulacros sirven, después de todo, como horizontes culturales anhelados, si hay quienes se inspiran en ellos. Y ha habido muchos inspirados, por lo menos desde que se publicaron las todavía populares novelas indigenistas de Alencar. Por eso la pregunta sobre la identidad tupí, retórica e irresoluble, constituye una dramatización tanto de la hibridación cultural como de la inevitable "indianización" de la cultura brasileña. Si el nativismo exclusivista era una broma, pues, los clones europeizantes hacían reír también.

A lo largo de su vida, José de Alencar (1829-1877) fue venerado como el padre de la literatura brasileña. Aunque muchos críticos del momento no se dignaron prestarle la atención merecida, tuvo la distinción singular de ser leído por sus contemporáneos, incluso en los lugares más remotos del país y, además, de que le pagaran por los libros que le compraban[5]. En una de las numerosas apologías públicas que se le hicieron al morir, el *Diario Oficial* lo llamó el "apóstol" de la literatura brasileña: que demostró con elocuencia lo que la combinación de amor por la literatura y amor por la patria podía lograr[6]. Otro consideró su muerte como una "calamidad nacional"[7]. En la actualidad Alencar no es menos ilustre de lo que fue entonces, dice Afrânio Coutinho al reafirmar que Alencar es el patriarca no sólo de la literatura nacional sino también de la identidad híbrida de Brasil[8]. No fue el espejo de su sociedad, admite Silvano Santiago, fue más: un faro cuyo brillo ecuánime produjo, desde el centro del poder, el efecto unificador que se llama nacionalidad[9]. Sus veintiún novelas publicadas, más otras tantas sin terminar, y una docena de obras de teatro, dieron a sus lectores muchas razones para admirarlo[10]. Esta vasta producción fue, como lo explicó Alencar en el prefacio a *Sonhos d'Ouro,* un proyecto de retratar a todo el variado país desde los principios de la Conquista y la Colonia hasta la actualidad. Incluía novelas regionales y urbanas situadas en el Brasil contemporáneo, así como los encuentros "históricos" entre blancos e indios. Había quizás más oferta que demanda, según Antônio Cândido, considerando que apenas se recuerda cuántos libros escribió: además del Alencar que escribía aventuras heroicas del pasado para muchachos, y del que entretenía a las niñas con idilios románticos urbanos del presente, un tercer Alencar "adulto" es autor de complejas novelas psicológicas[11]. La variedad y vastedad de su obra, como en el caso de la Biblia, constituye una colección demasiado heterogénea como para fundar un solo país. Por lo tanto, los lectores seleccionan sus libros de preferencia. En lo que respecta al público general, la preferencia siempre ha sido por los dos romances entre indios y blancos[12]: *O Guaraní* (1857), publicado por entregas en *O Diario do Rio de Janeiro* del que Alencar llegó a ser director un año antes; e *Iracema* (1865) que compite por la distinción de ser la novela nacional de Brasil. Estos romances llegaron a ser prácticamente sacralizados por medio de frecuentes reediciones, la lectura escolar obligatoria, una ópera de Carlos Gomes (*Il Guaraní* 1870, en italiano, naturalmente), múltiples versiones cinematográficas[13], y los innumerables niños brasileños que heredan su nombre de algún indio artificial de Alencar[14]. Esta repetición obsesiva quizás tenga que ver más con el "deseo" de anclar una identidad brasileña en el amor interracial que en el encanto literario de las novelas. Y, sin embargo, tienen su encanto estos *best-sellers* centenarios[15]. "Con toda la falsedad nada convincente de su indigenismo romántico, el hecho es que el pueblo no los encuentra falsos sino que más bien los quiere y los acepta como perfectos"[16].

El personaje titular de *O Guaraní* es Peri, uno de los reyes de la noble nación nativa (Alencar 1857, 73) que como un Abraham tropical "ha dejado a su madre, a sus hermanos y la tierra en que nació" para servir a un nuevo dios (Alencar 1857, 89; 211)[17]. La deidad aquí es una diosa rubia de ojos azules que se llama Cecilia y a quien el devoto se esclaviza voluntariamente para rendirle un culto que combina la mariolatría con la supremacía blanca. Ceci es amada por todos en la hacienda fortificada, a la que su padre, Dom Antonio de Mariz, había trasladado a su familia en 1582 cuando Río cayó bajo el dominio español. Al iniciarse la novela, la muchacha parece corresponder al amor del galante Álvaro, uno de los soldados de la fortaleza, pero estos amores se cruzan con otros. Tan ingenua como la Carlota de *Sab*, aunque más voluntariosa, Ceci no se pregunta de cuántas maneras Peri la adora, ni se da cuenta de la pasión que Isabel, su "prima" mestiza (en realidad la hija natural de Antonio), siente por el pretendiente portugués. La madeja se endereza al final, una vez que los ídolos blancos aprenden a preferir las opciones indígenas: Ceci opta por el abnegado y heroico Peri y Álvaro por la sensual Isabel (Alencar 1857, 25; 40 y 108-109). La relación entre Álvaro e Isabel termina en un doble suicidio trágico a causa de un error táctico (Alencar 1857, 196), no porque su amor fuera el "error" social que hubiera preocupado a Cooper. Felizmente, por otro lado, Peri y Ceci se salvan de múltiples peligros, incluyendo la prejuiciada madre de Ceci, quien habría desterrado a Peri a no ser por su noble esposo. Don Antonio lo defiende, así como Las Casas defendiera a Enriquillo, dando fe de que el indio "es un caballero portugués en el cuerpo de un salvaje" (Alencar 1857, 34; 64). Una inversión feliz, sin duda.

Mucho más peligroso para la señora portuguesa es "el extranjero" Loredano. El ex capuchino italiano empleado en calidad de soldado, junto con Álvaro, conspira para raptar y violar a Ceci, sin miras a quiénes tendrá que matar para salirse con la suya. Con la niña humillada a cuestas, el próximo atraco sería vaciar una mina de plata cuya ubicación le había sido confesada al falso sacerdote por un aventurero arrepentido. "Loredano deseaba, Álvaro amaba y Peri adoraba" (Alencar 1857, 39; 78). En una escena paradigmática de este peculiar deseo triangular, los pretendientes toman distintas posiciones frente al precipicio situado bajo la alcoba de Ceci. El cuadro de los tres, precipitados hacia el amor de Ceci, ofrece literalmente una *mise-en-abime*, una condensación didáctica de las opciones ético-eróticas. Desde la rama de un árbol al costado de la alcoba, observando sin ser observado, "el indio vio a los dos hombres que colocados respectivamente a la derecha y a la izquierda, parecían estar esperando algo" (Alencar 1857, 40; 80-81). Sólo él escapa a la mirada del deseo a su derecha, y de la hostilidad asesina a la izquierda. El desvalorizado esclavo (como en el caso de Sab) sabe tanto como su omnisciente autor. Sabe que Loredano observa a Álvaro acercarse al edificio y extender su cuerpo hasta alcanzar el quicio de la ventana para dejar allí el brazalete que le ha comprado a su amada. Tampoco ignora que Loredano esperará hasta que parta su rival para acercarse desde el otro lado y arrojar el regalo hacia el abismo.

Muchos capítulos después, Peri recupera el regalo, así como Sab había recuperado la fortuna de Carlota, echada a perder por su padre y por su esposo, cuando introduce el billete premiado de lotería en el cajón de la muchacha. Al igual que ese cóctel cubano de color y género, Peri sabe también cómo satisfacer a la mujer que ama. No es la bravura militar del Viejo Mundo lo que le hace salir triunfante y aún menos una malicia ensayada, que hubiera sido totalmente ajena a su sublime simplicidad americana, sino la agilidad felina, casi femenina, y un exquisito conocimiento del lugar. Este hijo de la naturaleza se defiende entre las rocas afiladas, la vegetación húmeda y las serpientes que infestan lo que en su conjunto representa una "vagina dentada" bajo la ventana de Cecilia, donde los hombres convencionales no se atreverían a entrar (Alencar 1857, 228-229). Cuando emerge con la sarta de perlas, ileso y feliz de haber complacido a su ama, una Ceci aliviada sospecha ya que el objeto de su deseo es el mismo Peri y no las extraviadas joyas de Álvaro. Después de recuperar las joyas, Ceci las pasa de nuevo rápidamente, esta vez a manos de Isabel, la mujer capaz de convertir a Álvaro en hombre. Cuando éste descubre el brazalete en la muñeca mestiza, se da cuenta de que el emblema errante de su hombría le pertenece a Isabel.

Para entonces, Ceci ya había hecho de Peri un hombre verdadero (y civilizado) al entregarle la pistola que perteneció a su padre. "Esta arma, que proviene de la señora, y Peri, serán un solo cuerpo", jura el esclavo en una característica tercera persona sentenciosa (Alencar 1857, 74; 170). Su nuevo y mejorado cuerpo, ligado a Ceci por la pistola, le permite salvarla de los agresivos indios aimoré que pronto atacarán la fortaleza, para vengar la muerte de una joven india asesinada por culpa del hijo de Dom Antonio. El desesperado padre prepara una bomba que hará estallar el indefendible asentamiento mientras anima a Ceci y a Peri a fugarse juntos. En la calma que sigue a la explosión, las miradas castas entre Peri y Ceci comienzan a fundirse y sugieren que, lejos de perecer, Brasil está a punto de nacer.

La relación entre la nación y el nacimiento de un hijo mestizo se da más explícitamente en *Iracema*, un romance de notable voluptuosidad sensual. Aquí, se invierten los colores asignados al héroe y a la heroína de *O Guaraní* y, por lo tanto, recuerda las crónicas que registran los incontables encuentros entre los conquistadores blancos y sus fáciles conquistas melosas. La prosa poética del romance no delata la violencia del encuentro; al menos por parte del rubio soldado. Más agresiva al comienzo resulta la princesa Iracema, cuando detiene al intruso con un flechazo que le saca una gota de sangre, cual una virgen iniciada en el amor. Al acercarse, Iracema se enamora a primera vista de Martim, y —al estilo de Pocahontas— lo rescata de su propia tribu guerrera. Iracema es una sacerdotisa cuya virginidad había consagrado al culto de la poción llamada Jurema, y a quien el contacto con Martim le parece aún más embriagador. Al ofrecerle la bebida sagrada, Martim acepta, pensando que las visiones que inducirá le devolverán la imagen de su prometida portuguesa, para así resistir a la virgen americana "de los labios de miel". Pero la poción aviva un deseo más inmediato, y la figura de Iracema resulta tan real y palpable que pronto la visión se materializa en la mujer de carne y hueso: "El guerrero en más de una ocasión gimió su nombre y sollozó como si quisiera evocar otros labios amados. Iracema sintió que su alma escapaba para unirse a un beso apasionado" (Alencar 1865, 21; 17)[18]. Muy pronto, bajo el techo hospitalario de su padre, "la virgen, temblorosa como un ave sahy fascinada por una serpiente, rindió su belleza y se reclinó sobre el pecho del guerrero" (Alencar 1865, 33). Los amantes se ven forzados a huir, como Atala escapó con Chactas y como Cumandá lo haría con Carlos. Y aunque el amor de Martim y el hijo que espera habrían compensado a Iracema por la pérdida del hogar y la familia, su idilio termina cuando la inquietud de Martim lo lleva a reanudar su vida militar y lo aleja por períodos cada vez más largos. Cuando nace Moacyr, la joven madre, abandonada y desesperada, pierde la vida gota a gota, amamantando al niño. Demasiado tarde, Martim se da cuenta de cuánto dolor había causado y de cuánto había perdido. Parte con su hijo a reclutar nuevos colonos para poblar la región donde sepultan a Iracema.

Si en Brasil el enorme proyecto de Alencar ha sido más o menos simplificado en la memoria popular al punto de quedar con estos dos romances, en el extranjero la economía de títulos fue casi inevitable. Samuel Putnam comenta desde los Estados Unidos: "Que el autor de *Iracema* y *El Guaraní* logró alcanzar una grandeza verdadera y una especie de inmortalidad impersonal en el corazón de sus compatriotas, nadie puede negarlo", —Alencar— "era su ídolo. Rieron, lloraron y se estremecieron con sus héroes y heroínas y bautizaron con sus nombres a sus hijos"[19]. Al compararlo con su amigo y admirador, Machado de Assis[20], como lo hacen muchos críticos, con frecuencia para preferir el irónico y precozmente moderno Machado; Putnam señala que la misma originalidad de Machado obstaculizó la acogida en la conciencia colectiva que tuvo Alencar. La "confusión" entre novela y nación nace de lo que Gilberto Freyre celebra en Alencar; como su esfuerzo notablemente exitoso por hacer del pasado amerindio la base natural del futuro del Brasil[21].

La maniobra era exactamente lo que Brasil requería a mediados del siglo XIX, y, aparentemente, después. La preferencia por los indios idealizados de Alencar quizás responda a la política cultural de un país ávido de una tradición autóctona que lo legitimara. Que en otros países de América Latina se entusiasmen por rasgos similares hace que las novelas de Alencar resulten extrañamente familiares a los lectores de ficciones fundacionales en español. Los puntos de contacto son sorprendentes, dada la singular historia de Brasil en el contexto latinoamericano.

A lo largo del siglo XVIII, los criollos brasileños se frustraban política y comercialmente a causa de su condición colonial, quizás tanto como los colonos hispanos, aunque sin el mismo fervor revolucionario. Portugal se las había arreglado para debilitar la resistencia criolla por medio de reformas benévolas. Felizmente para la débil madre patria y para la robusta heredera, Portugal era pragmático con respecto al monopolio comercial, la ortodoxia católica, la preferencia que se daba a los nacidos en Europa y otras restricciones que, en Hispanoamérica, llegaron a ser intolerables[22]. Cuando Napoleón invadió Madrid, los colonos hispanos aprovecharon el "ultraje" para declarar su lealtad al rey español, inutilizado por los franceses, y establecer (¡no quedaba más remedio!) gobiernos locales. Los brasileños sacaron otra ventaja de la agresión francesa: se ganaron una identidad metropolitana al acoger al legítimo rey portugués, Joâo VI, en Rio de Janeiro. Desde hacía tiempo se consideraba el traslado de la corte de Lisboa a Río, para mejor dominar el vasto imperio. En 1807 Napoleón forzó la decisión a favor de la colonia cuando amenazó con invadir Lisboa si los barcos británicos continuaban atracando en los puertos portugueses. El prevenido rey Joâo había puesto a empacar a toda su corte, así como a miles de mercaderes y artesanos; y todos se hicieron a la mar en dirección a Brasil en una flotilla escoltada por barcos de guerra ingleses. Al igual que el aristocrático padre de Ceci, cuya lealtad a Portugal lo llevó a abandonar Río hacia una lejana fortaleza para no someterse a un usurpador, el rey Joâo dejó Lisboa a otro usurpador y se dirigió hacia la extensión de su imperio[23].

La prosperidad y estabilidad que impulsó el traslado iban postergando los gritos de independencia en Brasil. La única excepción seria fue una revuelta en Pernambuco, la región noroeste donde nació Alencar. Participaron algunos comerciantes ricos, jueces de la corona, sacerdotes propietarios de haciendas y unos pocos dueños de esclavos que estaban furiosos con el rey por haberse doblegado a Inglaterra y acabado con el tráfico de esclavos[24]. El deseo por la independencia se generalizó sólo después de que Napoleón abandonó Portugal y el rey Joâo fue convocado por su primera patria. Decidió quedarse en Brasil, pero no por mucho tiempo. En 1822 una revolución constitucionalista liberal en Portugal lo obligó a regresar, y los brasileños abandonados por su rey rehusaron asumir de nuevo la condición colonial. Hacía mucho tiempo que Brasil pesaba más que Portugal. En 1801, Robert

Southey había escrito: "Una rama tan cargada no puede permanecer por largo tiempo en un tronco tan podrido"[25]; dos décadas después, la ruptura era inevitable. Pero los criollos, mayormente monárquicos y cuidadosos de sus privilegios sociales y materiales, preferían no perder la cabeza.

Su solución fue proponerle a Dom Pedro, el hijo de Joâo IV, que se quedara en Brasil y lo declarara una monarquía independiente. Pedro aceptó, y el "evento" de la independencia fue su discurso, *O Fico*, en honor a su decisión de permanecer. Sin embargo, una vez más, la provincia de Pernambuco se moviliza para ganar mayor independencia con la revuelta de 1824 que establece un Estado separado[26]. Sea o no que el desafío edípico del hijo real contra su padre fuera sólo una mascarada en tanto que mantenía unidos los dos países en una familia, los brasileños pronto se convencieron de que su nuevo rey no hacía más que teatro. Las tropas portuguesas mandadas a disciplinar al hijo pródigo no causaban, en realidad, mucho daño. Y la correspondencia privada entre Dom Joâo y Dom Pedro revela que el padre anticipó la ruptura y le aconsejó a su hijo que se aliara con los criollos a fin de conservar a ambas partes del imperio en manos de la familia Braganza[27]. Los brasileños así lo percibieron. En todo caso, les pareció que Pedro I era demasiado portugués y autoritario para el gusto brasileño constitucionalista e independentista. En 1831 los criollos lo obligaron a abdicar a favor de su hijo, Dom Pedro II cuyos 5 años de edad aseguraron que contaría con varios consejeros.

Para 1850, el año en que Alencar se graduó de la Escuela de Derecho de Sâo Paulo y pasó a vivir a Río, Brasil había llegado a la madurez junto con su joven emperador. La regencia provisoria durante el interregno, acabó en menos de un año con las rebeliones, en su mayoría urbanas y de los nativos, que siguieron a la abdicación del primer Pedro. La única rebelión restauracionista, de nuevo en Pernambuco, duró hasta 1835. Otras revueltas, en especial en el lejano norte y en el lejano sur del país, respondieron aparentemente a la legislación que liberalizó la participación política. La lucha que costó muchas vidas en Pará se distinguió por la participación de una población numerosa y radical de negros libertos, indígenas y *tapuios* (mestizos)[28]. Durante estos disturbios, el enorme imperio brasileño logró, sin embargo, permanecer unificado y relativamente próspero, aunque faltara un fuerte sentido de identidad nacional que vendría, se esperaba, con el tiempo para asegurar el futuro[29]. Entre 1850 y 1870 (los años intensamente productivos de Alencar), se tomaron las principales decisiones respecto a la esclavitud y el comercio. Fueron también los años en que las diferencias partidarias se cruzaban para formar un "Gobierno de Conciliación". Los conservadores y los liberales colaboraron en lo que Roberto Schwarz describe como una "comedia ideológica": en la que la economía de esclavitud teñía las ideas importadas de un liberalismo supuestamente incoloro[30].

Hacia 1853, cuando la política de conciliación llegó a ser oficial, los brasileños se felicitaban por haber alcanzado la total independencia política así como la estabilidad social. Precisamente en ese momento, y de forma casi coincidente, otras naciones latinoamericanas consolidaban los nuevos gobiernos bajo la hegemonía de una élite que se acostumbraba a colaborar con sus inferiores. La coincidencia no es fortuita, pese a la historia singular de Brasil. El fin de las guerras civiles que se prolongaron a lo largo del tenue interregno de Brasil, el deseo hispanoamericano de una independencia cultural lo mismo que política y económica, sus respuestas similares a las oportunidades comerciales y a los obstáculos que Inglaterra presentó a las nuevas naciones ansiosas de entrar en el mercado mundial, todo ayuda a explicar ese momento compartido, cuando Brasil y la América Hispana alcanzaron la mayoría de edad y produjeron romances nacionales. En general los líderes criollos favorecían propuestas culturales que dejarían a España y a Portugal en las sombras de una prehistoria.

¿Qué otra propuesta podría ser tan brasileña como el mutuo abrazo entre los indios originales y los primeros portugueses? Para evocar el romance, Alencar se informaba sobre los nativos cotejando las crónicas de la conquista, porque después de tantos años de colonización, según su criterio, ya no había una cultura netamente original[31]. Prefería confiar en el misionero hugonote Jean de Léry (1534-1611) y evitar en lo posible el "espíritu condescendiente y paternalista de Anchieta y de otros jesuitas portugueses"[32]. Aunque los consultaba también, su identidad portuguesa y su campaña jesuítica no inspiraban confianza en los indigenistas románticos como Alencar. Sus indios artificiosos comparten con otros un aire de familia, pero los de Alencar se distinguen por un rasgo innovador: su curiosa manera de hablar portuguesa. "Tú eres el río y Peri es la brisa que sopla suavemente teniendo cuidado de no acallar el murmullo de las olas; él es la brisa que mueve las hojas que murmuran Ce-Ci hasta que rozan el agua". Sorprendido tanto por el modo en que se expresa Peri como por su intercesión generosa, Álvaro se pregunta: "¿dónde aprendió este salvaje sin arte esta sencilla pero encantadora poesía?" (Alencar 1857, 88-89; 208-209). Los cuerpos desnudos y agraciados eran el emblema de una cierta libertad de expresión mediante un lenguaje casero pero elegante[33]. Este idioma americanizado participaba en el rechazo romántico al arcadianismo del siglo XVIII que valoraba la imitación de Europa por encima de todo. La paradoja, claro está, es que el mismo desdén por las anacrónicas convenciones imitaba el romanticismo europeo. No obstante, la ficción que hacía hablar a los brasileños un lenguaje nuevo y recién estrenado, desembocó, de hecho, en resultados americanos[34].

Para muchos, la mayor contribución de Alencar fue la de escribir en brasileño: "Generaciones y generaciones de brasileños han recitado de memoria páginas de su prosa. La inspiración y nobleza de su estilo posee, sin embargo, la simplicidad y la naturalidad" que halagaba a sus lectores al elevar a lenguaje literario su forma cotidiana de hablar[35]. Alencar lo hizo conscientemente, como una misión pro patria. "Sin duda" —insistía— "el idioma portugués ha sido revolucionado aquí... Si el portugués no es capaz de progresar, debe ser transformado en brasileño. Si se niega esto se estará negando el futuro de Brasil"[36]. Las oraciones cortas salpicadas por palabras en tupí, la gramática portuguesa flexibilizada que generó críticas pedantes de los puristas y, en general, las desviaciones coloquiales de las normas literarias contemporáneas constituyen, para algunos lectores, el mayor logro de Alencar. En la voz de sus narradores así como en los diálogos, el "brasileño" suena bello y legítimo además de gratamente familiar.

Por supuesto que sus innovaciones quedarían abiertas a otros tipos de críticos. Las ridiculizó, por ejemplo, su joven rival Távora, tal como Twain ridiculizó a Cooper por su lenguaje artificial, ni muy elevado ni muy bajo, sino simplemente inaudito[37]. Y en lo que respecta a su posible deuda con Cooper, la cual los lectores y el propio Alencar no podían pasar por alto, él la negó repetidamente. Ya fuese por razones patrióticas o de vana(gloria), Alencar se rehusó a reconocer lo que les debía a sus modelos. Despachó a Chateaubriand por exótico y estéril[38]. Y, de manera conveniente, exilió a Cooper del terreno literario americano al llamarlo "un poeta del mar". Las obras de los extranjeros no eran, según Alencar (y Sarmiento), más que "una copia del original sublime que he leído con mi corazón"[39].

Antes de que Alencar consultara su corazón, leía ya la ficción brasileña que había comenzado a celebrar al héroe indígena desde la década de 1820, cuando el inmigrante parisino Ferdinand Denis, versado en las obras de Staël y Chateaubriand, evocó a los inocentes nativos en un paraíso anterior a la conquista. El legado de Denis, cuya idealización de los indios conllevaba una denuncia de su actual miseria, se prolongó gracias a la poesía intensamente personal de Gonçalves Dias en la década de 1840 y probablemente también a lo que Cândido denomina "el exotismo permanente de nuestra imagen propia que se da incluso en nuestros días"[40]. Sin embargo, para 1856 Alencar tuvo que resucitar al indígena literario, después de que el indio había sido extinguido en el poema épico *La confederación de Tamoios* de Gonçalves de Magalhâes. Siendo el escritor más prestigioso de su tiempo y un favorito de la corte, Magalhâes hizo publicar su poema en una edición suntuosa costeada por el emperador Pedro II[41]. La épica grandilocuente termina exterminando a sus héroes indios en guerras providenciales que le abren paso a la fundación de Río de Janeiro. Los admiradores de Magalhâes lo leyeron como una celebración del valor nativo y de su espíritu de autosacrificio. Pero los escépticos como Alencar preferían conservar con vida a unos cuantos indígenas para librar otra batalla, la sentimental.

Su sustitución de los ideales militares por sentimientos sublimes comenzó con una suerte de manifiesto, hecho por partes, en una serie de cartas abiertas sobre la épica de Magalhâes. En ellas, Alencar descalificó la obra y su género literario por razones de tiempo y de espacio: primero, elogiar la valentía guerrera durante un "Gobierno de Conciliación" era obviamente anacrónico; y segundo, no había nada particularmente brasileño en la lucha de indios contra blancos, sino que tal lucha entre la civilización y la barbarie constituía la historia común de las Américas[42]. La sociedad brasileña es especial, no tanto a causa de una resistencia heroica sino más bien de una rendición romántica. Fue fundada, Alencar insistió, cuando los blancos y los indios cayeron en brazos uno del otro para procrear una prole mestiza. Es posible que las objeciones respecto a la historia estancada y al patriotismo superficial de Magalhâes fueran dirigidas también a un blanco aún más influyente; me refiero al historiador Francisco Adolfo de

Varnhagen, cuyo *Memorial orgánico* (1851) celebra la epopeya de la conquista y argumenta que el mejor indio es un indio muerto, a menos que se dedique a trabajar duro para los criollos. Para Alencar, la objeción fundamental, tanto en el caso del poeta como en el del historiador, es que la épica descarrilaba el progreso del país. Los necesarios elementos maravillosos y el estilo grandilocuente no se adecuaban a la tarea de narrar la nación moderna que requería contar "la verdad en verso". No servía de nada reproducir cadencias homéricas, condenadas a sonar huecas en una historia indígena cuya clave indicada era el lamento melancólico[43].

Lo que quedó una vez que Alencar hizo a un lado los intentos épicos de Magalhâes, de acuerdo con Augusto Meyer, fue una tabula rasa, un vacío cultural que el romancista se disponía a llenar[44], con historias de amor que confundían, productivamente, los géneros sexuales y los colores de la piel. En estos romances, Freyre sintoniza las "voces de hombres suspirando y lamentándose hasta parecer voces femeninas... menos la expresión de rebeldes individuales [románticos] y más la de mestizos que sienten como hombres de una sexualidad indefinida: una diferencia social y quizá psíquica con la raza europea pura o con el sexo definitivamente masculino y dominante"[45].

Para mediados del siglo XIX, los indios representaban más que nada una conveniencia literaria para los próceres brasileños, y permanecieron en ese reducido papel incluso después de Alencar[46]. Magalhâes no era el único que los estaba exterminando; otros también practicaban la epopeya de conquista militar. Recién alcanzada la independencia, los indios y los mestizos padecieron una fuerte represión[47], y de nuevo durante la "Guerra Justa", que fue prácticamente un exterminio que duró hasta 1845. El racismo resucitó en la retórica "antisalvaje" que animaba a los patriotas durante la guerra contra Paraguay (1864-1870). En la opinión del historiador Leslie Bethell, quien recurre a la psicología para especular sobre el sentimiento colectivo de culpabilidad por un racismo persistente, la retórica fue quizás el único motivo para aquella guerra, ya que desplazaba el sentimiento hacia los "salvajes" paraguayos[48]. ¿Por qué entonces, lo tupí continuaba siendo motivo de admiración para Alencar y sus lectores?

Precisamente porque el indio le daba a Brasil su colorido especial. Si resulta razonable situar a Magalhâes dentro del campo ideológico de Varnhagen[49], Alencar al parecer alistó sus fuerzas con otro historiador, que identificaba el *mestiçagem* como la matriz de la nación. Me refiero a Karl Friedrich Philipp von Martius, el naturalista alemán, cuyo ensayo de 1843, "Cómo debe escribirse la historia de Brasil", ganó el concurso de ensayos de 1847, patrocinado por el Instituto Histórico e Geográfico Brasilero. Comienza el ensayo:

> Cualquiera que emprenda la tarea de escribir la historia de Brasil, un país que promete tanto, jamás deberá perder de vista los elementos que allí contribuyeron al desarrollo del hombre. Estos elementos diversos provienen de tres razas... la población actual está compuesta por una mezcla nueva cuya historia, en consecuencia, tiene una impronta muy particular[50].

Gracias especialmente a las transfusiones de sangre indígena desde los primeros días de la conquista, los brasileños no sólo fueron distintos de los portugueses sino que también fueron autóctonos y, esencialmente, americanos. Con agradecimiento, aunque algo defensivos, tanto Martius como Alencar concluyen que el elemento indígena fue alguna vez noble, generoso, poético y técnicamente avanzado. Era la única conclusión posible; de haber llegado a otra, la particularidad de los brasileños habría sido sólo su inferioridad respecto a los europeos. Pero algunos lectores eran incrédulos ante esta posición, incluyendo a Nabuco, el contrincante de Alencar[51].

El Instituto Histórico, fundado en 1838 con la bendición del emperador, contaba con su apoyo financiero, y de forma creciente con su intervención en los debates. Nadie tenía más interés que él en producir una historia brasileña; con tal de que fuera unificada, el enfoque estaba abierto a distintas propuestas. La selección de Martius determinó cómo se escribiría esta historia. En vez de narrarla como una continuación de la civilización europea sin las rupturas anárquicas de la América española (la variante de Varnhagen), la historia oficial daría cuenta de un nuevo comienzo a través de la unión racial. El efecto de la mezcla fue "mejorar" las razas de color y crear lo que Vasconcelos llamaría en México una "raza cósmica", lo cual trueca el deseo genocida de Varnhagen por un idilio de dilución[52].

No sé si Alencar alguna vez se refirió directamente a Martius, pero las trazas de su ensayo reaparecen, inconfundibles, en las novelas como aparecerán en algunas variantes de la historiografía futura que haría ondear la bandera tricolor de Martius: "Nunca nos permitiremos dudar de que la voluntad divina predestinó esta mezcla para Brasil"[53]. Tanto Martius como Alencar dieron por sentado: primero, que el progreso y la historia son sinónimos en el joven Nuevo Mundo; segundo, que el elemento dinámico del cambio y del progreso es la raza (una abreviación de las diferencias culturales, lingüísticas y políticas). De modo que la historia es un registro del desarrollo y mejoramiento racial gracias a nuevas infusiones y la decadencia racial se debía a la ideología europea retrógrada. Este racismo "ilustrado" de Martius no duda de cuáles son las razas (inferiores) que sacarán mayor beneficio de los cruces de sangre. Su lógica inamovible de desarrollo y decadencia racial parte de la observación de la desesperada condición de los indios contemporáneos y deduce que se encuentran en estado de decadencia. La misma lógica lo llevó incluso a postular que hubo glorias pasadas en la civilización indígena que se deberían documentar con nuevas expediciones. "Ciertamente, numerosos miembros del Instituto comparten conmigo el deseo de apoyar la investigación arqueológica, en especial ayudando a los viajeros que tratan de descubrir esas ruinas"[54]. El ensayo de Martius consta de tres partes, una para cada raza. Hace un esfuerzo notablemente imaginativo para mostrar la contribución indígena a la nación brasileña, pero llena muchas más páginas con las aportaciones portuguesas: sus iniciativas comerciales y militares, el origen aristocrático de los colonizadores, la manera de evitar los conflictos y de desarrollar instituciones urbanas liberales. Donde se queda casi callado, al parecer por no tener nada bueno que decir, es en la última sección dedicada a los negros: "No hay duda de que Brasil se hubiera desarrollado en forma distinta sin los esclavos negros. El historiador tendrá que resolver el problema de si este asunto se dio para bien o para mal" (Martius, 36).

A pesar de esta limitación, Bradford Burns acredita a Martius como "hijo verdadero de la Ilustración", por su "visión muy clara de la singularidad de Brasil"; le permitió sobreponerse a los prejuicios ampliamente aceptados y adelantarse a su tiempo. Se tardó mucho en alcanzarlo. "Nadie tomó muy en serio su diseño histórico sino hasta un siglo más tarde, cuando Gilberto Freyre abordó el tema de la amalgama racial y la popularizó en su brillante estudio *Casa grande e senzala* publicado en 1934"[55].

Y sin embargo Alencar había ya asumido aquella sugerencia en sus novelas y en sus meditaciones sobre la autonomía cultural de

Brasil. Difícilmente se puede considerar como un "Don Nadie" el que fue el faro que alumbró públicos dispares para crear un resplandor brasileño dejando notas para un ensayo paralelo al que escribió Martius[56]. Es cierto, no obstante, que Freyre (y otros de su generación) compensó el silencio apenas cortés de Martius al escribir dos capítulos dedicados a la contribución de los negros, mientras que uno bastó para los indios y otro para los portugueses. Pero con frecuencia, en momentos so(m)bríos en medio de su entusiasmo, Freyre confiesa que la conquista equivalió al genocidio de los indígenas quienes se rehusaron a mezclarse con los blancos "sifilizadores", y confiesa también que la esclavitud africana significó algo más que una oportunidad saludable para el mestizaje eugenésico[57]. Significó humillación, daño corporal y desesperación. Freyre no niega los abusos que se produjeron en una jerarquía de color en la plantocracia, sino que afirma, con todo, los resultados sincréticos y paradójicamente democratizadores de una intimidad forzada.

"Conciliación" y "cordialidad" tanto en la política racial como en la partidista, se han convertido en las palabras clave de la tradición dominante de la historiografía brasileña, así como de su sociología[58]. Por obra de la alquimia racial, la crueldad alucinante de la conquista y de la esclavitud resulta atenuada por el brillo del sincretismo. Freyre recuerda con afecto a las indias (más que a los indios) por la atención que derrocharon con los conquistadores, ofreciéndoles la comida que preparaban y la atención personal que las hacía tan atractivas, a ellas y a sus críos mestizos. Y los esclavos negros, de nuevo en su mayoría mujeres, son recordados por las mismas razones así como por el sadismo de sus celosas amas blancas. Según el libro de Freyre, Brasil se fundó sobre una base de seducciones mutuas entre amos y amantes: el cruce del apetito masculino por la autoexaltación por medio de la autorreproducción, con la preferencia femenina por la estabilidad doméstica frente a opciones nómadas o semicivilizadas. Esta historia que transfigura el pasado de abusos en la feliz fatalidad de la redención cultural y racial es, al menos, con la que algunos brasileños se han venido felicitando. Aquí, "el mejoramiento racial", una meta tan familiar en América Latina para los supremacistas blancos que prefieren eliminar a los otros al hacerles el amor y no la guerra, se interpreta también como el proceso de convertir a los europeos en personas aptas para vivir en el trópico. Y a pesar de la clara evidencia actual de una sociedad dividida racialmente en la que los negros militan por la igualdad y los indios por la sobrevivencia, la autoimagen ideal de Brasil sigue enfocada en esos lugares de tonos suaves situados al costado de las divisiones: en las alcobas, los cuartos de los niños y las cocinas de la casa grande rodeada de barracas.

Quizá la mutualidad putativa de afectos dificulte la selección entre *O Guaraní* o *Iracema* como el romance nacional. ¿Valen más los indios que aman a las amas o las indias que aman a los amos? Alencar hizo lo que pudo por contrarrestar la "leyenda negra" de la conquista y por establecer un perfecto equilibrio entre las razas así como entre los géneros. En sus dos novelas más populares el poder no es una prerrogativa exclusivamente europea y masculina ni la seducción es un rasgo exclusivo de las mujeres oscuras. La popularidad inmediata que alcanzaron estos libros sugiere que la mutualidad y la cordialidad sean, en cierta medida, legados de las ficciones fundacionales, del mismo modo que la cultura mestiza de Brasil sea una invención de Martius, otro narrador.

Al igual que Martius y a diferencia de Freyre, Alencar evadió el tema de los negros en sus *best-sellers*. Con el fin de eliminar el espacio en el que los negros debieron haber aparecido, Alencar redujo la combinación de colores en Martius de tres a dos. Hizo que el tono de moda, el color tierra, cubriera el matiz más oscuro y de esta forma contribuyó a pintar el cuadro perdurable de Brasil donde, con un guiño para controlar la iluminación, el prieto puede pasar por tostado. "Nuestros románticos han continuado aprovechándose del mito del buen salvaje", se quejaba Afrânio Peixoto en 1931. "El Peri de José de Alencar es un *gentleman*, noble y apasionado casi al punto del misticismo amoroso. Su Iracema es una criatura divina y adorable, que despertaría envidias en cualquier corazón cristiano y civilizado... No deseando, y siendo incapaz de invocar los fetiches africanos, al falsificar nuestros orígenes y al negar la sangre que corre por nuestras venas, nos hemos convertido a nosotros mismos en descendientes de los indios"[59].

Alencar entrecerró los ojos, pero no tapó los oídos. Sensible como era a las cadencias nuevas del habla brasileña, Alencar hizo sentir a los africanos aun cuando no los quería ver. Su manifiesto lingüístico más claro, o al menos el más polémico, publicado como apéndice de *Iracema*, da cuenta de las voces del negro. El nuevo lenguaje se forjó, según Alencar, sobre la base de portugués y raíces indígenas, junto con varios elementos europeos: el idioma del Nuevo Mundo está compuesto, declara, por "tradiciones de las razas indígenas que vivieron en contacto prácticamente con todas las razas civilizadas" que ha traído la inmigración. Y da cuenta de que también hubo inmigración forzada, al hacer extraviar la historia del progreso lingüístico de Europa y América hacia África: "Los agentes de la transformación de nuestros idiomas son aquellos representantes de razas tan numerosas, de los sajones a los africanos, que hacen una sola y exuberante amalgama de sangre, tradición e idiomas"[60]. La audacia de Alencar lo convierte en el líder de una emancipación lingüística que culminaría en 1936 con una resolución propuesta en la Cámara de Diputados por la cual el idioma nacional se llamaría "brasileño". Para entonces, su vocabulario poseía, por lo menos, diez mil palabras "bárbaras", tan ajenas a Portugal como lo era la sintaxis y el tono "suavizado", a decir de Freyre, "en boca de esclavos africanos". La resolución oficial fue derrotada, pero a nivel popular la gente sigue "falando brasileño"[61].

En la obra de Alencar los negros protagonistas, mayormente en el teatro, representan ausencias futuras y deseadas. En *Mãe* la negra se suicida para no obstaculizar la felicidad de su hijo mulato. En *O demonio familiar* el castigo justo para el esclavo manipulador es alejarlo de la casa del ofendido amo, eso es victimizarlo con la manumisión. Y en la novela regionalista de Alencar, *Til* (1872), los negros sumisos constituyen el contraste con el héroe indígena. "No me convertiré en esclavo de un hombre rico sólo por las migajas que podría arrojarme, tal como lo hacen con otros hombres o con su negro"[62]. ¡Qué diferentes son estos retratos del que vimos en *O Guaraní*! Allí, el amo blanco también aleja a su esclavo de la casa grande, pero es para que el guaraní rescate a la hija portuguesa y establezca con ella la nación brasileña. El suicidio del noble padre no será una expresión de "inferioridad" racial como lo es en *Mãe* y, sin embargo, lo confirma como un obstáculo para su propio proyecto colonizador. En *Iracema* la damisela de los labios de miel también muere al final, pero para entonces ya había dado a luz una nueva nación. En contraste, la muerte de los negros en Alencar suscita más alivio que pena.

Esto sorprenderá a los lectores que imaginan que José de Alencar era progresista y liberal, idea que habrán extrapolado de su defensa de una raza despreciada (la casi extinta de los indios de Ceará en *Iracema*, y de la región próxima a Río en *O Guaraní*), así como por sus atrevidas desviaciones de las normas clásicas de la lengua y la literatura portuguesas. Su hijo, Mario de Alencar, juraba que su padre era dos hombres irreconciliables: uno de letras y el otro político. En el Congreso, sus colegas separaban a los dos en el jurista y periodista respetable y el novelista risible[63]. Este desajuste no encajaba en el proyecto de Casa de las Américas de publicar *El Guaraní*. El prólogo a la edición cubana intenta conjugar al lingüista y narrador romántico con el político antimonárquico, quizá a fin de colocarlo en una tradición liberal y justificar la decisión de traducirlo. Emir Rodríguez Monegal intuye una posible coherencia entre la osadía literaria y la resistencia a la autoridad imperial al especular que se trataba de un conflicto edípico desplazado; con un padre (¡nada menos que un sacerdote!) que lo había condenado a la ilegitimidad y la inseguridad sin importar la cálida acogida de su público[64]. Este análisis liberal es un ejemplo más de las reconstrucciones ficticias que se pueden imaginar, cuando los datos históricos importan menos que el efecto ideal.

Es cierto que Alencar se hizo antimonárquico como resultado de su conflicto con el emperador Pedro II[65], pero anteriormente había sido un monárquico fervoroso y el conflicto fue de carácter personal, como consecuencia más bien del estilo autoritario del mismo Alencar y no del monarca. Apenas pasado un año de sus ataques al emperador, Alencar reafirmó sus principios monarquistas[66]. La fricción aparentemente comenzó en 1863, cuando el rey disolvió un congreso liberal inmanejable en el cual participaba Alencar. Dos años después, Alencar, convertido ahora en un conservador combativo, escribió las *Cartas de Erasmo* en las que criticaba al emperador por la inestabilidad gubernamental. Según Alencar, un rey debería imponer el orden y no dejarse llevar por los intereses encontrados. Exhortaba al emperador a que tuviera más valor, y a que ejerciera el poder con osadía y decisión. Incluyó en su ataque al Congreso liberal y exigía que el emperador lo disolviera de nuevo. Lejos de hacer un llamado a la revolución, lo que se exigía era la reacción. Por supuesto, Pedro II era más cauteloso y puntilloso que Alencar en lo constitucional, quizá debido a que el desastroso personalismo de su padre le enseñara cómo no gobernar. El joven rey no se dejó llevar muy lejos de las normas burocráticas, más bien eficaces, que estaban a su cargo, pero sí debió haberse sentido halagado o al menos mostró la disposición de aceptar el halago de los conservadores que estaban en el poder desde julio de 1868.

Poco después nombró a Alencar ministro de Justicia, un honor nada común para un diputado que contaba con sólo 39 años. Fue la oportunidad que tuvo Pedro para darse cuenta de la importancia que su ministro se atribuía a sí mismo, y al emperador. En un incidente revelador, Alencar perdió la paciencia con la práctica imperial de inspeccionar minuciosamente los recortes de periódicos procedentes de todo el país con el fin de responder a las situaciones locales delicadas. Esto era una afrenta, escribió Alencar al rey, "al espíritu constitucional del soberano y a la dignidad de su ministro de Justicia"[67]. La misma autoimportancia convenció a Alencar de que nada podía impedir que lo nombraran senador por su región, un nombramiento vitalicio mucho más deseable que un término como diputado o incluso que el puesto de ministro. Después de todo, era el político más popular del país y además miembro del partido conservador dirigente. Anunció su candidatura a pesar de que Pedro no lo apoyaba y que había sugerido, inequívocamente, que Alencar era demasiado joven para senador. Pero Alencar persistió arrogantemente, aunque sabía que los nombramientos del Senado eran prerrogativa del rey, porque no se imaginó que Pedro se atrevería a desairarlo. Alencar perdió, dejó la política, y se llevó la amargura hasta la tumba. El rey no se afligió por esta pérdida. "Era um homenzinho muito malcriado" fue todo el comentario que hizo.

En lo que respecta a la relación de Alencar con la esclavitud, la definió en calidad de amo. Es cierto que Alencar parece haber apoyado la abolición de la trata de esclavos, pero tal decisión fue tomada antes de su ingreso a la Cámara de Diputados; en sus *Cartas de Erasmo* se enorgullece de esta victoria del liderazgo conservador[68] que fue sintomática de las tortuosas alianzas partidistas durante el Gobierno de Conciliación. Tanto los conservadores como los liberales se habían escindido internamente con respecto a la trata, porque las diferencias se debían más a los intereses económicos de la región de cada diputado que a la ideología. Para mediados del siglo, los azucareros del noroeste habían perdido considerable terreno político ante los cafetaleros de la región central, quienes aportaban el 40 por ciento del ingreso del país. La floreciente industria del café necesitaba esclavos de manera mucho más desesperada que el azúcar, por lo que el tráfico de esclavos favorecía claramente a un sector por sobre el otro. Era, entonces, conveniente para los norteños, como Alencar, dejarse convencer con frecuencia por los razonamientos de los liberales de dar fin a la trata de esclavos.

Aún más convincente, tal vez, fue la presión ejercida por Inglaterra. Sea que la presión diplomática y militar respondía a los abolicionistas ingleses de principios verdaderamente nobles, o sea que las colonias inglesas del Caribe eran incapaces de competir con las enormes economías esclavistas de Cuba y Brasil, por una razón u otra Inglaterra estaba decidida a terminar con la trata de esclavos. Así ocurrió y no hubo nada que la detuviera. Como los tratados firmados con el fin de acabar con el tráfico a cambio de derechos comerciales y reconocimiento del independizado y vulnerable Brasil eran sistemáticamente violados, Inglaterra intensificó la patrulla de las rutas oceánicas. Este tipo de interferencia ultrajó a los brasileños como un atentado contra la soberanía de su país. La reacción, en 1845, fue anular oficialmente el tratado de 1817 con Inglaterra y reanudar de forma desafiante el tráfico de esclavos[69]. Los británicos reaccionaron a su vez con una reinterpretación del tratado de 1826 por el cual la trata era un delito equivalente al de "piratería" y justificaba la intervención de su Escuadrón Sudamericano. Este tira y jala diplomático casi se convirtió en una verdadera guerra cuando, en junio de 1850, los buques británicos abrieron fuego sobre los puertos de Brasil. El agredido país carecía de los medios morales y materiales para entrar en este conflicto. En vez de entrar, salió del apuro al tomar la sabia decisión de sacar el asunto de las manos inglesas: Los brasileños mismos abolieron de manera final y efectiva la trata de esclavos. Para 1850, resultó más fácil decidirse que en 1845, por el exceso de esclavos tras años de importaciones masivas, y también por el resentimiento de la élite tradicional contra los rudos pero poderosos tratantes de esclavos.

Todo esto era ya prehistoria política para el novelista Alencar. Quién sabe si no simpatizaba con Inglaterra, ya que se había casado con la hija del notorio almirante inglés que había defendido Brasil contra los portugueses[70]. Hay que abonarle al ministro Alencar que eliminó un vergonzoso mercado de esclavos situado en el centro de Río, lo que hace que su labor posterior parezca más contradictoria. Cuando su compañero conservador, Río Branco, propuso en 1871 la ley de libertad de vientre, Alencar objetó apasionada y elocuentemente: "Ustedes, los propagandistas, los emancipadores a todo costo, no son otra cosa que los emisarios de la revolución, no son más que los apóstoles de la anarquía. Son ustedes los retrógrados que imaginan que el progreso puede ser promovido en este país hiriéndolo en el corazón, matando su industria más importante, el trabajo"[71]. Otros norteños opinaban que la industria no se vería afectada por la manumisión. La frecuencia con que los amos brasileños liberaban a sus esclavos dejaba sorprendidos, a menudo, a los viajeros extranjeros, a quienes les parecía tan liberal como económicamente irracional. De hecho era muy racional. Al no representar "capital" que defender, los trabajadores libertos estaban a la merced de los antiguos amos. Por otra parte, al terminar la trata, los que dependían de la mano de obra negra se preocupaban por la forma en que "América devora a los negros", en palabras de Charles Auguste Taunay en 1839[72]. Estaban dispuestos a sustituir el trabajo esclavo no renovable por el trabajo "libre" y reproducible de los manumisos que seguirían fieles a los amos por lazos de necesidad y de gratitud.

La objeción de Alencar a esta innovación fue, quizás, motivada por su privilegio racial más que por sus nada convincentes críticas económicas. Deseaba, dijo, la libertad de los esclavos tanto como cualquiera, pero de forma gradual, una vez que la economía brasileña pudiera permitírselo y una vez que las "masas bestiales" de negros superasen sus vicios y su ignorancia. La manera como podría alcanzarse tal tipo de superación bajo las condiciones de continua esclavitud no le preocupaba a Alencar. Él era, como afirma Brita Roca, un conservador de la variedad represora[73]. Para 1875, el amargado viejo se buscaba una pelea y la encontró en el campo literario: Joaquim Nabuco había escrito una reseña ligeramente crítica del drama, *O Jesuita,* y Alencar desató una polémica que se debió más a sus frustraciones políticas y literarias, de acuerdo con Valeria De Marco, que a la confrontación entre el realismo de los jóvenes y el romanticismo del maestro[74]. La decepción de Alencar por no haber llegado al Senado se vio agravada por el trato silencioso que le dieron los críticos literarios liberales en pago por su actitud política. "El Alencar escritor puede terminar en la horca por los pecados del Alencar político"[75]. La diferencia entre romanticismo y realismo era también de carácter político. El abolicionista Nabuco celebraba una sociedad emergente basada en el patronazgo con trabajadores negros libertos, en tanto que Alencar tiraba hacia el pasado perfecto de raíces brasileñas blancas e indias[76].

Para ser justos con Alencar, el novelista se dejaba desviar de la reacción política. En su indigenismo nostálgico evidentemente existía una proyección hacia el futuro que desmentía los amargados pronunciamientos, y que dejaba entrever la misma innovación de sustituir la esclavitud por el clientelismo que descartaba como político. Mirar hacia el pasado le permite al romancista dar cuenta de las masas morenas de brasileños actuales, socialmente inquietos sin ser revolucionarios. La sustitución novelesca de los negros por los indios no elimina a los africanos sino que empaña su genealogía lo suficiente como para legitimarlos dentro del linaje brasileño. Deslizarse entre una y otra categoría racial llegó a ser, como ya dije, un movimiento muy conveniente después de Alencar[77]. Constituía también, en forma muy literal, un programa de reemplazo, a partir de 1850 cuando el tráfico había concluido, los indios fueron desplazados de sus tierras para sustituir la mano de obra de los esclavos negros[78]. Recordemos que el desafío de la generación de Alencar, después de 1850, era sentar nuevas bases para un país que había vivido de la esclavitud y que acababa de abolir el comercio de esclavos. Esto significaba que ahora la mano de obra era irreemplazable por nuevas importaciones. Fuera alentada por medio de la esclavitud "humanitaria" o por el patronazgo, la fuerza de trabajo brasileña autóctona tendría que ser protegida[79].

Esta preocupación política de las décadas de 1850 y 1860 es uno de los temas de *O Guaraní*. Al final de la novela, la guerra interracial y la aniquilación mutua de portugueses e indios son desencadenadas por el hijo negligente de Dom Antonio que había causado la muerte de una joven india. Sería imprudente repetir la negligencia a nivel del país, porque un posible ejército formado por trabajadores resentidos resultaría autodestructivo para los blancos. Esto es una advertencia para los amos. Otra, para los esclavos, es que la igualdad absoluta es ilusoria. La correspondencia entre los blancos dominantes y la raza subalterna, entre Peri y Ceci, sólo es posible porque Peri escoge blanquearse. Tan traidor a su tribu como más tarde lo será Iracema, el nuevo cristiano sobrevive y consigue a su amada porque emprende la guerra contra los indios agresivos aunque, son, en cierta medida, justificados. Y a pesar de beneficiarse de la práctica "liberal" de la manumisión que se otorga a los esclavos ejemplares, su libertad paradójica es garantizada por la sumisión voluntaria a cualquier capricho de su adorada señora, del mismo modo que los clientes deberían de someterse voluntariamente a sus patrones.

Antes de que busquemos otras oportunidades para leer la historia contemporánea a través de la historia del pasado distante, admitamos que el mensaje más atrevido e insistente de Alencar, que el mestizaje entre nobles amantes produjo hace tiempo una raza coherente brasileña, no tiene mucho que ver con la especificidad política de su propia época. Este feliz resultado de ambas ficciones fundacionales de Alencar es también la meta más patente de sus manifiestos a favor de una sociedad específicamente brasileña. Tanto los ensayos como las novelas suponen una sinécdoque que hace de un personaje la representación de toda una raza o de una formación social: Peri es todos los indios buenos; Ceci es todos los blancos fundamentalmente flexibles; Dom Antonio es el viejo mundo portugués, noble pero anacrónico, y así sucesivamente.

Los lectores ideales de este mensaje incluyen a Gilberto Freyre, quien popularizó y africanizó a Martius para el siglo XX y quien también escribió dos panfletos acerca de Alencar para el Ministerio de Educación[80]. Ciertamente, a partir de Freyre el *mestiçagem* genético y cultural se ha convertido en la seña de identidad brasileña. Irónicamente, es también la seña de identidad de vastas regiones de la América española. Quizás la zona más mezclada, al estilo ficticio brasileño, es el Caribe hispano, donde cada país se considera excepcional por la mezcla de iberos, indígenas y africanos, excepción que se repite, paradójicamente, de isla en isla. A veces sobresaltan los indios (que apenas sobrevivieron la conquista), como en la República Dominicana, donde tal vez Galván agradeciera a Alencar por enseñarle cómo dar cuenta de una raza morena sin mencionar a los africanos. O bien protagonizan los negros, como en las novelas cubanas en las que los indios, si es que aparecen, constituyen sólo un rasgo sangriento de la misma explotación española ligada al tráfico de esclavos. La presencia de los negros es tan central en la cultura cubana de la actualidad que denominarlos "afrocubanos" resulta a veces redundante, o defensivo, en boca de los que prefieren blanquear lo cubano. Y Puerto Rico gusta de imaginarse como el equilibrio ideal retratado en su emblema tripartito de un conquistador español, un africano y un indio. Allí, en la escuela se enseña a los niños que su carácter nacional constituye una combinación de la inteligencia europea, del duro trabajo africano y de la docilidad indígena, quizá en lecciones similares a las que se imparten en Brasil.

De hecho, la mezcla racial brasileña no es cualitativamente distinta a la del resto de la región, aun cuando hay diferencias de grado y cronología. Una de estas diferencias, por ejemplo, atrajo a

Robert Southey a Brasil a principios del siglo XIX con el fin de estudiar la ya proverbial comodidad de las relaciones raciales. Southey representaba a muchos ingleses que buscaban con desesperación pistas para instituir relaciones provechosas con sus subordinados irlandeses[81]. Y Brasil ha permanecido como modelo, no siempre del control consciente, pero sí de la cohabitación productiva de las razas. En palabras de Freyre:

> Aunque en Brasil no se ha logrado la intercomunicación perfecta entre sus extremos culturales, extremos que aún se muestran antagónicos y en ocasiones de forma explosiva, chocando uno contra otro en conflictos tan intensamente dramáticos como el de Canudos, sin embargo, podemos felicitarnos a nosotros mismos por un ajuste de tradiciones y tendencias que es bastante raro[82].

Durante, y también después de, la Segunda Guerra Mundial, cuando urgía a los Estados Unidos ceñir su seguridad con lazos de familia americanos, descubrir a Brasil era para muchos estadounidenses respaldarse en un hermano admirablemente maduro. Los dos países compartían un pasado indio idealizado y una (quizás igualmente romantizada) tradición democrática basada en el efecto del crisol racial, en ocasiones conocido en Brasil con el nombre de "arianización"[83]. Este mito de inclusión, que constituye también una exclusión xenofóbica, fue adoptado por el "fascismo literario" de escritores nativistas de los años veinte como Graça Aranha[84]. El ingrediente principal de tal crisol queda claro en el título del libro de David Miller Driver, *El indio en la literatura brasileña*, escrito en 1942. Al año siguiente, el prólogo de una edición de *Iracema*, publicada en Nueva York y destinada a los estudiantes de portugués, observaba que "nuestro retrasado descubrimiento de Brasil" es una consecuencia de "los peligros resultantes de la conflagración totalitaria"[85]. Éstos fueron también los años en que Samuel Putnam traducía a Freyre en una diversidad de formas, a través de sus libros y en una introducción a la literatura y cultura brasileñas para el público estadounidense. Pero su libro *Marvelous Journey*, publicado apenas tres años después del armisticio, ya expresa su preocupación de que el ardor de los Estados Unidos por Brasil se estuviera enfriando, dentro del gélido clima político de la posguerra. El frío no era propicio para los romances brasileños entre negros y blancos, mucho menos si se enredaban con los rojos, si por rojo se entiende un elemento más exótico que los indios. "Donde la cultura de los países españoles ha sido, al menos hasta una época revolucionaria reciente, predominantemente una sola, creada por y para los criollos, la de Brasil ha sido y sigue siendo una cultura mestiza, resultado de la fusión racial y cultural... Sólo la Unión Soviética lo supera en este aspecto"[86]. Pero el entusiasmo por Brasil revivió en los años sesenta, con una diferencia, a través del historiador Eugene Genovese, en *Roll Jordan Roll* (1974). No repetía el cuento del *mestiçagem* igualitario, ya desmentido por muchos como una ficción debilitante, sino que celebraba, al contrario, el ejemplar reconocimiento brasileño de las persistentes asimetrías sociales, una desigualdad que se negociaba por medio del amor. Genovese evoca el afectuoso retrato que pintara Freyre de los lazos paternalistas entre amos y esclavos, y lo traduce a los Estados Unidos, para explicar la relativa estabilidad de su "peculiar institución". Significativamente, para Genovese, Freyre se centra en las relaciones entre blancos y negros, no en el mestizaje romántico que prefería a los indios. El nuevo enfoque se repite en los libros escritos en Estados Unidos después de las luchas por los derechos civiles, como *Black into White: Race and Nationality in Brazilian Thought* (1974) de Thomas Skidmore, *Race and Color in Brazilian Literature* (1986) de David Brookshaw, y *Three Sad Races* (1983) de David Haberley[87].

Ahora bien, el hecho de que en Estados Unidos se puedan escribir capítulos de la propia historia racial (esclavitud, crisol racial, derechos civiles) por medio de la historia brasileña, indica una vez más que el color del país no confiere una identidad excepcional. Lo excepcional en el caso de Brasil es, más bien, su sabia continuidad histórica. Desde el principio, los brasileños han preferido ajustarse a la realidad que pelear por abstracciones. Los mismos colonizadores portugueses llegaron con la identidad nacional dispuesta a (de)formarse. La posición geográfica y económica de Portugal en el cruce de caminos con África, así como la recién ganada y precaria independencia, confirió una identidad colonial frágil y flexible, adepta a sacar ventaja del ingenio europeo y lista a incorporar los aportes africanos y americanos[88].

Un sueño realizado debió haberles parecido la apenas estremecida historia de Brasil a los observadores del resto de América Latina. De México a Argentina, numerosos dirigentes criollos resistieron la retórica republicana a favor de la independencia. Los líderes más conservadores recordaban el caso de Haití y estaban, por lo general, preocupados por las masas anárquicas que seguramente emergerían una vez que las instituciones coloniales fueran abandonadas. Por lo tanto, se dedicaron a buscar algún monarca que controlara a las masas y no a la élite criolla. Buscaron en diversos países europeos, pero ninguno de los príncipes del viejo mundo se entusiasmaba por un mando constitucional tan limitado. En Argentina contemplaron brevemente, incluso exhumar una dinastía incaica con el fin de consagrar un príncipe autóctono que legitimara el reino, pero que no tomara decisiones. Al no presentarse una opción real, los republicanos se salieron con la suya, y las décadas de guerra civil que siguieron parecieron justificar el anhelo de los monarquistas. José Mármol, por mencionar a uno de ellos, a quien la monarquía brasileña había acogido durante el terror rosista, deseaba con vehemencia la posible monarquía que Argentina nunca tuvo y por la que el gran héroe de la independencia luchó y perdió:

> Belgrano era más que unitario, era monárquico. Recibió la República como un hecho que se escarnecía al empuje de los acontecimientos... pero en sus convicciones de hombre, la monarquía constitucional satisfacía los deseos más vivos de su corazón. La monarquía, único gobierno para que nos dejó preparados la metrópoli. La Constitución, última expresión de la revolución americana.
>
> Muchos otros la querían también... Pero la revolución degeneró, se extravió, y al derrocar el trono ibérico dio un hachazo también sobre la raíz monárquica. (*Amalia*, José Mármol, 1851, 338.)

Los brasileños se las arreglaron para tener su rey y también gobernarlo. Su emperador Pedro II nació doblemente legítimo, por el abolengo ibérico y el nacimiento en suelo brasileño, y mantenía la legitimidad con una administración puntillosamente constitucional. Su título oficial de "Poder Moderador", significaba también que tenía poder moderado. Gracias a su colaboración con los criollos, los brasileños lograron superar incluso a Inglaterra (cuya tutela disfrutaron unas veces y padecieron otras) al crear un Estado moderno mediante disposiciones de sabia flexibilidad aristocrática que evitaron costosas rupturas políticas. Así, en el período en que las guerras civiles en América Latina se prolongaron, los brasileños seguramente fueron objeto de la envidia de casi todos, salvo de los más idealistas. Con estos logros y la admiración que despertaron y merecieron, resulta sorprendente que los relatos populares sobre lo extraordinario de Brasil rara vez celebren esta historia oficial relativamente libre de traumas. La llegada de Joâo IV a

Río es espectacular, y su posterior indecisión cuando Portugal (que ya no era la parte principal del reino) exigía su retorno en tanto que la colonia insistía en que permaneciera allí, compone una narración histórica sin paralelo. Quizá aún más emocionante fue la desafiante decisión de Pedro I quien permaneció en Brasil y lo defendió contra el viejo imperio de su padre y de los levantamientos locales.

Si aventuráramos una hipótesis para explicar la preferencia por el mestizaje como base de la identidad particular de Brasil (aunque se repitió en otras partes), cuando el país tiene una verdadera particularidad histórica admirable, será que la aparente falta de acontecimientos dramáticos (el optar por el pragmatismo y menospreciar la gloria) fue poco atractiva —si no vergonzosa— para los escritores románticos como Alencar. Éste, recordemos, llegó a regañar al rey por ser juicioso e indeciso. Para los románticos, la historia nacional habrá parecido pobre en hazañas y cuando no, cargada de derrotas. Si el nuevo Gobierno de Conciliación merecía ser celebrado por Alencar, difícilmente se haría recordándoles a sus lectores que la unidad nacional fue lograda al precio de reprimir las rebeliones locales, dos de las cuales se iniciaron con conspiraciones en su propia casa[89]. Sin asumir que Alencar se identificara con la rebelión o con los asediados pernambucanos, está claro que las frustradas conspiraciones palidecen como material para las ficciones fundacionales, frente a los coloridos indios. Lo que a Brasil le faltaba en gloria, le sobraba en amor.

Y en lo que respecta a la analogía con la historia inglesa, que tanto entusiasmó a los monárquicos argentinos, quizás resultara humillante para los patriotas brasileños. Su xenofobia se intensificaba al tratarse de la entrometida y dominante Inglaterra, en especial después de los cañonazos británicos en 1850. "Si existe actualmente en el país un concepto generalizado y muy popular, éste es que Inglaterra es nuestro enemigo más traicionero y persistente"[90]. De modo que Alencar hizo lo que otros novelistas nacionales hacían cuando no había sucesos admirables para elaborar al estilo de Walter Scott. Construyó un romance que llenara el vacío, fecundándolo con proyectos futuros, así como lo hiciera Mitre, Mármol, Isaacs, Mera, Matto de Turner, y en Europa, Manzoni y Gorky entre otros.

Sin embargo, la preferencia de Alencar por el crisol sentimental y por la prehistoria de la monarquía constitucional no debe interpretarse como indiferencia respecto a la política de su momento. Una interpretación desde el final y la finalidad, en este caso la fundación de una raza mestiza, pierde la complejidad inscrita a lo largo del género complejo que es la novela. Los manifiestos de Alencar, es cierto, enseñan la manera metafórica de leer las novelas, más precisamente una manera "sinecdóquica" de leer la conquista en la que los dos amantes hacen que dos razas se fundan. Pero se puede percibir otra lectura "alegórica" que no descarta la primera, sino que le agrega un significado históricamente específico y contemporáneo. Peri resulta representar más que su nación indígena, del mismo modo que Ceci encarna más que a los europeos transplantados. Por una parte, el autóctono rey (Peri y Pedro) personifica el equilibrio de la Conciliación entre un culto europeo y un apego al país. El malabarismo y la agilidad, literales y literarios, nos dejan admirados en la escena debajo de la ventana de Ceci, donde el guaraní se apoya en una rama entre Álvaro a su derecha y Loredano a su izquierda. Y, por otra parte, Peri constituye la mitad de una ecuación de equilibrio con Ceci. Ella se había escapado junto con él de la fortaleza familiar, en primer lugar, por obediencia a su padre, del mismo modo que los conservadores se reconciliaron con los liberales porque así lo quiso Pedro II. Pero con el tiempo, es el amor lo que los une. ¿No son amantes racialmente complementarios también los conservadores (defensores de blancos criollos) y los liberales (defensores de la manumisión de negros) quienes se juntan para cerrar filas en contra de Inglaterra y atraviesan barreras por el bien del pragmatismo y la estabilidad?[91]. Tan ágil y constructivo como su(s) protagonista(s) real(es), Alencar ofrece *O Guaraní* para cumplir con el doble propósito de celebrar las nobles raíces de una raza mestiza y de seducir a los partidistas contemporáneos con una historia irresistible que se parece mucho a la del Gobierno de Conciliación que convirtió a Brasil en un imperio autónomo. Sería quizás exagerado sugerir que en el subtexto del romance los conservadores están a punto de caer en brazos de los liberales. Pero tal final(idad) no resulta más extravagante que la última escena en la que los amantes son arrastrados por un diluvio devastador, para repoblar el mundo con una raza nueva y, de esta forma, mejorar la historia de Noé.

Loredano es otro personaje plano que adquiere otra dimensión al considerarlo en el contexto histórico de Alencar. El villano extranjero es villano precisamente por ser extranjero, lujurioso y oportunista casi por definición. Él es Inglaterra. Para más, Alencar hace que se trate de un ex monje capuchino que nos recuerda a los codiciosos jesuitas carentes de toda lealtad a la patria como los de *El judío errante* de Eugenio Sue (de hecho, fueron frailes capuchinos de origen italiano los que se apoderaron de las misiones jesuitas durante la eliminación de indígenas en 1850)[92]. En consecuencia, la fortaleza se encuentra asediada no sólo por la presión local de los indígenas rebeldes sino también por la codicia extranjera y la lujuria que atenta contra la virginidad de Ceci, léase la soberanía de Brasil. Loredano fracasa cuando la noble portuguesa y el igualmente noble guaraní deciden constituir una sola familia.

Este romance, sin duda atrevido, apenas traspasa el patrón común a otros en América Latina y también a la práctica de intimidad interracial que formaba familias a pesar de las barreras sociales. Legitimarlas es la novedad de las novelas. La intimidad se daba por sentado, a veces con tal proximidad, en *Iracema* por ejemplo, que parece incestuosa: "Eran como los frutos gemelos del arbusto araçá, brotados ambos de la matriz de la misma flor" (Alencar, 1865, 25). Y los amantes en *O Guaraní* se llaman "hermano" y "hermana" del principio hasta el final[93]. El padre de la muchacha asiente pero prefiere no presenciar la consolidación amorosa, y se elimina del escenario, como lo hizo también Joâo VI, negándose tanto a ser un observador de la brasileñidad incipiente como a ser un estorbo.

La sinécdoque y la alegoría parecerán llevar a lecturas incompatibles, así como las filosofías históricas de Martius y Varnhagen dan pistas encontradas. Por un lado ("sinecdóquico"), Brasil resulta único debido a su romántica amalgama racial; por otro lado ("alegórico"), su excepcionalismo deriva de una envidiable historia conservadora de acuerdos caballerescos. Alencar, el crítico literario, insistía en la primera lectura, pero Alencar, el político, prefería seguramente la segunda opción. Gracias al Gobierno de Conciliación, el artista y el activista se salvaron de escoger y arriesgar soluciones. Afortunadamente, la diferencia racial representaba tanto el antagonismo partidario, resuelto por la política de moderación, como el futuro de la identidad mestiza. Quizá, después de todo, Alencar se permitió celebrar la historia política de Brasil como el relato de la seducción de Europa por el irresistible trópico. Digno de celebrarse durante la Conciliación, la historia da cuenta de la continuidad aristocrática, tan apreciada por Varnhagen, a través del registro romántico e innovador de Martius[94].

Quiero decir que las novelas de Alencar se deslizan entre las corrientes alternas de ficción romántica e historia política. *O Guaraní* proyecta las posibles uniones entre los inmigrantes europeos y los señores de la tierra. También alegoriza un cuento particular de Peri en el ámbito de la historia colectiva en torno a Pedro II, al narrar la manera en que un amo portugués abandona sus fútiles esfuerzos por reinar y le cede el escenario al rey autóctono (o lo incita), para que establezca un orden independiente. El argumento aparentemente sencillo y convencional ha dado, para resumir, al menos tres interpretaciones: 1) el amorío "sinecdóquico" interracial Martius-Freyre que dará origen a la quinta esencia brasileña; 2) el amorío alegórico entre los conservadores y liberales que son arrojados unos en brazos de los otros en un apretón prolongado a causa de la amenaza de violación por los ingleses y, finalmente, 3) una alegoría que repite a dos niveles la historia de pragmáticos acuerdos entre contrincantes caballerosos que se dicen padre e hijo.

Menos de una década después de este triple aplauso para Peri/Pedro, Alencar escribe un lamento por los estragos de conciliaciones apasionadas pero insostenibles. En *Iracema* la heroína pierde su virginidad, su comunidad, el amor y, finalmente, su vida. El héroe pierde también, pero oportunamente, porque sacrifica su anclaje al viejo mundo cuando se deja cautivar por Iracema. Martim se desquicia desde el momento en que siente, literalmente, el flechazo de la doncella. Tampoco recobra el equilibrio, hasta mucho después, porque ella lo seduce pese a sus esfuerzos por resistir. Así fueron seducidos por las agresivas indias, alegan los cronistas, los ejércitos de aventureros portugueses. Aun cuando las víctimas de la conquista fueron evidentemente las mismas indígenas, a veces mediante la "sifilización", algunos historiadores como el padre Anchieta compadecen a los pobres portugueses expuestos a tanta sensualidad: "Las mujeres andan desnudas y son incapaces de decir no a nadie, sino que ellas mismas provocan e importunan a los hombres". Freyre subraya lo defensivo que suena el buen sacerdote: "Apenas ha desembarcado el europeo se encuentra resbalando entre las mujeres indias desnudas; y los propios padres de la Sociedad de Jesús tienen que cuidarse para no caer en el pantano carnal"[95]. Pero Alencar no los compadecía. Caerse bajo el encanto de Iracema y rendirse a su desenvuelto amor eran precisamente los pasos a tomar para convertirse en brasileño. El siguiente paso sería sentir nostalgia por ese perdido amor americano.

Aun durante el tiempo que Martim la amaba, seguía añorando su propia patria, y a la prometida portuguesa que allí vivía. Al regresar al punto de partida, sin embargo, se da cuenta de que su hogar ya no está en Portugal sino que se ha desplazado al otro sitio, al de Iracema. Y Martim regresa nuevamente, ya consciente, de alguna manera, de que la pérdida lo perseguirá porque está inscrita en el mismo gesto de retornar, ya sea a casa en Europa o a la choza americana. Iracema no sobrevive la inquietud de su amado, y por él muere poco a poco. Lo que descubre el aventurero es que el hogar es más que un espacio, es también un tiempo, siempre pasado. Una vez que Iracema se convierte en un destino ya perdido, Martim reconoce en ella su morada inalcanzablemente ideal. La princesa tupí, al igual que la novia portuguesa, se convierte en objeto de su deseo europeo sólo después de quedar ausente. Una media vuelta sentimental sigue tras otra; el hogar (ya sea el portugués o el nativo) se transforma de meta en motivo nostálgico para este héroe equívoco e intersticial. Iracema es menos complicada y más admirable; ocupa el espacio estable donde coinciden el amor y el deseo. Ella es para Alencar el sueño de la presencia plena, la América que hace un anagrama de su nombre[96]. Martim y sus coterráneos llegan a sentirse ligados a ella, de una manera trágica y paradójica, sólo después de haberla destruido. La disfrutan con la clase de masoquismo que se deleita en la nostalgia, o la *saudade* que casi constituye un sentimiento nacional. "Aún en la actualidad", escribe Sérgio Buarque de Hollanda, "estamos exiliados en nuestra propia tierra"[97]. Se trata de un país consciente de haberlo tomado todo en préstamo: instituciones, ideas, formas de relación, y de haberlo transplantado a una tierra devoradora.

Posiblemente el imperio portugués también sintió *saudade,* tras haber convivido con la seductora colonia. Como Martim, Joâo IV también decidió separarse, a insistencia de sus antiguos compatriotas, de los atractivos de ricos criollos con quienes había engendrado un imperio americano. Pero la nostalgia más inmediata que se siente en la novela es por el Gobierno de Conciliación que había parecido tan prometedor en *O Guaraní.* Poco después de su publicación, Alencar se amarga con el gobierno de poder moderado, y la media vuelta delata señales de inquietud política incluso antes del desengaño personal al perder el nombramiento senatorial. La desilusión fundamental fue por la lentitud y la indecisión en el tortuoso matrimonio que Pedro II había forzado entre los partidos incompatibles. Quizá el Gobierno de Conciliación nunca había funcionado de verdad, o quizá el idilio no fue más que un breve amorío.

Y sin embargo, el fugaz *affaire* dio su fruto, igual que en el caso de Iracema con Martim. Las uniones políticas y culturales que Pedro forzó dieron como resultado un Brasil conflictivo pero autónomo y prometedor, tan prometedor como Moacyr, el hijo de Iracema. Quiere decir que aun si la conciliación no fuera más que un sueño ardiente, Alencar da cuenta de que al despertar, se encuentran a veces evidencias materiales del ardor. Como la rosa que se materializa en la almohada del soñador en el cuento de Borges, Alencar y sus lectores despertaron con Moacyr, con muchos niños brasileños llamados Moacyr, Iracema, Peri; ellos constituyen la prueba de que la ficción no queda corta, necesariamente, frente a la realidad, sino que a veces la engendra. El dolor que da nombre al hijo de Iracema, así como la *saudade* que con seguridad él sentirá por ella, son tan esencialmente brasileños como su raza mestiza. Es una nueva raza en la que un pasado inequívocamente brasileño se une a un futuro de maravillosas posibilidades. Moacyr es la respuesta a la pregunta existencial brasileña: es tupí y no tupí.

Hoja de actividades de *O Guaraní*, de José de Alencar.

Notas

V.

O GUARANÍ E *IRACEMA*: LA DOBLE CARA DEL INDIGENISMO EN BRASIL

1. Oswald de Andrade, *Revista de Antropofagia*, São Paulo, 1, 1 (mayo 1928): 5. Las traducciones del portugués, a no ser que se mencione la fuente, son nuestras.
2. Véase Manuel Cavalcanti Proença, *Roteiro de Macunaíma* (São Paulo: Editora Anhembi, 1955).
3. Silviano Santiago señaló este juego de palabras inevitable: "*to pee*" (el homónimo de tupí significa *mear* en inglés).
4. Roberto Schwarz, "Nacional por subtração" en *Que Horas São?* (São Paulo: Companhia das Letras, 1987): 29-48.
5. Fabio Freixiero, *Alencar: Os Bastidores e a Posteridade,* vol. 4 (Rio de Janeiro: Museu Histórico Nacional, Coleção "Estudos e Documentos", 1977): 35, 39.
6. *Miscelânea* (Rio, 1877), una colección de artículos y discursos para conmemorar la muerte de Alencar. Citado en Freixiero: 37.
7. *Ibíd.*, pág. 38.
8. Afrânio Coutinho, "Prefácio", en Freixiero, *Alencar: Os Bastidores:* xiv. Según Coutinho, Alencar es un modelo para todos los que intentan escribir literatura en Brasil. "Es el maestro, el guía, la conciencia". Véase también su libro, ahora estándar, *A Tradição Afortunada: (O Espírito de Nacionalidade na Crítica Brasileira)* (Rio: José Olympio Editora, 1968): 96-101; y su "A literatura como fator da nacionalização brasileira", *Revista Tempo Brasileiro,* nos. 33-34 (abril-junio 1973): 30. Aquí Alencar señala que ya había percibido correctamente que la civilización brasileña es mestiza, "ni blanca, ni negra, ni indígena, sino mestiza, 'brasileña', algo nuevo con características particulares". Y según David Miller Driver, *The Indian in Brazilian Literature* (Nueva York: Hispanic Institute in the United States, 1942), los títulos "Padre de la novela brasileña" y "Creador de un estilo de prosa distintivo" ya son el lugar común en los estudios sobre las obras de Alencar (124).
9. Silviano Santiago, "Liderança E Hierarquia em Alencar", *Vale Quanto Pesa* (Rio: Paz e Terra, 1982): 89-116.
10. Miller Driver: 80-81. Sus novelas son: *O Guaraní,* 1856 (en forma de libro, 1857); *Cinco Minutos,* 1860; *A Viuvinha,* 1860; *Luciola,* 1862; *Diva,* 1864; *Iracema,* 1865; *As Minas de Prata,* 1866; *O Gaúcho,* 1870; *A Pata de Gazela,* 1870; *O Tronco de Ipé,* 1871; *A Guerra dos*

Mascates, 1871; *Til*, 1872; *Sonhos d'Ouro*, 1872; *Alfarrabios*, tres novelas cortas, 1873; *Ubirajara*, 1875; *Senhora*, 1875; *O Sertanejo*, 1875; *Encarnaçâo*, 1877 (en forma de libro, 1893); *Lembra-te-de-Mim*, póstumamente, 1887.

11. Antonio Cândido, "Os três Alencares", *Formaçâo da Literatura Brasileira* (Sâo Paulo: Martins, 1964), vol. 2, cap. 5: 218-232. Se refiere sobre todo a *Senhora* y *Lucíola*. Véase también Valéria De Marco, *O Império da Cortesâ, Lucíola: Um perfil de Alencar* (Sâo Paulo: Martins, 1986).

12. Nelson Werneck Sodré, "O indianismo e a sociedade brasileira" en *História da Literatura Brasileira* (Rio: Civilizaçâo Brasileira, 4ª ed., 1964): 272-294.

13. Véase Cleusa Aparecida Valin, "Escritores Brasileiros: Filmografía", en *Filme Cultura* 20 (mayo-junio 1972): 42. Después de este artículo, Fauzi Mansur dirigió un nuevo *Guaraní* en 1978, y un año más tarde se estrenó otra *Iracema*, protagonizada por la estrella porno Helena Ramos y dirigida por Carlos Coimbra.

14. José Veríssimo empieza a formalizar la respuesta popular, opinando que *O Guaraní* es la primera y mejor obra de Alencar. Véase *História da literatura brasileira*, 3ª ed. (Rio: José Olympio, 1954): 223-234. Una mención reciente a la locura del nombramiento apareció el 10 de enero de 1986, en una reseña de *Iracema* en francés (trad. Ines Oseki-Dépré, Unesco, 1986), titulada "Les mythes fondateurs", en la que se afirma que desde la primera edición en 1865 hasta nuestros días, miles de brasileños han recibido el nombre de pila de su ancestro ficticio, Moacyr, el mestizo nacido de la unión apasionada entre la heroína y el portugués Martim. Mi ejemplo favorito es Moacyr Scliar, un novelista contemporáneo e hijo de inmigrantes judeo-húngaros.

15. Afrânio Coutinho, "José de Alencar na Literatura Brasileira", en *O Proceso de Descolonizaçâo Literaria* (Rio: Civilizaçâo Brasileira, 1983): 73-76.

16. Raquel de Queiroz, "José de Alencar", publicado por primera vez en la edición de *Iracema e Ubirajara* de 1951. Reimpreso en la edición centenaria de *Iracema: Lenda do Ceará 1865-1965* (Rio: José Olympio, 1965): 251-253; 251.

17. José de Alencar, *O Guaraní* (Sâo Paulo: Editora Atica, 14ª ed., 1988), una edición para estudiantes con preguntas y ejercicios en un "Suplemento de Trabajo" que aparece como apéndice. Mis referencias, con "1857" a modo de prólogo, se harán primero a este texto y después a la edición española para ayudar a ciertos lectores. José de Alencar, *El Guaraní* (La Habana: Casa de las Américas, 1983).

18. José de Alencar, *Iracema, Lenda do Ceará*, ed. Silviano Santiago (Rio: Francisco Alves, 1988).

19. Samuel Putnam, *Marvelous Journey: A Survey of Four Centuries of Brazilian Writing* (Nueva York: Alfred A. Knopf, 1948; reimpresión Nueva York: Octagon Books, 1971); 147-148.

20. Fue uno de los pocos que publicaron reseñas contemporáneas alabando las novelas de Alencar. Véanse sus estudios sobre *Iracema* y *O Guaraní* en Machado de Assis, *Crítica Literaria* (Rio y Sâo Paulo: W. M. Jackson Inc. Editores, 1937): 64-76; 332-341.

21. Freixiero, 60.

22. Leslie Bethell, "The Independence of Brazil," *The Cambridge History of Latin America*, vol. 3 *From Independence to c. 1830* (Cambridge: Cambridge University Press, 1984): 157-196. Véase 162-163. Existe una versión de este ensayo en español ("La independencia de Brasil") en *Historia de América Latina*, vol. 5 *La Independencia* (Barcelona: Crítica, 1991): 171-203.

23. Silviano Santiago plantea este argumento, pág. 101.

24. Bethell, 178.

25. *Ibíd.*, pág. 162.

26. *Ibíd.*, pág. 192. La Confederación del Ecuador, en el noreste, duró seis meses.

27. *Ibíd.*, pág. 185.

28. *Ibíd.*, cap. 6, pág. 171-203. La de Pará fue la primera gran rebelión provincial de los 1830. Un presidente liberal nombrado por la Regencia por fin entró en el poder, pero fue muer-

to por unos liberales radicales y la independencia de Pará fue proclamada. Los Regentes nombraron a un nuevo presidente, pero en 1835 el ejército rebelde (sobre todo negros y *tapuios*) atacó, y la guerra se propagó por el Amazonas. Luego el General Andreia vino de la capital; era despiadado. Cerca de 4000 *cabanos* murieron en cárceles, barcos y hospitales.

29. Bethell, 682.

30. Roberto Schwarz, "Misplaced Ideas: Literature and Society in Late Nineteenth-Century Brazil", *Comparative Civilizations Review* 5 (1979): 33-51.

31 José de Alencar, *Como e Porque Sou Romancista,* introducción de Afrânio Coutinho (Rio: Coleçâo Academia Brasileira, 1987; escrito en mayo de 1873): 40.

32. Miller Driver: 14.

33. Ronald de Carvalho comentó al respecto en su *Pequena História da Literatura Brasileira* (Rio: Briguiet, 1919): 252., que los indígenas en la novela no se expresan como los licenciados de Coimbra; hablan como se lo ha enseñado la Naturaleza, aman, viven y mueren como las plantas y los animales más bajos de la tierra.

34. Antônio Cândido, *Introducción a la literatura de Brasil* (Caracas: Monte Ávila Editores, 1968): 27.

35. Renato de Mendoça en 1945, citado en Freixiero: 58.

36. José de Alencar, *Obras completas* (Rio: Editora José Aguilar Ltda., 1960), 4: 8-9, "Notes in Alencar archive for essays" (Notas en el archivo de Alencar para ensayos), sin fechas. Y en "Questâo Filológica" (1874): 960, señala el caso análogo del inglés americano, citando a Webster, el primer lexicógrafo americano. Alencar también desarrolla esta postura en un prefacio que escribió para defender esta libertad para la segunda edición de Iracema.

37. Miller Driver: 78. Driver nos informa que en 1872 el novelista Franklin Silveira de Tavora atacó a Alencar y sus novelas indianistas en *Cartas a Cincinnato,* una colección de artículos. Cincinnato se refiere al poeta portugués Antonio de Castilho, con quien Tavora sólo tenía en común la crítica exacerbada a Alencar.

38. La diferencia principal entre "Iracema e Atala", según Antônio Soares Amora, *Revista de letras* (Sâo Paulo) 3 (1962): 120-136, es la pasión infructuosa en Chateaubriand en contraste con el amor fundacional en Alencar. En uno, el autosacrificio es meramente un suicidio; en el otro, es la condición de la maternidad ideal (¡Que Dios nos ayude!).

39. José de Alencar, *Como e Porque Sou Romancista:* 40. Prosigue un poco a la defensiva de la pág. 39 a la pág. 41. Para un desarrollo de la comparación con Cooper, véase Renata R. Waserman, "The Red and the White: The Indian Novels of José de Alencar", *PMLA* (octubre 1983); sobre todo su "Re-Inventing the New World: Cooper and Alencar", *Comparative Literature* (primavera 1984). Afrânio Peixoto se quejó de esta tendencia general a copiar y negar: "Imitamos los modelos europeos, pero nos negamos con arrogancia a admitirlo y pretendemos ser originales. [Tenemos] poca imaginación, por más que digan lo contrario, y menos poder de reflexión todavía, pero [sí poseemos] un gran poder verbal, expresivo, exterior" (Nuestra traducción). Véase Afrânio Peixoto, *Noçoes de História da Literatura Brasileira* (Rio: Francisco Alves, 1931): 45-48.

40. Antônio Cândido, *Formaçâo da literatura brasileira,* 2: 324.

41. De Marco: 13.

42. José de Alencar, *Como e Porque Sou Romancista:* 40.

43. José de Alencar, *Obras completas,* 4: 913; 875.

44. Augusto Meyer, "Alencar", en *A Chave e a Máscara* (Rio: Ediçôes o Cruceiro, 1964): 145-158. Reimpreso en la edición centenaria de *Iracema: Lenda do Ceará 1865-1965:* 254-264.

45. Gilberto Freyre, *Sobrados e mucambos* (Rio: Livr. J. Olympio, 1936; reimpresión, 1968), 2: 590. Citado en Luiz Costa Lima, *O Controle do Imaginário* (Sâo Paulo: Brasiliense, 1984): 134.

46. Walnice Nogueira Galvâo, "Indianismo revisitado", *Esboço de Figura: Homenagem a Antônio Cândido* (Sâo Paulo: Duas Ciudades, 1981): 379-389.

47. Bethell: 702-704.

48. *Ibíd.*, pág. 787.

49. David H. Treece, "Victims, Allies, Rebels: Towards a New History of Nineteenth-Century Indianism in Brazil", *Portuguese Studies* 2 (Londres, 1986): 56-98.

50. Karl Friedrich Philipp von Martius, "How the History of Brazil Should be Written", en *Perspectives on Brazilian History,* ed. E. Bradford Burns (Nueva York: Columbia University Press, 1967): 21-41; 23.

51. Freixiero: 68.

52. Véase Manoel Luis Salgado Guimarães, "Nação e civilização nos trópicos: O Instituto Histórico e Geográfico Brasileiro e o projeto de uma história nacional", *Estudios Históricos,* no. 1 (Rio, 1988): 5-27.

53. Martius: 24.

54. Martius: 25, 29.

55. Burns, Introducción: 21-22.

56. José de Alencar, "A lingua portuguêsa no Brasil", *Obras completas* (Rio: Editora José Aguilar Ltda., 1960), "Notes in Alencar archive for essays" (Notas en el archivo de Alencar para ensayos), sin fechas, 4: 8-9. En "Literatura Brasileira" (9-10), sigue a von Martius respecto al carácter brasileño de la historia: "*Gênio* – Identidad racial, pero la tierra, el clima y la Naturaleza son distintos, Tres elementos: americano, europeo, africano; un nuevo país... La influencia, el amalgama, la fusión no ha ocurrido todavía; está evolucionando".

57. Gilberto Freyre, *Casa-grande y senzala: formación de la familia brasileña bajo el régimen de la economía patriarcal: introducción a la historia de la sociedad patriarcal en el Brasil,* trad. Benjamin de Garay y Lucrecia Manduca (Caracas: Biblioteca Ayacucho, 1977): 70.

58. Para Silviano Santiago, el texto indispensable aquí es José Honorio Rodrigues, "A Política de conciliação: História cruenta e incruenta": en Conciliação e Reforma no Brazil (Rio: Civilização Brasileira, 1975).

59. Citado en Putnam: 144. La palabra precisa que un Peixoto enojado usó para referirse a los indios es "bugres", literalmente sodomitas. Véase también Freyre, *Casa-grande y senzala:* 69-70. "La exaltación lírica que entre nosotros se hace del *caboclo,* esto es, del indígena como del indio incorporado a la civilización o del mestizo de indio y blanco, en el cual algunos quieren ver el exponente más puro de la capacidad física, de la belleza y hasta de la resistencia moral de la sub-raza brasileña, no corresponde sino superficialmente a la realidad... Por donde se ve que hasta al mismo corazón de la Amazonia, en la Sierra del Norte y en las tierras despobladas, donde se supone haberse conservado más pura la sangre amerindia o híbrida de portugués y de indio, ha llegado el africano" (traducción nuestra). Es particularmente revelador el hecho de que Freyre supone que los brasileños son todos blancos, hombres, y servidos por gente de piel más oscura cuyos hábitos deben obligatoriamente absorber (269). "[L]levamos el sello inconfundible de la influencia negra. De la esclava o ama que nos acunó, que nos amamantó, que nos dio de comer ablandando en la mano el bocado de comida; de la negra vieja que nos contó los primeros cuentos de animales y fantasmas; de la mulata que nos extrajo del pie la primera nigua, librándonos de una placentera comezón; de la que nos inició en el amor físico y nos transmitió la primera sensación completa de hombre; del muleque que fue nuestro primer compañero de juegos" (traducción nuestra). Y David Brookshaw, *Race and Color in Brazilian Literature* (Metuchen & Londres: Scareecrow Press, 1986): 10, donde dice que el indio brasileño era una figura mucho más abstracta que en la mayoría de los demás países latinoamericanos puesto que por la época de la Independencia los únicos indios que quedaban moraban lejos de los núcleos de asentamiento de los blancos, y por lo tanto, estaban excluidos de la estructura social de la nación.

60. José de Alencar, "Pós-escrito à segunda edição de *Iracema*", en *Obras completas,* 3: 260.

61. Putnam: 27. Y, por ejemplo, Afrânio Coutinho me aseguró que no hablaba portugués, sino brasileño, durante una entrevista generosa en julio de 1988.

62. Brookshaw: 23.

63. Brito Broca, "O drama político de Alencar", en José de Alencar, *Obras completas:* 1039-1047; 1039-1040. Fue probablemente su trabajo como periodista, no como novelista, lo que hizo que fuera elegido como diputado de Ceará en 1860. Un diputado, Rapôso, de Rio Grande do Norte, empezó a mofarse de su oponente respecto a *O Guaraní*, y les preguntó a dos colegas a su lado, "¿Cómo se llamaba el indio?". Y luego dijo: "ese famoso Peri-Peri" (1047).

64. Emir Rodríguez Monegal, "La novela histórica: Otra perspectiva", *Historia y ficción en la narrativa hispanoamericana: Coloquio de Yale,* ed. Roberto González Echevarría (Caracas: Monte Ávila Editores, 1984): 169-183; 177. En 1922 el hijo de Alencar, Mário, probablemente había aludido a esta mancha familiar al acusar a otros, sobre todo al Visconde do Rio Branco, de atacar a su padre con alusiones a "la condición de su nacimiento". Véase Mário de Alencar, "José de Alencar, o escritor e o político", en José de Alencar, *Obras completas:* 13-23; 23.

65. Mirta Yáñez, "Prólogo", en José de Alencar, *El Guaraní* (La Habana: Casa de las Américas, 1983): xvi.

66. De Marco: 46.

67. Broca: 1046.

68. Alencar, *Obras completas:* 1060.

69. Bethell: 735.

70. Miller Driver: 77. Según Driver, fue por su talento y conocimiento de la jurisprudencia que Alencar consiguió el puesto de Ministro de Justicia. Añade que el matrimonio de Alencar con una señorita Cochrane, la nieta del Amiral Cochrane, es un factor decisivo en su apoyo vehemente a las ideas del Partido Conservador británico. Para una caracterización de Lord Cochrane, el futuro décimo Conde de Dundonald, véase Leslie Bethell: 189. Su personalidad no era muy agradable, pero salvó la soberanía brasileña en 1823 de una invasión portuguesa.

71. Broca: 1042.

72. Bethell: 728.

73. Broca: 1042.

74. Véase De Marco: 62-70.

75. Raimundo de Magalhaês, *José de Alencar e Sua Epoca* (Sâo Paulo: Lisa – Livros Irradiantes, 1971); 253.

76. Sobre los límites del proyecto de Alencar, véase De Marco: 62-70. Sobre los límites de ambos proyectos, véase el magistral "Literatura y subdesarrollo" de Antônio Cândido, en *América Latina en su literatura,* coord. e introd. César Fernández Moreno (París: Unesco; México: Siglo Veintiuno, 1972): 335-353. Y para la obra de Joaquim Nabuco, incluyendo un libro intitulado *Abolition* (Londres, 1883), véase Putnam: 124-127.

77. Ya era una estrategia literaria para Gonçalves Dias (cuyos indios, privados de los derechos civiles, también eran blancos desafectos), entre otros.

78. Treece: 62, 68, 70. El novelista liberal y abolicionista Joaquim Manuel de Macedo había escrito también una obra de teatro popular, *As Vítimas Algozes, Cobé* (1852) en donde las relaciones raciales de la esclavitud africana se convierten en un conflicto entre los indios y los malvados conquistadores.

79. Le debo esta observación a Roberto Schwarz, durante una conversación estimulante el 2 de agosto de 1988.

80. Gilberto Freyre, *José de Alencar* (Río: Ministerio de Educación y Salud, 1952): 32, y *Reinterpretando José de Alencar* de 1955: 39.

81. Freyre, *Casa-grande y senzala:* 108. Miriam Moreira Leite me señaló que Southey, quien buscaba lecciones para someter a los irlandeses, en realidad nunca fue a Brazil, sino a Portugal, y escribió su *History of Brazil* (*Historia del Brasil*) en Inglaterra.

82. Freyre, *Casa-grande y senzala:* 168.

83. Putnam: 9. Según él, el mestizaje llegó a ser considerado en Brasil como el medio para conseguir la asimilación racial en vista de la unidad nacional, y de ahí el lugar importante que ocupan el indio y el negro en la literatura. De acuerdo con la no. 12, el proceso de asimilación a veces es llamado "arianización", un término que no tiene las mismas connotaciones en Brasil que en la Alemania hitleriana.

84. Putnam: 210. Pero en la pág. 12 ya había mencionado que Aranha habría preferido sin duda una noción más clara (pura) del Brasil que la de Alencar.

85. Daniel da Cruz, "Preface" a *Iracema* de José de Alencar (Nueva York: Longmann, 1943): v.

86. Putnam: 11.

87. Thomas Skidmore, *Black into White: Race and Nationality in Brazilian Thought* (Nueva York: Oxford University Press, 1974); David Brookshaw, *Race and Color in Brazilian Literature* (Metuchen & Londres: Scarecrow Press, 1986); David Haberley, *Three Sad Races: Racial Identity and National Consciousness in Brazilian Literature* (Nueva York: Cambridge University Press, 1983).

88. Ésta es la esencia del clásico *Casa-grande y senzala* de Freyre, una especie de celebración antropológica de una identidad brasileña sincrética en términos que todavía significaban mucho para la élite Liberal y escrita en apariencia en respuesta a los puritanos eugenésicos para quienes el país era irredimiblemente corrupto racialmente.

89. En *Como e porque sou romanticista* (20, 24) Alencar relata que, cuando era adolescente, ayudaba a su madre a servir chocolate y galletas a los conspiradores de la rebelión Maiorista, quienes insistían en apoderar a Pedro II, y luego de la sublevación popular de 1842.

90. Justiniano José da Rocha, *O Brasil,* octubre de 1842, citado en Bethell: 735.

91. Treece cede a la misma tentación: 76.

92. Treece: 70.

93. Sobre los vínculos estrechos entre la casa grande y la "senzala", Freyre describe una situación familiar del *Sab* de Cuba. "Desde el primer siglo de la colonización, los matrimonios de tío con sobrina, de primo con prima. Matrimonio cuyo fin evidente era el de impedir la dispersión de los bienes y mantener la limpieza de sangre de origen noble o ilustre". *Casa-grande y senzala:* 317.

94. *Ibíd.*, pág. 13-14. "La singular predisposición del portugués para la colonización híbrida y esclavista de los trópicos, explícala en gran parte su pasado étnico, o más bien cultural, de pueblo indefinido que oscila entre Europa y África. No es de una ni de otra en forma definitiva, sino de ambas. La influencia africana que hierve bajo la europea y que comunica un acre ardor a la vida sexual, a la alimentación, a la religión; la sangre mora o negra que corre por una gran población semiblanca, si es que no mantiene su predominio en regiones aún hoy de gente oscura; el aire de África, un aire cálido, oleoso, que suaviza en las instituciones y en las formas de cultura las durezas germánicas; que corrompe la rigidez doctrinaria y moral de la Iglesia medieval... Europa, reinando sin gobernar; gobernando más bien el África" (traducción nuestra).

95. *Ibíd.*, pág. 108.

96. Esto fue señalado por primera vez por Afrânio Peixoto, *Noçoes de História da Literatura Brasileira* (Rio: Francisco Alves, 1931): 75. Referencia en Santiago: 99.

97. Sérgio Buarque de Holanda, en *Raizes do Brasil,* mencionado en Meyer: 153. El otro libro sugestivo que Meyer menciona es *Suspiros Poéticos e Saudades* de Gonçalves de Magalhâes.

EL MAL DE *MARÍA:*
(CON)FUSIÓN EN UN ROMANCE NACIONAL[1]

Después de vencer largas distancias y delicadas reticencias, cuando ya las objeciones familiares no resisten el ardor de los amantes que se comprometen a casarse, la dicha de los futuros esposos parece asegurada. ¿Qué posible obstáculo queda para la heroína de *María* (1867) y su adorado Efraín en la novela de Jorge Isaacs? Criados juntos en la próspera hacienda de su tío, la huérfana y su primo se han amado desde la niñez, y la relación quizás demasiado cercana que había suscitado reparos en la afectuosa familia, finalmente queda bendecida, con tal que los novios esperen hasta que Efraín termine sus estudios de medicina en Londres. Con tanto amor y tantos recursos, el romance resulta devastador al terminar trágicamente cuando, sin motivo aparente, María muere, víctima de una extraña enfermedad, antes que su amado pueda volver al hogar paterno.

María es la novela nacional de Colombia[2], y probablemente la de mayor popularidad en toda Hispanoamérica hasta hace muy poco. Ha sido más leída y más imitada que ninguna otra novela, y también ha sido tema de películas, tanto antiguas como recientes[3]. Su abrumadora acogida y su consagración canónica son aún más sorprendentes, casi perversas, ya que *María* dista mucho de la literatura comprometida que se hacía en Colombia y en el resto de América Latina[4]. Una novela como por ejemplo *Manuela*, de Eugenio Díaz publicada en *El Mosaico* durante 1858, fue patrocinada como "la novela nacional" por José María Vergara y Vergara. Las obras comparables de otros países solían ser "ficciones fundacionales" que proyectaban futuros idealizados para países en vías de desarrollo, con frecuencia tras agotadoras revoluciones y guerras civiles. Si el futuro parecía incierto, por lo menos esas novelas localizaban el problema que entorpecía el progreso del país. En cambio, *María* no proyecta el futuro ni encuentra obstáculos que intente resolver. Es, más bien, inexplicablemente triste, tan triste y reacia a decir por qué como los lectores privilegiados latinoamericanos cuando prefirieron el lamento de María por encima de los romances que abrazaron y legitimaron los amores heterodoxos.

Esta anomalía en el canon fundacional permanecerá inexplicable, aunque la novela misma la explique, durante todo el tiempo que sigamos persistiendo en ignorar el secreto a voces, anegarlo en lágrimas que han borrado la letra durante generaciones de lectura apasionada; como si la tristeza fuera más llevadera que la tragedia de conflictos insolubles, pasada por alto junto con el curioso detalle que cabe tan incómodamente en el canon como el infundado final de la novela. Me refiero al origen judío de María y de su tío, un origen exótico delatado ya por el nombre del novio. Después de más de un siglo de herederos y tocayos nacidos a las lectoras sentimentales, Efraín parecerá prácticamente autóctono en América Latina, pero sospecho que antes de 1867 el nombre flagrantemente hebraico habrá sido tan foráneo como el padre que se lo puso a su hijo. Ésta es la clave de su calamidad colectiva. En lo que sigue, propondré que el judaísmo sirve como figura de dos caras de la indecible diferencia racial en la sociedad hacendada: la diferencia entre blancos y negros. El judaísmo funciona como un estigma proteico que condena a los protagonistas de un modo u otro, como "aristocracia" de hacendados debilitada por la redundancia incestuosa de la misma sangre, *y también* como disturbio racial entre los blancos. La familia de hacendados de María o bien es demasiado conservadora y blanca para sostener alianzas con los liberales y llegar a ser una clase hegemónica, o no es lo suficientemente conservadora y blanca. El problema es por un lado la endogamia a nivel de clase, y por otro lado la exogamia corruptiva. Por los dos lados el paso al futuro está cerrado y la tragedia se sobredetermina. No importa cómo se formule, el problema es ser "judío", un problema de naturaleza doble que sirve de vehículo para representar el callejón sin salida de la clase hacendada cuya melancólica apología hace Isaacs.

El hecho de que la obra culmine trágicamente no es de por sí pesimista, pues otras novelas de la época, entre ellas *Francisco* (Cuba,

1839), *Sab* (Cuba, 1841), *Amalia* (Argentina, 1851), *Iracema* (Brasil, 1865), *Aves sin nido* (Perú, 1889), y *Cumandá* (Ecuador, 1879) recurren a la tragedia para animar un programa positivo que evite tragedias por venir. Mientras suscitan nuestra simpatía por los amores entre héroes y heroínas, estas obras también localizan un abuso social que obstaculiza el amor. Por lo tanto, apuntan hacia un estado ideal, tanto político como sentimental, que ha de producirse cuando se supere el obstáculo. De manera implícita, y a veces abierta, esas novelas exigen una solución posible para el romance fallido (léase también para el progreso nacional y la productividad).

No obstante, esas obras programáticas no pueden prepararnos para la tragedia de *María*. Ésta carece de causa política o social aparente, de odio racial y de conflictos regionales. A diferencia de otros romances donde el amor imposible entre los amantes (sectores) históricamente antagónicos subraya la urgencia de un proyecto nacional que reconcilie los antagonismos, en ésta la frustración no apunta hacia ninguna solución. Más bien aumenta, encona, sin remedio, en forma autodestructiva. María simplemente muere antes de que su prometido pueda regresar. De hecho, los amantes raras veces logran reunirse, de modo que el clímax de la muerte de María se presagia desde el comienzo.

La primera línea de la novela remite a la pérdida original causada por el padre del narrador protagonista que lo envía a estudiar en Bogotá. Entrar en ese orden simbólico de reglas y mediaciones es, efectivamente, salir exiliado de la intimidad transparente de la hacienda familiar llamada "El Paraíso".

> Era yo niño aún cuando me alejaron de la casa paterna para que diera principio a mis estudios... Me dormí llorando y experimenté como un vago presentimiento de muchos pesares que debía sufrir después. Esos cabellos quitados a una cabeza infantil, aquella precaución del amor contra la muerte delante de tanta vida, hicieron que durante el sueño vagase mi alma por todos los sitios donde había pasado, sin comprenderlo, las horas más felices de mi existencia (7)[5].

En el principio fue la privación, el desgarre que, paradójicamente, haría pensable y deseable la felicidad. Ahora convertida en una palabra y abstracción, la felicidad siempre se representa como la distante. En esas primeras líneas, Efraín contempla la ironía de que el sentimiento se vuelve expresable tan sólo después de que la experiencia desaparece. Antes de que le corten el mechón de cabellos en una castración simbólica, no existe temor a la muerte ni anhelo. Antes de la pérdida, el muchacho no experimenta la ausencia que hará necesario el recurso de la escritura, una ausencia que motiva la búsqueda del amor y que el texto respeta para poder seguir escribiéndose.

Dicho de un modo algo distinto, si esta obra hubiera permitido la plena felicidad de los amantes que confesaran su mutua pasión y permanecieran juntos, en lugar de una novela extensa y conmovedora, tendríamos una precoz *Liebestod* textual. El libro sencillamente tendría muy poco que contar después de "y vivieron felices para siempre". Ésa es por lo menos una razón estratégica de la cautela literaria de Efraín para no acortar la distancia entre él y María. "Nos separaría un sólo paso" (12). La frustración misma hace posible la narración. En las novelas más convencionales que dan cuenta de los obstáculos sociales y políticos que interfieren con el desenlace sentimental, a veces los amantes declaran su pasión al principio, porque los esfuerzos por vencer esos problemas han de llenar muchas páginas. Las obras extensas, como *Amalia, Enriquillo, Cumandá, Iracema, Aves sin nido*, y *Cecilia Valdés*, están repletas de complicadas intrigas y luchas extrapersonales, pero en *María*, nada de eso impulsa la historia, ni existe una competencia persistente por el poder erótico, como en el caso de *Martín Rivas*.

Además de la razón literaria para asegurar que Efraín no se extralimite en su relación con María, Isaacs incluye una restricción narrativa. Se trata de la salud delicada de la amada, minada por su naturaleza patológicamente apasionada. La enfermedad de María, "bella y transitoria…" (30), se había diagnosticado como epilepsia, el mal responsable de la muerte prematura de su madre. Como el médico le había advertido que los sobresaltos emocionales podían serle fatales, Efraín refrena la declaración amorosa capaz de ponerle fin a su vida. "Entre la muerte y yo, un paso más para acercarme a ella sería perderla" (41-42). Como veremos, esa enfermedad hereditaria es sintomática de un atolladero social insalvable (ese solo paso prohibido) que mantiene a los amantes separados más certeramente que cualquier tragedia personal. Sin embargo, por el momento debemos notar que lo único que le permite proseguir, tanto a la heroína de emotividad anormal como a la escritura carente de programa social, es el refrenamiento amoroso de Efraín.

De hecho, toda su relación con María parece consistir en una serie de órdenes restrictivas. Aunque la huérfana y su idolatrado primo se crían en la misma casa, son separados durante la mayor parte del tiempo. Aun cuando disfrutan unos breves períodos juntos en la casa entre ciclos escolares, estando evidentemente presentes el uno para el otro, su éxtasis se acrecienta mediante el mismo tipo de nostalgia futura o presagio de pérdida que Efraín recuerda en la primera página[6]. Por ejemplo, tras leer juntos la tragedia de *Atala*, Efraín observa "Mi alma y la de María... estaban abrumadas por el presentimiento" (31). Sus temores se justificarán. Pronto Efraín partirá para Inglaterra, y la muerte de María durante su ausencia dará cuenta de qué manera el refrenamiento había a la vez posibilitado e imposibilitado su amor.

En esta novela, el sentimiento de la pérdida parece siempre personal, en lugar de regional o nacional como sucede en otras novelas canónicas latinoamericanas del siglo XIX. La tristeza individual es algo que los lectores nos vemos obligados a compartir, y en ocasiones se nos apostrofa para asegurar que acompañamos al narrador en su llanto. "¡Los que no habéis llorado de felicidad así, llorad de desesperación si ha pasado vuestra adolescencia, porque así tampoco volveréis a amar ya!" (17). La novela entera se encuadra dentro de uno de esos apóstrofes contenido en el prefacio: "A los hermanos de Efraín". "Lo que ahí falta tú lo sabes;" —le dice Efraín al editor implícito— "Podrás leer hasta lo que mis lágrimas han borrado". "¡Dulce y triste misión! Leedlas, pues," nos dice el editor, "y si suspendéis la lectura para llorar, ese llanto me probará que la he cumplido fielmente".

Esa prolepsis de desastre personal organiza todo el texto. Por una parte, dota a *María* de su narrador en primera persona, el principal sufridor, quien cuenta su historia en nostálgica retrospección cuando ya María y la felicidad han desaparecido. "¡Corazón cobarde!..." se increpa con ira improductiva, "¿Dónde está ella ahora, ahora cuando ya no palpitas, ahora cuando los días y los años pasan sobre mi...?" (42). La estrategia narrativa es sumamente peculiar para la época y para el lugar de su composición, cuando otros novelistas latinoamericanos asumían posturas omniscientes, con miras hacia el porvenir. Es posible que *María* sea la única novela canónica de su época escrita al revés. Aunque la trágica *Iracema* despega al morir la heroína, el despegue incluye a su hijo y dentro del propósito de poblar Brasil. El revés en María no se endereza, desde la pérdida del amor y del orden patriarcal estable que añora el héroe, hasta la evocación de una presencia imposible[7]. "¡Ya no volveré a admirar aquellos cantos, a respirar aquellos aromas, a contemplar aquellos paisajes llenos de luz...: extraños habitan hoy la casa de mis padres!" (126). Otros romancistas probablemente se habrían contentado con dejar enterrado el pasado y mejorar o trocar lo que habrían considerado la esclavocracia semifeudal de Efraín, heredada de un orden oscurantista y colonial. Para citar sólo algunos ejemplos, José Mármol asocia ese orden con el pasado bárbaro de Argentina y con el dictador Rosas en *Amalia;* José de Alencar (él mismo dueño de esclavos) entierra a un noble pero obsoleto portugués para que su hija se fugue con *O guaraní* (Brasil, 1857) y establezca una nueva raza y sociedad; y el *Enriquillo,* de Manuel de Jesús Galván (República Dominicana, 1882), celebra la libertad y el legítimo señorío que España les otorga finalmente a los indios cimarrones.

La técnica retrospectiva y el tono nostálgico tan peculiar de *María* entre las novelas latinoamericanas de mediados de siglo, recuerdan otra obra notablemente similar. Al igual que *María,* ésta también recurre a una evocación casi masoquista de placeres inalcanzables, y emplea una línea narrativa reflexiva que se vuelve sobre el lector como un látigo para acrecentar el deleite sentimental. Me refiero a *Atala* (1801), de Chateaubriand, que claramente constituyó un importante modelo para Isaacs (junto a *Pablo y Virginia,* de Saint-Pierre)[8]. Al igual que Efraín, el viejo Chactas, quien sólo le sobrevive a Atala para llorarla, se pregunta retrospectivamente, *"Qui eût pu croire que le moment où Atala me donnait le premier gage de son amour seroit celui-là même où elle détruiroit mes espérances?"* (47) ("¡Quién hubiera creído, que el momento en que Atala me daba la primera prenda de su amor, era el mismo que escogía para clavarme un puñal en el pecho!")[9] (100). Las otras novelas latinoamericanas que compiten con *María* en su fidelidad a la obra de Chateaubriand (*Iracema, Cumandá* o *Enriquillo*) encauzan su línea narrativa hacia un tiempo progresivamente cronológico, corrigiendo, tal vez, el titilante mas poco productivo erotismo de ésa y otras novelas europeas. Efraín y María leen a Chateaubriand, como la heroína boliviana de *Soledad* (Bartolomé Mitre, 1847) había leído a *Julie,* y como el héroe chileno de *Martín Rivas* (Alberto Blest Gana, 1862) evidentemente había leído *El rojo y el negro.* Pero a diferencia de ellos,

los amantes colombianos no logran redimir o corregir la tragedia europea. La repiten como un destino propio, prescribiendo así su pérdida. El que *María* no altere nada y más bien siga fielmente la línea narrativa de Chateaubriand, subraya la identificación de Isaacs con el ánimo nostálgico del aristócrata francés venido a menos.

Tras la Revolución Francesa, tan severa con la noble familia de Chateaubriand, y tras una conversión religiosa que debió haberle provocado cierto sentimiento de culpabilidad por su propia complicidad con la Revolución, el autor de *Atala* y *René* apenas escribió sobre otra cosa que la pérdida y el remordimiento. No obstante, redimió esas breves tragedias como partes subordinadas dentro de un conjunto más alentador, *El genio del cristianismo* (1802). En ese tomo, por obra de la estatización del Cristianismo que había reaccionado al romanticismo revolucionario con un sentimiento igualmente sublime, el dolor se convierte en placer. Aparentemente, a Chactas le agrada contar su trágico romance con Atala, tal y como al celebrante cristiano le deleita recrear el divino sacrificio de Cristo. Si Efraín experimenta una paradoja similar, cabe preguntarse qué pérdida en la vida de Isaacs pudo haber sido comparable con la pérdida de la Francia prerrevolucionaria experimentada por Chateaubriand, y también cabe preguntarse sobre la causa de su posible remordimiento. Al adelantar algunas respuestas, también me propongo señalar unos acontecimientos principales en la historia colombiana desplazados y deformados en síntomas personales a través de esta novela que ha pasado durante casi un siglo y medio por un idilio indiferente a la historia.

El padre de Isaacs era un judío jamaiquino-inglés que llegó a Colombia en busca de oro, convirtiéndose al Catolicismo para casarse con la hija de un oficial catalán. De su docena de hijos, Jorge nació en Cali en 1837; o sea, justo antes de que los sectores gobernantes se dividieran definitivamente entre Liberales y Conservadores y se enfrascaran en lo que parecerían interminables guerras civiles[10]. Éstas, y las dramáticas barreras geográficas, le proporcionaron a Colombia la nada envidiable distinción de ser prácticamente el único país latinoamericano que no logró algún tipo de consolidación nacional durante el siglo XIX, lo que quizás explica por qué su novela nacional es tan anómala. Isaacs vivió en la cómoda hacienda familiar hasta que lo enviaron a la escuela en Bogotá, tal y como enviaron a Efraín en la semiautobiográfica *María*. En la capital, estudiaba con liberales cuando el gobierno

Radical Liberal del Presidente López respondió a una década de levantamientos de los esclavos[11] aboliendo la esclavitud en 1851[12]. Quince años después, la novela nostálgica de Isaacs se queja de que nada se logró. En lugar de fomentar nuevos proyectos nacionales capaces de reconciliar a Conservadores y Liberales, la abolición precipitó una Guerra Civil en Antioquia, el Cauca de Isaacs, y otras provincias esclavistas meridionales[13]. Al volver a casa y encontrar que tanto la salud como la fortuna de su padre se habían deteriorado, Isaacs se unió a la lucha por proteger los privilegios de su familia. Primero en 1854, y luego en 1860, se alistó en las fuerzas gubernamentales para suprimir rebeliones liberales izquierdistas. Mientras tanto, conoció y pronto se casó con Felisa González, tan sólo una niña, a quien describe en los términos idealizados que emplearía para María[14]. En 1863, cuando su patrimonio ya estaba en ruinas, fue a Bogotá para defenderse de sus acreedores, y finalmente, en 1865, aceptó un trabajo como inspector de la carretera que se construía a lo largo de la selva de la Costa del Pacífico. Allí comenzó a escribir *María*.

Todavía como conservador en 1866, Isaacs era diputado al Congreso por su región y director de un periódico conservador cuando, repentinamente, hizo públicas sus nuevas simpatías hacia el ala Radical del Partido Liberal[15]. Pero estos desplazamientos de lealtad tan aparentemente drásticos no eran demasiado sorprendentes, sobre todo porque los Radicales *laissez-faire* favorecían la exportación de un monocultivo y tendían a aliarse con los latifundistas conservadores, productores de los bienes que más se vendían en el exterior[16]. Lógicamente, ambos se oponían al ala izquierda, "draconiana", del Partido Liberal, compuesta por los artesanos, fabricantes y pequeños agricultores que luchaban a favor del proteccionismo y en contra del libre comercio. A Isaacs le gustaba atribuirle su cambio político al progreso intelectual, por ejemplo, cuando le comentó ufano a un crítico conservador, "he pasado de las sombras a la luz"[17]. Pero dadas las alianzas políticas de la época entre los llamados radicales y los conservadores, y dados los lazos de su familia con el comercio anglo-jamaiquino, esa precoz conversión era poco espectacular. Su verdadero rompimiento con el conservatismo y el Catolicismo (Isaacs se hizo francmasón) se produciría en 1868, un año después de la publicación de *María*, cuyo éxito inmediato e innumerables ediciones piratas dejaron al autor tan pobre como antes. Sólo con la "Guerra Santa" de 1875, cuando la

Iglesia misma reclutó ejércitos, los conservadores teocráticos finalmente se opusieron a los radicales, quienes insistían en la separación de la Iglesia y el Estado[18]. Una vez más, Isaacs defendió al gobierno central, pero esta vez era antioligárquico y antieclesiástico. Y para 1880, como el autoproclamado "Presidente de Antioquia", defendía los derechos federales y el libre comercio en contra de la política centralizadora y proteccionista del Presidente Independiente Liberal Núñez[19].

Más que una progresión, la vida de Isaacs resulta ser un estancamiento entre los privilegios de los conservadores basados en la aparente homogeneidad de la clase gobernante y el liberalismo ilustrado que le prometía iguales derechos y oportunidades al entonces empobrecido escritor. Isaacs parecía fluctuar entre intentos repetidos y fallidos por recobrar el orden patriarcal de su niñez, y la lucha por establecerse en una nueva economía comercial[20]. Esa indecisión quizás se debía a una postura equilibrada que prefería no tomar partido, ya que la parcialidad tendría poco sentido para un ex hacendado y negociante fracasado que tenía que arreglárselas en medio de todo un país que lo había dejado atrás. Sin embargo, Issacs siguió participando en la vida política, y Jaime Mejía Duque concluye que lo hizo con una mala fe crónica; cualquiera que fuera la empresa comercial fallida o la campaña política frustrada en cuestión, la culpa siempre residía en los demás. Tal (im)postura política y económica, que decía desear el progreso mientras constantemente gozaba del privilegio de desplazar la responsabilidad, habrá sido consecuencia de lo que Mejía Duque describe como la petulancia poética de Isaacs. Aunque éste lamente su frustrado potencial como escritor privado de un espíritu creador original, es la repetida frustración de ese potencial lo que motiva su novela[21]; es decir, parecida a la frustración que mantiene a Efraín a un paso de María.

En una primera lectura, *María* es la evocación nostálgica que hace Isaacs de un mundo semifeudal ya desaparecido, sin miras al futuro ni propósitos de intervenir en la historia del país. De hecho, para algunos lectores no es en absoluto una novela histórica[22]. Al contrario, y a pesar de lo que diga uno que otro apologista[23], la obra parece dar cuenta del estancamiento o retroceso de la historia y de las aspiraciones de construcción nacional. Dicho de otro modo, la novela no es fundacional sino disfuncional al demoler cimientos y cancelar proyectos en una crisis insoluble; es una representación del fracaso que funda cierto tipo de identidad peculiar, una identidad basada en la nostalgia de un pasado coherente, reproductivo y estático[24]. Al igual que *Werther*, al que se suele atribuir una serie de suicidios posteriores a su publicación y que en general sembró la tristeza del pesimismo entre los jóvenes europeos, a *María* se le ha acusado de fomentar el derrotismo improductivo[25].

No obstante, una segunda lectura, si bien posicionada literalmente desde los márgenes de la vida hacendada, parece predecir la ambivalencia política de Isaacs entre el conservatismo nostálgico y el *laissez-faire* liberal[26]. Esa interpretación subraya los romances dinámicos y fructíferos, en el trasfondo fuera de la casa grande, que culminan felizmente[27]. En otras palabras, más allá de la tragedia que se percibe a primera vista, la novela apunta quizás hacia una renovación nacional basada en los agricultores arrendatarios y los labradores independientes, una renovación "draconiana" que necesitaba sacrificar la plantocracia, aunque a la larga sería derrotada a su vez por el capital extranjero. Los romances periféricos ayudarían a compensar la tragedia de María y Efraín con relaciones más adecuadas a las Américas, si los lectores, convertidos desde el prólogo en los "hermanos de Efraín", se dejaran sentir una felicidad ajena al hacendado. *María* ha sido imán y ejercicio espiritual para los latinoamericanos, reacios pero resignados a cambiar la vida señorial por una modernidad más racional y menos refinada. No hay ficción fundacional que dé cuenta, como lo hace *María*, de cuánto tienen que sacrificar los privilegiados criollos al trocar el dominio por la hegemonía negociada. Tampoco hay novela decimonónica más popular. Así pues, en lugar de un Werther, el héroe y narrador de la obra parece ser un Oblomov cantando la canción de cisne de una aristocracia que, a raíz de la abolición de la esclavitud, está más (como en el caso del ruso) o menos (como en el caso del colombiano) en vías de cederle decorosamente su hegemonía a los sectores medios de la sociedad. *María* es más patética que irónica, más desafiante ante la pérdida inevitable y más pesimista que *Oblomov*. Como para subrayar el sufrimiento de Efraín mediante el efecto del claroscuro, los romances marginales felices que deberían suavizar la experiencia de la pérdida, sólo logran agudizarla. De hecho, se sospecha que resultan felices a expensas del héroe.

La clase aristocrática a la que pertenece Efraín era obviamente vulnerable a la usurpación, como se podrá adivinar de las alusiones a los litigios por bienes raíces y de las complicaciones comerciales sufridas por los dueños de plantaciones[28]. Y esa vulnerabilidad se hace tanto más evidente al consultar otras fuentes. Los textos de historia indican que además de liberar a los esclavos, la política *laissez-faire* de los liberales puso mucho empeño en acabar con las costumbres coloniales sobre la tenencia de tierras[29]. Las reformas agrarias liberales privaron a los dueños de plantaciones de sus rentas tradicionales, y expropiaron terrenos de la Iglesia para venderlos[30]. Esa plantocracia, debilitada política y económicamente, también estaba atrapada por la geografía. El fértil Valle del Cauca de Isaacs, tan productivo para el sistema paternalista autosuficiente, quedaba desgraciadamente aislado de los mercados externos necesarios para el nuevo comercialismo[31]. ¡Cuánto se complica y se tarda el viaje de regreso de Efraín, por tierras irregulares y por el Río Magdalena botado y borroso, mientras María pierde la vida esperándolo! Una de las ironías en la vida de Isaacs fue que justo después de perder su hacienda a manos de un capitalista norteamericano astuto y trabajador (quien, a propósito, volvió a hacerla rentable)[32], supervisaría la construcción de una carretera que mejoraría el acceso a los mercados. Si a la pérdida de los privilegios asociados con la tierra, y a los desgastes económicos acarreados por la abolición de la esclavitud y el aislamiento, se les suman las devastadoras guerras civiles declaradas por la esclavocracia contra el gobierno liberal, es posible formarse una idea de la inevitable ruina de la clase hacendada[33].

Efraín admite cierta culpa a nivel de clase por la inestabilidad social y la consecuente ruina al mencionar los abusos de sus pares; a saber, la insensibilidad de Emigdio hacia su joven esclavo cuyo brazo fue triturado en el ingenio azucarero (53), y el oportunismo que Carlos y su padre demuestran al cortejar a María por su dote (89). Sin embargo, el verdadero caballero hacendado es inocente de las prácticas que hicieron a los amos odiosos a sus esclavos y que provocaron rebeliones masivas por toda el área, rebeliones que nunca se dejan entrever en la novela. Ese amo ejemplar es el padre de Efraín, cuyo hijo observa, "Pude notar que mi padre, sin dejar de ser amo, daba un trato cariñoso a sus esclavos, se mostraba celoso por la buena conducta de sus esposas y acariciaba a los niños" (14)[34]. Efraín imita su amable paternalismo cuando, ante el horror de Carlos y su padre, hace que el arrendatario Braulio se beba la taza de café que le habían servido a él (89). Pero los gestos igualitarios ni trastornan, ni logran preservar, el orden fundamentalmente jerárquico[35]. La falta de capital, de acceso a los mercados, de mano de obra esclava, o simplemente la falta de energía y respeto hacia el trabajo que mostraba la nueva clase comercial; la hermosa y dotada sociedad hacendada muere de asfixia, así como muere María en la novela.

¡Qué pena que muera María! En términos de la trama, su fallecimiento no tiene sentido, me permito insistir. Hubiera sido ideal como la futura esposa de Efraín, pues además de ser tímida y mostrar la casi servil devoción que tanto parece agradarles a algunos lectores (notablemente varones), también es determinada y audaz. Ello se nota claramente, por ejemplo, cuando se sube a lo alto de una roca resbaladiza en la entrada de la hacienda para espiar la llegada de Efraín (127), o cuando orgullosamente monta un caballo apenas domado, haciendo alarde de ser más valiente ("más guapa", en su robusta habla coloquial) que Emma (133). Efraín también merece ser feliz. Hijo obediente y alumno ilustrado, igualmente combina el heroísmo viril (mata el tigre) y la sensibilidad exquisita, a veces "maternal" (269). Al buen estilo romántico, en esta novela hay una tendencia general hacia el cruce de géneros entre héroes y heroínas. Los alegres vecinos Braulio y Tránsito son ejemplares (62), como lo es también Carlos con su "rostro de porcelana" (78). En suma, Efraín es el protagonista típico para lo que debió ser una novela fundacional más afortunada. Incluso, como para amoldarse más perfectamente al patrón ideal, él y María son primos, como lo son los felices Braulio y Tránsito y los protagonistas de muchos romances fundacionales. La novela parece indicar, por lo menos, que los compañeros perfectos son los que más se acercan a nivel de clase y de trasfondo. El romance legítimo entre Salomé y Tiburcio, amenazado por el interés del blanco Justiniano por la mulata (197-209), deja claro que los cruces raciales y entre clases son sospechosos, porque la desigualdad conlleva la explotación, o por lo menos la inestabilidad. Pero una nueva posibilidad menos colonial y más "hegemónica", que ya es familiar en otras novelas nacionales, se anuncia a través de Emigdio, quien probablemente es un hacendado reciente, a juzgar por sus graciosos modales rústicos. Como él mismo señala, osa casarse por debajo de su rango para que su esposa le sirva a él, y no él a ella (57)[36].

Si nos esforzáramos por hallar alguna explicación de la tragedia central, quizás observaríamos que Efraín y María estaban demasiado emparentados, siendo más como hermanos, cuyo amor hubiera sido redundante en el proyecto de fundar una familia nacional, que como primos, cuyo romance podría haber integrado esa familia y sus caudales. Sin embargo, el tabú del incesto no entra en juego aquí, como haría en *Cecilia Valdés, Aves sin nido* o *Cumandá*, donde los amantes son realmente hermanos de sangre. Al contrario, los lazos familiares entre Efraín y María, así como el hecho de que ella posea una dote independiente que habría de traer al matrimonio, parecen unirlos tanto más inevitablemente, de la misma manera que unen a los primos/amantes que se crían juntos en *Enriquillo*, por ejemplo. De hecho, en *María* no parece existir tensión alguna, salvo la veta nostálgica desde una perspectiva, y el presentimiento de la pérdida desde otra. A pesar de toda una gama de crisis que la política y la economía les ofrecían a los escritores colombianos después de 1860, ninguna de esas dificultades aparece en la novela. Sólo aparece una hermosa joven moribunda cuya muerte condena a Efraín a una vida de ultratumba no (re)productiva.

¿Qué tiene esa niña que la incapacita para tener los hijos que perpetúen la familia de Efraín? En otras palabras, ¿por qué está ese romance destinado a jamás acortar la escasa distancia entre los amantes? Naturalmente, cualquier lector del libro o espectador de sus versiones fílmicas sabe por qué, y lo he señalado anteriormente. La niña está enferma, y muere de la misma enfermedad que mató a su madre. "Es exactamente el mismo mal que padeció su madre... una epilepsia incurable". (32) diagnostican, aunque luego contradice el análisis: "El doctor asegura que el mal de María no es el que sufrió Sara" (45). Cualquiera que sea su condición fatal, está claro que María, y no otro personaje, adolece incurablemente. ¿Por qué queda ella condenada por la novela? El que María haya sido o no alguien en la vida de Isaacs[37] importa menos aquí que el hecho de que su enfermedad y muerte parezcan convincentes, irremediables, y que presagien la ruina general. Es ella quien hace fracasar el proyecto familiar. El padre de Efraín le advierte que "María puede arrastrarte y arrastrarnos contigo a una desgracia... tratándose de tu porvenir y el de los tuyos... ¿Lo arriesgarías todo?" El impávido amante responde "Todo, todo" (39-40).

Siendo el único síntoma de crisis en esta novela, es importante saber por qué *ella*, precisamente, padece de enfermedad y por ello causa la ruina de todo un sistema social del "Paraíso." El causante pudo haber sido igualmente Efraín, quien podría haber contraído pulmonía en el frío y la humedad de Londres, o más plausible su padre, quien estaba al borde del colapso físico y económico. Consideremos por un instante el argumento a favor de atribuirle el desastre al padre antes de soslayar su responsabilidad como lo hizo Isaacs. Entre las situaciones sin salida en esta novela se encuentra el anhelo por un mundo paternalista, sosegado y amable, y simultáneamente se siente el pavor ante un paternalismo que suele, a veces sin darse cuenta, causar injusticias. Ya vimos que la novela no vacila en señalar los abusos en contra de los esclavos por parte de los adquisitivos y rudos Emigdio y Carlos, pero sólo con renuencia admite las faltas del padre de Efraín. No obstante, es concebible que los abusos de poder como los que sufre el mismo héroe a manos del padre benévolo pero autocrático que lo aleja del edén familiar, impulsaron progresivamente a Isaacs hacia el lado contrario en el Congreso.

El padre de Efraín es responsable tanto de su primera como de su fatal separación de María, y sin embargo, salvo por un pequeño desliz que su madre aprueba, el hijo sólo muestra respeto y admiración por él. El padre lo controla todo, incluidos los términos del compromiso entre María y Efraín; eso es, el retrasar la boda hasta que Efraín se reciba de médico. "Di a Efraín ahora... las condiciones con que tú y yo le hacemos esa promesa", le indica el padre a María (161), quien en lugar de declararle su amor a Efraín en ese momento supremo, exclama "¡Qué bueno es papá!" (161). Ciertamente, la bondad de don Jorge cancela el derecho a una rebelión edípica, porque este Edipo perfectamente socializado, no desea otra cosa que reemplazar a su padre y ser como él, un hacendado y patriarca que permanece en su casa. Desgraciadamente, el respeto por la ciencia y la ambición del padre por lograr el progreso (¿capitalista?) hacen que el hijo tenga que partir. No puede evitarse; los habitantes del "Paraíso" necesitan de médicos, como bien lo comprueban la condición de María y el restablecimiento más afortunado del padre. La educación de Efraín lejos de su hogar había sido clave para evitar la bancarrota de su padre y, sin embargo, al final de la novela se retrasa indefinidamente la recompensa de la obediencia filial, provocando que en su última carta María se queje "Si no hubieran interrumpido esa felicidad, yo habría vivido para ti" (234). A pesar de sus virtudes y de sus planes para el progreso, o más bien a causa de esas virtudes y esos planes, el padre tradicional y bien intencionado resulta ser el origen ingenuo de la desgracia[38].

Y aunque mucho más ingenua, María es el vehículo de la ruina. Puede que esto sea la expresión de una fantasía romántica improductiva sobre la doncella perfecta que debe morir antes de convertirse en mujer experimentada[39]. En todo caso, el romance entre el propio Isaacs y Felisa no parece haber sobrevivido al matrimonio por mucho, ya que él evidentemente prefería viajar o permanecer en la capital a quedarse en su casa con ella y sus nueve hijos. Por otra parte, la muerte de María quizás represente la trampa del deseo incestuoso inefable, que intenta restablecer cierta unión inmediata del primer amor (materno). No niego esas posibles interpretaciones, y de hecho volveré sobre el tema del incesto, pero por el momento prefiero enfocar otra interpretación capaz de explicar por qué se ha seleccionado a María, y específicamente su incapacidad para contraer matrimonio y procrear, como el único signo de la descomposición social en esta novela de crisis. En esta interpretación, así como en los textos históricos que le sirven de trasfondo, la crisis que precipita la descomposición es en gran medida racial. Por una parte, los amantes son racialmente redundantes, como lo eran los hacendados blancos que rehusaron integrarse con sus esclavos recién liberados aun a nivel de mitología nacional; pero por otra, constituyen una diferencia racial corruptiva, diferentes el uno del otro y diferentes de sí mismos.

Es verdad que ambos amantes son, aparentemente, blancos, si los judíos pueden legítimamente ser blancos dentro de un código decimonónico que por lo general asocia lo étnico con la raza, o de hecho, en cualquier otro código. En efecto, su blancura se ve afectada por su identidad judía previa, más cercana en el caso de María, y exitosa, o por lo menos efectivamente suprimida, en el caso de Efraín. El padre de éste (como el de Isaacs) originalmente es un judío inglés de Jamaica que se convirtió para poder contraer matrimonio con la hija de un capitán español (18). Salomón, el primo de don Jorge, gustosamente también, se habría convertido, y más tarde le ruega a Jorge que rescate a su hija, física y espiritualmente:

> Las cristianas son dulces y buenas, y tu esposa debe ser una santa madre. Si el cristianismo da en las desgracias supremas el alivio que tú me has dado, tal vez yo haría desdichada a mi hija dejándola judía. No lo digas a nuestros parientes; pero cuando llegue a la primera costa donde se halle un sacerdote católico, hazla bautizar y que le cambien el nombre de Ester por el de María. (18)

Es interesante notar que Justo Sierra padre, el padre del leal amigo de Isaacs, también le había puesto el nombre de la Virgen María a su heroína conversa en *La hija del judío*, publicada por entregas entre 1848 y 1850[40]. Sin embargo, Sara, la esposa de Salomón (cuyo nombre también era el de la abuela y la hermana de Isaacs), era obstinadamente judía y no quería saber de la conversión (18). No es coincidencia que también padeciera una epilepsia incurable. Por lo menos un crítico ha notado la naturaleza posiblemente diabólica de la enfermedad que parece neutralizarse en el ambiente libre y sin prejuicios del Nuevo Mundo[41]. Sin embargo, la asociación entre el judaísmo y el mal racial seguirá rondando la novela, tal y como debió perseguir a Isaacs cada vez que un adversario político, o cualquier antisemita, decidía insultarlo llamándolo "el judío"[42]. Se sentía cada vez más marginado y presionado a buscar nuevos terrenos sociales y económicos, fuera de Colombia. Inclinado hacia Argentina, por ejemplo, pidió permiso para ser enterrado allá y así evitar la ignominia en su patria. En 1881 Isaacs le dedica al General Roca el poema narrativo "Saulo", el patriarca judío. Entre sus defensas de la diferencia imborrable y su desafío al menosprecio de su origen racial y cultural, hay un poema de junio de 1882 titulado "La patria de Shakespeare", que empieza así: "¡Patria de mis mayores! Noble madre / de Israel desvalido, protectora, / Llevo en el alma numen de tus bardos / mi corazón es templo de tus glorias"[43].

Para la época de *María*, no obstante, el desafío todavía no había reemplazado la vulnerabilidad del que anhela la aprobación general. La novela reconoce algo de la vulnerabilidad económica a través de la crisis de don Jorge, pero más allá existe algún mal inefable que parece perturbar el bienestar espiritual y físico de la familia, haciéndolo incómodamente receptivo a las presiones externas. A pesar de la aprobación paterna y de la confianza mutua entre María y Efraín, todo lo cual debería haberles asegurado la estabilidad y la satisfacción, su romance sufre a causa de una fuerza fuera de su control. El narrador no se atreve a decir lo que demuestra ampliamente: que la misma heroína idealizada es la que perturba la estabilidad de la familia mediante su enfermedad hereditaria. María, que cabe perfectamente en el lánguido mundo de los hacendados católicos, también queda aislada por su herencia racial, del mismo modo en que Isaacs pudo haberse sentido aislado por su historial de judaísmo en el militante catolicismo del Sur.

La en apariencia poco complicada conversión de su padre y su propia crianza devotamente cristiana, jamás borraron la mancha de sangre[44].

Si cualquier otra persona hubiera causado el desastre en la novela, habría sido el único otro personaje que nació judío; es decir, el padre de Efraín quien casi muere de una enfermedad causada por el pánico económico. Él también es un extranjero perenne que suele recordar su patria ("En mi país..." [38]), a pesar del estado ejemplar que Isaacs intenta darle dentro de la esclavocracia colombiana. Mas el padre se salva de las crisis económicas y físicas, quizás porque se convirtió durante la lucha por la Independencia cuando la diferencia entre el Yo criollo y el Otro español aparentemente tomaba precedencia sobre antagonismos internos entre los nuevos "granadinos", o porque su libre decisión de convertirse no mostraba rastros del pasado, ruptura o descontento por parte de sus padres. Por otra parte, a María la convirtieron a los tres años, a pesar de la indignación implícita de su madre. Esta Ester no puede "salir" y afirmar su diferencia en el momento que decida, como lo hicieron sus homónimas en la Biblia y en el texto de Proust[45]; su secreto ya es información obscenamente pública, no disponible para una estrategia liberadora o catártica. En todo caso, don Jorge representa un trasfondo de este trágico callejón sin salida que su judaísmo prepara en términos de la alegoría racial que leo aquí. Si interpretamos su "raza" como figura de la esclavocracia, la obsolescencia implícita de la religión judía proyecta una sombra sobre la clase hacendada, y si la interpretamos como un disturbio racial dentro de esa clase, una vez más el judaísmo representa la decadencia, porque los hacendados no podían tolerar los cruces raciales o de clase; la resistencia a la "nueva sangre" anuncia el fin de los aristócratas en un mundo de trabajo libre y relaciones generalmente capitalistas. El hecho de que los Isaacs y otras familias "judías" fueran fácilmente asimiladas a la clase latifundista en el Valle del Cauca[46], no eliminaba su diferencia con los criollos más antiguos. Presumir, como lo han hecho varios comentaristas, que en Antioquia, la provincia vecina, se jactaban de tener una concentración de inmigrantes judíos felices y que además el nombre de la provincia venía de una antigua comunidad en Siria, es pasar por alto la intensa polémica sobre el estigma difamatorio de ser judío y esa diferencia estuvo a la disposición de Jorge Isaacs como signo de la mayor e irreconciliable tensión racial[47] que minaba la clase de los hacendados.

La raza judía lleva una sombra en esta novela, una enfermedad hereditaria, o por lo menos una pigmentación particular, que esta familia devotamente cristiana intenta blanquear. La versión fílmica colombiana de 1972 de *María*, dirigida por Tito Davison, resuelve la dificultad mucho más sencillamente al eliminar toda mención del complicado pasado judío de la familia, como si ello pudiera estropear el romance nacional. La traducción inglesa de la novela por Rollo Ogden, publicada en 1890, ya había mitigado el problema mediante una traducción parcial y elíptica. Presumiblemente para atraer a un público angloparlante, Ogden suprimió gran parte del sentimentalismo efusivo de Isaacs, y por alguna razón (quizás imaginable) también eliminó varias referencias a los judíos. Pero en la quizás menos pulcra novela de Isaacs, el esfuerzo por contener el judaísmo de la familia parece estar entorpecido por su propia ambivalencia y por la memoria de la inflexible madre de María. Su maldición de muerte pesa sobre el escenario, como si estuviera vengando la traición de su hija contra la religión familiar.

Tal interpretación no es realmente forzada, pero sí es lacónica, y es aquí donde el debate en torno a la importancia relativa de las fuentes de Isaacs cobra nuevo interés. Los espacios en blanco de la interpretación se rellenan con la insólita (y dadas las diferencias religiosas, irónica) impresión de *déjà-vu* aportada por los lectores del modelo favorito de Isaacs, *Atala*[48]. La causa de la tragedia de Chateaubriand es explícitamente el espectro inflexible de la madre de Atala, una india que se había convertido al Catolicismo. En su lecho de muerte, ella obligó a su hija a jurar preferir la muerte sobre el matrimonio con un pagano, y para mayor seguridad, extendió la restricción a todos los hombres, pues la moribunda supuso que Atala jamás conocería a ningún joven cristiano. Unos años después, Chactas, quien efectivamente era pagano (las madres no se preocupan en vano), observó a su amada mientras ella le "dirigía continuamente súplicas a su madre, cuya sombra irritada parecía querer aplacar", (114) y la niña es vencida por una paradoja que sólo una *Liebestod* cristiana puede resolver. Exclama, "¡Oh madre mía! ¿por qué hablaste así? ¡Oh religión que ha causado a la vez mis males y mi felicidad, que me pierde y que me consuela!" (127). "¡Pero tu sombra, madre mía tu sombra estaba siempre delante de mí, dándome en rostro con tus tormentos! yo oía tus ayes, y veía las llamas del infierno consumirte" (128). En contraste, el espectro de Sara no habla; se deja sentir sólo a través de la enfermedad que le lega a su hija. Quizás sea simplemente una herencia inevitable y aborrecible, pero las semejanzas estructurales con *Atala* también sugieren que esta madre debió sentirse atormentada al ver a su hija no tan sólo convertida, sino también enamorada de un no judío.

Si Isaacs no hubiera dado otra señal de ambivalencia respecto a su identidad judía, esta deuda textual con *Atala* habría bastado para sugerir que la valoraba, o que por lo menos sentía algún remordimiento por haberla "corregido". Por una parte, el judaísmo es una diferencia no redimible que se atrevió a contaminar un orden aristocrático basado en la distinción racial claramente marcada. Por otra parte, es una identidad milenaria, que puede sentirse tan orgullosa como cualquier aristocracia. Efraín la admira en el "paso ligero y digno" de María, que "revelaba todo el orgullo, no abatido, de *nuestra* raza" (13 énfasis mío). Desde cualquiera de las dos perspectivas, la familia de conversos y cristianos está condenada. María o bien muere porque su judaísmo era una mancha, o bien porque su conversión fue un pecado.

Algunos años antes de que Isaacs escribiera esta novela, Benjamín Disraeli causó cierto furor con sus romances históricos orientalistas[49]. En ellos, la raza judía era la aristocracia más antigua y continua, lo que motivó que un biógrafo escribiera: "Lord Beaconsfield era de ascendencia extranjera, aunque no oscura"[50]; o sea, difícilmente el advenedizo social que algunos observadores se imaginaban. Sería interesante preguntarse si Isaacs conocía o había leído *Alroy* (1842), *Coningsby* (1844), *Sybyl* (1845) o *Tancred* (1847), de Disraeli, todas escritas tras una gira por el Oriente y un peregrinaje a Jerusalén que llevaron al apasionado asimilacionista británico a glorificar la deuda del cristianismo con el judaísmo[51]. Aun si Isaacs no las hubiera leído, debió haber conocido un modelo inglés mucho más difundido que le habría servido tanto o mejor. Me refiero a *Waverly* (1814), de Walter Scott, que subraya nostálgicamente el romance entre Fergus y Flora, los primos/amantes étnicamente precarios cuya muerte marca el final de la nobleza indígena de los jefes montañeses escoceses. Como María, esos amantes son admirables pero anacrónicos y son sacrificados a la modernidad, respectivamente, tanto por el autor judío como por el escocés, porque la modernidad les prometía la asimilación al espacio de poder que no admitiría distinciones étnicas[52].

Sin embargo, junto a las dulces despedidas a judíos y aristócratas del Viejo Mundo existía un peligro, el peligro de que los anacronismos sobrevivieran. Y como la nobleza, los judíos producirían vástagos cada vez más débiles y enfermos. Así es que el anverso de la autodefinición estratégica de Disraeli como aristócrata que no necesitaba competir con la nobleza inglesa, es la estigmatización de las prácticas de crianza judías[53]. Aunque el incesto entre primos aparentemente no sea tabú en otras novelas latinoamericanas del siglo XIX, ni tampoco en *Waverly,* resulta ser una marca de diferencia racial en *María* para un lector colombiano como el ex Presidente López Michelsen, quien toma la oportunidad de proyectar la costumbre de la discriminación racial sobre la parte ofendida: "María, que se confunde en el coro de las hermanas, con la gente de la sangre de Efraín, es lógicamente la esposa indicada en las concepciones racistas del pueblo escogido"[54]. Para la mayoría de los lectores del siglo XIX, los judíos eran "aristócratas" sólo por analogía con las patologías asociadas con los matrimonios endógamos, prácticamente incestuosos, que lentamente deterioraban la cepa. Por lo tanto, el que formaran parte de la más antigua aristocracia habrá significado tan sólo que sufrían un mayor grado de decadencia espiritual y física. Sander Gilman nos informa que para fines de siglo, a los judíos, como a los negros, a menudo se les consideraba enfermos debido a su sexualidad "aberrada", constituida por el incesto en el caso de los judíos, y la lascivia en el de los negros. Según Gilman, "La sexualidad del negro, como la del judío, se clasificaba como enfermedad. En ambos casos, la patología era una que articulaba muchas de las fantasías sexuales públicamente reprimidas de fines de siglo"[55]. Sin embargo, la patología de María no logra distinguirla racialmente de su amante "normal". Efraín/Isaacs no podía tomar una distancia prudente de la enferma a pesar de su entrenamiento médico, porque parte de su dilema y ambivalencia es que a los judíos se les ha acreditado con el poder de curar las enfermedades durante sólo un poco más de tiempo del que se les ha acusado de propagarlas (nos viene a la memoria, por ejemplo, la obra increíblemente popular de Eugenio Sue *El judío errante* (1844-45), a cuyo personaje titular le persiguen brotes de cólera en su recorrido por Europa)[56].

De hecho, Isaacs da muchas señales de ambivalencia. En cierto momento, Efraín explica con indulgencia, o con desdén, la superstición de su padre como vestigio de su judaísmo. "A mi padre le impresionaron los aullidos; [Ogden suprime el resto de la oración:] preocupaciones de su raza de las cuales no había podido prescindir por completo" (77). Sin embargo, en varios otros momentos, el héroe y la heroína se muestran igualmente supersticiosos a propósito de un ave negra que repite su vuelo amenazadoramente cercano. María confiesa que habiendo entrado en el cuarto de Efraín con la madre de éste, "vimos posada sobre una de las hojas de la ventana, que agitaba el viento, un ave negra...; dio un chillido que yo no había oído nunca, pareció encandilarse un momento con la luz que yo tenía en la mano, y la apagó pasando sobre nuestras cabezas a tiempo que íbamos a huir espantadas" (129; ver también las págs. 29, 33 y 196, 203). Por supuesto, el ave negra podría ser el espíritu vengador de Sara que se opone a la luz del Catolicismo[57]. Incluso, podría ser la señal, más visible e igualmente negra, de otra amenaza de diferencia racial en el mundo de amos y esclavos.

Quizás sea en su descripción de María misma donde Isaacs se muestre más ambivalente. Mejor dicho, es más bien excesivo al describirla como distinta de cualquiera de sus dos seres ideales, pues la pinta a la vez como judía admirable y como cristiana ideal. Le fascinan simultáneamente y en la misma oración la inescrutabilidad y profundidad que asocia con "las mujeres de su raza" (10). "Su paso ligero y digno revelaba todo el orgullo, no abatido, de nuestra raza" y al mismo tiempo "el seductivo recato de la virgen cristiana" (13)[58]. También se puede imaginar cuán perturbadora sería su complicada identidad cristiana para los hacendados que, después de 1851, distinguían defensivamente entre el Yo blanco y los Otros no europeos. Las repetidas referencias a la raza de María, que bajo la pluma de Efraín a veces se deslizan como la "nuestra", los hacen a ella y él indeleblemente Otros. Aquí, el judaísmo es un factor determinante biológico, fijo, y señala, entre otras cosas, lo que para muchos lectores del siglo XIX era una sexualidad irreprimible. Los judíos, los negros, los gitanos, todos esos Otros morenos (incluyendo a los histéricos y los dementes con quienes frecuentemente se confundían) eran los repositorios de la sexualidad "reprimida" tan característica de la cultura burguesa. Para ilustrar esa indiferenciación de lo diferente, a Gilman le gusta citar *Carmen* (1845) de Próspero Mérimée. Al verla por primera vez, el narrador observa que Carmen "podía ser mora o... [me detuve en seco, sin osar decir judía]"[59]. Aunque la ascendencia inglesa de María suaviza tales asociaciones, su relación con Jamaica (como la de Jane Eyre y Cora Munro en *El último mohicano*) probablemente las refuerza. Por supuesto, los varones blancos cristianos razonables no eran propensos a los excesos y las perversiones. Donde surgían, eran provocados por hembras seductoras, a menudo prostitutas (en Europa muchas veces judías, y de allí a Argentina, por ser mujeres quintaesenciales, de feminidad cruda e indomesticada). La diferencia sexual prácticamente las constituía en una especie distinta de los hombres, por lo que las emparentaba con grupos racialmente diferentes[60].

El que María estuviera marcada doblemente como racial y sexualmente distinta de los poderosos hacendados pudo haber establecido su afinidad particularmente problemática con otra virgen del mismo nombre. Tal vez su devoción a la Virgen María se relacionaba con su espiritualidad judía, o hasta con cierta identificación narcisista con la divina y maternal doncella judía cuya imagen asemeja. Tránsito, entre otros, reconoce "la notable semejanza entre el rostro de su futura madrina y el de una bella Madona del oratorio de [su] madre" (115). Esa Virgen María con toda probabilidad era marcadamente semítica, porque Isaacs se aseguró de que su María se concibiera visualmente como una belleza judía. Incluso llegó a sugerir que cierto retrato de la heroína ficticia habría sido más perfecto si hubiera tenido una nariz judía[61]. La devoción de María también habrá tenido otro motivo de índole narcisista: eludir el Cristianismo y permanecer identificada con el Judaísmo. Paul Roche señala que entre los esfuerzos realizados por Isaacs para evitar, mientras aparentemente ensalza, las buenas prácticas cristianas se encuentra la sustitución del tradicional *La imitación de Jesucristo* por *La imitación de la Virgen* como el texto devoto de María. Roche añade que el cambio es tan extraño, que McGrady, uno de los críticos de Isaacs más respetados, cree que sencillamente se trata de un error[62]. En suma, que María no representa tan sólo un peligro para ella misma y para la familia criptojudía de Efraín, sino que también constituye un engorroso recordatorio de los orígenes judíos del Cristianismo, y por ello de la distinción arbitraria y porosa entre el Yo y el Otro. Ella no tiene que preguntar, como le pregunta la heroína de Disraeli en *Tancred* al héroe, "Te ruego me digas, ¿eres uno de esos Francos que adoran a una judía, o de los que la desprecian?" La heroína de Isaacs provocaría ambas reacciones. Para los hacendados católicos obligados a insistir en las distinciones raciales, María es una amalgama imposible

de identidades judía y cristiana, una combinación efímera de la mujer
seductora y la inocente. Es como si la contradicción entre su excesiva
sensualidad (judía) y su heroica inocencia (cristiana) finalmente cancelara ambos términos y la matara. La niña literalmente libra una lucha
a muerte consigo misma.

Pero precisamente gracias a ese exceso y a la consiguiente
ambigüedad en torno a los valores absolutos, el libro logra un éxito
admirable al convertir la palabra "judío" en un término de respeto y
afecto en español. Don Jorge solía llamar cariñosamente "judía" a
María como expresión de intimidad cercana a la complicidad (121), y
su viejo amigo, el Administrador del puerto, tiene a Efraín por la imagen viva de su padre judío. "Si no fueras moreno, se podría jurar que no
sabes dar los buenos días en castellano. Se me figura que estoy viendo
a tu padre cuando él tenía veinte años;... sin esa seriedad, heredada sin
duda de tu madre, creería estar con el judío", le comenta al joven (239).
Aparentemente, el narrador (e Isaacs) está atrapado entre los polos de
la identificación étnica, dudando de si el término "judío" alude a una
afiliación religiosa de la que uno puede convertirse, o a una raza biológica e indeleblemente fija. En el contexto de la política partidista de la
época de Isaacs, ese narrador está trancado entre un liberalismo ilustrado que prometía erradicar la mancha o tan sólo la diferencia de ser
judío (mediante las relaciones libres e individuales), y el catolicismo
conservador, que redimió a su padre, pero mantuvo visible la marca de
su diferencia.

La ambivalencia en cuanto a la identidad racial no se limita a
la familia de Efraín, pues también caracteriza a sus vecinos trabajadores
y exitosos, como para señalar que las líneas de color necesarias a la
esclavitud son escurridizas y apenas pueden mantenerse separadas.
José, el patriarca arrendatario, se refiere respetuosamente a Efraín
como "este blanco" (69), pero éste a su vez demuestra cierta deferencia
hacia él, pues dice que durante la cacería José "ejercía sobre mí una
autoridad paternal" aunque "desaparecía cuando se presentaba en casa"
(62). Probablemente son del mismo color, o de lo contrario Efraín no
habría osado bromear con Tránsito, la hija del anciano, por rehusarse a
ir a caballo a su propia boda. Ella había objetado, "Si en la provincia
solamente los blancos andan a caballo...", (116) a lo que Efraín
responde, "¿Quién te ha dicho que no eres blanca?... y blanca como
pocas". Entonces ella se ve forzada a especificar lo que, por supuesto,

él ya sabe: que el color es una expresión de clase: "Las que yo digo son las gentes ricas, las señoras". Pero la broma de Efraín sugiere más; será el reconocimiento de que ella ya es su igual. Al escribir una década y media después de la abolición y el surgimiento de los pequeños agricultores, tal vez Isaacs ya sentía el debilitamiento de la estructura tradicional de clases donde sólo los hacendados eran blancos.

Esa ambivalencia racial habrá tenido sus límites prácticos para la clase de Efraín. Tránsito y su laboriosa familia son económica y racialmente móviles, lo que señala por sí solo el final de la exclusividad aristocrática. Antes propuse que su feliz romance con Braulio pudo haber sido a expensas de Efraín, y de hecho, al regresar a su hogar y encontrar a María muerta y la hacienda vendida, también encuentra que Tránsito ocupa el jardín de rosas donde él y María habían pasado sus únicos momentos felices. Su pena casi suicida ("...el desprecio que... tenía yo por la vida", 270) a la vez asusta y ofende a Tránsito, pues Efraín parece indiferente a su alegría de joven esposa y madre. Pero susto y ofensa pronto se olvidan cuando, según el narrador, "Después que Braulio recibió mi abrazo, Tránsito puso en mis rodillas un precioso niño de seis meses, y arrodillada a mis pies, sonreía a su hijo y me miraba, complacida, acariciaba el fruto de sus inocentes amores" (270). El despojo de su familia parece amistoso, como una victoria liberal que Isaacs habría medio temido y medio bienvenido; se presenta en la novela como un diseño sutil de blanco sobre blanco que obviamente no se percibe como una amenaza dramática de extinción de clase. Tal drama de fuertes colores tiene lugar entre católicos indígenas y judíos exóticos.

Será evidente, pues, que mi interpretación de la tensión inglés-judío/español-católico se deriva del desplazamiento de la tensión racial entre negros y blancos, muchísimo más amenazante y destructiva. Si hubiera alguna duda en cuanto a la naturaleza de este malabarismo simbólico, podría señalarse que el propio Isaacs lo emplea muy conscientemente. El desplazamiento, explica el autorizado doctor Mayn, es lo que llevó al padre de Efraín a sufrir una fiebre física, cuando la verdadera causa de su enfermedad era emocional. "[E]xisten enfermedades que, residiendo en el espíritu, se disfrazan con los síntomas de otras, o se complican con las más conocidas por la ciencia" (142). Unos años más tarde, Freud se uniría a los que estudiaban ese tipo de desplazamiento llamado histeria; o sea, la manifestación patológica de un desorden mental. La crisis espiritual y económica de don Jorge se manifiesta mediante los síntomas clásicos de mudez y falta de apetito. Cuando se restablece su fortuna y Jorge admite el terror que sintió, su histeria se cura, así como dijo Freud que sucedería cuando se confronta el dolor provocado por los síntomas[63].

El término "histeria" no fue tan sólo otro nombre para el desplazamiento, sino también su mejor ejemplo. Llegó a ser un término clínico acomodadizo, casi indefinible, empleado en la clasificación de diversos "desórdenes"[64] emocionales, entre los que también se incluían, frecuentemente, los disturbios (las ambiciones, los adelantos en la educación pública, los motines) causados por un género o una raza específica dentro de un orden social exclusivo. El darle un nombre clínico al desorden ayudó a controlar a los individuos anormalmente móviles quienes, por definición, eran personas con vientres errantes; o sea, histéricas, mujeres que se resistían a la domesticación centrada alrededor del varón. Por analogía, también eran histéricos los individuos cuya constitución racial los hacía inestables, como por ejemplo, los judíos que olvidaban su lugar legítimo en los guetos. Hacia 1890, la asociación hecha por Jean-Martin Charcot entre los judíos y la histeria (causada por la endogamia y manifestada en el error) se convirtió en un lugar común de la medicina europea[65]. Por otra parte, en los Estados Unidos, a los esclavos negros se les diagnosticó repetidamente como inestables y dementes cada vez que intentaban escapar[66]. También, para contener la amenaza a su hegemonía y justificar la legitimidad del gobierno colonial, los ingleses consideraron la rebelión india de 1857 como un brote de histeria, uno de los muchos que afectaría a los imperios europeos durante la segunda mitad del siglo[67].

La respuesta histérica de don Jorge al desastre económico y al consiguiente ostracismo social que el judío habrá temido, ayuda a explicar cómo la enfermedad de María estaba sobredeterminada por el hecho de ser ella a la vez mujer y judía. Su predisposición a la enfermedad emocional subraya los lazos con el único otro judío en la novela cuya enfermedad es sintomática de un espíritu atormentado o del engendramiento incestuoso. Una vez más, Freud es instrumental en la determinación de la relación (¿Habrá que ser judío para comprenderlos?) al designar cierta manifestación intensa de la histeria como epilepsia. Más exactamente, le llamó epilepsia "afectiva" para distinguirla de la enfermedad orgánica y quizás así restarle importancia a la hipótesis hereditaria y racial. Esa distinción le ayudó a explicar las convulsiones, de otro modo inexplicables, sufridas por personas demasiado sensibles que carecían de historial clínico. Freud sólo menciona el fenómeno de paso en un primer trabajo sobre la histeria, pero luego lo desarrolla en un ensayo titulado "Dostoievski y el parricidio", (1928) donde le atribuye los accesos epilépticos del autor ruso a la culpa que sentía por guardar una ira asesina en contra de su padre. En María, demasiado sensible, también existe algo indecible en torno a su aparentemente dócil y cariñosa relación con don Jorge; algo capaz de producir el masoquismo de odio y castigo para consigo misma que el doctor Mayn diagnostica como accesos epilépticos. Después de todo, Jorge la ha separado de Efraín en más de una ocasión. Ella siente que esas separaciones, encaminadas primero a asegurar la educación del joven y sólo secundariamente a evitarle a ella excesos emocionales, le han costado la vida.

También pudo haber sentido que las medidas preventivas que le prescribieron no constituían el único tratamiento posible, y su ira será una alusión al tratamiento alterno de las mujeres histéricas. Aunque en la literatura médica del siglo XIX las causas y el tratamiento de la histeria femenina parezcan indefiniblemente contradictorias, se pueden distinguir dos versiones generales. Una localizaba el problema en una sexualidad femenina primitiva, de modo que el remedio consistía en controlarla; la otra versión consideraba que la patología femenina consistía en una falta de sexualidad normal, de modo que el remedio era suplementar la carencia física que volvía a una hembra demente. En *María*, el médico y el padre evidentemente favorecen la hipótesis restrictiva, como la favorecían muchos expertos contemporáneos en Europa. En Inglaterra, el doctor Edward Tilt les aconsejaba a las madres retrasar la maduración sexual de sus hijas haciéndolas tomar duchas frías, evitar las camas con colchones de plumas y las novelas, y siempre llevar pantaloncillos. "Sin duda", escribe Nancy Armstrong,

el intento más demoníaco por reglamentar las mentes de las mujeres al reglamentar sus cuerpos, fue la práctica quirúrgica de la clitoridectomía del doctor Isaac Brown. Brown creía que al eliminar la masturbación, la extirpación del clítoris podía detener una enfermedad que comenzaba con la histeria, progresaba con la irritación espinal, la idiotez, y la manía, y terminaba con la muerte[68].

A esa Inglaterra de los doctores Tilt y Brown, donde se enseñaba furiosamente el manejo doméstico de la sexualidad femenina y donde la práctica médica se afanaba en criminalizar los remedios caseros populares para los males femeninos, es precisamente donde Efraín es enviado por su padre a estudiar medicina.

Pero Efraín se niega a ir por cierto tiempo, pensando administrarle a María el remedio alterno y algo más moderno. Como ya he señalado, ese remedio consistía en proveerle a la mujer histérica lo que le hacía falta: un pene. Así, la administración doméstica podía significar el matrimonio temprano y feliz. Esto se convirtió en un lugar común de los chistes médicos, como el que contaba Charcot sobre una consulta que hizo en un caso de histeria. El médico que lo consultó concluye, "¡La única receta para tal enfermedad nos es bastante conocida, pero no podemos recetarla. Lee: Rx. *Penis normalis / dosim / repetatur!*"[69]. Como amante, Efraín pudo haber suplido lo que el estudiante de medicina no podía. Ése es uno de los aspectos del dilema que lo devora. El cuerpo de María está en debate entre la tesis de la represión preventiva sostenida por el doctor Mayn, y la tesis de la satisfacción doméstica sostenida por Efraín, el amante. Ambos quieren domesticarla, pero la pregunta es ¿cómo?: ¿como niña o como mujer?

Es con base en ese debate que se puede interpretar la lucha edípica de Efraín dentro de una dimensión más amplia, nacional. Mientras su padre judío y el doctor Mayn (cuya profesión y apellido parecen delatarlo como judío, y por ende un doble del padre) le señalan a Efraín tanto el Viejo Mundo como el remedio conservador, María y el Valle del Cauca voluptuosamente materno que evoca, lo incitan a rebelarse y permanecer con ella en el "Paraíso". Después de todo, América es el lugar donde no es preciso controlar el deseo, porque se satisface inocente y productivamente, como en el caso de Braulio y Tránsito. Ello sugiere que el remedio más americano a la "histeria" masiva de los levantamientos de los negros, no estaba en el control conservador que mantuvo a las razas separadas todo el tiempo posible, sino en la satisfacción socio-sexual que eliminaba el deseo de cambio al satisfacer el anhelo. Para la clase de Isaacs, la pregunta era si satisfacer el deseo de cambio de los negros y los blancos liberales, o controlar esos deseos, retrasando así una progenitura mixta y posiblemente monstruosa. Por último, Efraín resiste esa solución por ser un hijo tan obediente y un estudiante tan diligente, y su precaución o cobardía alegoriza las frustraciones nacionales de Colombia. Al igual que Efraín, los hacendados vacilaban en romper los hábitos coloniales, pero descubrieron que los atrasos mediante guerras civiles eran aún más desastrosos. Para cuando cesaron de luchar, ya quedaba poco que proteger; ni haciendas, ni María. La elección de lealtad filial sobre responsabilidad conyugal que hace Efraín es igual que la elección entre un remedio o el otro en el tratamiento de María. Como resultado, la niña pierde la vida; o sea, que su histeria avanzada pudo haber sido el efecto, en lugar de la causa, de la castidad que le imponen don Jorge y el médico, tal y como los levantamientos de los negros en Colombia fueron el efecto y no la causa del control de los hacendados. María es la primera en comprender esa inversión metaléptica de remedio y enfermedad, como ya notamos en la carta donde declara que muere por falta del amor. El fragmento más largo dice: "Vente, me decía, ven pronto, o me moriré sin decirte adiós… hace un año, que me mata hora por hora esta enfermedad que la dicha me curó por unos días. Si no hubieran interrumpido esta felicidad, yo habría vivido para ti" (235). No sería de extrañar que sus accesos epilépticos fueran provocados por lo que Freud llama un deseo parricida lleno de culpabilidad.

¿Sería, sin embargo, demasiado arriesgado sugerir que en su caso las fantasías posiblemente parricidas de María podrían a su vez ser el desplazamiento de un deseo reprimido de matricidio espiritual, esto es, suponiendo que el espectro de su madre siga interfiriendo en sus asuntos? En otras palabras, Sara puede ser la causa del sufrimiento de su hija, sea o no sea la epilepsia hereditaria. Puesto que María no puede, o siente demasiada culpabilidad, para discutir o incluso nombrar su dolor, tiene que ser su víctima. Quizás ya estaba condenada en todo caso, puesto que la combinación de su judaísmo y su feminidad sobredeterminan su destino. El enojoso problema de culpar a Efraín y a sus padres por seleccionar el remedio equivocado, es que quizás María no habría sobrevivido de ninguna manera. Quizás por eso, el libro se mantiene indeciso en cuanto a si la epilepsia es orgánica o afectiva, y en cuanto a qué remedio favorecer[70]. Así pues, la enfermedad constituye una analogía cabal para la identidad judía, una condición indecisa entre la biología heredada y la circunstancia afectiva. Aun si María hubiera sobrevivido, su judaísmo congénito seguiría siendo el dilema que la haría inaceptable para tener los hijos de Efraín, ya fuera porque era racialmente idéntica a él, o porque era racialmente distinta.

En comparación con las heroínas ideales del canon latinoamericano, la Amalia, de José Mármol, por ejemplo, o la Leonor, de Alberto Blest Gana, María carece de dignidad estoica y de autodominio. Por eso, en una lectura más atenta, hasta las mismas libertades que toma con el decoro femenino, unas libertades que parecen aliarla a las otras heroínas románticas, se acercan peligrosamente a la "barbarie" de la feminidad descontrolada. A diferencia de las demás, ella llora con demasiada facilidad, dice lo que piensa, inicia coqueteos, se aventura afuera descalza, y literalmente, tiembla de pasión. En resumen, revelaba su inferioridad de género no domesticado, así como sus orígenes en una raza inferior. De haberse casado Efraín con ella, la pareja habría tenido una falta de balance de feminidad, o sea, de judaísmo.

Evidentemente, Efraín e Isaacs prefieren mantener cierto misterio acerca de la muerte trágica de María a decirnos que estaba sobredeterminada, porque decir más habría significado admitir que la enfermedad de María se debía *tanto* a la exclusividad aristocrática *como* a la inferioridad racial. Si estuviera claro que ella (y ellos) representa a los negros no domesticados así como a la plantocracia moribunda, ¿cómo iban a suspirar por María generaciones de lectores nostálgicos por un mundo colonial enterrado por proyectos y novelas hegemónicos? En lugar de establecer abiertamente la conexión, Isaacs practica su propio tipo de "histeria" literaria, hallando un sustituto para el antagonismo racial que se niega a poner por escrito. En otras palabras, *María* emplea una especie de mecanismo de defensa narrativo que hemos visto arriba y que Freud identificó como "desplazamiento": una función sustitutiva de la memoria en los neuróticos obsesivos. Cuando cierto recuerdo particular es demasiado doloroso para recordar y demasiado intenso para olvidar, la memoria reemplaza el hecho con un elemento relacionado pero inofensivo[71]. El proceso es metonímico, un enfoque en los "elementos no esenciales... vecinos". El resultado es hacer parecer trivial el recuerdo de la obsesión[72]. Sin duda, la esclavitud y los motines raciales eran tan traumáticos para el mundo de Efraín (y para Isaacs) como lo eran las obsesiones más estrechamente personales para los pacientes de Freud. Un indicio de ello es el silencio del narrador en cuanto a los motines de los esclavos; otro es la tragedia general de la novela causada por la enfermedad de María, una enfermedad sin motivo en el texto, excepto como síntoma desplazado, como indiqué, de muy poco o demasiado espíritu aventurero sexual. En las evocaciones idealizadoras de la vida en la hacienda, su enfermedad ofrece un modo de omitir la obsesión con la amenaza de aventura racial, mientras que, al mismo tiempo, responde a su poder afectivo. María es el "vecino" más seguro, históricamente trivial, de un recuerdo que no debe mencionarse.

Sin embargo, el mecanismo de defensa empleado por Isaacs casi se derrumba cuando, a pesar de la configuración de síntoma "neurótico" que reemplaza los motines raciales con la epilepsia de María, la metonimia entre negros y judíos colinda con la mutua sustitución metafórica. Aparentemente, Isaacs no puede resistir intercalar el largo y azaroso romance de Nay y Sinar, los amantes africanos a quienes la esclavitud separa trágicamente. El cuento, escrupulosamente omitido de la versión inglesa de Ogden, constituye el único tratamiento extenso de los negros en la novela, y guarda paralelos reveladores con el romance central[73], como si Isaacs quisiera, adrede, devolvernos a nuestra interpretación sintomática de la experiencia obsesiva que no debía mencionarse. Al igual que Ester, quien se convirtió en María sin abandonar cierto orgullo racial, Nay siguió consciente de su nobleza africana después de adoptar el nombre cristiano de Feliciana junto con su nueva religión. Y, al igual que el romance central, condenado, por lo menos en esta interpretación, a causa de las insuperables diferencias raciales que parecían irrelevantes a la generación del padre, el romance intercalado al principio parece sobreponerse a los antagonismos étnico-tribales (entre los padres de Nay y de Sinar), pero luego sucumbe a la guerra y a la explotación racial por los blancos. Si don Jorge rescata a María del dolor de ser huérfana y de la superstición judía, también salva a Feliciana de la humillación de la esclavitud (186). El paralelismo entre Nay y María se vuelve innegable cuando a Efraín le enternece ver a María, "humillándose como una esclava a recoger aquellas flores" (28), y sobre todo, cuando imagina que su entierro debió haber sido "¡ay de mí, humilde y silencioso como el de Nay!" (267).

Con su nombre desvergonzadamente hebreo, Efraín ofrece la otra cara de la hebrea quien asume el nombre de María, y comparte a su vez una identificación con Nay. Como en el caso de ella (178), y como en el de Atala, uno de los padres de Efraín se convirtió al Cristianismo, y como en ambos casos, la conversión no salvó al hijo de la tragedia. En general, la doble resonancia del relato de Chateaubriand, tanto en el romance central como en el cuento intercalado, sugiere cuántos puntos de contacto existen entre la historia de María y la de Nay. Aun en términos de estrategia narrativa, el relato de Nay se ajusta a la técnica retrospectiva de Chateaubriand, como se ajusta el relato de Efraín. Nay, incluso, pudo haber sido el modelo para el narrador, ya que Efraín se crió, sentado en el regazo de la negra, escuchándola contar su historia en "rústico y patético lenguaje" (163). Tan sólo para subrayar la conexión retórica entre judíos y negros, una conexión que excede el desplazamiento metonímico y se acerca a la identificación común entre los judíos patológicamente apasionados y los negros sentimentales estudiados por Gilman, añadiría que *María* se destaca entre las novelas nacionales de la época por describir a los negros, y no sólo a los mulatos, como bellos (ver la pág. 79; 86 donde a Juan Ángel se le describe como "simpático, y casi podría decirse que bello", y la pág. 108 donde se alaba a Estéfana por "su índole y belleza"). La única excepción en una obra clásica que me viene en mente es *Francisco,* del cubano Anselmo Suárez y Romero.

Como en el caso de los indios en el *Enriquillo* de Galván, y en *O Guaraní* de Alencar, la verdadera amenaza de los negros a una sociedad hacendada se hace indecible para Isaacs. En los casos de esas otras novelas, las diferencias irreconciliables entre negros y blancos ceden terreno a las relaciones más fácilmente idealizadas entre blancos e indios. De un plumazo, las masas trabajadoras de la República Dominicana y del Brasil son blanqueadas y preparadas para un programa nacional constructivo. Pero ¿qué programa habría sido convincente en la novela nacional de Colombia, probablemente el único país latinoamericano que siguió fragmentado a lo largo del siglo XIX? Aunque sus estudios etnográficos demuestran que conocía a los indios mucho mejor que la mayoría de los novelistas, es evidente que Isaacs no quiso proyectar una nación india[74], tal vez porque los indios de Colombia seguían defendiendo militarmente sus derechos territoriales. De todos modos, Isaacs no desplazó una raza temible por otra más prometedora a fin de construir un mito nacional. Al contrario; parece indicar que no es posible un mito de amalgama, porque el mundo patriarcal que ansía no lo toleraría. Todo mestizaje necesariamente será contraproducente, tan contraproducente como la exclusividad racial para los antiguos amos que se alzaron en devastadoras guerras civiles antes de compartir el poder con quienes fueron sus esclavos. En lugar de indios, Isaacs desplazó a las masas negras inasimilables y a los anacrónicos hacenda-

255

dos, vertiéndolos en su inocente pero imperfecta heroína judía, y por extensión, desplazándolos hacia partes de sí mismo. María es admirable en todos los respectos, y su deseo de amor y de una familia no es sino natural y justificado, tan justificado como el deseo de los negros de abolir la esclavitud, o el deseo de sobrevivir de los hacendados; pero María es genéticamente inapropiada para casarse con el héroe, no importa en qué forma se interprete. Por eso, Isaacs la mata, como si su muerte estuviera predeterminada por la enfermedad que hereda de su madre, ya sea el judaísmo redundancia racial o diferencia, sea patología biológica o el mal anímico de identificarse como el Otro. Igualmente plausible, la muerte está determinada por la escrupulosa distancia que Efraín mantiene entre él y María. El mismo constreñimiento que posibilitó su amor, ha de asegurar que no se consume.

De otro simple plumazo, esta novela histórica elimina toda posibilidad de amalgamación entre la aristocracia colombiana y sus esclavos recién libertos. Los blancos y los negros pueden amarse, pero sólo a distancia. Con María, Isaacs se elimina en un suicidio simbólico, como hacendado que ya no puede ser productivo, y como judío; o sea, como una diferencia que corrompe la coherencia patriarcal previa que su padre, irónicamente, representaba. Esa defunción del orden aristocrático de Isaacs y la posibilidad de su complicidad en tanto impureza racial, pueden ayudar a explicar por qué el autor de *María* podía evocar tan agudamente el tipo de nostalgia masoquista que practicaba Chateaubriand.

Ilustración de cubierta de una edición para niños de *María* (*100 Marías*, Fondo Cultural Cafetero, 1985).

Notas

VI.

EL MAL DE *MARÍA:*
(CON)FUSIÓN EN UN ROMANCE NACIONAL

1. Me gustaría agradecer a Allen Kaufman, Nancy Armstrong, Eduardo González, Ángela Robledo, Marguerite Waller y Mary Russo por su útil crítica y generosas sugerencias para este capítulo.

2. "Novela nacional" es como Pedro Gómez Valderrama la llama en *"María en dos siglos"*, en *Manual de literatura colombiana*, ed. Gloria Zea (Bogotá: Planeta, 1988), 1: 369-394; 373.

3. Véanse, Donald McGrady, "Introducción" a Jorge Isaacs, *María* (Barcelona: Editorial Labor, S. A., 1970): 8, y Roberto F. Giusti, "Prólogo", en Jorge Isaacs, *María* (Buenos Aires: Editorial Losada, novena ed., 1982): 7.
    El panfleto *100 Marías*, publicado por el Fondo Cultural Cafetero (Bogotá, 1985) nos informa que, "según el Instituto Caro y Cuervo, hubo 164 ediciones de *María* en español (Colombia, México, Chile, España, París, Argentina, Uruguay y Cuba) en 1976". *María on the Screen* se estrenó en México en 1918, seguida por *María, una película colombiana* (1922), otra versión mexicana (1938), una por Tito Davison (1972) y una serie de televisión del mismo año.

4. Jaime Mejía Duque, *Isaacs y María: El hombre y su novela* (Bogotá: La Carreta, Inéditos Ltda. 1979): 61-66. No obstante, Eduardo Camacho Guizado escribe que el período tendía a ser literalmente conservador y que una ideología liberal era más a menudo benévolamente paternalista que subversiva. Véase su "La literatura colombiana entre 1820 y 1900". *Manual de Historia de Colombia: Volumen 2, Siglo XIX*, ed. Juan Gustavo Cobo Borda y Santiago Mutis Durán (Bogotá: Procultura, 2ª ed., 1982): 615-693. Entre estos polos se podría ubicar *Manuela* de Eugenio Díaz, por ejemplo. Su publicación en *El Mosaico* durante 1858 fue patrocinada por José María Vergara y Vergara, quien la llamó la "novela nacional" de Colombia. Véase Germán Colmenares, *"Manuela*, la novela de costumbres de Eugenio Díaz", *Manual de literatura colombiana* 1: 247-266; 249.

5. Jorge Isaacs, *María*, "Prólogo" de Enrique Anderson Imbert (México: FCE, 1951). Las referencias de página entre paréntesis remiten a esta edición.

6. Silvia Molloy ofrece el mejor desarrollo en "Paraíso perdido y economía terrenal en 'María'", *Sin Nombre* 14, 3 (abril-junio 1984): 36-55. Señala que la novela entera describe una serie de vueltas que quieren mantener el pasado intacto con desesperación. Véase tam-

bién Enrique Anderson Imbert, "Prólogo" a Jorge Isaacs, *María* (México: FCE, 1951): xxix, donde alude al "pregustar la tristeza".
La conclusión discutible de Sharon Magnarelli es que la nostalgia hace que la heroína del título sea engañosa porque, como en tantas otras novelas hispanoamericanas, las mujeres que prometen ser importantes no lo son en realidad. *The Lost Rib: Female Characters in the Spanish-American Novel* (Lewisburg, P. A.: Bucknell University Press, 1985): 37.

7. Su actitud parece más cercana a los escritores colombianos menores de su tiempo que cultivaron la boga del *costumbrismo,* que Eduardo Camacho Guizado, entre otros, caracteriza como casi siempre nostálgico y casi nunca crítico de la sociedad. Véase su "La literatura colombiana".

8. McGrady (10) cree que *Pablo y Virginia* influyó decisivamente sobre la concepción de *María,* mientras que la inspiración de *Atala* sólo es perceptible en un cuento intercalado en *María,* el relato de *Nay y Sinar.*

9. François-René de Chateaubriand, *Atala; René; El último Abencerraje,* trad. Luis Blanco Vila (Madrid: Torre de Goyanes, 2001). Las referencias a las páginas de esta edición serán dadas entre paréntesis en este ensayo.

10. Véase Jorge Isaacs, *María,* Prólogo, Notas y Cronología por Gustavo Mejía (Caracas: Biblioteca Ayacucho, 1978): 211. Véase también Álvaro Tirado Mejía, "El Estado y la política en el siglo XIX", *Manual de Historia de Colombia:* 327-384; 335-336.

11. Paul Oquist, *Violencia, conflicto y política en Colombia* (Bogotá: Instituto de Estudios Colombianos, 1978): 142. Véase también Alvaro Tirado Mejía, "El Estado y la política en el siglo XIX": especialmente pág. 334.

12. Germán Arciniegas, *Genio y figura de Jorge Isaacs* (Buenos Aires: Editorial Universitaria de Buenos Aires, 1967): 56-57.

13. Oquist: 146-147.

14. Anderson Imbert: viii; y Arciniegas: 21.

15. Jorge Isaacs, *María:* 252.

16. Véase Jorge Orlando Melo, "La evolución económica de Colombia 1830-1900", en *Manual de Historia de Colombia:* 135-207. Véase también Gustavo Mejía, "La novela de la decadencia de la clase latifundista: *María* de Jorge Isaacs", *Escritura* (julio-diciembre 1976): 261-278; 266.

17. Arciniegas: 37.

18. Oquist: 160-161

19. Véase Tirado Mejía: 376-377; y Salomón Kalmanovitz, "El régimen agrario durante el siglo XIX en Colombia", en el *Manual de Historia de Colombia:* 211-324; 243-244.

20. Mejía, "La novela de la decadencia...": 275.

21. Mejía Duque: 57-58.

22. Sharon Magnarelli, en "*María* and History", *Hispanic Review* 49, 2 (primavera, 1981 – Filadelfia): 209-217.

23. Arciniegas: 56-57.

24. Gustavo Mejía arguye de un modo parecido en su "Prólogo" a *María*: x.

25. Arturo Capdevila, "La gran familia de los Efraínes y Marías", *Revista Iberoamericana* 1 (mayo y noviembre de 1939): 137-143; 143 –, habla de que se necesitan muchos otros Efraínes y Marías en América, Marías y Efraínes que se amen con alegría, que se casen y tengan hijos sanos y fuertes.

26. Arciniegas: 56-57 y Jaime Concha, "Prólogo" a Alberto Blest Gana, *Martín Rivas (Novela de costumbres político-sociales).* Prólogo, Notas y Cronología por Jaime Concha (Caracas: Biblioteca Ayacucho, 1977): x.

27. Gustavo Mejía ofrece una lectura excelente y una tabla de los personajes organizada por clase y función en la pág. xii de su "Prólogo" a Isaacs, *María.*

28. Isaacs, *María:* 60. Emigdio se queja del padre de Carlos, quien demandó a su padre respecto a los límites de su propiedad. María Mercedes Carranza, en "Ubicación histórica de

María", *Razón y fábula*, no. 8 (1968): 78-80, señala que este tipo de pleitos es característico de este período.

29.   Véase Margarita González, "Las rentas del Estado": 388-410 y Salomón Kalmanovitz, "El régimen agrario durante el siglo XIX en Colombia": 211-324, ambos en el *Manual de Historia de Colombia*.

30.   González y Kalmanovitz tratan este asunto, tal como Oquist en la pág. 144.

31.   Frank Safford, "Política, ideología y sociedad" en la *Historia de América Latina*, vol. 6. *América Latina Independiente. 1820-1870* (Barcelona: Crítica, 1991): 42-104. Jorge Melo señala que el problema del transporte contribuyó al retraso de la consolidación nacional. Melo: 153.

32.   Mejía, "La novela de decadencia...": 261.

33.   Véase Kalmanovitz: 243, donde discute los efectos devastadores de las guerras civiles así como el resultado político, el cual consistió en preparar un gobierno nacional rígidamente centralizado que acabaría con cualquier sueño de autonomía relativa para los Estados sureños.

34.   Para una crítica, véase Rogerio M. Velázquez, "La esclavitud en la *María* de Jorge Isaacs", *Universidad de Antioquia*, Revista 33 (1957): 91-104.

35.   Casi todos los autores del *Manual de Historia de Colombia* comentan sobre las relaciones inflexibles entre los latifundistas y los agricultores arrendatarios.

36.   El lenguaje de Emigdio hace eco de *Impresiones y recuerdos* de Rivera y Garrido, donde el mayordomo "se enamoró perdidamente de una preciosa ñapanguita de Guadalajara, y aun pensaba casarse con ella, a lo cual es *probable* que no se hubiera opuesto mi padre" (51). El énfasis es de Kalmanovitz: 270.

37.   Véase Velazco Madriñán, *Jorge Isaacs: El caballero de las lágrimas:* 150-151; 163. También Mariano M. Sendoya, en "Apuntes sobre la libertad de los esclavos", *Boletín de la Academia de Historia del Valle del Cauca* (1962): 507-532 y Enrique Anderson Imbert, "Prólogo" a Jorge Isaacs, *María* (México: FCE, 1951): xxx.

38.   Sylvia Molloy tiene razón al enfatizar la culpa implícita, que ella sitúa en el dominio autoritario del padre y su racionalidad burguesa fallida.

39.   Anderson Imbert: xxiv, sugiere que María (y su paralelo en Nay) representa la alegoría de "la novia de la muerte", la imposible preservación de la inocencia.

40.   Véase J. Lloyd Read, *The Mexican Historical Novel: 1826-1910* (Nueva York: Instituto de las Españas en los Estados Unidos, 1939): 103-104.

41.   Capdevila: 140.

42.   Arciniegas: 37. Justo después de la pulla de Isaacs, "Por ahí van a surgirle enemistades no previstas. ¡A poco ya le gritan judío! Ya le recuerdan que viene de la raza maldita". (Nótese cómo el propio Arciniegas se refiere a la "raza" judía como "maldita"). Véase también la pág. 64. "Las turbas en Bogotá le habían repetido el grito injurioso: judío. Se entregó de nuevo a repasar el Antiguo Testamento". Y la pág. 68. Isaacs hizo trabajo etnográfico en la Guajira, por el cual el censor conservador don Miguel Antonio Caro (probablemente un converso) lo criticó: el problema con los indios, dijo, es la culpa de los judíos (74-75): "Los judíos holandeses de Curazao se han adueñado del comercio de Riochacha, y con esta llave han monopolizado el de la Guajira... las artes de que se valen los israelitas para apropiarse de los bienes de los cristianos".

43.   Le agradezco a la profesora María Teresa Cristina por señalar este poema así como por su trabajo general al preparar una edición definitiva de toda la obra de Isaacs que será publicada en siete volúmenes por la imprenta de la Universidad Nacional de Bogotá.

44.   Arciniegas: 16, 18.

45.   Ésta es una referencia a la lectura magistral de Eve Kosofsky Sedgwick de Proust en *La epistemología del armario* (Barcelona: Ediciones La Tempestad, 1998).

46.   Luis Alberto Sánchez, *Nueva historia de la literatura americana* (Valparaíso: Ediciones Universitarias de Valparaíso, 1982): 285.

47. La *Polémica sobre el origen del pueblo antioqueño* de Daniel Mesa Bernal (Bogotá: Ediciones Fondo Cultural Cafetero, 1988) repasa un siglo de conjeturas románticas sobre el paraíso israelí en las Américas, incluyendo un informe del *International Health Board* del Rockefeller Institute, y negaciones mucho más flemáticas, como la refutación de este informe por parte de Emilio Robledo en 1922, incrédulo de que el rumor pudiera ser publicado oficialmente y de que pudiera parecer halagador y no insultante: 195.

48. Una intrigante fuente posible pudo ser también *Marie ou de l'Esclavage aux Etats-Unis* de Gustave de Beaumont (1836), una tragedia sobre una querida mulata casi blanca que muere atrapada entre sus asignaciones raciales.

49. Le agradezco a Eduardo González sus observaciones sobre la "versión filohebraica de lo judío" en los romances de Disraeli.

50. "Memoir of the Earl of Beaconsfield": 4, un epílogo no firmado al Conde de Beaconsfield, en *Endymion* (Londres: Longmans, Green and Co. 1882).

51. Véase, por ejemplo, el Prefacio de Disraeli a la quinta edición de *Coningsby*, escrito en mayo de 1849 (Oxford: Oxford University Press, 1931): xv-xvi.

52. Le agradezco a Nancy Armstrong por detallar este caso análogo.

53. Disraeli, por cierto, intentó llenar el vacío en la vida de su hermana Sarah después de que murió su novio. Una de sus estrategias consistió en escribir una novela con ella, *A Year at Hartlebury or The Election* (Londres: Saunders and Otley, 1834). En su Prefacio escribe que al terminar su "luna de miel", se entretuvieron escribiendo una novela.
    Para una "defensa" fascinante de una tradición judía que distingue entre una familia de seres humanos y las otras, una tradición que precisamente se protege contra el incesto general que resulta del hecho de considerar a toda la humanidad como una familia, véase "The Family Pet" de Marc Shell, *Representations* 15 (verano 1986): 121-153.

54. Alfonso López Michelsen, "Ensayo sobre la influencia semítica en *María*", *Revista de las Indias*, no. 62 (febrero 1944): 5-10; 6.

55. Sander L. Gilman, *Difference and Pathology: Stereotypes of Sexuality, Race and Madness* (Ithaca, N. Y.: Cornell University Press, 1985): 110. Véase también su *Jewish Self-Hatred: Anti-Semitism and the Hidden Language of the Jews* (Baltimore: Johns Hopkins University Press, 1986) para la superposición constante de los negros y judíos en el discurso decimonónico.

56. Sander L. Gilman, *Jewish Self-Hatred*. El libro entero, sobre todo la pág. 286.

57. McGrady: 30-31. Luis Alberto Sánchez probablemente contribuyó mucho al aumento de las expectativas del lector respecto a la cualidad "judía" de María, a partir de 1937, cuando publicó la *Historia de la literatura americana* (Santiago de Chile: Ercilla). Véase también José Padua Gómez, *Israel y la civilización* (México: Ediciones Metrópolis, 1949), donde el pasaje de Sánchez es citado por extenso. Incluso antes, Isaac Goldberg buscaba elementos "judíos", sin encontrar ninguno; véase "Jewish Writers in South America", *The Menorah Journal* 11, 5 (Nueva York, octubre 1925): 479.

58. A Ogden, el traductor al inglés, se le escapa lo contradictorio del orgullo judío y la "virgen cristiana" al traducir esta última frase como "pure and maiden soul" ("alma pura y de doncella").

59. Gilman, *Jewish Self-Hatred:* 6. El mismo pasaje es citado en *Difference and Pathology* de Gilman: 30.

60. Toda la primera mitad de *Difference and Pathology* de Gilman detalla este vaivén entre los estereotipos sexuales y raciales.

61. Carta de Isaacs del 22 de junio de 1880 a Alejandro Dorronsoro, citada en Velazco Madriñán, *Jorge Isaacs: El caballero de las lágrimas:* 303.

62. Paul Roche, "*María* ou l'illusion chrétienne", en Claude Fell, ed., *Le roman romantique latino-américain et ses prolongements* (París: Editions L'Harmattan, 1984): 131-142; 136.

63. Sigmund Freud, "El mecanismo psíquico de los fenómenos histéricos" (en colaboración con el doctor José Breuer, 1892), en *Obras completas*, vol. I, trad. Luis López-Ballesteros y de Torres (Madrid: Editorial Biblioteca Nueva, 1948): 25-32.

261

64. Janet Beizer hace esta observación en "The Doctors' Tale: Nineteenth-Century Medical Narratives of Hysteria", un manuscrito que tuvo la amabilidad de permitirme leer.
65. Gilman, *Difference and Pathology:* 155. Véase también su *Jewish Self-Hatred*: 288.
66. Gilman, *Jewish Self-Hatred:* 286-287.
67. Nancy Armstrong desarrolla esto en su excelente ensayo manuscrito, "When Alice Grows Up: Hysteria as History, 1857-1885", que generosamente compartió conmigo.
68. Armstrong, "When Alice Grows Up".
69. Gilman, *Difference and Pathology:* 184.
70. Claude Fell también observa esto en "*María* de Jorge Isaacs: L'utopie blanche", en Claude Fell, ed., *Le roman romantique latino-américain et ses prolongements:* 69-83; 75.
71. Sigmund Freud, "Análisis de un caso de neurosis obsesiva" (1909), en *Obras completas,* vol. II, trad. Luis López-Ballesteros y de Torres (Madrid: Editorial Biblioteca Nueva, 1948): 640-641.
72. Sigmund Freud, "Los recuerdos encubridores" (1899), en *Obras completas,* vol. I, trad. Luis López-Ballesteros y de Torres (Madrid: Editorial Biblioteca Nueva, 1948):157.
73. Véase McGrady para una comparación detallada.
74. Arciniegas: 68.

VII

ALGO QUE CELEBRAR: NUPCIAS NACIONALES EN CHILE Y MÉXICO

Todo termina bien en la trama principal de *Martín Rivas* (1862) cuando finalmente se casa la voluntariosa heroína con su pragmático héroe en la novela de Alberto Blest Gana. De manera parecida, los banqueros y terratenientes chilenos de la época también estrecharon alianzas con los emprendedores mineros y así pusieron final feliz a las luchas políticas de la década anterior. Yo había adelantado una invitación a estas nupcias nacionales en el primer capítulo, al observar cómo se representaba la mutua consolidación de los proyectos públicos y los deseos privados a través de adaptaciones de modelos europeos, en este caso al corregir el final trágico y heroico que Stendhal le da a *El rojo y el negro*. Participemos ahora en la celebración de esta revisión burguesa, donde el heroísmo personal no exige sacrificios sino que implica la racionalidad con creces para todos. Esta alquimia social que convierte el deseo en deber es el aporte del joven Rivas desde el momento en que llega a Santiago en 1850 para estudiar derecho. Su padre, recientemente fallecido, era un desafortunado minero en la ciudad norteña de Copiapó, quien había cedido su única mina valiosa a Dámaso Encina, un usurero de Santiago. Aunque su hermosa y dominante hija parece desdeñar las evidentes atenciones del provinciano, Martín es acogido por Dámaso. La dedicación del joven ("Dios premiará mi constancia y mi trabajo" [14])[1] y la intensa ambición de Dámaso, quien anhela retirarse de los negocios y hacerse senador (de uno u otro partido, le da lo mismo), se combinan y Martín se convierte en secretario del usurero. Después de muchas páginas, cargadas de luchas de poder intelectual y erótico entre el secretario y Leonor, quienes nos recuerdan a los amantes-contrincantes Julien Sorel y Mathilde de la Mole (cap. 17), y tras otras páginas de debate filosófico sobre la naturaleza del amor, con referencias directas al tratado de Stendhal *De l'amour* (111), la competencia cede al respeto mutuo y culmina en una unión fecunda y feliz entre la joven adinerada y el galán emprendedor, favorecido en el nuevo balance de poder.

Una maraña política y otra pasional se desenredan con igual nitidez, en *El Zarco* (1888) del mexicano Ignacio Manuel Altamirano, cuando el héroe indígena (de sangre tan pura como la del presidente Benito Juárez y del mismo Altamirano), escoge a la admirable heroína que los lectores de Scott y de Cooper hubieran terminado por sacrificar. En *Ivanhoe,* Inglaterra se establece sobre cimientos sajones al casarse el protagonista con su rubia prima, a pesar del amor que sentía por la judía que lo adora y lo protege; así como el futuro padre de la patria de Cooper se niega a traicionar su casta casándose con la encantadora mulata en *El último mohicano.* Pero en México, al contrario, se realiza el deseo de quedarse con la morena. El país se endereza y se funda sobre bases sólidas al darse cuenta el galán nativo de que la heroica e ingeniosa mestiza vale mucho más que la degenerada blanca cuyo amor había anhelado. Al igual que la Inglaterra de Scott de unas décadas antes, tanto Chile como México tenían algo que celebrar en la década de 1860, algo retóricamente similar a un matrimonio dichoso. Era una historia nacional que podía alardear de sus logros políticos, mientras que muchas de sus repúblicas hermanas estaban aún proyectándolos. Las novelas románticas nacionales de Chile y México no son tanto las fantasías de consolidación racial o sectorial, al estilo de las que se escribieron en Argentina, Colombia, Cuba o Ecuador, sino más bien conmemoraciones de hechos ya consolidados.

Comparar estas novelas con las fantasías o los frustrantes romances escritos en otras partes de América, también es evocar el contraste que estableciera Lukács entre Walter Scott y sus contemporáneos, entre el modelo históricamente específico y celebrador de lo que debían ser las novelas históricas, en la opinión doctrinaria de Lukács, y las proyecciones ahistóricas decepcionantes de los escritos menores. El propio Lukács era, sin duda, lo suficientemente sensible a las diferencias entre la historia inglesa y, digamos, la alemana o la italiana, como para admitir lo injusto de tal comparación. El tipo de celebraciones a las que Scott invitaba para marcar los momentos sucesivos de alianzas entre clases y consolidación nacional en Inglaterra, no estaba al alcance de autores como Goethe y Manzoni, por mucho talento que tuviesen y por mucho que les enardeciera el desarrollo tardío de su patria. Seguramente coincidirían con Lukács en que la historia de Inglaterra era algo más grata que esa humillante cronología de contiendas mezquinas regionales e intromisiones extranjeras que no podía alcanzar la categoría de historial de una nación; lógicamente los patriotas preferían dejar atrás esa historia en pro de las proyecciones conciliatorias.

Los novelistas latinoamericanos, todos ellos herederos de Scott a partir de la década de 1840[2], no se habrían ofendido con la predilección de Lukács por los triunfadores. Muchos eran igualmente programáticos, si no más, y estaban en igual medida dispuestos a identificar el valor estético con la conveniencia política[3]. No es de extrañar, pues, que los escritores más venerados de Chile y México aprovecharan la oportunidad de extenderse en los capítulos recientes y envidiables de una historia en marcha. En la década anterior a la publicación de la novela de Blest Gana, Chile se había convertido ya en un centro bancario mundial, había construido el primer ferrocarril importante de Sudamérica, y estaba explotando minas de carbón y de cobre para su propia industria, así como para la exportación[4]. El país también había logrado limitar la desintegración de un consenso de las élites, que desde 1820 buscaba hacer de Chile un modelo de estabilidad y productividad. En el México por el que el patriota Altamirano luchó y venció, tanto en el campo de batalla como en el literario, la población, en su gran mayoría mestiza e indígena, logró llevar al poder por primera vez a un presidente indígena en 1861 y reinstalarlo en el poder seis años después, pese a la intromisión política y militar de monárquicos europeos y criollos europeizantes[5]. En la época en que los novelistas nacionales de Chile y México registraron estos triunfos, la gloria ya aparecía visiblemente empañada. Gran parte de su motivación para escribir era sin duda poder recuperar el lustre oculto bajo capas de sucesos comprometedores. Blest Gana era lo bastante hábil como para no mencionar los estallidos populares que seguían a la confrontación de la burguesía radical con los conservadores, como tampoco la consiguiente erosión del consenso de la élite. De la misma manera, Altamirano optó prudentemente por detener su historia en la resolución de Juárez de ponerle fin al bandidaje. ¿De qué habría servido dejar al descubierto los nuevos votos que se hacían en Chile como síntoma de crisis en el contrato matrimonial de la élite, o hacer mención de la imprudente política conciliadora de Juárez, que debilitó a México hasta el punto de permitir la ocupación francesa y la época del emperador Maximiliano, si la humillación internacional era tal que a su lado el estilo despótico de Porfirio Díaz parecía mejor que una amnistía?

En ambos casos, se rescataba un hecho concreto de la historia contemporánea, un hito político que les dio a los chilenos y a los mexicanos motivo para congratularse como nación y —si triunfaban los novelistas— para aumentar la confianza colectiva ante los retos políticos actuales. Blest Gana fue tan claro y prescriptivo como Altamirano respecto a la utilidad que se les exigía a las novelas americanas. Debían conferirle sentido social a los logros políticos y económicos, ofreciendo un tipo de valor cultural para el progreso con el que pudiesen contar los hombres de Estado progresistas. "Pero, por encima de cualquier otra cosa", exhortaba Blest Gana durante su investidura en 1861 como primer catedrático de literatura chilena en la Universidad de Chile:

> Debemos establecer con satisfacción el hecho de que Chile puede tener una literatura propia, que corresponda a los progresos en cuya vía se encuentra lanzado y que contribuiría poderosamente a impulsarle en esa senda de lisonjeros adelantos… Las letras deben, por consiguiente, llenar con escrupulosidad su tarea civilizadora y esmerarse por revestir de sus galas seductoras a las verdades que puedan fructificar con provecho de la humanidad. (460-461)[6]

El hecho mismo de la concesión de la cátedra fue de por sí evidencia de que Blest Gana estaba bien acompañado cuando (auto)promocionaba las novelas nacionales, ya que sus declaraciones glosaban la selección de su novela *La aritmética en el amor* como la mejor novela chilena por los jurados José Victorino Lastarria y Miguel Luis Amunátegui en un concurso patrocinado por la Universidad de Chile con el que se quería alentar a los novelistas nacionales. Con el primer rector Andrés Bello (ese maestro de la conciliación) la Universidad de Chile fue fundada en 1842 como centro de formación estatal del ciudadano moderno[7]. Por tanto, el público de Blest debió de sentirse complacido al oír su fórmula, y en concreto al conocer los motivos que subyacen en sus novelas de costumbres. El discurso empieza, como vimos, con la responsabilidad social de la literatura, tal y como la había defendido

Lastarria una década antes mientras fomentaba el clima cultural para una política progresista[8]. A continuación, Blest se limita a los géneros más útiles y dignos de cultivar (460). La poesía, objetaba, siempre ha atraído a los mejores autores chilenos, lo cual le parece una atracción fatal. En primer lugar, la lírica tiende al lamento de poca utilidad, y en segundo lugar, muy poca gente lee poemas, mientras que todo el mundo parece estar leyendo novelas (465)[9]. Y si los chilenos no escriben novelas edificantes, el público ávido de ficción no tendrá sino las de dudosa moral que se importan de Europa, disponibles en abundancia en los suplementos literarios y en reimpresiones locales. De forma semejante al prólogo de Mitre a *Soledad* (1847), que había circulado ampliamente en Chile[10], y más semejante aun al manifiesto "La literatura nacional" de Altamirano, escrita siete años más tarde; el ensayo de Blest "Literatura chilena" no se hace problemas con el alcance más popular de la novela. Por el contrario, ve más motivo para contrariarse en los vestigios de esnobismo literario que ignora el potencial de la novela como vehículo de una mejora social generalizada. Evidentemente, el potencial pedagógico y democrático de la novela tenía que empezar por defender al propio género. "La novela tiene un especial encanto para toda clase de inteligencias, habla el lenguaje de todos,... y lleva la civilización hasta las clases menos cultas de la sociedad.... Su popularidad, por consiguiente, puede ser inmensa, su utilidad incontestable" (465).

Por cierto, su impaciencia con la poesía anticipa la objeción del primer Mijail Bajtín que moralizaba en contra del individualismo fetichizado de la lírica. El escaso público de la poesía no es sólo el resultado de una educación desigual, sino también de una estrechez social y estética que se asemeja al narcisismo de una clase privilegiada (463). La preferencia de Blest por la prosa, explica él mismo, surge de la observación de que todo lector se reconoce a sí mismo entre los variados personajes de la novela y en la gama de usos lingüísticos. Por ello, el mejor tipo de novela para Chile es aquella en la que se retrata a la más amplia gama de personajes: la novela de costumbres[11]. Al mismo tiempo defiende un estilo sencillo de escritura, con el fin de atraer al mayor público posible, lo cual puede ser también una justificación conveniente de su estilo marcadamente prosaico.

El costumbrismo, vinculado a la admirable estabilidad y prosperidad del país, cobraba sentido como forma de representación central para la novela chilena. Dentro de este marco, las novelas no tenían que proyectar un Estado ideal, sino simplemente representarlo en una forma que reconociera y consolidara lo ya ganado. Blest Gana lo entendió así como una obligación con la que debían cumplir los escritores durante el período "de transición" de mediados de siglo, en el que los vestigios culturales de la vida colonial inhibían los avances materiales y políticos de Chile. Es más, las peculiares yuxtaposiciones de lo nuevo con lo viejo proporcionaron oportunidades maravillosas para la producción de novelas vitales y de la quinta esencia chilena (468). *Las novelas de costumbres* centrarían su atención en lo que ya eran los chilenos, no en lo que iban a ser. Presumiblemente las fantasías nostálgicas, a veces llamadas novelas históricas, se escribían en otras partes, allá donde era necesario construir, mediante la ficción, una entidad colectiva nacional en el pasado y proyectarla de modo que rellenara un presente sectario y dividido. Sin embargo, el mismo Blest Gana escribió una novela de época alejada en su avanzada madurez, *Durante la reconquista* (1897), y el furor que despertaron los *best-sellers* históricos por entregas entre 1860 y 1900 es un indicio de que en su discurso universitario polemizó a favor de lo que habrá considerado formas alternativas y maduras de leer[12]. En 1862, la actualidad chilena parecía un proyecto realizado. Esta ventaja histórica y el corolario estilístico de "realismo balzaquiano" que la crítica elogiaba, y que *Martín Rivas* de hecho introdujo en un continente aún enamorado de las fantasías de Chateaubriand y del romance histórico a gran escala de Scott, quizás distinguiera a Blest Gana como excéntrico entre sus contemporáneos latinoamericanos[13]. Es cierto que aprendió de Balzac varias lecciones: el diseño literario de una larga serie de novelas (frente a la novela única de otros americanos edificadores de naciones), la atención al dinero y a los detalles locales, y, desde luego, su amor por la intriga[14]. Pero también es verdad que "mejoró" el diseño de Balzac en formas dignas de los colegas latinoamericanos, como también "corrigió" a Stendhal. Quizá el modo más significativo de resolver la contradicción en Balzac fue esposar el dinero con la moralidad, un maridaje que al francés le parecería imposible y hasta indeseable. Martín, que sabe del valor del dinero como mediador social, es en esta novela el agente casamentero doble, pero no contradictorio. Negocia los asuntos de amor en calidad de intermediario *y también* media en fabulosos tratos financieros, logrando que un arreglo personal sirva para otro profesional. El afectado pero adorable hermano de Leonor pone el dedo en la llaga europea, cicatrizada y sanada en América, cuando formula chistosamente la moraleja de la historia: "Los franceses… dicen: *l'amour fait rage et l'argent fait marriage;* pero aquí el amor hace de los dos: *rage et marriage*" (249).

Esta inspiración sintética es un indicio del éxito estético-político de Blest Gana, a tan sólo un año de su discurso inaugural. Había dado enseguida la prueba publicada de que su práctica había alcanzado su teoría. La novela *Martín Rivas* era moderna (incluso de un realismo precoz), seductora y melodramática, y sin embargo lograba ser implacablemente moralista. Aun cuando las cosas terminaban mal en las tramas secundarias de esta obra, la administración de una justicia infalible produce una especie de satisfacción poética con la narración y de la nación. Los castigos se ajustan a los crímenes en casi todas las intrigas amorosas y financieras. Incluyen el desenlace a partir de las visitas que hacen Martín y Rafael San Luis, su amigo de la facultad de derecho, a las hermanas Molina y su mundo de "medio pelo" (de clase media baja o "popular"). La amistad de Martín con Edelmira Molina provoca celos infundados en Leonor, pero la relación entre Rafael y Adelaida es menos inocente y le arruinará las esperanzas de felicidad junto a su verdadero amor, la aristocrática Matilde Elías, cuyo padre en un principio se opone a la relación por razones económicas. Martín intenta ayudar a Rafael al reponer su estado fiscal y así recuperar el amor de Matilde, aunque admite que la familia de Adelaida ha sido ultrajada y que el deber exige que se case con la madre de su hijo (234). Martín también intenta proteger a Agustín, hermano de Leonor, de un chantaje por intento de seducción a la misma joven. Pero estos conflictos se disipan durante la conjura política de los liberales contra los conservadores, confrontación en la que Martín, perdidamente enamorado y convencido de la indiferencia de Leonor, arriesga su vida y acaba en prisión. Rafael, mucho más desesperado por la falta de un deseo legítimo, toma una posición de vanguardia suicida (al igual que otros liberales en 1851) y muere en la batalla.

Rafael es obviamente una de las bajas del alzamiento popular que se produjo contra el recién nombrado presidente conservador Manuel Montt, y que representó un acontecimiento crucial en la historia de Chile. Pero las circunstancias políticas del autosacrificio del amigo surgen aquí casi como un justo castigo por haber faltado al culto del amor. La pasión frustrada de Edelmira por Martín es una desgracia menos trágica, si bien necesaria, para la justicia poética y política de la novela. Su error fue pensar que podría realizar las fantasías románticas que leía en las novelas (probablemente europeas [153]); fantasías que habrían de terminar en decepción al tomar a Martín como su objeto de deseo, ya que éste era un parangón de constancia por muy indiferente que se mostrara Leonor. La resolución de la trama principal (o de la élite) depende del consentimiento de Edelmira (o del pueblo), ya que sólo ella puede disipar los celos de Leonor. Pero hace más aún. Al casarse con alguien de su propio rango social (un oficial de la policía al que detesta) logra poner a Martín en libertad después de la rebelión… en libertad y en los brazos de Leonor. En esta rendición de Chile por el amor, la posible consorte popular para esa burguesía liberal que Martín representa, sacrifica algo más que el orgullo de poder y control que Leonor se dispone a perder: Edelmira renuncia al hombre de sus sueños y lo entrega a una mujer de clase más privilegiada.

El desenlace feliz desenreda los lazos sociales entre la burguesía minera y los sectores de "medio pelo" (artesanos, productores independientes), para estrecharlos con la "aristocrática" burguesía financiera. Esta solución (y disolución), encajó muy bien en los programas de lectura obligatoria en las escuelas secundarias de Chile[15]. Sin duda, la institucionalización de la novela tenía algo que ver con el ensalzamiento de lo que se conoce como la victoria política de los liberales, que puso fin a una serie de derrotas militares[16]. La "victoria" era una alianza con los conservadores, retratada en la novela a través de la casi inevitable, si bien ardua, conquista mutua entre los amantes que representan regiones y economías conflictivas. La reconciliación de liberales y conservadores, y la consiguiente continuidad política, dirán algunos, apenas constituye un triunfo, si los desafíos nunca fueron muy serios a la seguridad de una élite compacta en un territorio pequeño, de tamaño manejable, ni siquiera las guerras civiles de 1851 y 1859 en las cuales las provincias se rebelaron contra la capital[17]. El reto de alcanzar una armonía interregional no se complicó en Chile, como se había complicado en otros países, con los rencores raciales que los novelistas trataban de hacer desaparecer por obra de magia romántica. Un romance racial que proyectara la armonía nacional no parecía ser necesario. En Chile la élite blanca, compuesta por distintas sectores industriales, dirigía dicha armonía nacional[18]. Años antes de la publicación de *Martín Rivas,* el país ya disfrutaba de una estabilidad en forma de "democracia de la oligarquía"[19]. Las luchas populares y partidistas habían sido contenidas tanto con el autoritarismo del gobierno de O'Higgins como con los experimentos democratizadores de los liberales de la década de 1820, que lograron darle al Chile de los años 30 la envidiable reputación de ser la única democracia estable de toda Latinoamérica (y de la mayor parte de Europa). En 1852 Juan Bautista Alberdi hablaba en nombre de todos los argentinos refugiados del gobierno de Rosas cuando propuso un brindis por este refugio de la anarquía, "la honrosa excepción de Sudamérica"[20].

Sin embargo, este tejido histórico retrospectivo que visto desde lejos parece no revelar sus costuras, despierta el escepticismo de ser, evidentemente, la versión de los vencedores. Los vencidos seguramente la contarían de otra manera. El hecho de que la "democracia" conservadora de Chile sobreviviera a los repetidos asaltos no significa necesariamente que la continuidad política fuese siempre previsible. Sin duda los liberales que lucharon y murieron en las guerras civiles anticiparon cambios radicales que justificaran los sacrificios. Es imposible que todos fuesen suicidas románticos como Rafael San Luis. De hecho, durante la década de 1840 los liberales anticlericales no cortejaron a los conservadores católicos, sino que los resistían a muerte[21]. Y para 1850, tras casi 20 años de eclipse político del liberalismo, su líder intelectual en el legislativo, José Victorino Lastarria, quien fundó en 1842 la *Sociedad Literaria,* había ganado un apoyo considerable para la reforma secular (quizá la cuestión más explosiva de la década de 1870)[22]. Al mismo tiempo, los agitadores socialistas que se unieron al notorio Francisco Bilbao, autor de *Sociabilidad chilena* (1844), y que se sintieron inspirados por la revolución francesa de 1848 (¿como Edelmira, que adoptaba fantasías imposibles de sus novelas?), movilizaron a los artesanos de Santiago a través de la *Sociedad de Igualdad*[23]. Con el paso del tiempo, el poder de la Iglesia disminuyó, como se comprueba en la libertad de culto, formalmente garantizada en 1865, y en la abrogación de los fueros de la Iglesia en 1875. ¿Quién hubiera imaginado estas derrotas para los conservadores católicos en 1851, cuando su ángel de la guarda, Manuel Montt, fue elegido presidente del país? La elección de Montt fue recibida por los liberales con fuegos no artificiales durante tres meses de guerra civil a gran escala. Querían deshacerse de él los liberales que competían por los recursos del Estado, aunque no cambiarían la administración de manera fundamental (así como Sarmiento quiso reemplazar a Rosas sin descartar los resultados del "Restaurador de la ley"). Más motivados aún, al unirse a la rebelión contra Montt, fueron las provincias del sur, donde masas de campesinos fueron desplazadas por terratenientes oligarcas que intensificaron las expropiaciones de las propiedades pequeñas. Estos distintos grados de resistencia marcarían una diferencia política más adelante, cuando las exigencias revolucionarias del sector agrario dieron lugar a una contradicción irresoluble con el capitalismo en desarrollo y fueron augurio de una conciliación entre las élites: los nuevos negocios requerían masas de trabajadores (para el desarrollo industrial de la burguesía "liberal"), trabajadores que podían ser "liberados" del campo por las intrusiones en el sector rural de los agrocomerciantes "conservadores"[24]. Así que los conservadores terminaron por darles la mano (de obra) a los liberales por medio de las expropiaciones. Pero antes de que la contradicción pudiese deshacer la alianza liberal entre campesinos desplazados e industrialistas que se aprovecharon del desplazamiento, el maridaje fue anulado abruptamente por orden de Montt, cuya Guardia Nacional fuerte y equitativa (25.000 hombres, frente a los 3.000 del ejército permanente chileno) puso fin a la rebelión de 1851.

Seis años después, el estilo autoritario de Montt había alienado incluso a la mayoría de los conservadores y los llevó a arrojarse a los brazos de los liberales, aunque algunos liberales radicales o "rojos" se negaron a llamar amor al abrazo de 1857. Antes de la amnistía general de 1862, los radicales veían la historia de Chile como una serie de represiones; si hubo continuidad no era democrática. La amnistía fue básicamente para quienes militaron durante la guerra civil de 1859 contra lo que quedaba de la base de Montt, conocida ahora como Partido Nacional. Esta vez la guerra se centró en la región minera del norte, patria de Martín Rivas y del Partido Radical. La novela funde dos guerras en un solo enfrentamiento y remata la combinación con resolución romántica: la rebelión de 1851, que en un principio lideraban los liberales de Santiago pero que pronto escapó de su control al continuar la lucha entre las clases populares y al moverse hacia el sur; y el alzamiento de nuevos burgueses mineros de 1859 en el norte. La alquimia narrativa permite fusionar la burguesía liberal de la capital con los mineros disidentes, que rápidamente se convertían en el sector más productivo de Chile. Esa fusión, personificada en Martín quien conquista a la "aristocrática" Leonor y a su padre, se logra gracias al elemento catalizador de Edelmira, quien ofrece su abnegado apoyo al material de mayor valor social.

Han existido al menos dos maneras de leer la novela más popular de Blest Gana y en ciertos aspectos reproducen el debate histórico en torno a la gravedad del alzamiento de 1851. O fue un mero escarceo que acentuó la tenacidad de la élite, o fue un terrible desafío a la élite autoritaria de la capital. *Martín Rivas* se ha interpretado, bien como una historia sin mayores accidentes que permite demorarse uno en los detalles costumbristas, o bien como representación de un conflicto político que apunta a una radical reorganización social. El adjetivo compuesto y con guión del subtítulo (*Novela de costumbres político-sociales*) sugiere cabalmente la inflexión dialéctica de los términos y lo imprudente de elegir entre las dos lecturas. Por un lado, las costumbres sociales, que en este libro se centran en la conducta correcta para las relaciones íntimas entre las clases sociales, son de evidente importancia política; por el otro lado, el comportamiento político y económico está íntimamente ligado a la ética de las costumbres (inter)personales.

No obstante, las costumbres de lectura lukacsiana, que contraponen el novelista histórico Scott al lagrimoso romancista Chateubriand, parecen tomar partido al concluir que en *Martín Rivas* la política nacional apenas importa, ya que se trata de las costumbres del cortejo. Una novela de costumbres contemporánea difícilmente prometía al lector chileno las intrigas políticas que asociaba con las "novelas históricas", tales como *La novia del hereje o la Inquisición en Lima,* de Vicente Fidel López (1845-1850, por entregas) y *El inquisidor mayor,* de Manuel Bilbao (editada por primera vez en Lima, 1852)[25]. En vez de defender algún programa público concreto, esta novela de Blest Gana condenaba por un lado, los matrimonios de conveniencia y las relaciones ilícitas, sobre todo aquellas en las que los jóvenes de clase privilegiada abusan de las jovencitas de "medio pelo", y por otro lado, premiaba la virtud de la clase media. Para Hernán Díaz Arrieta, la novela es prudente al evitar las tesis políticas. "Martín Rivas vive, no por causa de esta idea o de esta otra, sino porque se ganó el amor de Leonor… y también porque su relación íntima… está adornada de escenas apasionantes y acentos muy propios de Santiago"[26]. Raúl Silva Castro llega incluso a decir que la novela no podía tener mucho interés político, porque refleja antagonismos relacionados con la clase social que en Chile ya habían pasado a la historia[27]. Y aunque Guillermo Araya se muestra en desacuerdo respecto a la irrelevancia de los encuentros pasados para la sociedad actual, señalando que las clases sociales en *Martín Rivas* mantienen una estructura rígida y arcaica que no deja lugar para puntos de contacto duraderos, observa también que este obstáculo no afecta la novela. La política, para este lector, es una idea tardía, un relleno para unos héroes que se comprometen con la historia porque no pueden comprometerse con sus queridas; esto es, porque los protagonistas cortejan la política como un medio de escape más que como una convicción[28].

No hay necesidad de escapismo, sin embargo, en este ir y venir entre la política y el amor, ni en ésta ni en otras novelas de amores nacionales. Un ejemplo muy temprano, que podría haber conocido Blest, es la novela mexicana *El Criollo*, de J. R. Pacheco (1835), donde el héroe local no puede casarse con su amada porque es española; como alternativa se une a la revolución de Hidalgo contra el sistema de castas que separaba a los amantes[29]. Y otro ejemplo que Blest no pudo haber conocido es *Aurora* del paraguayo Juan Stefanich (1920), novela histórica sobre las revueltas contemporáneas de Asunción. Después de que la heroína del título causa la decepción amorosa del estudiante que protagoniza la novela, él se dedica a "la nueva Aurora", es decir, al futuro de Paraguay[30]. Cuando Rafael San Luis reemplaza un amor por otro, al anunciarle a Martín que "Mi nueva querida… es la política" (307), no cambia de código, sino más bien revela que el amor y la política habitan el uno en la otra, como ya se anuncia en el subtítulo de Blest Gana.

Está claro que cuando se solucionan los problemas amorosos también se solucionan los conflictos políticos. Y es perfectamente posible que el amor y la política no sean alternativas para los protagonistas, sino que se invoquen mutuamente con toda la intención del autor. Ciertamente, los "códigos" del amor y la política, si los consideramos por separado, exigen la misma constancia, discreción y heroísmo por parte de los protagonistas. Si una de las costumbres "sociales" que aquí se critica es el hábito que tienen los jóvenes de las clases superiores de declarar su amor a las muchachas de clase baja para seducirlas[31], bien puede haber ahí una crítica simultánea al abuso "político" que cometen las élites con sus aliados de clase popular. Una muestra engalanada es la amistad de Martín con Edelmira. La recompensa que él obtiene cuando ella decide casarse con uno de su clase que le resulta útil al protagonista es probablemente algo más que un modelo de conducta caballerosa entre ambos sexos. El respeto mutuo y la voluntad de ayudarse muestran también una relación ideal entre una burguesía honrada y sus subordinados ilustrados y razonablemente modestos.

Por lo tanto, el criticar a Martín por abandonar la lucha política una vez que ha alcanzado a Leonor equivale a no captar la idea genérica de esta novela romántica nacional. Conquistar a esta joven (y a los demás oligarcas) era precisamente lo que motivaba su lucha (de clase media)[32]. Si bien es verdad que las clases populares no acceden al matrimonio y en cambio sacrifican sus ilusiones como si fuesen obstáculos para una felicidad de mayor importancia, sus bendiciones hacen posible el matrimonio. En esta novela romántica, un género que a menudo descubre en los enemigos aliados en potencia, el consentimiento se extiende incluso al holgazán de Amador, hermano de las hermanas Molina, que ha estado chantajeando al hermano de Leonor y que se preparaba a hacerle lo mismo a Rafael. Por fin, él también reconoce que Martín merece que se le dé apoyo. Tienen razón los críticos al señalar que Blest Gana rehuye el potencial más revolucionario de 1851, sobre todo teniendo en cuenta que al representarlo se limita al alzamiento urbano y circunscribe las repercusiones a escala nacional. Pero su celebración de una democracia que había adquirido en ese momento mayor flexibilidad, aunque seguía "oligárquica", es un gesto si no satisfactorio pues innegablemente "liberal".

No es fácil separar las consideraciones sociales y políticas en *Martín Rivas*. Pero hemos visto que algunos lectores experimentan una seducción que les hace deleitarse en el asunto puramente doméstico y más bien banal que constituye el eje central, porque la acción del libro se circunscribe, casi en su totalidad, a una acogedora esfera privada. La sospecha de que no se puede divorciar lo político de lo doméstico en la "novela histórica" latinoamericana, se agudiza en el caso particular de Chile. Aquí, más que en ningún otro sitio, los salones y las alcobas proporcionan el escenario para la íntima *tete á tete* política. A principios de la década de 1860, Santiago llevaba 30 años siendo el eje de un gobierno centralizado. Cualquier desafío a su control, pese a la pérdida de vidas y de propiedades, apenas perturbaba al gobierno. Es decir, el Estado había "domesticado" al país subordinando sus regiones e intereses muy pronto, en aras de una burocracia moderna y jerárquica. Desde otro punto de vista, en cambio, también fue un lugar donde todos los chilenos podían sentirse como en casa, donde los principios legales y jurídicos garantizaban la propiedad privada, pero también la igualdad ante la ley, la libertad de movimiento, de contrato, de comercio, de prensa y de reunión[33]. Los dramas domésticos, por consiguiente, no podían sino resonar con las contiendas externas entre clases y regiones.

Otros lectores no dudan de la sinceridad política de *Martín Rivas*, ni de su eficacia. Observan que en la edición parisina de 1875, la novela fue dedicada a Manuel Antonio Matta, cofundador del Partido Radical que se desarrolló a partir de la resistencia a la alianza conservadora-liberal de 1857. Jaime Concha considera que este ignominioso momento, en contraposición al año 1851 o a la revolución de 1859, fue para Blest Gana el más significativo de la historia de Chile y el que queda callado en su novela[34]. Según la lectura de Concha, Blest Gana es un liberal de principios, aunque por lo general moderado, que trata esta alianza oportunista con desdén y con humor, por ejemplo en la novela anterior que lleva el calculado título de *La aritmética en el amor* (1860). Dos años después, con *Martín Rivas*, su ironía y derrotismo parecen haber cambiado "radicalmente", gracias a la amnistía general y a las esperanzas que se albergaban en el nuevo Partido Radical. Si esta lectura es correcta, el libro hizo algo más que representar estas tendencias progresistas; ayudó a la promoción del radicalismo[35]. Pero el hecho de que este texto posiblemente promocional tomara su anécdota histórica de sucesos de hacía más de una década, hace pensar que para crear una novela romántica constructiva, el moderado Blest Gana no podía llevar sus historias al desastre de 1857. Sus novelas posteriores seguirán retrocediendo en el tiempo en busca de acontecimientos fundacionales constructivos. (José de Alencar se enfrentó a su reacio pesimismo de la misma forma, volviendo en el tiempo a través de sus novelas, para ofrecer una visión progresista y prometedora de la historia de Brasil)[36]. Pero si leyéramos desde otra perspectiva, la misma amnistía, junto con la evolución del nuevo partido, habrá sido el momento fundacional de la nueva democracia chilena para este autor amante de la paz.

Concha seguramente acierta al enfatizar que más allá de los obstáculos personales que enfrentan los amantes en *Martín Rivas*, también se atacan barreras y barricadas sociales más generales. Por ello, concluye que, pese a los múltiples amoríos que configuran la trama del libro, no es simplemente una "historia de amor"[37]. Por supuesto que no lo es. Pero, así y todo, es una historia de amor, y su dimensión históri-co-política no es casual en el género de romance nacional. Incluso Lastarria escribió historias de amor de notable maniqueísmo y correc-ción político-filosófica, en su afán de proveer una novela progresista[38]. Al enmarcar la alianza entre los héroes burgueses y las clases populares como un momento supremo de distribución sentimental que sin duda alcanzaría a los lectores, cualquiera que fuese su postura política, Blest Gana se asegura las simpatías de un sector lo más amplio posible.

De muchas maneras *Martín Rivas* es un paradigma de la nove-la de amor nacional de Latinoamérica. En primer lugar, sus desvíos, con frecuencia inesperados, de las categorías binarias de clase y género son especialmente refrescantes, pero también son algo bastante típico en el contexto del asalto genérico que la novela romántica lanza contra los paradigmas estáticos. Blest Gana comparte con otros novelistas nacionales contemporáneos cierta inclinación a alterar o transgredir aquellos tipos cuyo género está construido de manera ideal y que pueden asociarse con la narrativa heroica. Hasta las descripciones físi-cas infringen categorías; por ejemplo en el caso de Rafael, "de facciones de una finura casi femenil" (41). Pero la infracción más sorprendente es el constante hábito de Blest de presentar a hombres dóciles o igno-rantes al lado de mujeres activas e ilustradas. A excepción de los dos protagonistas, sus personajes masculinos van desde el inútil hasta el despreciable. Dámaso es indeciso, perezoso y se casó "más bien por especulación que por amor" (9). Fidel Elías, el padre de Matilde, arrui-na la felicidad de ésta al rechazar al empobrecido Rafael. Agustín Encina y Amador Molina, no obstante las diferencias de clase, son igualmente fatuos e improductivos. Incluso al admirable Rafael se le censura por su inconstancia sentimental. En contraste, las mujeres de Blest Gana son, casi siempre, valientes y virtuosas: Leonor manda en su casa y maquina la forma en que Martín escapa de la cárcel (aunque su madre quede atontada y sumisa). Edelmira garantiza la felicidad de Martín y acepta a su leal agente de policía. Adelaida hace bien odian-do a los jóvenes ricos seductores. A Bernarda Molina, su madre, se la retrata de forma grotesca pero honrada al no dejarse sobornar tras la deshonra de su hija, a diferencia de Amador (¿y los liberales de 1857?). "Aunque pobre, una tiene honor" (255); Francisca Elías es una feminista que lee a George Sand y por ello recibe unos comentarios sarcásticos del narrador. Pero se le concede una clara superioridad moral sobre su marido que calcula los amoríos de Matilde en vez de sentirlos, como lo haría una mujer[39]. Martín es el único que exhibe todos los rasgos loables, unos asociados al hombre (por ejemplo, su buen sentido financiero) y otros a la mujer (su lealtad inquebrantable y su sensibilidad). "Lloró así largo rato"; ante la muerte de Rafael, "las lágrimas se agotaron dejando los ojos escaldados; entonces vino la reflexión del hombre, la resignación estoica del valiente" (349). Como consecuencia, frente al grupo que le rodea en la ficción, la virtud andrógina de Martín parece notablemente ideal.

Estos atributos flexibles o transgresores, propios del género, son, tal y como ya observé, probablemente comunes al romance a través de toda Latinoamérica; no obstante, constituyen una convención poco ortodoxa para Blest Gana y sus lectores. Parte del trabajo de la novela es, precisamente, reemplazar los usos (oligárquicos) convencionales de poder por relaciones de poder (burguesas) más flexibles y modernas. En *Martín Rivas*, los héroes románticos no se sorprenden ante estas transgresiones que, no obstante, sí escandalizan al frívolo Agustín. "Caramba" exclama, "ésta [Leonor] sacó toda la energía que me tocaba a mí como varón y primogénito" (345). La coexistencia de elementos transgresores y de la jerarquía convencional que pone al hombre sobre la mujer puede llevarnos a especular sobre la forma que va a tomar el matrimonio entre Martín y Leonor. ¿Será un nuevo tipo de relación "democrática" que se aproxime a un amor no jerarquizado, basado en el respeto mutuo por el poder y el deseo del otro? "Ante el amor, no deben valer nada las jerarquías sociales" (221), dice Martín en uno de sus discursos erótico filosóficos. ¿O funcionará el romance únicamente a expensas de liberarse de estereotipos y sólo una vez que la desigualdad tradicional haya reemplazado las negociaciones entre semejantes? En tal caso, una de las partes (la femenina) cedería toda la autoridad a la otra parte (la masculina). A su vez, sobre estas alternativas pesará la manera como leamos la solidaridad entre clases propia de la rebelión de 1851. Uno de los finales sugeriría que puede lograrse la unidad entre una política popular autónoma y una burguesa; el otro demostraría que la unidad se gana únicamente si una clase social se somete a la clase acostumbrada a dominar.

De momento, antes de llegar al final, la fuerza de carácter demostrada por las mujeres, especialmente por Leonor y Edelmira, nos permite imaginar una alternativa democrática. No obstante, en las últimas páginas no cabe esperanza alguna, y apenas si queda el recuerdo de la posibilidad de una alianza no convencional en las relaciones íntimas. Edelmira ha hecho su elección "razonable" y la antaño dominante Leonor se ha convertido "en un tesoro de dulzura y de sumisión" (373). Su declaración equivale a una renuncia: "sólo usted hasta hoy ha podido dominar mi voluntad... la voluntad de usted será en adelante la mía,... sus deseos serán órdenes para mí" (369).

Los ecos políticos de esta romántica decisión resuenan, simultáneamente, en dos direcciones, debido a que la posición resbaladiza de Leonor en la alegoría provoca una suerte de espejismo conciliador. Sin duda alguna, ella es la oligarquía conquistada por parte de Martín; y esto establece una hegemonía moderna y democratizante de la burguesía productiva. Pero por otra parte ella es también la mujer capaz de ejercer un dominio extraordinario sobre su propia familia, así como las masas, tradicionalmente sumisas, lanzaban sus reivindicaciones contra la élite burguesa. El narrador los pone a ella (y a los otros) en su sitio, una vez que la virtud de la clase media encauza su amor productivo hacia un compañero irracional cuyo espacio se ha ensanchado gracias a la virtud que comparte con los dirigentes. "Su vigorosa organización moral cedía ante el imperio de la pasión, porque era mujer antes de ser la hija mimada de sus padres y de la sociedad" (311). Junto a su nuevo esposo, tanto el recio sentido moral de Leonor como las reclamaciones de los de "medio pelo", se vuelven redundantes. Esta inquieta recuperación de las fuerzas femenina y popular para ponerlas bajo la hegemonía de la burguesía va a limitar la radicalidad política que algunos lectores habían proyectado en la novela y, tal vez, también en los acontecimientos de 1851.

Antes de este final "feliz", el narrador parecía quejarse de que el pueblo careciera de una motivación independiente; carecían de "armas y jefes, sin los cuales nuestras masas casi nunca se deciden por la iniciativa, por esperar la voz de los caballeros, que, a pesar de las propagandas igualitarias, miran siempre como a sus naturales superiores" (332). Sin embargo, esta falta de autodeterminación habrá sido una racionalización de Blest Gana para imponer el liderazgo de la burguesía, así como para asumir que la naturaleza sumisa de la mujer justificaba el dominio masculino. En cualquier caso, al escribir *Martín Rivas*, las clases populares le habían dado abundantes muestras de iniciativa y el novelista sabía que quejarse era infundado. Con toda intención, recortó la historia de la rebelión y la detuvo en la capital donde, en sus inicios, fue realmente dirigida por la burguesía liberal. Pero la rebelión pronto se extendería hacia los suburbios y hacia el campo; y en cuanto se hizo verdaderamente popular dejó de someterse al control de los liberales. De haber incluido ese desenlace, la narración de Blest Gana habría tenido que afrontar otra alternativa: ¿habría sido posible continuar celebrando la rebelión aun cuando excediera las reglas de un romance histórico y jerárquico, o se habría visto forzado a condenar el alzamiento de 1851 dado que transgredía el legítimo liderazgo paternal? Blest Gana escogió una salida elegante. Decidió, simplemente, no tratar el dilema, deteniendo la narración poco antes de que el romance traspasara sus propios límites, o antes de que el amante se revelara como jefe cuyos intereses no coincidían con los de su pareja. Sin duda, la versión romántica de Blest Gana del conflicto de 1851 ayuda a difuminar la diferencia y, en consecuencia, a bordar la pretendida continuidad histórica de Chile.

Exceptuando el especialísimo caso de Brasil, que llegó a ser la sede del imperio portugués en 1808 y que se convirtió en monarquía independiente en 1822, México es el único país latinoamericano donde, una vez finalizadas las guerras de independencia, la monarquía no murió de muerte natural por falta de pretendientes o de entusiasmo. En cambio, la marejada republicana e igualitaria que lideraban el Padre Hidalgo y José María Morelos perdió ante las pasiones conservadoras. Tras una década de guerras sociales y raciales, a México le llegó su independencia en 1821 con la revuelta de un brigadier monárquico, Agustín Iturbide, que al año siguiente se autoproclamaría emperador. Los que se le oponían no eran sólo los republicanos (periodistas eminentes, abogados y clero progresista), sino también los realistas tradicionales quienes desdeñaron este rudo "emperador", hijo de un simple comerciante. Ansiaban reemplazarlo con un príncipe de abolengo que diese reconocimiento a la estirpe y no al militarismo, y en eso le secundaban los *hacendados* y los comerciantes españoles de nacimiento que esperaban que un príncipe auténtico cancelara los préstamos y otras cargas fiscales que se les imponían[40]. Durante el resto del siglo XIX, los conflictos entre liberales y conservadores se plasmaron en gran parte en términos de republicanos contra monárquicos. A otro nivel, las batallas se dieron entre los defensores de la masa indígena y mestiza y aquellos que defendían a la blanca élite criolla.

Uno de estos conflictos incluyó la ejecución en 1831 de Vicente Guerrero, héroe mestizo que tras luchar a las órdenes de Morelos fue elegido como el segundo presidente de México. Entre los verdugos conservadores estaban Bustamante y Alamán que esperaban establecer una monarquía, proyecto que sólo se vio frustrado por la guerra con los Estados Unidos (1846-1848). Los conflictos continuaron con las guerras civiles de secesión en Yucatán (1847-1850), provocadas por rebeldes mayas, la revolución de Ayutla (1853-1855) contra las pretensiones de Santa Ana de hacer una dictadura perpetua, y en la cual Juárez llegó a ser figura nacional, la Guerra de la Reforma (una docena de años de revolución liberal, principalmente contra la Iglesia), y la ocupación francesa en tiempos del emperador Maximiliano (1864-1867), a la que siguió la restauración del gobierno republicano del presidente Benito Juárez.

Era de prever, incluso de estos escasos datos de una historia política salpicada por los contrastes raciales, que la ideología patriótica de México, tras el fracaso de la dominación francesa, iba a exaltar la virtud del indígena y el mestizo frente a los imperialistas blancos y sus partidarios locales. Entre los nacionalistas criollos, antes incluso de la independencia, había existido una tradición que reivindicaba el pasado racial de México, pero los indios que sobrevivieron conquistas y contiendas parecían estar fuera de lugar en el proyecto nacional hasta que se alentó la asimilación y el mestizaje en el siglo XIX. La elegante pompa de la monarquía y, por extensión, de la "aristocracia" blanca en el país, admirada también por tantos mexicanos de otro color, debió de parecerle engañosamente atractiva a los intelectuales autóctonos como Ignacio Altamirano que se educaron con el refinamiento europeo que desdeñaba a su propia piel[41]. Ya veremos cómo Altamirano trató de aflojar el nudo de contradicciones (su formación "blanca" con su orgullo indígena-patriótico), a base, entre otras cosas, de retocar aspectos del género literario favorito de Europa con colores autóctonos: piel morena para los héroes y ojos zarcos para el villano. Quizás adoptara esta especie de paleta práctica en lugar de matices más sutiles porque en su experiencia como soldado se había visto obligado, después de todo, a marcar las diferencias. Sin embargo, al "maestro" Altamirano se lo recuerda sobre todo por su generosidad personal y su política conciliadora constructiva, una vez que la lucha hubo terminado[42]. En retrospectiva, su actitud y la de escritores más jóvenes a quienes alentaba en revistas como *El Renacimiento* (1867-1887), y su generosa instrucción en el arte de escribir para todos y todas durante el gobierno restaurado de Juárez[43], habrá parecido un ensayo de la "revolución cultural" que surgiría tras la década de agitación social iniciada en 1911 y que volvería a apreciar a los primeros novelistas un tanto despreciados por una clase intelectual mexicana hastiada de proyectos nacionales[44].

Pero las fechas muestran que la actividad revolucionaria mexicana sufrió demoras costosas y complicadas mucho después del ensayo de la Reforma. A partir de la derrota y ejecución de Maximiliano, Juárez regresó en 1867 con el apoyo de un amplio frente patriótico que incluía al entusiasta Porfirio Díaz. Pero Díaz se rebeló más tarde y ahora se lo recuerda por haber consolidado un poder moralmente vacío ("Nada de política, y mucha administración")[45] con la aprobación de la oligarquía mexicana que se negaba a someterse a un presidente indio y de principios liberales. Díaz también era indígena y héroe militar, lo cual le dio una base de apoyo relativamente ancha, pero a medida que pasaba el tiempo fue incrementando su disposición a ganarse el favor de la clase privilegiada y a contener a sus adversarios con una política de *pan o palo*. En sus retratos luce cada vez más claro su color de piel. Dicho de otra manera, se ajustó al deseo de los mexicanos blancos y conservadores quienes no tolerarían un presidente que se identificara con la masa indígena, tras el desastre provocado por el príncipe azul de Francia[46].

El romance racial de México tuvo que esperar a que se realizara su sueño de conciliación. Los blancos no iban a acoger a los indios victoriosos, aun cuando el "dictador" Díaz tenía otros partidarios liberales, un detalle que posteriormente se olvida con facilidad. El romance interregional de México también tuvo que esperar. A los centralistas les era difícil persuadir a los enclaves de federalistas que renunciaran a sus privilegios locales por el bien de la nación. La provincia de Texas, que se había resistido a las medidas centralistas de Santa Ana en 1835, se rebeló amparada por los Estados Unidos. Y el éxito de Texas animó a los criollos de Yucatán, entre ellos a Justo Sierra padre[47], a separarse también. Los yucatecos finalmente declararon su independencia en 1841, aunque el ejército regular les obligó a reintegrarse a México.

Después de la guerra con los Estados Unidos, que le costó a México la mitad de su extensión territorial, los criollos de Yucatán seguían enemistados con el gobierno central. Y durante la guerra racial de 1847, le ofrecieron su provincia a Gran Bretaña, a los Estados Unidos, o a cualquier otro imperio que pudiera protegerlos[48].

Altamirano sobrevivió a todas estas luchas. Combatió en la revolución de Ayutla, en la Guerra de Reforma y contra la intervención francesa[49]. También sobrevivió al prometedor momento del retorno de Juárez. Casi con toda seguridad se habrá identificado personalmente con el presidente indígena, ya que los dos eran de origen igualmente humilde y aprendieron español a una edad bastante avanzada, catorce años para Juárez y doce para Altamirano[50]. Trabajaron muy de cerca para promover las reformas liberales, pese a sus ruidosas discrepancias en el Congreso en torno a la amnistía de los conservadores, cuando los liberales obtuvieron el poder en 1861[51]. Mientras que los moderados como Juárez y los conservadores abogaban por la amnistía, los partidarios de la línea dura de Altamirano protestaban vehementemente contra una generosidad mal aplicada. Uno de los resultados de la amnistía fue alentar al conservador General Márquez a continuar asolando al Estado de México, con lo que la Guerra Civil se prolongó después de que el agotado país declaró una paz oficial. Otra consecuencia fue la promoción de la estrategia desatinada de reclutar bandidos para el ejército regular con el fin de combatir a Márquez y a otros conservadores. El resultado final fue la bancarrota total de México y la precariedad de su control militar, puntos débiles que permitieron la entrada de los invasores franceses. Sólo hasta que el ejército de Márquez llegó a las mismas puertas de la Ciudad de México las tropas de Porfirio Díaz lo derrotaron, demostrándoles a los liberales mexicanos lo descabellada de una contraproducente compasión por el enemigo[52]. La compasión disciplinada y selectiva de las novelas de Altamirano dramatiza la lección.

Juárez murió de un ataque al corazón en 1872, tras haber derrotado dos veces a Díaz en las elecciones presidenciales. El futuro dictador ganaba, esta vez, por falta de competencia y el romance nacional mexicano sufrió un largo aplazamiento. Pero en aquel tiempo, ni Altamirano ni otros radicales "puros" o liberales se desalentaron. De hecho preferían al intrépido Díaz, aunque algunos biógrafos pasan por alto intencionadamente estas primeras simpatías de Altamirano, por temor a contaminarlo con lo que vino después[53]. Al principio, el carácter decidido de Díaz y la prosperidad sin igual de sus primeros años como gobernante, parecían demostrar que México era finalmente una nación soberana, moderna y prometedora. Por ello Altamirano siguió trabajando como representante del gobierno, aunque prefirió hacerlo desde una distancia cómoda en Europa, una vez que concluyó la luna de miel con el régimen "positivista" de Díaz[54]. Se dedicó a enseñar cada vez más y a alentar a los jóvenes escritores y escritoras para promover una cultura nacional más allá de las diferencias partidistas. El romance nacional, dicho de otro modo, podía haberle parecido inminente a Altamirano, que únicamente necesitaba una articulación galvanizadora que subrayara lo que había significado la presidencia de Juárez —una democracia autóctona— y que alentara el deseo que tenía el país de abrazar un ideal, ahora corregido y fortalecido, de república indígena y liberal. *El Zarco* (*Episodios de la vida de México en 1861-63*), concluida en 1888 y publicada póstumamente en 1901, es la novela más respetada de Altamirano y probablemente su mejor esfuerzo por proyectar ese deseo realizable. Si el esfuerzo llegó tarde a México, probablemente fue porque, a pesar del optimismo de Altamirano, la consolidación nacional seguía posponiéndose[55].

El enredo histórico representado en la maraña romántica de esta novela es el matrimonio de conveniencia precipitado que se contrae entre liberales y bandidos locales para resistir la campaña arrasadora del General Márquez en 1861. Juárez acababa de asumir la presidencia y había concedido una amnistía general a los enemigos del Partido Liberal. Un tiempo más tarde, el ejército regular intentará controlar a los monstruos forajidos que el mismo gobierno había creado, principalmente por el sabotaje de los salteadores al proyecto federal de construir una vía ferroviaria entre Veracruz y la Ciudad de México, símbolo del progreso liberal y tema, además, de la popular novela de Manuel Payno, *Los bandidos del Río Frío* (1888)[56]. Los bandidos no hacían sino escapar, porque su captura no suponía procesamiento y porque el gobierno tenía ahora un frente internacional al que prestar atención urgente a raíz de la intervención francesa. "Pero ahora era diferente. Ahora el gobierno federal se hallaba demasiado preocupado con la guerra que aún sostenían las huestes de Márquez, de Zuloaga, de Mejía y otros caudillos clericales...; la intervención extranjera era una amenaza que comenzaba a traducirse en hechos" (55)[57].

Éste es el telón de fondo para la trama sentimental. En la primera página del argumento el escenario se pinta en el pueblo de Yautepec, Morelos. En aquellos tiempos, sin embargo, Morelos aún era parte del Estado central, conocido por sinécdoque como México[58]. "De cerca, Yautepec presenta un aspecto original y pintoresco. Es un pueblo mitad oriental y mitad americano" (3), aunque Altamirano insistirá en que la mitad europea prevalece sobre la autóctona. La descripción resume un cuadro de variada vegetación, que combina plataneras y mameyes tropicales con los naranjos y limoneros de origen metropolitano que predominan en número. Y por si esta alegoría de lo mexicano mestizo e independiente no diera fruto de inmediato, Altamirano la elucida con términos específicamente raciales en la página siguiente, después de decirnos que la población pasó de depender administrativamente de Cuernavaca a ser cabeza de distrito. Yautepec es de habla hispana en su totalidad, "pues se compone de razas mestizas. Los indios puros han desaparecido allí completamente" (4).

Será redundante señalar que el pueblo es un paraíso central(izador) donde los conflictos raciales y regionales se han resuelto a base de normas europeas, todo embellecido por la flora y la gente local. Este principio utópico sugiere que Altamirano ha dejado que el resultado conciliador proyectado de la novela se deslice en una metalepsis, quiero decir con la inversión de causa y efecto al figurar la mediación de diferencias antes de que sepamos del conflicto. Quizás lo hace para condicionar nuestro deseo por la armonía realizable y canalizarlo en una dirección productiva, ya que, a continuación, habrá que tomar decisiones sentimentales. Sea como fuere, después de leer que las razas puras habían desaparecido, sorprende saber que el héroe de la obra, Nicolás, es indígena y que está enamorado de Manuela, una altanera belleza blanca. La pareja que le conviene es otra; se llama Pilar y es de humilde origen mestizo. Pilar es capaz de perdonar la pasión extraviada de su hombre, con tal de conseguirlo aunque le cueste rescatarlo y arriesgarse ante el peligro de muerte una y otra vez. El previsible final feliz para Nicolás y Pilar presenta, sin embargo, algunos giros interesantes que nos indican cuan elusiva y frágil era la preciada solidaridad nacional.

Por una parte, el héroe se mantiene demasiado tiempo indiferente al amor de la heroína y corteja a una mujer que no lo merece, hasta el punto en que su dignidad afrentada debería haberse rebelado (¿Representa a las masas mexicanas deferentes hacia las élites blancas?)

Por otra parte, durante todo este tiempo la madre de Manuela lo alienta porque sabe lo que vale el deseado yerno. Esta preferencia invierte la tensión generacional de novelas como *Soledad, Martín Rivas, Enriquillo, Cumandá* y *Sab,* entre otras, donde el heroísmo de los jóvenes se reconoce en su superación del sentimiento binario de los mayores y su anhelo por una síntesis amorosa. En la novela tardía mexicana hay pruebas de recaída ideológica pues la madre blanca (¿los intelectuales liberales?) representa una vanguardia republicana que su hija abandona por pretensiones aristocráticas. "Te hemos enseñado a amar la honradez, no la figura ni el dinero" (10). Pero la joven blanca desprecia al "indio horrible", que evidentemente le repugna (9). Como "una aristócrata disfrazada... Marta o Nancy que huía de la corte para tener una entrevista con su novio" (6), ella prefiere fugarse con el personaje que le da título a la novela, un rubio de ojos azules que es cabecilla de unos *plateados,* bandidos arropados de plata robada. (¿Simboliza Manuela a los monárquicos criollos que añoran un príncipe europeo y vistoso cuando tienen a un príncipe indígena de presidente?) Más tarde, demasiado tarde, cuando su sed de aventuras ya se ha vuelto repugnancia y su cuerpo virginal se ha convertido en despojo común, se arrepiente de haber despreciado al galán trabajador y afectuoso. Al igual que a Enrique Otway, el antihéroe de *Sab,* el color del Zarco lo delata como peligrosamente atractivo, un cuerpo extranjero (¿francés o estadounidense?) cegador e incoloro, que amenaza los tonos cálidos de México. "Él era joven, no tenía mala figura: su color blanco impuro, sus ojos de ese color azul claro que el vulgo llama *zarco,* sus cabellos de un rubio pálido y su cuerpo esbelto y vigoroso" lo convertían en un riesgo al buen gusto nacional (25).

La culpa de que el país se prostituya ante los violadores extranjeros parece recaer completamente sobre Manuela (ese México monárquico cuyo oportunismo autoderrotista confunde el resplandor con la elegancia). Pero otro culpable, cuya inocencia no le quita responsabilidad, es Nicolás. Él la deseaba por las mismas razones superficiales que Manuela prefería al bandido, tan indiferente como ella al objeto de deseo apropiado para establecer una familia mexicana. Paradójicamente, la indiferencia de Manuela hacia él y más tarde hacia su madre desconsolada y moribunda servirá de espejo en el que Nicolás descubrirá, finalmente, su error y reconocerá la pasión de Pilar por él. (¿Su mutuo amor será el frente unido de México contra los franceses?) Pilar siempre lo adoró y ahora es ella (¿el nuevo ideal mestizo de México?) quien lo salvará del desespero sentimental así como del corrupto ejército regular que lo habría eliminado antes de arriesgar su propia seguridad frente a los bandidos. Este Nicolás redimido por un amor mexicano se da cuenta de que lo que sintió por Manuela no fue sino "un capricho en el que se jugaba el orgullo pero no la felicidad" (51).

A pesar de que esta novela afirme la hombría de los héroes Nicolás y el mulato Martín Chagollán (héroe histórico que se opuso al bandidaje y que sostuvo con éxito ante el presidente Juárez que los bandidos apresados no merecían ser perdonados)[59], *El Zarco* pertenece claramente al género mixto de romance íntimo y político. La motivación de los dos héroes patriotas es el deseo de volver y vivir tranquilamente en su casa, mientras que los villanos viven vagabundeando entre peleas obscenas, póstumas a las legítimas luchas contra los conservadores. Nicolás, que no conoce el temor a los bandidos, es una combinación de valentía y sentimiento, característica de los romances fundacionales. "En suma, él amaba tiernamente, con sumisión, pero con decoro, con pasión tal vez, pero con dignidad" (49). Aparentemente, a Altamirano le resulta urgente equilibrar el encomio, apresurándose a añadir cargas de masculinidad tras cada uno de los rasgos femeninos. El malabarismo se repite unas páginas más adelante: "Nicolás se inclinó al borde de aquel lecho de muerte, y allí, ese hombre de hierro a quien no habían logrado abatir ni las desgracias ni los peligros, se puso a llorar amargamente" (53). Tal vez la identidad de género de Pilar sea menos obvia; su intrépido valor se combina con una naturaleza idealmente dulce y sumisa. Ella es quien organiza la resistencia popular ante el ejército que apresó a su hombre, y quien consigue el apoyo político y luego el paramilitar. Al igual que Leonor de *Martín Rivas,* y tal vez dentro de la tradición de la Rebeca de Scott e incluso de la Atala de Chateaubriand, Pilar es una heroína romántica ideal porque tiene los recursos de ambos géneros.

Pero se cruzan las identidades de género también en Manuela y en el Zarco, esta vez como parodia de los amantes románticos: en ella porque su amor por la aventura vence su delicadeza femenina y en él porque su cobardía enturbia su machismo. Esta incómoda dualidad de héroes y antihéroes subraya otra dualidad contextual: me refiero a la parodia militarista de los bandidos que se acerca de manera vergonzosa a lo oficialmente militar y lo contamina, así como el primer amor de

Nicolás se contaminó de las nostalgias racistas e improductivas de la sociedad mexicana. La relación entre bandidos y soldados no es sólo analógica, dado que ambos usan las mismas tácticas (56), sino también metonímica dado que el ejército legítimo había reclutado bandas de criminales cuando los monárquicos parecían una amenaza aún mayor que el crimen. Es decir, en 1863 (y tal vez también a finales de 1880 mientras Altamirano escribía alejado del autoritarismo creciente del régimen de Díaz) los derechos domésticos y el civismo eran los retos más urgentes de la república. La solución empezaba por reconocer al enemigo interior, así como los métodos que usaba para pervertir por asociación a los ciudadanos honrados, y la labor continuaba por eliminar el mal sin descarrilarse por espejismos de reforma a los bandidos.

La militancia de Altamirano en esta novela cuyos avatares, en otros países son mayormente pacíficos, se transfiere sin duda de su posición dura frente a las propuestas legislativas de amnistía para los "bandidos" y para los conservadores que harían cualquier cosa, incluso vender el país a los franceses, para obtener nuevamente el poder[60]. Para Altamirano, lo importante era expresarse con claridad sin dejarse distraer por las sutilezas del contexto. Jamás tomó en cuenta, por ejemplo, que Maximiliano habrá horrorizado a sus seguidores conservadores cuando cortejó a la oposición y aprobó la legislación liberal, ni le importó el hecho que la leyenda popular de El Zarco lo identificaba con Salomé Placencia, una especie de valiente y admirable Robin Hood, ni tampoco que el mayor héroe contra Márquez fuera Porfirio Díaz, el cual acabaría por reemplazar los ideales democráticos de Juárez con una serie de maniobras vergonzosas[61]. Sin duda, a Altamirano le urgía escribir una alegoría nacional simple y pragmática (del tipo que posteriormente abochornaría a los literatos exquisitos como Azuela) más que ofrecer más densidad narrativa o, incluso, respetar los pormenores de la historia[62].

Tal vez las evocaciones de sus experiencias y de sus fantasías personales, vertidas en el argumento romántico, nos digan mucho más sobre el hombre de lo que se revela en los rastros novelescos de su campaña legislativa contra la mal calculada benevolencia de Juárez. Es evidente que Altamirano ansía la justicia poética en la que Manuela termine deseando al hombre a quien antes había despreciado y quien, con el tiempo, no siente sino indiferencia por ella. Este retrato de un amante indígena espiritualmente superior pero físicamente poco atractivo que acaba por conquistar a la deseada mujer blanca se repite obsesivamente en las novelas de Altamirano, señalando, tal vez, un profundo anhelo personal[63]. No obstante, la fantasía individual de franquear las diferencias raciales difícilmente se distingue de las aspiraciones patrióticas de Altamirano de lograr una república indígena unida. Sus propias teorías sobre la novela dejan clara la conexión entre el deseo y la democracia al ofrecer una receta donde la pasión personal se mezcla con las campañas políticas. Sería difícil, si no gratuito, determinar cuál de los dos deseos fue el más auténtico en este constructor ejemplar de la nación.

Nadie ha tenido que adivinar la intención de Altamirano al escribir *El Zarco*. Veinte años antes, al regresar Juárez a la presidencia, Altamirano publicó un manifiesto encaminado a producir una "Literatura Nacional" (1868) en el cual nación y novela se ligaban de tal forma que prediseñaron su propia y mutua creación. Al igual que el manifiesto de Mitre en 1847, las exhortaciones académicas de Blest Gana, y la posterior inclinación de Martí a la construcción literaria de la nación, el ensayo de Altamirano celebra las oportunidades de su país para la redacción de novelas históricas:

> ¿Pues acaso Fenimore Cooper tuvo más ricos elementos para crear la novela americana y rivalizar con Walter Scott en originalidad y en fuerza de imaginación?... Nuestras guerras de independencia son fecundas en grandes hechos y terribles dramas. Nuestras guerras civiles son ricas de episodios... no han sido todavía recogidas por la historia ni por la leyenda... ¿Y el último Imperio? ¿Pues se quiere además de las guerras de nuestra independencia un asunto mejor para la epopeya? ¡El vástago de una familia de Césares, apoyado por los primeros ejércitos del mundo, esclavizando a este pueblo! ¡Este pueblo mísero y despreciado, levantándose poderoso y enérgico, sin auxilio...! (12)[64].

Junto con los otros apologistas de la novela, Altamirano subraya la necesidad urgente de escribirla. Para él, la labor no consistía únicamente en rellenar un vacío histórico sino también en reemplazar las perniciosas versiones extranjeras sobre la historia de México por otras auténticas y constructivas (10-11). Hasta ese momento, las versiones de mayor popularidad fueron novelas españolas románticas que, probablemente, ofendieron el orgullo nacional de Altamirano y animaban su programa de creación literaria[65]. Después de la última guerra, la fascinación que México sentía por Europa se vio invertida. Ahora era

289

Europa que, tan deseosa de la riqueza de México y tan asombrada por su valor moral y militar, quería conocer "su historia y su organización política, su vida íntima" y, por consiguiente, devoraba todo aquello que se hubiese escrito sobre el país. Si la tarea se quedara en manos extranjeras y ávidas de exotismo, advertía Altamirano "corremos el riesgo de confirmarles la imagen que tienen de nosotros" (15).

La novela se convirtió en el medio más prometedor para escribir una autodefensa cultural y también para crear conciencia entre la gente del país. En primer lugar, tal y como Altamirano señaló coincidiendo con Blest Gana, porque la novela era el género más popular entre la gente y su popularidad seguía creciendo. Y en segundo lugar, se prestaba adecuadamente al quehacer patriótico asignado a la literatura. Los intelectuales europeos (Rousseau y Voltaire entre otros) ya habían recurrido con buen éxito a este género, filtrando a través de sus novelas doctrinas e ideas que difícilmente hubiesen llegado al pueblo por otros medios (17). La fórmula de Altamirano empieza por rechazar los modelos populares franceses "cuya forma no puede adaptarse a nuestros usos y conducta", con el fin de seguir la senda trazada por los mejores novelistas latinoamericanos, especialmente José Mármol y posteriormente Jorge Isaacs (33)[66]. Esto no significa que Altamirano no reconociera sus propias fuentes literarias europeas sino que consideraba que sus obras estaban más allá de la "imitación servil". Dada la historia reciente de México, de gloriosa lucha contra un imperio europeo, "la misión patriótica que hoy corresponde a la literatura" apenas sería de uso si el modelo del enemigo se copiara de manera servil (13-14).

Al considerar qué tipo de novela podría convertirse con más probabilidad en la "nueva Biblia" de México, o en su "osado programa revolucionario" (es evidente que Altamirano deseaba una amplia gama de lectores) distingue, primeramente, entre los subgéneros disponibles. La novela histórica, con raíces en la épica clásica, alcanza una posición de primer orden entre los escritores comprometidos; sin embargo, uno se pregunta por qué el "costumbrismo", o novela de costumbres, favorecida por Blest Gana, no era la preferida si Altamirano era uno de sus maestros. Sin duda, para llevar a cabo sus propósitos, arriesga la legitimidad literaria incluso con la ficción histórica que apenas habría podido defender por razones morales y políticas, sobre todo si, como plantea Clementina Díaz de Ovando, un prejuicio "historicista" contemporáneo conduce al lector a resistirse ante cualquier mezcla de realidad y ficción[67]. Altamirano justifica lo que ya era popular en México, insistiendo en que en los mitos y tradiciones locales había una auténtica verdad histórica (no olvidemos la preferencia que Andrés Bello sentía hacia la narrativa personal por encima de la "científica"). Sería un gesto claramente antipatriótico ignorarlos en favor de una moda europea.

Las historias de amor ocupan el último lugar en la clasificación de Altamirano, quizás porque descienden de las obras obscenas de Apuleyo y Petronio, aún siendo más castas las ocasionales historias de amor griegas. Las historias de amor, escribe Altamirano reprochándolas, generalmente incitan a los jóvenes a fantasías y curiosidades nada productivas. "*Werther*… confundió a muchas almas; y más de un joven y puro corazón debe su infortunio a alguna de las novelas de George Sand" (38). Esta tediosa moralización empezaba a parecer un reconocimiento cortés o estratégico de preocupaciones obsoletas entre los lectores conservadores, cuando el argumento da un giro imprevisto y atrevido. Es la única articulación en Latinoamérica que conozco de una teoría que anuncia el matrimonio, programático y productivo, entre Eros y Polis. Si uno de los peligros de las novelas románticas es la imaginación desenfrenada, aduce Altamirano, ¿por qué no sacarle ventaja y unir el encanto con la moralidad? Los asuntos del corazón no necesitan ser corruptos para ser apasionantes. "En el cuento de amores el ingenio puede hacer lo que quiera; y ya que lo puede todo, ¿por qué no reunir el encanto a la moral?" (38). Las novelas de Scott son un ejemplo de esta combinación, y también las de Cooper (32). Además, la ficción mexicana ya había unido amor y nacionalismo. Las "novelas históricas" que J. Lloyd Read trata en su libro de 1939 son (exceptuando la novela picaresca de Lizardi *El Periquillo Sarniento* [1816] y la episódica de Manuel Payno *El fistol del diablo* [1845]), casi siempre, historias sobre amantes que afrontan obstáculos sociales tales como la Inquisición, las restricciones coloniales sobre los criollos, y la lascivia de los sacerdotes[68]. En *El Zarco*, Altamirano adopta su propia medida sintética y conciliatoria y se suma a la tradición de enlaces entre política y pasión[69].

Ni *El Zarco* ni las otras novelas de Altamirano inventaron una nueva forma[70]; en vez de ello y al igual que Brockden, Brown, Hawthorne, Melville y otros grandes de la novela de amor en Nueva Inglaterra, utilizó un género ya establecido de manera consciente y programática[71]. Altamirano se convirtió en una institución patriótica de la literatura mexicana por encima de sus predecesores, e incluso, de su contemporáneo Manuel Payno (tal vez el mejor dotado de los dos). *Los bandidos del Río Frío*, de Manuel Payno, todavía popular, resulta más compleja, y no tan acerba, como *El Zarco* de Altamirano; y su sensata ambivalencia hace de Payno un autor a la vez conmovedor y subversivo. Pero fue precisamente por su indudable valor didáctico que Altamirano resultó ideal como institución literaria[72]. Por ello es a él a quien sus compatriotas recuerdan con afecto y respeto como al *maestro* Altamirano[73].

Notas

VII.

ALGO QUE CELEBRAR:
NUPCIAS NACIONALES EN CHILE Y MÉXICO

1. Los números de página se refieren a Alberto Blest Gana, *Martín Rivas (Novela de costumbres político-sociales)*. Prólogo, Notas y Cronología por Jaime Concha (Caracas: Biblioteca Ayacucho, 1977).

2. Bernardo Subercaseaux nos recuerda que Scott todavía no hacía furor en Chile en la década de 1840. "Filosofía de la Historia. Novela y sistema expresivo en la obra de J. V. Lastarria (1840-1848)", *Ideologies and Literature* 3, 11 (noviembre-diciembre 1979): 56-83; 75-76.

3. Gina Cánepa, "Folletines históricos de Chile independiente y su articulación con la novela naturalista", *Hispamérica* 50 (1988): 23-34. Los folletines apelaban a los lectores educados, ansiosos no sólo de diversión sino también de legitimación: 24-25.

4. Maurice Zeitlin, *The Civil Wars in Chile (Or the Bourgeois Revolutions That Never Were)* (Princeton: Princeton University Press, 1984): 24-27. En general este libro es útil para apreciar la habilidad de la élite para llegar a un consenso, aunque a veces se les resta importancia a los conflictos duraderos y costosos. Véase la reseña de William Sater en *Hispanic American Review* 65, no. 3 (agosto 1985): 590-591.

5. Véase el cap. 9 sobre la Reforma Liberal de México en David Bushnell y Nelly Macauly, *El nacimiento de los países latinoamericanos* (Madrid: Nerea, 1989).

6. Alberto Blest Gana, "Literatura chilena: Algunas consideraciones sobre ella" (1861), discurso inaugural en la universidad. Reimpresión en *El jefe de la familia*, Raúl Silva Castro, ed. (Santiago: Zig Zag, 1956): 455-472. Las referencias de página aparecen entre paréntesis.

7. Véase *Academic Rebels in Chile: The Role of Philosophy in Higher Education and Politics* de Iván Jaksić (Albany: SUNY Press, 1989): 21-34.

8. José Zamudio, *La novela histórica en Chile* (Santiago: Ediciones Flor Nacional, 1949): 49, cuenta que en el célebre discurso de Lastarria del 3 de mayo de 1842 en la Sociedad Literaria, había significativas frases como: "Escribid para el pueblo... ilustradlo, combatiendo sus vicios y fomentando sus virtudes, recordándole sus hechos heroicos, acostumbrándole a venerar su religión y sus instituciones".

9. Los hábitos de lectura de Edelmira no eran la excepción sino la regla, incluso para las "clases populares" de Chile. Véase Zamudio: 34-40. Los favoritos incluyen a Hugo, Dumas,

el omnipresente Scott, los imitadores españoles de Scott y también Cooper. Dada la situación, Blest reconoce cuán difícil es reemplazar estos gustos con libros locales. Pero añade que esto no debería desalentarnos, sobre todo porque las novelas extranjeras no son útiles para los chilenos.

10.   Raúl Silva Castro en *Alberto Blest Gana (1830-1920): Estudio biográfico y crítico* (Santiago de Chile: Imprenta Universitaria, 1941): 337, cuenta que en 1848 el joven militar argentino Bartolomé Mitre había publicado en Valparaíso la segunda edición de su novela *Soledad*, que había publicado anteriormente en un diario boliviano.

11.   Zamudio: 68, señala que Blest Gana era típico de los escritores chilenos que no preferían escribir novelas históricas, aunque todas estaban de moda en Europa y entre los lectores chilenos. Pero una carta que Blest escribió a Lastarria en 1864 demuestra que el árbitro cultural de los liberales esperaba una novela histórica seria del mejor escritor de Chile. El resultado fue *Durante la Conquista* (1897), considerada como la única novela propiamente histórica de Blest.

12.   Para tener una idea de esta rabia, véase a Gina Cánepa: 29-31. Más populares que Blest Gana eran Martín Palma, Daniel Barros Grez, Liborio E. Brieba, Ramón Pacheco, sobre todo los dos últimos, quienes se especializaron en largas épicas de historia militar. *Los Talaveras* de Brieba y *El Capitán San Bruno* celebraron la resistencia heroica de Chile durante la reconquista española de 1814. Y los *Episodios nacionales* de Pacheco, felicitaron a Chile por ganar la Guerra del Pacífico contra la coalición Perú-Bolivia. El primero es sobre la ciudad de Antofagasta, representada como una mujer deseada por Europa y luego dominada por Bolivia.

13.   Jorge Román-Lagunas "Bibliografía anotada de y sobre Alberto Blest Gana", *Revista Iberoamericana*, nos. 112-113 (julio-diciembre 1980): 605-647; 606. La crítica sobre la influencia de Balzac en Blest Gana es legión. En su opinión esto indica que el chileno simplemente imitaba al maestro francés. El mejor desarrollo de la importancia de Balzac (como un modelo para combinar las tradiciones literarias, apelando a toda una gama de públicos) es probablemente el que ofrece Hernán Díaz Arrieta (Alone), *Don Alberto Blest Gana* (Santiago: Editorial Nascimento, 1940): 118. Véase también Marguerite C. Suárez-Murias, *La novela romántica en Hispanoamérica* (Nueva York: Hispanic Institute in the United States, 1963): 228.

14.   Guillermo Araya, "Introducción" a Alberto Blest Gana, *Martín Rivas*, 2ª edición (Madrid: Cátedra, 1983): 16.

15.   Araya explica que *Martín Rivas* es una novela que han leído todos los chilenos que han cursado la enseñanza media y numerosas generaciones de extranjeros que se siguen interesando en ella a pesar del transcurso del tiempo (22). Véase también Jorge Román-Lagunas, "Bibliografía anotada de y sobre Alberto Blest Gana", *Revista Iberoamericana*, nos. 112-113 (julio-diciembre 1980): 605-647.

16.   Simon Collier, "Chile", *Historia de América Latina*, vol. 6. *América Latina Independiente*. 1820-1870 (Barcelona: Crítica, 1991): 238-263.

17.   Collier: 239. "Esta estructura social relativamente simple no se complicó con punzantes escisiones debidas a intereses económicos de la clase alta o con serias tensiones regionales. Santiago y su rico *hinterland* dominaban la república. Las provincias lejanas del norte o del sur, tanto si eran desafectadas como no, no eran capaces de alterar el equilibrio en su propio favor, como se demostró muy claramente en las guerras civiles de 1851 y 1859".

18.   *Ibíd.*, pág. 239.

19.   John Crow, *The Epic of Latin America*, 3a. ed., ampliada y actualizada (Berkeley, Los Angeles, Londres: Univeristy of California Press, 1980). Éste es el título del cap. 48 de este texto sobre Chile en la segunda mitad del siglo XIX, texto que fue popular alguna vez: 640-648.

20.   Citado en Collier: 583.

21. Víctor M. Valenzuela, *Chilean Society as Seen Through the Novelistic World of Alberto Blest Gana* (Santiago: Talleres Arancibia Hermanos, 1971).

22. La Sociedad Literaria, dedicada a fomentar una cultura progresista, se benefició de los debates a veces acalorados con los exiliados argentinos, sobre todo Sarmiento y Vicente Fidel López. En su discurso inaugural, Lastarria abogó por una "chilenidad" particular para la literatura chilena. En Suárez-Murias: 236-237. Para Iván Jaksić, la cuestión religiosa pudo haber sido la más volátil en esa larga crisis de mediados de siglo. Bushnell y Macaulay confirman esta conclusión: 236-237.

23. Valenzuela: 75-76.

24. Collier: 590. Véase también Zeitlin: 26-30.

25. Vicente Fidel López, *La novia del hereje o la Inquisición de Lima* (Buenos Aires: La Cultura Argentina, 1917): 19. En oposición a Blest Gana, para quien la observación detallada era la esencia de una buena narrativa, López arguye en su "Carta-Prólogo" que ya que sólo los grandes acontecimientos son recordados, el novelista puede inventar libremente el detalle doméstico.

26. Hernán Díaz Arrieta (Alone), *Don Alberto Blest Gana* (Santiago: Editorial Nascimento, 1940): 161-162.

27. Raúl Silva Castro, *Alberto Blest Gana* (1830-1920): *Estudio biográfico y crítico* (Santiago de Chile: Imprenta Universitaria, 1941): 401.

28. Araya: 33.

29. Véase J. Lloyd Read, *The Mexican Historical Novel: 1826-1910* (Nueva York: Instituto de las Españas en los Estados Unidos, 1939): 74. Read no hace la conexión que yo sugiero; pero parece evidente que la trama sentimental desarrolla tal vez la mayor motivación por la revolución para acabar con el sistema de castas. La revolución al final de la narrativa aparece, pues, como la solución lógica para la frustración de amor.

30. Suárez-Murias: 93.

31. Diego Barros Arana, un crítico literario e historiador contemporáneo, apreció especialmente la exposición de Blest y el valor histórico general de la novela. Citado en Raúl Silva Castro: 405-406.

32. Román-Lagunas: 606. Observa que algunos críticos señalan que Blest Gana tiene poca profundidad psicológica en sus personajes y añade que ése no era su propósito, ni el de las novelas latinoamericanas en general. Sus personajes son representantes estereotipados de las clases. "Martín Rivas *es* la clase media".

33. Zeitlin: 33.

34. Jaime Concha, Prólogo, Notas y Cronología en Alberto Blest Gana, *Martín Rivas (Novela de costumbres político-sociales)* (Caracas: Biblioteca Ayacucho, 1977).

35. *Ibíd.*, pág. xxiv.

36. Renata R. Mautner Wasserman, "Reinventing the New World: Cooper and Alencar", *Comparative Literature* 36, no. 2 (1984): 130-145; 141.

37. Concha: xxvii. Una distinción similar entre política y pasión es asumida por Ángel Flores, en *The Literature of Latin America*, vol. 2 (Nueva York: Las Américas, 1976). Según Flores, en *Martín Rivas* Blest intentó explorar a fondo la realidad sociopolítica de Chile (225; 37).

38. Respecto a su defensa de la historia "filosófica" contra la preferencia de Andrés Bello por la narrativa, Lastarria escribió novelas en donde las simpatías apropiadas eran incuestionables. A diferencia de Vicente Fidel López, quien propuso y logró retratar una sociedad compleja en *La novia del hereje* (1845-1847), Lastarria prefería las distinciones más limpias entre la corrupción colonial y la modernidad moral. Para las consecuencias literarias de la polémica con Bello, véase Bernardo Subercaseaux, "Filosofía de la Historia. Novela y Sistema Expresivo en la Obra de J. V. Lastarria (1840-1848)": 71-72.
Alejandro Fuenzalida Grandón, en *Lastarria y su tiempo* (Santiago, 1911), 1:91, escribe esto sobre *El mendigo* (1843), una novela sobre un amor frustrado durante las guerras de

Independencia. Lastarria escribió también *Rosa* (1847), una intriga amorosa en vísperas de la Batalla de Chacabuco (1817) y la declaración de Independencia (1818), y *El Alférez Alonso Díaz de Guzmán, Historia de 1612* (1848), basado en la vida famosa de la Monja Alférez, Doña Catalina de Erauso. Sus novelas más tardías suelen ser descritas como "realistas". Véase también Suárez-Murias: 109-110.

39.   Blest Gana, *Martín Rivas:* 30: "Doña Francisca Encina, su mujer, había leído algunos libros y pretendía pensar por sí sola, violando así los principios sociales de su marido, que miraba todo libro como inútil, cuando no como pernicioso. En su cualidad de letrada, doña Francisca era liberal en política y fomentaba esta tendencia en su hermano [Dámaso]". En la pág. 179, el narrador justifica a Francisca y otras mujeres por disfrutar el respiro que proporciona la ausencia de sus maridos: "Doña Francisca le vio salir con el placer que muchas mujeres experimentan cada vez que se ven libres de sus maridos por algunas horas. Hay gran número de matrimonios en que el marido es una cruz que se lleva con paciencia, pero que se deja con alegría, y don Fidel era un marido-cruz en toda la extensión de la palabra".

40.   Jan Bazant, "México" en la *Historia de América Latina,* vol. 6. *América Latina independiente. 1820-1870* (Barcelona: Crítica, 1991): 105-143.

41.   Algunos biógrafos enfatizan su preferencia por la literatura alemana, pero Juan Sánchez Azcona escribe sobre el amor contradictorio de Altamirano por el mismo París que produjo la ocupación de Maximiliano: "Actividad política de Altamirano", *Homenaje a Ignacio M. Altamirano: Conferencias, Estudios y Bibliografía* (México: Universidad Nacional de México, 1935).

42.   Véase, por ejemplo, José Luis Martínez, "El Maestro Altamirano", en *La expresión nacional* (México: Imprenta Universitaria, 1955): 55-122. Para él, su vocación verdadera era la del maestro (57). Respecto al periódico, *El Renacimiento,* dice que logra reunir fraternalmente a los antiguos contendientes y promueve toda una época de esplendor en las letras mexicanas: 58.

43.   Read: 104, siguiendo fuentes mexicanas, dice de Altamirano que fue el maestro y consejero personal de toda una generación de novelistas y poetas aficionados. Véase José López Portillo y Rojas, *La novela: Breve ensayo* (México: Tip. Vizcaíno y Viamonte, 1906): 46. Silvestre Moreno Cora, *La crítica literaria en México* (Vera Cruz: Tip. Artes y Oficio Teodoro A. Dehesa, 1907): 54; y Julio Jiménez Rueda —quien llama a Altamirano poeta, novelista y maestro—, afirma que ejerció en su tiempo una influencia decisiva. *Historia de la literatura mexicana* (México: Editorial Cultura, 1928): 185. Por fin, Carlos González Peña, *Historia de la literatura mexicana* (México: Secretaría de Educación Pública, 1928): 381, confirma que "... es el *maestro* de dos generaciones" (énfasis mío). Su título de "maestro", conferido por su propio profesor, Ignacio Ramírez, cobra su sentido pleno de maestro y profesor. Véase Francisco Monterde García Icazbalceta, "El maestro Altamirano, polígrafo". En su *Cultura mexicana: Aspectos literarios* (México: Intercontinental, 1948): 213-223; 213.

44.   Véase Mariano Azuela, *Cien años de novela mexicana* (México: Edic. Botas, 1947), para quien la Revolución volvió a poner en circulación novelas decimonónicas empolvadas: 75-76. Pero al mismo Azuela le parece que el péndulo crítico siempre oscila demasiado lejos; la alabanza es exagerada para Payno, y sobre todo para Altamirano, quien pensaba que escribía para el "pueblo" pero leía su obra en salones literarios: 121.

45.   Véase John A. Crow, cap. 51, "Porfirio Díaz: Bread or the Club": 668.

46.   Henry Bamford Parkes, Historia de México (México: Editorial Diana, 1997).

47.   Entre los altos cargos ocupados por Justo Sierra, padre, Read menciona: enviado especial para su Estado en el conflicto con el gobierno central en 1841, *Consejero del Gobierno, Vocal de la Asamblea Departamental de Yucatán,* Diputado del Congreso Nacional en 1852 y de nuevo en 1857, y Presidente de la *Academia de Ciencias y Literatura de Mérida.* Fue además un gran opositor a las pretensiones centralistas de Santa Ana, y su nombre aparece en el decreto del 1 de enero de 1846, declarando la soberanía independiente del Yucatán (Read,

98-99) La información de Read viene de "Abreu Gómez, *Justo Sierra O'Reilly y la novela*", un artículo excelente en *Contemporáneos* 35 (Abril 1931): 39-73.

48. Bazant: 447.

49. Véase María del Carmen Millán, "Introducción" en Ignacio M. Altamirano, *El Zarco: Episodios de la vida mexicana en 1861-1863* (1ª ed, México, 1901; reimpresión, México: Porrúa, 1982): ix, acerca del respeto que imponía como soldado en todas estas campañas. Parkes, cap. 7 es un buen resumen de "La Revolución de Ayutla" contra el autoritario centralismo "feudal" de Santa Ana.

50. Según Read (159) Altamirano era un indio puro y no hablaba español antes de los 14 años. Véase Parkes: 223, sobre el caso de Juárez, quien, nacido en un pueblo indio en las montañas, fue a la ciudad de Oaxaca como criado y terminó casándose con la hija de su primer patrón.

51. Rafael Heliodoro Valle (el primer biógrafo de Altamirano), "¿Desconfiaba de los indios Juárez? Una anécdota del gran zapoteca", *México al día* 8, 139 (1 de octubre de 1934): 19. Incluido en Ralph E. Warner, *Bibliografía de Ignacio Manuel Altamirano* (México: Imprenta Universitaria, 1955). El artículo es sobre "la actitud de Juárez a la luz de los ataques de Altamirano publicados en *El correo de México*".

52. Parkes: 251. En enero de 1861 Juárez volvió a México y declaró una amnistía para todos salvo unos cuantos generales conservadores. Un nuevo congreso se reunió en mayo. Incluía a los oradores radicales Zarco, Ramírez, Sebastián Lerdo de Tejada e Ignacio Altamirano.

53. Salvador Reyes Nevares, "Prólogo", en Ignacio M. Altamirano, *Obras literarias completas* (México: Ediciones Oasis, 1959): xv-xvi. "Fue partidario de Porfirio Díaz cuando éste aspiraba a la Presidencia de la República en contra de Benito Juárez... Más tarde, ya por 1880, manifiesta su inconformidad no respecto a la persona de Díaz, sino —lo más importante— respecto al positivismo, que era la filosofía oficial del régimen".

54. Read: 164. Altamirano desempeñó el cargo de Cónsul General Mexicano en España a partir de 1889, y luego en Francia.

55. Millán: xii. Se reconoce que Altamirano aplicó las lecciones aprendidas de otros programas y literaturas americanos a México, cuando la república fue establecida en 1867.

56. Le agradezco a Jean Franco por ofrecerme éste y otros generosos datos en un borrador de este capítulo.

57. Las referencias de página entre paréntesis se refieren a Ignacio M. Altamirano, *El Zarco: Episodios de la vida mexicana en 1861-1863*. Introducción de María del Carmen Millán (México: Porrúa, 1982).

58. La propia ciudad natal de Altamirano también estaba en el Estado de México, aunque ahora el área es Guerrero.

59. Altamirano, *El Zarco:* 78, asegura que Martín Sánchez Chagollán, Salomé Placencia, el Zarco y los bandidos son personajes rigurosamente históricos.

60. Véase, por ejemplo, Millán: ix. Además de ser un soldado valiente y consistente a favor de la causa liberal, Altamirano es recordado por sus triunfos parlamentarios, especialmente con su famoso discurso contra la amnistía. Una de las consecuencias del debate sobre la amnistía fue la petición para destituir a Juárez, que perdió por sólo un voto, cincuenta y uno a cincuenta y dos. Véase también Parkes: 251.

61. Parkes: 286, afirma que mientras Juárez había querido llevar a México hacia la democracia, Díaz sólo se proponía imponer la paz.

62. Azuela: 117-120. Altamirano sin duda usó a Salomé Placencia, el *plateado* más famoso, como su modelo para *El Zarco*. Véase también Clementina Díaz y de Ovando, "La visión histórica de Ignacio Manuel Altamirano", *Anales del Instituto de Investigaciones Estéticas* (México: Universidad Nacional, 1954), 22: 33-53; 52.

63. *Julia* (1870), considerado un fragmento, tiene la típica trama del amor no correspondido. La heroína del título ignora al sensible ingeniero indio que la adora y se echa en los brazos de un inglés indiferente y calculador. Julia aprende a distinguir entre la virtud verdadera y

el encanto superficial, y se rebela contra los valores falsos que la habían controlado. *Antonia* (1872), subtitulado "*Idilios y elegías (Memorias de un imbécil)*" es sobre un amante rechazado que está a punto de perder su memoria y volverse loco. La novela tiene lugar durante la intervención norteamericana y es una crítica a Santa Ana así como a la gente que no lo resistió. La ausencia particular de resistencia que motiva la narrativa es la de Antonia, quien termina su historia de amor espontánea con el joven héroe una vez que llega un coronel elegante. De nuevo, Altamirano ofrece su discurso estándar sobre los errores de la mujer que escoge invariablemente al galán hermoso sobre el humilde, eligiendo al mismo tiempo las aventuras asociadas con el militarismo sobre las domésticas pero monótonas alegrías de la domesticidad. *Atenea* (1889), una novela inacabada escrita justo antes de que se fuera de México para siempre, es sobre el amor trágico de un hombre viejo y enfermo por una mujer bella y educada, probablemente Adelaida Ristori, la actriz italiana más famosa del siglo.

64. Ignacio M. Altamirano, "La literatura nacional" (1868), en *La literatura nacional,* edición y prólogo de José Luis Martínez, México Edit (México: Porrúa [Col. de Escritores Mexicanos, no. 52], 1949): 9-40. Las referencias a las páginas de este ensayo aparecen entre paréntesis en el texto.

65. Ésta es la opinión de Read: 76. Algunos ejemplos son: *El nigromántico* de Manuel Pusalgas y Gerris (Barcelona, 1838); *Guatimozín* de Gertrudis Gómez de Avellaneda (Madrid, 1846; Santiago, 1851; México, 1853 y 1857); *La conjuración de México o los hijos de Hernán Cortés* de Patricio de la Escosura (Madrid y México, 1850).

66. Véase también el "Prólogo" de Altamirano a *María* (México: Tipografía Literaria, 1881): 5-13, en el que celebra el éxito increíble de la novela en México. Apunta que a diferencia de las importaciones europeas que llegan con toque de trompeta pero no resisten una segunda lectura, el libro de Isaacs había llegado inadvertidamente en un folletín de periódico y ya llevaba seis ediciones en México.

67. Díaz y de Ovando: 36. Contra cualquier vuelo de fantasía en la historia, los contemporáneos enfatizaban la necesidad de historiar a la Leopold von Ranke (como si de verdad pudieran escribir una historia sin interpretación). En los tiempos de Altamirano estas suposiciones tenían muchos más adherentes que hoy en día. Para ir más allá, tomó a Heródoto como modelo para una historia que reconoce a los mitos locales como embriones narrativos y como marcas de autenticidad: 37. Pero como sus contemporáneos, Altamirano prefería la "documentación científica" de escritores como Scott quien dio el modelo para la narración "imparcial".

68. Read. Véase págs. 73-74 sobre *El inquisidor de México* (1885) de José Joaquín Pesado, cuyo protagonista condenó a Sara y a su amante junto con otros delincuentes. Cuando ella ya se había desfallecido por el calor de las llamas, el Inquisidor se enteró de que era su propia hija. Ella se convirtió, y su padre renunció a su oficio. pág. 74: *El criollo* (1835) de J. R. Pacheco se basa en el sistema de castas de los tiempos coloniales, dentro del cual una relación amorosa entre una española y un criollo proveniente de una familia respetada tiene un final trágico. En la pág. 76, Read no considera que la intriga de *Ángela* (1838), de Mariano Navarro, pueda ser una alegoría de la guerra civil. Según él, la historia de un oficial que, en la revolución de 1810, raptó, violó y mató a una joven que resultó ser su propia hija, carece de interés. Las págs. 103-104 resumen *La hija del judío* (como folletín en *El Fénix*, 1848-1850) de Justo Sierra (padre), sobre un caballero y su esposa que habían adoptado a María, una niña cuya familia fue exterminada porque su padre era judío. El Comisionario de la Inquisición le exigió que ingresara en un convento para que no reclamara la fortuna de sus padres que fue confiscada por este tribunal sagrado. Pero el confesor judío de su amado arguye de un modo más convincente a favor de su libertad, en parte por motivos altruistas y en parte para recibir una parte de la fortuna de la joven. pág. 113: En 1845 *El fistol del diablo* de Manuel Payno empezó a ser publicado en *La Revista Científica y Literaria*. Llegó a constituir cuatro volúmenes largos y enmarañados cuya mayor virtud es el costumbrismo, no la intriga. Hay descripciones parecidas en *Los bandidos de Río*

Frío (México y Buenos Aires: Maucci, s. f., probablemente 1927). Véase J. R. Spell, "The Literary Works of Manuel Payno", *Hispania* 12 (1929): 347-356.

69. Millán: xviii. Para *Navidad en las montañas,* usa ideas parecidas apoyando las Leyes de Reforma con las de Nicolás Pizarro en su novela *El monedero* (1861), diez años antes, salvo que (pág. xix) Altamirano es más moralista y conciliador que científico.

70. J. S. Brushwood, en *The Romantic Novel in Mexico* (Columbia: University of Missouri Studies, 1954), parece considerar esta falta de originalidad como un defecto o una deficiencia antes que un aprovechamiento oportuno de la práctica existente. Véase pág. 40: según Brushwood, Altamirano sólo aceleró procesos que se habrían desarrollado sin él. "No introdujo el Realismo, ni inventó el *costumbrismo*".

71. Véase Michael Davitt Bell, *The Development of American Romance: The Sacrifice of Relation* (Chicago: University of Chicago Press, 1980). José Luis Martínez considera este tipo de contribución como mucho más positivo que Brushwood. "El maestro Altamirano", en *La expresión nacional* (México: Imprenta Universitaria, 1955): 55-122. En la pág. 61 Martínez escribe que Altamirano combina dos tradiciones en la ficción mexicana para sus ficciones programáticas: un costumbrismo episódico suelto e historias de amor más ajustadas que casi no tenían nada que ver con México.

72. Preguntándose por qué *El fistol del diablo* no se institucionalizó, Read contesta que esta novela carece de ardor patriótico, en contraste con las obras de Juan A. Mateos y Riva Palacio. Su negativa a adherir a uno de los dos partidos le permitió juzgar objetivamente las fuerzas en juego (126-127). pág.130: *Los bandidos del Río Frío* de Payno tiene la misma complejidad no programática.

73. Véase n. 43, también la referencia de Azuela a "*el maestro Altamirano*", incluso en un contexto crítico: 148 (énfasis mío). Entre otros numerosos ejemplos de este reconocimiento de intimidad y honor, el título aparece en muchos artículos dedicados a Altamirano. Es posible que uno de los primeros sea de Justo Sierra, "El maestro Altamirano", *RNLC* 2 (1889): 161-167. Y luego están: "Al maestro Altamirano: *Neniae*" de Manuel Gutiérrez Nájera en *Obras* (México: Universidad Autónoma de México, 1959), 1: 485-488; y "El maestro Altamirano" de José Luis Martínez en su *La expresión nacional* (México: Porrúa, 1949), 1: vii-xxiii.

VIII

BORRÓN Y CUENTA NUEVA: COMIENZOS TARDÍOS Y (T)RAZAS TEMPRANAS EN *ENRIQUILLO, TABARÉ* Y *CUMANDÁ*

Enriquillo (1882) comienza con un final abrupto, un punto y aparte que mancha con tinta sangrienta la primera página de la historia americana. "[L]a conquista, poniendo un horrible borrón por punto final a la poética existencia del reino de Jaragua, ha rodeado este nombre de otra especie de aureola siniestra, color de sangre y fuego" (Galván, 7)[1]. El paraíso terrenal de la reina Anacaona termina en el punto de partida de nuestra historia como americanos, según la versión de Manuel de Jesús Galván (1834-1910). De no ser por la destrucción indispensable, existiría poco espacio disponible para escribir el futuro. La conquista es aquí literalmente un tachón, la violencia necesaria que despeja un lugar para el reinicio de la escritura. En el momento de escribir Galván sabía que el espacio de la historia dominicana había sido inscrito hasta la saturación en capas superpuestas por autores descorazonadores, aquellos que continuaban exterminando indios por medio de la inquisición ortodoxa, y por la "devastación" y despoblación; a esto se agregaba la esclavitud de los negros, las pérdidas territoriales a favor de Francia, el miedo a Haití, las guerras raciales, la reanexión a España y la frágil independencia. Galván pone astutamente fin al vértigo con un guiño de nuevo comienzo que elimina los anteriores: la irresistible seducción de un primer albor para un país que había luchado demasiado tiempo por establecer una identidad nacional. Galván devuelve esa identidad al pasado lejano, a los primeros viajes de Colón y a los primitivos asentamientos europeos en el Nuevo Mundo, de manera que un solo borrón inicial y terrible parece estropearla. Por supuesto que empezar por el "principio" supone una serie entera de tachaduras oportunas que blanquean las (t)razas de esta historia interpuesta.

Astuta también es la discreción de esta memoria inicial de violencia que se resiste a decir lo que Galván empieza a expresar y continúa manifestando durante un largo número de páginas: tras el proverbial *borrón* viene la *cuenta nueva*. Galván justifica así su calculado recuento de una historia providencial: tan paradójicamente cristiana como la afortunada caída edénica, tras la que el pecado original anuncia la divina salvación. El horrible vacío dejado por Jaragua es asimismo el espacio cargado de pecado y providencia en el cual recontar las pérdidas y las ganancias. La escritura prosaica y lineal de Galván es una especie de glosa narrativa o *midrash* en torno a las primeras crónicas de Bartolomé de las Casas y de Gonzalo Fernández de Oviedo. Es caprichosa y motivada por un propósito didáctico, así como los suplementos "midráshicos" de la Biblia de los rabinos tardíos o de los padres de la Iglesia, e igualmente opuesta a la oralidad circular, poética e inocentemente seductora, por no decir pagana.

> El nombre de Jaragua brilla en las primeras páginas de la historia de América con el mismo prestigio que en las edades antiguas y en las narraciones mitológicas tuvieron la inocente Arcadia, la dorada Hesperia, el bellísimo valle de Tempé, y algunas otras comarcas privilegiadas del globo, dotadas por la naturaleza con todos los encantos que pueden seducir la imaginación y poblarla de quimeras deslumbradoras. (Galván, 7)

Si existiera una competencia entre el paraíso letárgico de la poesía pagana y la tierra de promisión dinámica de la prosa redentora —en vez de una ficción meramente constitutiva de la barbarie (femenina) que los cristianos deben exorcizar— la competencia se ganaría con la narración misma. El mero hecho de narrar desplaza violentamente el pasado a medida que lo plasma en escritura. La alternativa, tan inclusiva y circular como las danzas rituales del Areíto, muere junto con la atemporal "Arcadia" americana cuando el círculo de la canción es interrumpido y convertido en una línea recta con principio y fin. Los epítetos clásicos que Galván aplica a Jaragua la reducen a ese principio, un pasado mítico e irredimible, empañado ya por la sangre y las llamas que bautizaron y renombraron la tierra. La primera violación registrada en la novela, y repetida como un *leitmotiv* a lo largo del texto es una pluma masculina que rasga la prehistoria redonda y virginal de América. La reflexión de Galván sobre la escritura, ocasionada por el resplandor rojizo sobre Jaragua, le hace reconocer la inevitable violación para que exista una historia productiva. Jaragua es una gloria del pasado, objeto de piedad pero también una ausencia que alivia la crisis del escritor europeo. Si bien Galván parece padecer del sentimiento de culpabilidad tanto como su modelo favorito, Bartolomé de las Casas, celebra igualmente y por el mismo pretexto la manera en que la providencia parece escribir a través de su prosa.

"Enriquillo" fue una invención de Las Casas antes de serlo de Galván. El novelista se refiere abierta y repetidamente al modelo en frecuentes notas a pie de página, como si estuviera ampliando modestamente la obra pía, cuando de hecho Galván se había entrenado con Las Casas en estrategias narrativas más allá de la selección del tema y del protagonista. Galván perfeccionó por ejemplo la estrategia de producir una verdad simple al restar posibles complicaciones. El santo cronista sirvió de mentor para Galván a la hora de restar los pormenores en el caso Enriquillo; y Galván extendió la misma operación para incluir al mismo Las Casas, reduciéndolo a un santo sentimental depurado de su pasado de aventurero y también de su historial de defensor de la esclavitud negra como solución a los trabajos genocidas exigidos a los débiles indígenas. Incluso la notoria defensa legal de los nativos parece estar motivada por la sensibilidad personal de este santo simplificado por Gálván, en lugar de responder a las rupturas políticas que conformaron los primeros capítulos de la historia colonial[2].

El Enriquillo novelesco, nacido guarocuya, es el heredero directo de la reina Anacaona y el legítimo jefe de los indios sobrevivientes. Bautizado Enrique por los franciscanos que lo criaron, guiado por el Padre Las Casas y mimado por la corte virreinal de Diego Colón, era conocido por todos por el diminutivo cariñoso (y condescendiente) de Enriquillo. Después de que Jaragua es arrasada, Enriquillo se une a la hija de Anacaona, Higuemota (también llamada Doña Ana desde su matrimonio con Don Hernando de Guevara) y a Mencía, la hija mestiza de la princesa y su conquistador. Pronto expira Higuemota, huérfana de la reina y viuda de un noble español, suplicando en su lecho de muerte a su primo Enriquillo que se case en su momento con Mencía para así consolarse mutuamente de tantas pérdidas.

El resto del romance recuenta los percances del resto de la familia real americana, una familia con lealtades significativamente multiplicadas o divididas a causa del padre español de Mencía y del Padre Las Casas de Enriquillo. Mezcla de ángel de la guarda y casamentero, Las Casas preside la historia de conquista y fundación que Galván convierte o reduce en una historia de amor. Los amantes y sus aliados personifican el bien, mientras que los intrusos son el mal, entre ellos el supervillano Pedro de Mojica, la única creación puramente ficticia a quien se puede culpar sin comprometer a los españoles históricos. Todo es predecible en este montaje argumental: los años de espera hasta alcanzar la edad matrimonial, las intrusiones de Mojica, el apoyo de Diego Colón, las concesiones otorgadas por medio de Las Casas; todo apoya el propósito de redimir la sociedad indígena al hacer cicatrizar la herida original con una dosis de sangre española en el enlace entre Enriquillo y su noble prometida mestiza.

Según Galván, a pesar de los esfuerzos de Las Casas, Enriquillo fue asignado como cualquier otro indio a un amo español. Habiéndose educado con ideas católicas ilustradas, Enriquillo se inquieta al ver que el amo se apropiaba de sus posesiones personales. El autodominio le permite tolerar los robos y abusos sufridos por él y por la encomienda de indígenas asignada al tirano. Sólo después de que Mojica incita al amo a seducir a Mencía, el disgusto se convierte en ultraje y rebelión. Ella se resiste y frustra la violación, pero su preocupado marido lleva la queja a la justicia local y luego a la Audiencia superior que quizás le hará caso. Aunque la ley no castigó a Enriquillo abiertamente, tampoco fue capaz de ayudarle, mientras el lujurioso amo gozaba de oportunidades renovadas para la ofensa. Así, el cristianizado indio se vio forzado a defender la civilización contra los civilizados. Huyó con su tribu a las montañas donde establecieron una comunidad más sensata. Quiero decir que en la versión novelesca de la historia asignada a varias generaciones de lectores dominicanos tres o cuatro veces antes de terminar la secundaria, no fue la masacre de Jaragua, ni el lento ahorcamiento a sangre fría de Anacaona, ni menos aún la humillación diaria de los parientes esclavizados, sino la amenaza a la virtud conyugal, lo que lanzó al valeroso jefe y a sus indios a una independencia heroica que duró unos catorce años. El fracaso continuo de las autoridades para someter a los rebeldes obligó a Carlos V a conceder la libertad y la tierra a sus valientes vasallos indígenas.

Antes de considerar qué es lo que borra este final feliz (y por qué), y como una sugerencia sobre los vínculos entre *Enriquillo* y otros principios tardíos en las novelas nacionales de Ecuador y Uruguay, debo mencionar que la novela de Galván no es excepcional respecto a la violencia propiciatoria con que comienza la historia. Ya la vimos en *Amalia,* por ejemplo, donde el ataque inicial de la Mazorca por muy horrible que fuera pone en marcha la escritura. Para que la historia se encamine es necesario desestabilizar los elementos estáticos, porque un Belgrano que asume posturas aristocráticas en la calle Belgrano no nos lleva adelante. De igual manera Anacaona deberá dejar de incluir a los españoles en su milenaria hospitalidad circular monótona y sin fin. Quizá debamos recordar también que prácticamente todos los libros tratados aquí empiezan con una violencia que permite derramar la tinta: *María* empieza con la tierna violación del mechón de pelo de un niño en la víspera de su marcha forzada a la escuela; Martín Rivas viene a la capital porque su padre ha muerto, junto con el resto de la burguesía minera independiente de Chile; las granjas y la libertad de México son violadas por los *plateados* en las primeras páginas de *El Zarco;* Martín es recibido por Iracema, tras haber luchado contra su tribu, con una flecha que le saca una gota de sangre de la cara. La escritura, desde luego, asume alguna forma de violencia inaugural al tomar posesión de un espacio ya ocupado por otros textos. Pero lo que quiero destacar en *Enriquillo* es que Galván llama la atención a la agresiva mano que agarra la goma de borrar para suprimir el mundo indígena en una condensación de múltiples borrones antes de entregárselo al lector. En ninguna otra novela nacional que yo conozca la violación textual se comenta a sí misma de manera tan dramática y programática.

Ninguna, claro está, excepto la igualmente tardía *Cumandá* (1879) del ecuatoriano Juan León Mera (1832-1894). En un capítulo introductorio que describe el escenario de la novela subtitulada *Un drama entre salvajes,* Mera ofrece un recorrido geográfico que se convertirá en su sello personal junto con detalles antropológicos que despliegan su estudio de la poesía y las costumbres quichuas[3]. Al pintar el escenario, inicia el argumento con una dramática ruptura y traición. La civilización misma había tachado de un solo plumazo su mejor obra al expulsar a los jesuitas en 1767 y al destruir sus misiones. "Un repentino y espantoso rayo, en forma de *pragmática sanción,* aniquiló en un instante la obra gigantesca de dilatadísimo tiempo, de indecible abnegación y cruentos sacrificios" (Mera, 49)[4]. La increíble violencia que supone empezar a escribir hace que Mera insista en la imagen. "La política de la Corte española eliminó de una plumada medio millón de almas en sólo esta parte de sus colonias. ¡Qué terribles son las plumadas de los reyes!" (Mera, 49).

Ahora bien, en algunos sentidos la obra de Mera es muy diferente a la de Galván. Por una parte, *Cumandá* comienza en un pasado relativamente reciente, el prometedor año 1808 en el que empieza la Independencia; por otra, en Ecuador está claro que los indios todavía viven, no son éstos los que desaparecen en la novela nacional sino sus misioneros jesuitas. Otra distinción más es que, a diferencia de la narración lineal directa de Galván, la forma reflexiva y trágica de Mera conduce al texto a completar un círculo, reduciendo a sus personajes a huellas de una ya densa y resistente historia escrita por generaciones de civilizadores en el Ecuador.

El progreso en aquel país era irregular. Fue parte de Gran Colombia hasta 1826, cuando Ecuador, Colombia y Venezuela se dividieron a lo largo de fronteras en disputa. En Ecuador la clásica distancia cultural e ideológica entre los conservadores de la sierra interior y los liberales de la costa, con mayor mezcla racial, ayudó a que las guerras civiles, desestabilizadoras y empobrecedoras, se prolongaran hasta el final del siglo. Aunque Mera provenía de la sierra, donde los indios dominaban demográfica pero no políticamente, comenzó como liberal en la ciudad provincial de Ambato junto con su amigo de la niñez Juan Montalvo. Entre sus amigos y admiradores liberales estaba Miguel Riofrío, quien publicaría *La emancipada* (1863), una aventura discutiblemente feminista, hoy olvidada, probablemente eclipsada por la novela de su discípulo[5]. Los antecedentes de Mera, y su rabia ante la toma de poder por parte de los militares de García Moreno en 1861, le hicieron oponerse al dictador; pero el entusiasmo por el arrojo de aquel hombre y por los resultados que obtenía, pronto convirtieron a Mera a su causa. Prácticamente abandonó la poesía en favor de los escritos polémicos, a menudo contra Montalvo y otros exiliados. Era el dictador, y no ellos, quien imponía la paz, construyendo carreteras, otorgando sufragio universal masculino y haciendo la educación primaria obligatoria incluso para los indígenas; reformas que en general iban más allá del programa liberal[6]. Además, García Moreno reinstaló a los experimentados jesuitas a quienes había traído de vuelta en 1862 a la cabeza de la educación pública. Los liberales los habían expulsado en 1851, sólo a un año de que los jesuitas volvieran después de un siglo de exilio[7]. Mera fue un partidario leal de García Moreno durante la legislatura 1861-1865, hasta el punto de conspirar en la revolución de 1869 que lo devolvió al poder; y lamentó con elocuencia al presidente católico cuando fue asesinado por los liberales "paganos" en 1875. Dos años más tarde, después de varios intentos fallidos por reunir a los Conservadores divididos y de que éstos lo acusaran con ingratitud de traición por tratar de reconciliarse con los liberales que habían ganado las elecciones ese año[8], Mera se aseguró indirecta pero indeleblemente de que la huella de García Moreno no desapareciera. Empezó a escribir la obra que traza el imborrable progreso de la civilización desde los jesuitas exiliados, pasando por mártires políticos como García Moreno, hasta su propia novela[9]. A diferencia de la mancha ilegible en la primera página de Galván, las buenas obras del Catolicismo sobreviven en los resultados (misteriosamente generativos) de la escritura. "La sangre del martirio tiñó muchas veces las aguas de los silenciosos ríos de aquellas regiones... pero esa sangre y esas reliquias, bendecidas por Dios como testimonios de la santa verdad y del amor al hombre, no podían ser estériles, y produjeron la ganancia de millares de almas para el cielo y de numerosos pueblos para la vida social" (Mera, 49).

Entre esos inolvidables mártires, Mera y sus lectores incluirán a Cumandá, la salvaje curiosamente cristiana e inusualmente bella que está enamorada de Carlos, su admirador blanco. La aldea de Cumandá a orillas de un río (costa) del bosque tropical, está algo alejada del hogar de Carlos en la sierra, donde su reformado padre es un misionero dominicano[10]. Había sido propietario abusivo cuando perdió a su mujer y a sus niños en un alzamiento de indígenas (basado en la revuelta histórica de 1790). El padre de Carlos se arrepintió de los males que él mismo había provocado y se dedicó a predicar entre los nativos que había despreciado[11]. El romance entre los jóvenes que se llaman uno a otro "hermano" y "hermana", bajo enormes palmeras evidentemente transplantadas de *Paul et Virginie,* se ve truncado (junto con los leales árboles) por el padre y los hermanos de ella, que odian a los blancos y determinan matar a Carlos para casar a la joven con un anciano jefe. Pero la virtuosa y viril Cumandá, que rima con Atala en más de un sentido, salva al tierno Carlos de cada uno de los elementos, del agua, del fuego, de las flechas en el aire y del veneno de la tierra. Lo salva sólo para volverlo a perder en lo que parece una tragicomedia de errores, cuando él regresa con su padre y luego parte a buscarla mientras ella está llegando a la misión, recién escapada de la cabaña donde su venerable marido había muerto después de la boda pero antes de la noche que la consumara.

En la escena de persecución que sigue al rapto de ella por los indígenas que exigen la muerte ritual para las viudas, Carlos, enloquecido, se une a su padre y a algunos indios cristianizados para liberar a Cumandá. Pero en el camino se encuentran con el padre moribundo de ella, que no es otro sino el indio Tubón a quien el misionero había maltratado y ofendido hacía ya largo tiempo. Cuando era joven, Tubón fue testigo de la tortura sufrida por sus padres a manos de este amo reformado y se había quejado a un tribunal parecido al que acudió Enriquillo, con resultados igualmente decepcionantes. Más furioso que desalentado, Tubón organizó el levantamiento en el que murió la familia del misionero. No sospecha que su propia mujer salvó a una de las niñas, Julia, y la crió con el nombre de Cumandá.

¡Qué dilema para el buen padre cristiano! Correr a salvar a su hija que todavía podría ser rescatada, pero que en cualquier caso moriría cristiana, o quedarse con el indígena agonizante que todavía desprecia a los cristianos e intentar convertirlo al Cristianismo por medio del amor. Claramente, la opción superior para la Iglesia es quedarse, y el pagano agónico de "la costa", atónito ante la consideración y el sacrificio del hombre "de la sierra", no puede resistirse al primer y último sacramento. La sacrificada es Cumandá, la mujer sobre cuyo cadáver llegan a amarse mutuamente los padres españoles e indígenas. Carlos la lloró con sentimiento pero sin la valentía de perseguirla él solo ni para sobrevivirla por mucho tiempo. Total, Carlos se hubiera ganado una hermana, no una esposa con quien fundar una nueva familia nacional. Las identidades "sorpresa" reveladas de manera tardía se adivinan con torpe claridad desde el principio, por ejemplo las veces que Carlos defiende su amor espiritual por Cumandá ante la insistencia por parte de su padre en que la pareja debería casarse y tener hijos (Mera, 83 y 147). El único sobreviviente es el padre misionero, y la única productividad ha sido un alma más para la otra vida cristiana, sin contar, claro, con que la conversión deja una huella escrita de amor y conciliación en la fundación nacional de Ecuador.

Las diferencias entre *Enriquillo* y *Cumandá,* entre el dominicano Galván y el ecuatoriano Mera, hacen resaltar extraordinarios rasgos comunes: Los dos comparten la conciencia del que llega tarde a la escritura histórica y tiene que reconocerla repleta de borrones; una convicción común de que el humanismo católico español, opuesto al provecho imperial, debe ser el motor de la historia patria; y un gusto similar por la prosa clásica que se deleita en el exotismo local de un indigenismo tardío que agradaba tanto a los lectores españoles como a los americanos.

Estos mismos puntos en común se comparten, extrañamente me parece, con el uruguayo Juan Zorrilla de San Martín (1855-1931), autor de *Tabaré* (1888). La obra es un largo poema, que subtitula alternativamente épica y "novela en verso", después de que Juan Valera utilizara estos términos en una carta de elogio del poema. El parecido con otras novelas nacionales es una especie de justificación para centrarnos en Zorrilla, cuando una selección más ortodoxa en Uruguay podría haber sido una obra de Eduardo Acevedo Díaz (1851-1921)[12], pero la razón más contundente es el fervor con que los lectores uruguayos acogieron a *Tabaré* como su prehistoria colectiva. Valera, árbitro literario en España, proclamó también a Mera como el "Fenimore Cooper del Sur" en 1886[13]. Al igual que Mera, Zorrilla fue honrado como miembro especial extranjero por la Real Academia Española; y ambos entendían su identidad hispanoamericana, precisamente, como una doble pertenencia. Ricardo Palma coincidía con la semblanza que Valera había hecho de Zorrilla en los mismos términos que Mera se aplicaba a sí mismo: "muy americano, lo cual no le impide ser muy español también"[14]. Entrando a la historia incluso más tarde que Galván y Mera (tal como el mismo Uruguay), Zorrilla de San Martín consiguió prolongar un "segundo" romanticismo enrarecido justo hasta la víspera del triunfo del modernismo[15]. Hispanófilos fervientes y católicos militantes, los tres escritores fundaron periódicos católicos, que tanto Mera como Zorrilla soñaban con ver transformados en partidos políticos[16]. Y si Galván, al igual que Mera, practicó el exotismo indigenista, Zorrilla trató de perfeccionarlo. En el momento en que una moda orientalista y mora arrollaba a los españoles[17], el bardo de la Banda Oriental apelaba a un público internacional.

Después del libro vino la ópera *Tabaré,* con música de Tomás Bretón, que se estrenó en Madrid y Buenos Aires en 1913[18].

Leer a estos tres autores, junto con *Ariel* (1900) de José Enrique Rodó es hacernos una idea del renacer del humanismo católico y de la revalorización de España que sedujo e inspiró a varios países americanos a finales de siglo. Una oposición católica se desarrolló durante los largos años de manipulación e intervencionismo por parte de otros poderes, años de gobiernos anticlericales inestables que generalmente traspasaron los recursos de la iglesia a manos privadas, años de no poder resistir la ideología liberal del interés personal y de hacer de la codicia una virtud. Si el Estado tenía que ser autoritario para gobernar con efectividad, por lo menos la autoridad debería ser incuestionable. Estos escritores coincidían en que recuperar un pasado católico humanista sería el camino más corto y seguro para llegar a un futuro humano y estable. Por ello, entre otras razones, Galván resucita a Las Casas, y Mera (junto con García Moreno) reinscribe a los jesuitas en la historia ecuatoriana después de que la pluma real los había tachado. El renacimiento espiritual, tan crucial para los católicos en la República Dominicana y en Ecuador, debió parecer aún más urgente en Uruguay, donde los niños católicos, como Juan Zorrilla, eran enviados a Argentina o a Chile para estudiar con los jesuitas, y donde lo menos que requería el patriotismo era un salto de fe.

Creer en un Uruguay independiente y soberano era casi una broma trágica hasta 1879, cuando Zorrilla de San Martín empezó a convertir a los escépticos en creyentes. Ése fue el año en el que escribió febrilmente en unas cuantas noches *La leyenda patria* para poderlo recitar en la inauguración de un monumento a la Independencia en Montevideo. La multitud escuchó entusiasmada durante horas el poema épico que rehabilitaba a José Gervasio Artigas como héroe nacional. Artigas había sido el primer héroe americano en 1811, cuando le propinó a España su primera derrota contundente. Pero desde el momento en que se separó de las Provincias Unidas del Río Plata hasta prácticamente la inauguración de 1879, la mayoría de los uruguayos consideraba a Artigas un rebelde. Ése era su papel para Argentina, país que sin duda anexaría un día o se reunificaría con su Banda Oriental[19]. Desde los tiempos de Artigas hasta los de Zorrilla, Uruguay fue conquistado, compartido, disputado, o amenazado desde ambos lados de su pequeño territorio por Brasil y Argentina. Pero Zorrilla era un raro

ejemplo de esa "fe robusta" que los cínicos atribuían a los patriotas[20].
Primero en el poema y luego en la historia de varios tomos titulada
Epopeya de Artigas (1910), encargada por el gobierno nacional, Zorrilla
recuperó al héroe como una especie de protopopulista que redistribuía
la tierra entre sus tropas de gauchos, negros e indios, y que luego prefirió defender la política de reforma agraria antes que hacer tratos con
Argentina[21].

Argentina, después de todo, no había hecho nada por proteger
su Banda Oriental en 1811, cuando los portugueses mandaron una
"fuerza pacificadora". Intervino solamente para someter a Artigas
después de que los británicos obligaron a las tropas portuguesas a marcharse y la costa quedó libre en 1814. Pero en menos de un año, los
argentinos también se fueron; tan ocupados estaban con otros frentes
que dejaron a Artigas al mando. En 1816 los portugueses volvieron,
apoyados esta vez por los uruguayos opuestos a la reforma agraria, y en
1821 la Banda Oriental fue incorporada a Brasil como la Provincia
Cisplatina que se unió al imperio independiente en 1824. Un año más
tarde el área fue reclamada por las Provincias Unidas, y la guerra que
se declaró contra Brasil irritó a Gran Bretaña de tal manera, tanto por
el bloqueo comercial como por dejar sus barcos mercantes sin
marineros, que presionó a ambas partes para que aceptaran una
mediación[22]. En 1828 Uruguay fue declarado un Estado neutral entre
dos imperios americanos, un comienzo más bien ignominioso com-
parado con el episodio de Artigas.

La autonomía pronto degeneró en anarquía. Sin un poder central, los caudillos rivales hacían lo que querían para mantenerse en el
poder, incluyendo concertar alianzas con Brasil, con Argentina, o incluso Francia. La rivalidad creció hasta hacer estallar la Guerra Grande
entre *blancos* (en su mayoría del campo) y *colorados* (en su mayoría de la
capital), que se convirtió en una guerra internacional en 1838. La paz
llegó finalmente en 1851, pero les costó a los uruguayos un acuerdo
muy desfavorable con Brasil. De hecho, estuvieron en peligro de perder
de nuevo su independencia, puesto que Brasil fue una especie de
metrópolis informal para Uruguay a lo largo de la década[23]. Durante
los continuos conflictos caudillistas y la corta tregua o *fusión* que
motivó el alza de la producción económica hasta que la superproduc-
ción causó una nueva crisis y mientras se sucedían las muchas interpretaciones equivocadas de los designios territoriales que arrastraron a

Uruguay a integrar la Triple Alianza contra Paraguay, la ineficaz zona tapón seguía intentando equilibrar un imperio contra el otro, cuando no estaba simplemente apostando por el que saldría ganador. El golpe de Estado del general Latorre en 1876 trajo un austero orden no partidista que agradó a Zorrilla, pero el capitán general Máximo Santos pronto haría del gobierno nacional un costoso espectáculo, hasta que la oposición (Zorrilla incluido) le forzó a un "ministerio de conciliación", una parodia pasajera de la estabilidad de Brasil. Solamente en la década de los ochenta, cuando tanto en Brasil como en Argentina el propio territorio produjo urgentes distracciones que postergaban las ambiciones expansionistas, Uruguay pudo consolidar su identidad nacional[24].

La estridente y heroica *Leyenda patria* habrá bastado para consagrar a Zorrilla de San Martín como poeta nacional de Uruguay. La obra siguiente de 1876 apela a un gusto más melancólico y erotizado; es la primera versión de *Tabaré* en forma de pieza teatral. Escrita mientras estudiaba Derecho en la Universidad Católica de Santiago de Chile, Zorrilla la dejó sin representar en el teatro. Cuenta que su primera inspiración fue la mención por parte de un profesor de la sorprendente claridad de los ojos y del cabello de algunos araucanos cuyos antecesores obviamente habían tomado mujeres blancas como prisioneras. Con el episodio de Artigas había *añadido* un principio heroico a la historia uruguaya. Pero los tiempos entre imperios requerían otra aritmética para el país; necesitaba establecerse por sustracción[25], había sido creado, reclamado y nombrado tantas veces, que cualquier regeneración duradera tendría que elegir entre pedigríes en contienda. Renacer significaría purificar o amputar algo del texto cultural sobresaturado de Uruguay. Como Galván, Zorrilla proyectó su historia lo suficientemente lejos en el tiempo como para minimizar posibles complicaciones, hacia un pasado anterior a las reclamaciones de portugueses, brasileños o argentinos que amenazaban con empañar la identidad uruguaya. Toda esta exclusión dejó sólo a los primeros españoles y a los prácticamente olvidados indios charrúas, víctimas propiciatorias que condensan varios sacrificios purificadores en una única identidad perdida en este poema no del todo nostálgico. Aunque de seguro los indígenas y sobre todo los mestizos poblaban el Uruguay de Zorrilla, su atención exclusiva a los charrúas ya perdidos sugiere que todos los nativos habían sido exterminados. Sólo el bardo católico los resucitaría por un momento que fuera lo suficientemente largo como para producir esa catarsis que acompaña la pérdida renovadora y mitigadora. Mucho después de que Alencar hiciera revivir brevemente a los indios literarios, en un país hostil a los nativos sobrevivientes, Zorrilla exhumaría la figura señorial de una tierra que ostentaba su orfandad como las llagas de un martirio. *Tabaré* empieza literalmente con la excavación de una tumba olvidada:

> Levantaré la losa de una tumba;
> E, internándome en ella,
> Encenderé en el fondo el pensamiento,
> Que alumbrará la soledad inmensa. (Zorrilla, 1-4)[26]

La sombra que conjura es un mestizo llamado Tabaré, nombre que aparentemente significa en guaraní "extraño a la comunidad". Este hijo de una prisionera española y un jefe charrúa es un salvaje de ojos azules y cabe tan mal entre los indios como entre los blancos. Torturado por esta dualidad enfermiza, mixta e "imposible", está a la espera de un temprano final bien llorando como el más sentimental de los españoles o bien permaneciendo estoicamente callado como ejemplar guerrero indígena. Tabaré también sufre el mal de amores, por Blanca, la pura imagen de su madre muerta y la hermana menor del nuevo comandante español. Pese a su nombre, Blanca es andaluza de piel morena y de pelo tan liso y negro que podría pasar por una melena indígena. Es el complemento perfecto para el amante racialmente confundido aunque su hermano desconfía del mestizo después de que los soldados lo encuentran suspirando bajo la ventana de Blanca (en una recalentada vigilia de Peri). Pero la joven corresponde al pretendiente pagano convertido en protector cuando ella es secuestrada por otro jefe y tiembla, con los brazos rodeando las rodillas, ante un destino peor que la muerte. Tabaré rescata a Blanca y se la entrega a su hermano, quien, ciego de furia y de preocupación, se arroja contra el desventurado mestizo en un lance mortal.

Según algunos críticos, este sencillo argumento no es el logro más admirable de Zorrilla; privilegian en la obra la simplicidad exaltada de su español americano, modulado por palabras indígenas y escenas locales y recitado de memoria por generaciones de escolares uruguayos[27]. Pero uno se pregunta si pedir disculpas por el argumento no tendrá que ver también con un malestar político-cultural respecto al romance frustrado. En vez de crear un reparto de limpiadores raciales

313

iberos, que Alencar hace figurar como las causas prehistóricas y ahora ausentes de la nueva nación mestiza, el indigenismo de última hora de Zorrilla dio ese papel de desaparecidos a los indios. Y sus mestizos, más que una mejora racial, eran más bien un híbrido autodestructor y estéril, casi como asnos sentimentales. Tabaré es mitad indio, mitad "humano" (Zorrilla, 1259), como escribe Zorrilla en un momento abiertamente racista que resistió cuatro ediciones corregidas. Si no me equivoco al leer esta figura esquizoide como el espíritu irremediablemente dividido de Uruguay, tan desgarrado por los designios expansionistas de Argentina y de Brasil que era prácticamente bicultural o culturalmente dividido, sólo los "humanos" españoles pueden sobrevivir para llorarlo.

Leer *Tabaré* habrá sido un exorcismo colectivo de las dualidades internas de Uruguay, una efusión purgativa de la sangre de los indios (y de los indigenistas brasileños) para que esas criaturas españolas tan adorables pero racialmente equívocas como Blanca se curaran de recaer en la tentación de aliarse con el enemigo. En Brasil el *mestiçagem* literario era un proyecto de escritura activo que prometía un tipo nacional coherente y único; pero en el Uruguay defensivamente hispánico de Zorrilla, es un suplemento indeseable, suprimible, que hacía peligrar el carácter español hasta el punto de la indefensión. Como Frankenstein, mezcla antinatural de hombre y monstruo, Tabaré quiere ante todo liberarse de la composición insostenible que Zorrilla echa a andar: "¡Palpita y anda, / Forma imposible de la estirpe muerta!" (Zorrilla, 183-184).

Los indios puros de Zorrilla son menos seductores que Tabaré, pero para el autor tienen la decencia de ser simples y de morir limpiamente, sin dejar traza alguna tras su paso. Se cuentan entre los héroes nobles, y por lo tanto, poco acomodaticios, de las luchas pasadas. Y al igual que aquellos europeos imposibles de mezclar de los romances de Alencar, los anacrónicos indios ofrecen al lector el doble placer del alivio producido por su ausencia y el orgullo de su naturaleza indomable que será reivindicada como herencia nacional. Además, a los lectores les encanta el poeta que reforma los cadáveres insensibles a voluntad. ¿Por qué no hacer de ellos los primeros héroes de la nación, firmes e indivisibles, y al mismo tiempo hacer de sí mismo su bardo inmortal(izador)? Sólo un cristiano podría llorar sobre los indios decorosamente callados, como si el dolor pagano inédito fuera la ocasión afortunada para escribir, la oportunidad para una oración que los redimiría a todos. "Pero algo sois. El trovador cristiano / Arroja, húmedo en lágrimas / Un ramo de laurel a vuestro abismo.../ Por si mártires fuisteis de una patria" (Zorrilla, 1059-1062). Y las lágrimas redentoras que el héroe derrama en el hombro de Fray Esteban sólo corren porque Tabaré es la muerte viviente de su propia identidad india. "Para llorar la moribunda estirpe / ¡Una pupila azul necesitaba!" (Zorrilla, 2443-2446).

La identidad indígena uruguaya es trágica a la manera clásica en esta obra conservadora, tan trágica y catártica como el poema épico de Magalhâes que habría acabado con los indios brasileños de una vez por todas. Los ejércitos enfrentados de nativos y conquistadores están igualados por Zorrilla, si bien no en fuerza al menos en condición. Y ninguno es más culpable que el otro, ya que la Providencia los ha reunido. Es la misma Providencia irreprochable que estableció nuevos baluartes para la cristiandad española, un cuerpo robusto para la cabeza sobreviviente de la decadencia europea (Zorrilla, 807-825). El injerto de la identidad española en el cuerpo americano realizado por Galván requería una primera operación igualmente violenta. ¿Qué otra ambición tendrían Galván y Zorrilla para sus exhumados nativos novelescos que inspirar en sus lectores una celebración agudizada por el esfuerzo de controlar el sentimiento de culpabilidad en torno al espacio liberado sobre la tumba, aunque lograron también incitar la indignación en algunos lectores de sentimientos descontrolados? El drama entre los salvajes de Mera se deshizo de los indígenas de igual manera; en realidad no trata de ellos, sino de los blancos que escriben sus historias circulares, incestuosas, derrotistas en apariencia pero sancionadas en un decorado pagano desde lo alto. Este indigenismo instrumentalista en función de ideales católicos realza la alternativa del tipo "realista" y anticlerical desarrollada por Clorinda Matto de Turner en Perú, *Aves sin nido* (1889). Si bien no llega a mostrar a los indígenas en su propia sociedad, al menos documenta con "fotografías" contemporáneas la corrupción abrumadora y la virtud viciada entre los criollos que perjudicaban a los nativos[28].

Esta lectura un tanto maniquea del exotismo americano puede invitar, como dije, bien a una resignación aliviada o a una ultrajada oposición. Pero las lecturas populares rara vez son simplificadas hasta el punto de ignorar los excesos incitantes de estos castos libros. Es cierto que Mera defendió la civilización española, pero también celebró el

315

barbarismo americano. Admitamos que Cumandá es atractiva porque en realidad es española, pero recordemos también que gran parte del atractivo para Carlos consiste en que había sido educada por salvajes: "esa mezcla de ternura pueril y orgullo salvaje que veo en ti, me encanta... El refinamiento de la civilización ha hecho en ellas imposibles algunas prendas que sólo conserva la naturaleza en las inocentes hijas del desierto" (Mera, 59). De manera parecida, el doble abolengo de Tabaré lo hace más sentimental, más sensible, y más admirablemente romántico de lo que podría ser cualquier español. Por lo tanto, sus compatriotas decimonónicos culturalmente a caballo entre Argentina y Brasil se permitirán amarse a sí mismos gracias al amor que le tienen al torturado Tabaré. Sin embargo, entre las tres ficciones instrumentalmente americanistas consideradas en este capítulo, *Enriquillo* será la que mejor continúa ofreciendo el servicio como manual popular de la historia nacional. Quizá esto se deba a que el autor galvaniza la conflictiva historia de América en la agradable forma de un romance realizado y correspondido. Y logra el tipo de ajuste entre la pasión y el progreso que los tardíos y cautos religiosos Mera y Zorrilla habrían identificado con anteriores proyectos literarios liberales.

Galván, ya lo vimos, reduce la defensa apasionada de los indios de Las Casas prácticamente a su papel de casamentero, el agente defensor del *laissez-faire* amoroso, puesto que en esta novela el progreso social está basado en el amor. El "apóstol" triunfa con los novios nativos pero fracasa con los trágicos amantes españoles María de Cuéllar y Juan de Grijalba cuyo romance ocupa muchas más páginas que el *affaire* del estado mestizo. Nuestra frustrada inversión sentimental en la arruinada relación subraya lo retrógrada que puede ser la autoridad patriarcal "feudal" cuando impone matrimonios de conveniencia económica. La misma autoridad insensible que ignora el amor, sinécdoque de la naturaleza, también impide ver el papel del amor como motor de la historia. Galván insiste en que captemos la lección en uno de sus largos y didácticos apartes (acortado misericordiosamente por Robert Graves en su versión inglesa)[29] sobre aquellos que: "creen encontrar en la exageración del principio de autoridad el precioso talismán que ha de preservar las sociedades modernas de la invasión de las ideas demagógicas; lo que no es sino un error funesto que tiende, aunque inútilmente, a hacer retroceder la historia, deteniendo el carro triunfal de la civilización y el derecho" (Galván 78). El tirano doméstico sentencia a todos los afectados: a María, a su tierno novio, a su heroico esposo, y no menos a sí mismo como padre desconsolado después del desastre desatado por su propia autoridad. La desmayada heroína fue entregada en matrimonio a Diego Velázquez y murió seis días más tarde. El matrimonio y la muerte figuran en las crónicas; el resto es *midrash*, o sea, interpretación narrativa cuya moraleja es (como en la historia paralela de Enriquillo) que el amor es el vehículo de la salvación: rescata vidas, defiende la fe (gracias al casamentero eclesiástico), y es capaz de redimir la nación, como en el caso de Carlos V que hizo constar su amor por los vasallos indígenas y así puso fin a la guerra contra españoles. El único error político de Diego Colón, según el romance de Galván, fue dar más importancia a la expedición de Velásquez para conquistar Cuba que al sentimiento de María de Cuéllar (Galván, 148). No es que a Galván le importara eludir los datos históricos, como supone Concha Meléndez[30], sino que le urgía establecer una continuidad entre armonía doméstica y prudencia política. Este amor elogiable de manera indistinta entre el apego a la pareja y a la patria contrasta con lo puntillosa que resulta *Cumandá* a la hora de distinguir el tipo de amor duradero hasta el extremo de sacrificar la procreación a la pureza, e incluso de sacrificar a la propia Cumandá con el afán, por parte de Mera, de diferenciar entre eros y ágape. Para Zorrilla, el deseo personal/liberal también se encamina directamente a la tumba, donde sobrevive como un espíritu incorpóreo del amor, gracias a las pasiones paradójicas del Cristianismo y a la poesía ocasionalmente irresistible de Zorrilla.

> …Y amó a aquel hombre
> Como las tumbas aman;
> Como se aman dos fuegos de un sepulcro,
> Al confundirse en una sola llama;
>
> Como, de dos deseos imposibles,
> Se unen las esperanzas;
> Cual se ama, desde el borde del abismo,
> El vértigo que vive en sus entrañas. (Zorrilla, 4163-4170)

La religión de Galván era mucho más católica en el sentido de universal, más inclusiva y menos evidente en su carácter defensivo que la de Mera o de Zorrilla. Para la década de los ochenta la República Dominicana estaba a punto de modernizarse finalmente con el dinero invertido en las enormes producciones de azúcar[31]. Era un momento en el que establecer una atmósfera de cooperación daría frutos concretos. Hasta entonces, las exportaciones a Europa de maderas difícilmente renovables y de cosechas de tabaco en pequeña escala habían mantenido al país en una situación económica y políticamente precaria. Pero el azúcar prometía instalar una industria importante para un mercado norteamericano acostumbrado al abastecimiento cubano interrumpido por la Guerra de los Diez Años (1868-1878). Los refugiados cubanos adinerados y adiestrados como plantadores llegaron a la isla vecina de clima ideal a cultivar el azúcar. Galván sabía que si la República Dominicana podía propiciar un clima político igualmente ideal, la industria florecería. El reto iba aún más allá de evitar las guerras con España y las rebeliones de esclavos que interferían en la producción azucarera; incluía la tarea de acabar con las guerras raciales en el interior del país, similares a las que habían desterrado el caudal cubano de su propia isla. Desde la conquista hasta 1870, la República Dominicana padeció una de las historias más espectacularmente inestables de toda Hispanoamérica. Y la solución estabilizadora de Galván era, como señalé antes, hacer que sus lectores dejaran de pensar en la confusión desfavorable del pasado dominicano, es decir, borrón y cuenta nueva.

Esto significaba recordar solamente la gloria de ser la primera colonia europea en América, y olvidar que la "Española" fue también la primera colonia que sufrió un abandono casi total después de que los conquistadores prácticamente erradicaron a los pueblos Taino y Arawak para luego marcharse a explotar mayores riquezas en el continente. Muy pronto, la isla dejó de ser destino y se convirtió en un puerto de paso para España. También olvidadas quedaron las devastaciones de 1605, cuando las autoridades españolas prendieron fuegos incontrolables en las poblaciones de la Costa Norte para acabar con el contrabando de los protestantes cuya mercancía y mercados hubieran reanimado la vida económica de la colonia. La isla despoblada quedaba ahora abierta a las incursiones francesas y al eventual establecimiento, vergonzoso y por lo tanto innombrable, de Saint-Domingue en 1672.

Una generación después de que la colonia rebelde expulsara a Francia de su territorio, tomó el nombre indígena de Haití e inició el movimiento de independencia latinoamericana. Cuando en 1822 los vecinos dominicanos inspirados por el movimiento continental declararon su independencia de España, la ocasión fue celebrada con una ocupación haitiana, inconfesable para Galván, que primero abolió la esclavitud y luego compitió con los ex dueños criollos por la tenencia de la tierra. Haití mantuvo su dominio hasta 1844, durante toda la niñez de Galván, aunque el tratado de paz final no se firmaría hasta 1874. El retraso entre el éxodo del ejército haitiano y el final de las agresiones se explica por una sucesión de rebeliones raciales, con frecuencia incitadas por Haití. Aunque lo sabía muy bien Núñez de Cáceres, el primer héroe de la Independencia dominicana, Galván guarda silencio respecto a la mayor parte de la población dominicana que era de color y que favorecía la anexión a Haití[32]. Dada la alternativa de alinearse con el Partido Rojo de los comerciantes o con el Partido Azul de los terratenientes, los cuales intentaron reclutar a los trabajadores dominicanos en las guerras civiles entre las élites a partir de 1844, muchos dominicanos afirmaron su preferencia por el Haití "africano".

En 1861, el afán de autoprotección de los blancos llevó al presidente azul Pedro Santana a pedir que España reanexara su colonia americana más antigua. Confió las negociaciones a su secretario, Manuel de Jesús Galván, que años después preferiría no mencionar tal traición a la autonomía patria. El razonamiento desesperado del indefenso país era seleccionar al amo mientras se pudiera. Si los criollos iban a ser de nuevo súbditos coloniales, al menos lo serían en un imperio "civilizado" para evitar al "bárbaro" cuyo nombre era tabú. Es posible que la tentación de acudir a la madre patria no fuera original (fue también la estrategia del General Flores en Ecuador después de 1845)[33], pero entregarse hace de los dominicanos un caso especial. De hecho, muy pocos estaban a favor de retroceder a la historia colonial, y con renovado patriotismo fueron muchos más los dominicanos que pasaron los siguientes cuatro años luchando para expulsar a España y al partido que la había invitado. La exitosa Guerra de Restauración (1861-1865) significó para Galván la necesidad de buscar otro trabajo, el cual encontró en Puerto Rico como empleado de la Corona española. En el exilio, el hombre al que los dominicanos todavía despreciaban por haberse expresado contra los patriotas "infieles e insensatos… El dominio español es el ancla que da la bienvenida a los principios sociales, en contra de los amenazantes elementos diletantes…"[34], al parecer se reformó lo suficiente para saber cuándo guardar silencio. Su nueva y sutil actitud llegaba hasta el punto de perdonar y olvidar, tal como las autoridades españolas de su novela aprenden la estratégica amnesia tras sus frustraciones con Enriquillo. Allí donde la persecución del rebelde, y siglos más tarde la reanexión, había fracasado en el intento de preservar la supremacía española, la magnánima incorporación de súbditos a la gran familia hispánica resultó ser mucho más eficaz. En la dedicatoria de *Enriquillo* de 1882, Galván da cuenta de la inspiración inmediata para el libro. Fue en 1873 mientras presenciaba la emancipación de los esclavos puertorriqueños tras años de rebeliones incontrolables. "Con entusiastas exclamaciones de Viva España corona la escena sublime…".

La figura de Enriquillo será posiblemente la condensación dominicana de la multitud negra, tan agradecida y leal a sus señores blancos. La inspiración puertorriqueña se habrá plasmado en una narrativa nacional cuando Galván la interpretó en el contexto de la oferta del Rey y la inmediata capitulación del alzado Enriquillo, uno de los pocos momentos en los que la *Historia* de Las Casas coincide con la de su némesis Oviedo, el cronista real[35]. "Enriquillo puso sobre su cabeza en señal de acatamiento la carta del emperador, y abrazó al noble y valerosos emisario, a quien todos los capitanes subalternos del cacique hicieron igual demostración de franca amistad" (Galván 285-286). La condensación de los detalles históricos convenía para proyectar el tipo de nacionalismo conciliatorio y coherencia cultural que la élite dominicana anhelaba. Logró interpretar a las desorganizadas y amenazadoras masas negras como seguidores de un líder con el que se podía hacer tratos, como quien dice, entre caballeros. El Enriquillo de Galván prácticamente pasa por un jefe blanco. "Vestía con gracia y sencillez el traje castellano de la época, en el que ya comenzaba a introducir algunas novedades la moda italiana, sin quitarle su severidad original… En suma, la manera de vestir, el despejo de su porte y sus modales, como la regularidad de las facciones del joven cacique, le daban el aspecto de uno de tantos hijos de colonos españoles ricos y poderosos en la isla" (Galván, 168).

Pero más conveniente aún que la jerarquía es el color, sorprendentemente más claro, de la masa condensada. Retrotrayendo su relato tan atrás en el tiempo que los negros parecen no figurar en los orígenes dominicanos, mirando de soslayo a la multitud dominicana para crear una ilusión óptica de simplicidad racial, Galván consigue escribir una identidad nacional por medio de borraduras. Gracias a Galván "en Santo Domingo no hay negro. Cuando un hombre de piel oscura cumple con la documentación oficial de identidad personal, en el apartado correspondiente al color, se lee: indio"[36]. Pero la omisión es patente incluso para el Santo Domingo de 1503-1533. Las Casas (que se sabía culpable de promover la esclavitud africana) fue lacónico en lo que a los negros se refiere, pero Oviedo no escatimó descripciones alarmantes para las autoridades respecto a los negros "de los cuales ya hay tantos en esta isla, a causa destos ingenios de azúcar, que paresce esta tierra una efigie o imagen de la misma Etiopía"[37]. La historia improductiva de esas primeras plantaciones y las incesantes revueltas comenzadas por aquellos africanos (que se infiltran en la novela como asesinos a quienes Diego Colón castiga para alivio de todos) no eran precisamente unas bases sólidas para la industria azucarera moderna. Galván decidió simplemente olvidarlos y ofrecer en su lugar una alternativa al odio racial y la exclusividad recordada por Oviedo. Al desplazar el énfasis histórico de la masa de esclavos negros al resto que quedaba de la tribu de Enriquillo, ofreció una ficción conciliadora que lectores tan distinguidos como José Martí y Pedro Henríquez Ureña aclamaron con entusiasmo como modelo de escritura americana[38]. Desde el momento de la publicación de *Enriquillo,* institucionalizada casi inmediatamente como lectura obligatoria en las escuelas de la República[39], los dominicanos son indios o mestizos, descendientes de los valerosos hombres de la tribu de Enriquillo y de los españoles a quienes estaban unidos por el amor y el respeto, mientras que los negros parecen ser extranjeros y peligrosos, haitianos.

Doblemente noble, Mencía es el modelo de mestiza. Aunque en esta ficción fundadora permanece singularmente infecunda, los dominicanos se las arreglan de alguna manera para proclamarla como la madre de la nación. No están exactamente equivocados porque la filiación es espiritual o literaria más que literal. Como la mezcla racial colectiva, el mestizaje de la madre Mencía es pura ficción, una invención genealógica que aclara su identidad dominicana. Entre las supresiones de Galván estaba el color tierra de Mencía. Las Casas, que le da el nombre hispanizado de Lucía, respeta su identidad nativa; pero Galván la blanquea y la corona de una melena rubia para fundar una familia en la que figuran los blancos (Galván, 81). Se habrá basado en el modelo de Atala, medio europea y enteramente cristiana, aunque la mansa Mencía resulta ser copia un tanto descolorida. Es también posible que Galván haya seguido más de una pista del sacerdote del cristianismo sentimental Chateaubriand, entre cuyos libros se incluye *Los Mártires,* una reconstrucción de las raíces nacionales francesas en el período en que los druidas y los cristianos se encontraron.

Galván sobresalía como imitador de buenas ideas literarias, las de Las Casas, Chateaubriand, probablemente de Cooper y quizá Alencar, y también de las ideas políticas de quienquiera que estuviera en el poder. Después de que su zafia negación de los lazos familiares con Haití favoreció el regreso de España para un segundo reino desastroso, Galván aprendió a tener flexibilidad política al tiempo que sutileza lacónica. Oportunismo es una palabra muy poco halagadora, especialmente porque él sí tenía algunos principios sólidos. El mayor era evitar volver al "barbarismo" haitiano. Y puesto que la resistencia militar no había funcionado, otro principio era promocionar la civilización por medio de la prosperidad estable basada en la justicia. Si los amos dominicanos hubieran sido justos, los indígenas y los negros probablemente no se habrían rebelado ni apoyado a Haití. Oviedo sabía desde mucho tiempo atrás que los españoles eran los autores de sus propias tragedias en la isla. No era ciertamente un amante de los nativos como lo era Las Casas, sino que Oviedo sabía exactamente hasta qué punto un parásito puede chupar la vida a su víctima antes de que la vida se acabe para los dos. Si se le hubiera dado satisfacción a Enriquillo en el tribunal, aseguraba Oviedo, a la Corona no le habría costado catorce años de costosas derrotas militares[40]. Y Galván sabía que los perjudiciales abusos contra los subordinados por parte de la élite eran un problema estructural que requería más reforma que la eliminación de un ficticio Mojica. Incluso los sacerdotes enviados en una comisión para reformar las leyes laborales, después de la revuelta de Enriquillo, sufrieron la fiebre del oro en la colonia. Ésta es una oportunidad para Galván de moralizar, de nuevo extensamente, sobre el espíritu de lucro que degenera en avaricia (Galván, 206).

Con los principios de antihaitianismo, laconismo, y reforma gerencial, Galván volvió a la República Dominicana en 1876, una vez que el gobierno se deshizo de los rojos que compitieron con los azules de Galván, principalmente insistiendo en que el país se anexara a Estados Unidos en vez de a España. Volvió para convertirse en el ministro de relaciones exteriores, puesto que retomaría años más tarde entre 1887 y 1893 bajo el mandato del presidente negro Ulises "Lilís" Hereaux, cuyo apellido sospechosamente haitiano y su inconfundible color habrían distanciado a un Galván más joven. En la última etapa de su vida también ocuparía el cargo de presidente del Tribunal Supremo (1883-1889) y de profesor de Derecho en el Instituto Profesional (1896-1902)[41]. A veces se malentiende a Galván como hispanófilo irracional que se oponía tanto a la amenaza persistente pero imaginaria de Haití como a las usurpaciones de Estados Unidos[42]. Pero la accidentada carrera política que enfurece a algunos observadores muestra a un hombre dispuesto a atender razones. Cuando Lilís empezó a ganar apoyo extranjero (es decir, préstamos) después de comprar o asesinar a los contrincantes en casa, buscó quién negociara el alquiler de la bahía de Samaná al ejército estadounidense[43]. Y nadie resultó más apropiado para la misión secreta en Washington que Galván, ese ex azul que había concebido el tratado de reanexión con España y había llamado traidores a los rojos por intentar hacer lo mismo con Estados Unidos.

Galván sin duda se instruía en la flexibilidad política como discípulo de Las Casas cuya tradición de colonialismo humanitario extendía hasta el gobernador de Puerto Rico. Pero no ignoremos a su profesor americano, el propio Enriquillo que fue tanto el modelo de Galván como su creación. Al fin y al cabo era Enriquillo quien sabía cuándo luchar y cuándo cooperar, cuándo huir y cuándo regresar. También sabía cuándo llegar a acuerdos que un observador ingenuo o idealista podría condenar como acomodaticios. Dije antes que la capitulación pacífica de Enriquillo fue registrada tanto por Las Casas como por Oviedo, pero donde el agente imperial es exultante, el apóstol pasa por alto detalles embarazosos.

En general, la versión pía de la conquista se ciñe a un propósito y no deja de enfurecer a algunos lectores, entre ellos Ramón Menéndez Pidal, que perdió su habitual imperturbabilidad frente al autoproclamado historiador a quien descarta por mentiroso, paranoico y patológico[44]. Sin duda el texto de Las Casas peca de exageraciones y exclusiones, posiblemente explicables por los cuarenta años transcurridos entre los hechos y la redacción; pero también el ardor de Las Casas seguramente depuró de su historia los dañinos detalles. Hubiera sido impráctico ser tan honesto como Oviedo porque el objetivo doble del dominico era demostrar las suposiciones improbables de que los indios eran prácticamente cristianos ingenuos y que los buenos españoles les

ayudarían a entrar a formar parte de la civilizada familia de la Madre
Iglesia y el Padre Capital. Las recomendaciones erasmistas que trajo al
Nuevo Mundo incluían colonizar con granjeros españoles industriosos
y con sacerdotes que convertirían a los indígenas en más granjeros. Los
propios proyectos del fraile de implementar la conquista pacífica y la
asimilación gradual naufragaron penosamente. Pero el hecho mismo
de que la Corona le permitiera explorar las posibilidades, así como libe-
ralizar las leyes de Indias, demuestra lo persuasivo que fue Las Casas
en la Corte[45]. La práctica que hace alterarse a Menéndez Pidal es, vista
desde otra óptica, redimir la historia con mentiras piadosas, como por
ejemplo su versión de la capitulación de Enriquillo. El héroe es el más
cristiano de los caballeros, capaz de perdonar incluso la vida de su
antiguo amo violador y de someterse agradecido a la autoridad real.

Siglos más tarde, esta versión le pareció absurda a un historiador
capuchino español, Fray Cipriano de Utrera, quien la desbarató ante
una asamblea de dignatarios dominicanos en "Ciudad Trujillo" en 1946.
Documentó la revuelta de Enriquillo, como la de otras pandillas de
indígenas que asaltaban y mataban en los asentamientos españoles. El
incidente del perdón real para el jefe no es, sin embargo, una invención
según Utrera; es simplemente un esperpento de datos tergiversados.
Oviedo registró un perdón notablemente similar, no de Enriquillo,
sino de su fiero rival Tamayo. Cuando Utrera se pregunta cuál de las
versiones es más plausible, se pone enseguida del lado de Oviedo,
primero porque el cronista real escribió *in situ* y segundo porque su
hostilidad hacia los nativos le impedía inventar halagadores informes.
Cuando se lo lee con escepticismo es en torno a los informes críticos
sobre los indígenas, posiblemente exagerados por apasionados, pero el
visto bueno es incuestionable[46]. En cuanto a la violación o intento de
violación como causa de la revuelta, Utrera lo considera ridículo; los
indígenas se rebelaron tras repetidos ataques españoles a las poblaciones nativas con el fin de capturar esclavos[47]. Igual de increíble es el
regreso pacífico de Enriquillo, alentado por Las Casas, que se atribuye
demasiado mérito cuando el emperador Carlos V le ofreció un título,
libertad y tierra. Un lector desconfiado como Utrera pregunta por qué,
después de una generación de aniquilamiento por parte de los
españoles y catorce años de resistencia exitosa, Enriquillo aceptaría la
oferta. ¿Y por qué la concedió la Corona, si los indígenas ya liberados
no estaban obligados a servirle al rey?

Oviedo y otros documentos de la época le ofrecen algunas respuestas a Utrera. Primero, el ejército español iba perfeccionando un estilo efectivo de combate itinerante que ponía en peligro la belicosa vida de Enriquillo y hacía que un acuerdo oportuno fuera atractivo. Como Galván hacía en sus propias escaramuzas con el poder, Enriquillo reconocía la desigualdad de fuerzas y prefirió optar por la unidad constructiva y descartar la derrota gloriosa. Segundo, los españoles deseaban pacificar a Enriquillo por el servicio especial que les podía prestar, un servicio que Las Casas borra de su historia y que Oviedo subraya. Como precio de su libertad personal, Enriquillo y sus indios se obligaban a la vergonzosa tarea de capturar y entregar los esclavos nativos y los negros fugados a sus amos blancos "que antaño pelearon creyendo que así tenían hermanada su suerte con la de estos indios"[48].

Por supuesto que Utrera podría haber puesto a prueba cualquiera de las historias improbables de Las Casas. El hecho de que eligiera ésta hace visible la presencia de Galván. Fue la novela la que hizo de Enriquillo el héroe nacional de la República Dominicana, el abrigo ideológico contra la imputación de una identidad africana (es decir, haitiana) en un país de gente de piel morena. La reacción al discurso de Utrera fue inmediata y contundente. Los ideólogos de Trujillo y el propio dictador mulato (que fue capaz de masacrar más de 20.000 haitianos en la frontera para defender la pureza racial de los dominicanos)[49] dependían del mito de Enriquillo tanto como los antiguos oligarcas antihaitianos. Años más tarde, después de que la mayoría de los dominicanos repudiaran a Trujillo, continuaron, para bien o para mal, aferrándose a Enriquillo. La *Polémica de Enriquillo* de Utrera fue publicada de manera póstuma en 1973, con un prefacio muy corto para su locuaz discípulo Emilio Rodríguez Demorizi. Utrera se dirigió a Las Casas como si la novela de Galván no fuera digna de su meticulosa crítica empírica. Pero ni el editor ni otros dominicanos ofendidos distinguían entre historia y ficción cuando la identidad nacional estaba en juego.

Galván aprendió de Las Casas cómo borrar las maniobras y detalles desfavorables de Enriquillo, y sus borrones se hicieron indelebles para los "indios" dominicanos. Cualquier intento de restablecer los detalles descartados era más que indignante, era antipatriótico. El historiador Rodríguez Demorizi consideraba que el verdadero Enriquillo estaba literalmente más allá de cualquier cuestionamiento empírico.

"Al margen del Enriquillo de la historia, tenga la estatura que tenga, entre nosotros se mantendrá indemne el Enriquillo de la leyenda, el Enriquillo de Galván, y seguiremos venerándolo como símbolo de la amada raza aborigen, de nuestra raza"[50].

Notas

VIII.

BORRÓN Y CUENTA NUEVA: COMIENZOS TARDÍOS Y (T)RAZAS TEMPRANAS EN *ENRIQUILLO, TABARÉ* Y *CUMANDÁ*

1. Manuel de Jesús Galván, *Enriquillo* "con un estudio de Concha Meléndez" (México: Editorial Porrúa, 1976).

2. Bartolomé de las Casas empezó a abogar por una política benevolente sólo en 1515, después de que prosperara económicamente gracias a la explotación de los indios. En cuanto a sus sugerencias de que los negros sustituyeran a los *blancos*, véase su *Historia de las Indias*, "estudio preliminar de Lewis Hanke" (México: FCE, 1951) 3: 93-95. Véase también "La conversión de las Casas" de Jaime Concha, *Casa de las Américas* (1989): xxix, n. 174; 33-44, para la política de su conversión y para el éxito de Las Casas como conciliador entre los franciscanos y dominicanos.

3. Véase Gordon Brotherson, "Ubirajara, Hiawatha, Cumandá: National Virtue from American Indian Literature", *Comparative Literature Studies* 9 (1972): 243-252, 244.

4. Las páginas se refieren a Juan León Mera, *Cumandá, o un drama entre salvajes,* 5ª ed. (Madrid: Espasa-Calpe, 1976).

5. Sobre el mentor, véase Julio Tobar Donoso, "Juan León Mera", una excelente introducción biográfica a Juan León Mera, *La Dictadura y la Restauración en la República del Ecuador,* Quito: Editorial Ecuatoriana, 1932: v-xlv (obra inédita que se publica en conmemoración del primer Centenario del nacimiento de su autor); véase sobre todo las págs. viii y x. Publicada primero en Quito, *La emancipada* fue reeditada en Cuenca en 1983, con una introducción de Antonio Sacoto, quien escribió más tarde un estudio sobre el feminismo general en otras novelas liberales, incluyendo *Carlota* (1900) de Manuel J. Calle y *A la Costa* (1904) de Luis A. Martínez. Véase su "Mujer y sociedad en tres novelas ecuatorianas", en *La historia en la literatura iberoamericana: Memorias del XXVI Congreso del Instituto Internacional de Literatura Iberoamericana,* ed. Raquel Chang-Rodríguez y Gabriella de Beer (Hanover: Ediciones del Norte, 1989): 213-223. Riofrío debió ser demasiado atrevido para el gusto ortodoxo de García Moreno. Su novela es sobre una mujer joven cuya madre se había muerto después de darle una educación "lancasteriana" liberal, quien se rebela contra un padre tiránico (de acuerdo con la tradición) que piensa casarla con el mayor

postor. Los buenos cristianos, le dice una de sus amigas, deberían ser más avanzados que esas sociedades que tratan a la mujer como mercancías o un juguete (33). Después de la boda inevitable, Rosaura da la vuelta y empieza a irse de la iglesia sola. Su padre la detiene, pero ella le recuerda que es ahora "emancipada", una adulta y agente libre. Vuelve a caballo, llevando dos pistolas y mofándose de su "marido". "Cuando mi esposo quiera que le siga podrá irse delante de mí" (53). Pero como no hay lugar en la sociedad para ella, o para los pobres indios que defiende, Rosaura es obligada a prostituirse y a morirse temprano de un modo ignominioso y grotesco.

6. Para éstos y otros detalles relevantes de la carrera política de Mera, véase Tobar Donoso, sobre todo xi y xvii.

7. Véase Hernán Vidal, "*Cumandá:* Apología del Estado teocrático", en un número especial sobre el indigenismo en la *Revista Latinoamericana de Crítica Literaria* (Lima) 6 (1980): 199-212.

8. Tobar Donoso: xx-xxi.

9. Agustín Cueva llama esta novela una apología, motivada por la culpa, de una cristiandad que trata de borrar su pasado feudal y latifundista con buenas obras. *La literatura ecuatoriana* (Buenos Aires: Centro Editor de América Latina, 1968): 37.

10. Regina Harrison se pregunta por qué éste es el escenario del escritor de la zona montañosa, quien conocía su propio territorio mucho mejor que la selva. Por las conversaciones sobre Cumandá, les agradezco a Elizabeth Garrels, Efraín Barradas, Neil Larsen y Roger Zapata.

11. Sobre la rebelión de los jíbaros en 1599, véase Juan de Velasco, *Historia del Reino de Quito en la América Meridional,* vol. 3, parte 3 de *La historia moderna* (Quito: Imprenta del gobierno, 1842). Para un relato de las rebeliones en esa zona de la selva tropical, véase Segundo Moreno Yánez, *Sublevaciones indígenas en la Audiencia de Quito* (Quito: Ediciones de la Universidad Católica, 1985).

12. Empezó con *Brenda* (1886), publicada en serie en *La Nación* de Buenos Aires, seguida por *Soledad* (1894), un idilio rural. Pero Acevedo Díaz, que será más tarde embajador en varios países e historiador, es mejor recordado por una serie de novelas históricas "realistas", incluyendo *Ismael* (1888) sobre la campaña de Artigas, *Nativa* (1890) sobre el período de la provincia Cisplatina y *Grito de Gloria* (1893) sobre la independencia final.

13. Juan Valera, en una carta fechada del 17 de mayo de 1886 al director de la Academia Ecuatoriana. Véase "Estudio preliminar" de Antonio Seluja Cecín, en Juan Zorrilla de San Martín, *Tabaré:* 32.

14. Citado en Seluja Cecín: 42. Para la versión de Mera, "Seguiré siendo español y americano", véase Alfonso M. Escudero, O.S.A., "Datos para la biografía", en Juan León Mera, *Cumandá: O un drama entre salvajes,* 5ª ed. (Madrid: Espasa-Calpe, Colección Austral, 1976): 22.

15. Para su cuidadosa documentación histórica, y las sutiles conexiones que hacen que una cantidad enorme de información sea muy legible, véase el excelente estudio de Hugo Achúgar, *Poesía y sociedad (Uruguay 1880-1911)* (Montevideo: Arca, 1985).

16. El periódico de Galván era *La Razón,* fundado en 1862 como el órgano oficial del gobierno anexionista español. Mera fundó *La Civilización Católica* en 1876, y Zorrilla, *El Bien Público* en 1878. Para sus proyectos políticos mayores, véase la reseña de Tobar Donoso y Mario Cayota de la política Católica Democrática de Zorrilla en un número especial de *Opción,* Año 1, no. 3 (10 de noviembre de 1986): 15-25, en conmemoración del 50º aniversario de la muerte de Zorrilla.

17. Véase Lily Litvak, *El Jardín de Aláh: Temas del exotismo musulmán en España (1880-1913)* (Granada: Don Quijote, 1987).

18. Juan Zorrilla de San Martín, *El Libreto de Tabaré* (Montevideo: C. García, 1936), registra las representaciones. También en las cartas a Zorrilla de Bretón en el archivo sobre *Tabaré* en la Biblioteca Nacional de Montevideo. Agradezco a Mireya Callejas, archivista.

19. Enrique Méndez Vives, *Historia Uruguaya, tomo 5. El Uruguay de la Modernización* 1876-1904, 7ª ed., (Montevideo: Ediciones de la Banda Oriental, 1987): 44.

20. Méndez Vives: 44. Véase también León Pomer, *El soldado criollo* (Buenos Aires: CEAL, *La historia popular* 22, 1971); Alfonso Fernández Cabrelli, *Los orientales*, vol. 2 (Montevideo: Grito de Asencio, 1974); Washington Reyes Abadie, *Artigas y el federalismo en el Río de la Plata* (Buenos Aires: Hispamérica, 1986). Estos historiadores concuerdan en que la política de Artigas benefició a las masas rurales e incorporó a gauchos e indios en el ejército. Al parecer no sufrió ninguna deserción seria, a diferencia de las tropas argentinas. Las referencias son citadas en Ludmer: 28.

21. Mario Cayota, "Zorrilla y la 'raza decrépita'", *Aquí*, Año 3, no. 154 (29 de marzo de 1986): 18. En contraste con la recomendación de Sarmiento a Mitre en la batalla de Pavón, Zorrilla de San Martín aconseja no ser parsimonioso con la sangre de los gauchos.

22. Véase D. A. G. Waddell, "International Politics and Latin American Independence", *The Cambridge History of Latin America*, vol. 3. *From Independence to c. 1870* (Cambridge: Cambridge University Press, 1984): 197-228.

23. John Lynch, "Las repúblicas del Río de la Plata" en la *Historia de América Latina*, vol. 6. *América Latina Independiente. 1820-1870* (Barcelona: Crítica, 1991): 264-315.

24. Méndez Vives: 45.

25. Esto es quizá un giro irónico sobre "Nacional por subtração" del brasileño Roberto Schwarz, en *Que Horas São?* (São Paulo: Companhia das Letras, 1987): 29-48.

26. Juan Zorrilla de San Martín, *Tabaré*, "Edición crítica, estudio preliminar", Antonio Seluja Cecín (Montevideo: Universidad de la República, 1984). Las referencias son a los números de los versos en esta edición.

27. Achúgar: 93.

28. Clorinda Matto de Turner, *Aves sin nido* (Lima: Ediciones Peisa, 1984): 9. En su "Proemio" ella escribe: "Si la historia es el espejo donde las generaciones por venir han de contemplar la imagen de las generaciones que fueron, la novela tiene que ser la fotografía que estereotipe los vicios y las virtudes de un pueblo, con la consiguiente moraleja correctiva para aquellos y el homenaje de admiración para éstas". *Aves sin nido* es un romance frustrado entre un joven blanco muy decente y una india tan encantadora como él. Ella ha sido adoptada por una pareja valientemente liberal de la capital después de que sus padres mueren intentando defenderse contra unos blancos brutales. Finalmente desanimada por intentos fracasados de obligar al alcalde provincial, al magistrado y al cura a comportarse legal y humanamente, la pareja, su pupila y su amado vuelven a la ciudad. Allí descubren que su romance está condenado. Ambos amantes tuvieron al mismo cura lujurioso como padre. Enamorados inocentemente, son un hermano y una hermana apenas salvados del incesto. Y a diferencia del obstáculo aparentemente parecido entre Cumandá y Carlos, estos amantes son las víctimas del abuso de un padre. En *Cumandá* los blancos traen el dolor a los indios. Cumandá es querible porque en realidad es blanca; Margarita es una mestiza preciosa. La religión institucionalizada salva (las almas) en *Cumandá;* deforma y destruye las vidas en las *Aves sin nido* de Matto de Turner.
Para un estudio del diálogo general entre las novelas y la reforma social en Perú, véase Efraín Kristal, *The Andes Viewed from the City: Literary and Political Discourse on the Indian in Peru, 1848-1930* (Nueva York: Peter Lang, 1987).

29. Para "los ecos antiguos" y "los lenguajes tan remotos ya y tan decaídos" de Galván, véase Pedro Mir, *Tres leyendas de colores* (Santo Domingo: Editora Nacional, 1969; reimpresión, Santo Domingo: Taller, 1978): 167.

30. Concha Meléndez, "La tradición indianista en Santo Domingo", en Manuel de Jesús Galván, *Enriquillo* "con un estudio de Concha Meléndez" (México: Editorial Porrúa, 1976): xii.

31. Véase Franc Báez Evertsz, *Azúcar y dependencia en la República Dominicana* (Santo Domingo: UASD, 1978), sobre todo las págs. 21-22, donde discute la transformación del capital (azucarero) comercial al industrial.

32. La independencia en 1844 fue opuesta por muchos terratenientes que vieron el intento como una repetición desagradable de la proclamación de la libertad por Núñez de Cáceres de hacía veintiún años, una movida precipitada que incitó la invasión haitiana. Y otros estaban preocupados de que La Trinitaria, una organización secreta fundada en 1838 para romper con Haití, reestableciera la esclavitud, tal como lo hizo Núñez de Cáceres. Véase Frank Moya Pons, *Manual de historia dominicana* (Santiago: UCMM, 1978): 269 y Josefina de la Cruz, *La sociedad dominicana de fines de siglo a través de la novela* (Santo Domingo: Cosmos, 1978): 31. En cuanto a las preocupaciones justificadas de Núñez sobre la simpatía racial, véase Piero Gleijeses, *The Dominican Crisis: The 1965 Constitutional Revolt and American Intervention* (Baltimore: Johns Hopkins University Press, 1978): 5.

33. Malcolm Deas, "Venezuela, Colombia y Ecuador" en *Historia de América Latina,* vol. 6. *América Latina Independiente. 1820-1870* (Barcelona: Crítica, 1991): 175-201. Flores se proponía dirigir una expedición de reconquista apoyada por los españoles después de su partida forzada en 1845.

34. Citado en el artículo sobre Galván en el *Diccionario biográfico-histórico dominicano* de Rufino Martínez (Santo Domingo: UASD, 1971): 187.

35. Valga la comparación entre Bartolomé de las Casas, *Historia de las Indias,* cap. 127 (Madrid: Biblioteca de autores españoles, 1957): 483, y Gonzalo Fernández de Oviedo y Valdés, *Historia general y natural de las Indias,* cap. 7 (Madrid: Biblioteca de autores españoles, 1959): 130.

36. Franklin J. Franco, *Trujillismo: Génesis y rehabilitación* (Santo Domingo: Editora Cultural Dominicana, 1971): 67.

37. Oviedo: 125.

38. Véase el cap. 1, parte 1, n. 30. En una carta a Galván fechada en septiembre de 1884, que desde entonces aparece como prefacio a la novela, Martí escribe que no se trata de una leyenda histórica, sino de una nueva manera encantadora de escribir la historia americana. Y Henríquez Ureña estará de acuerdo con él en un artículo publicado en *La Nación,* Buenos Aires, 13 de enero de 1935, y reimpreso en *Ensayos,* ed. José Rodríguez Feo (La Habana: Casa de las Américas, 1973): 371.

39. Franklin Franco: 67, afirma que aunque el libro haya sido elevado desde el siglo pasado a la calidad de lectura obligatoria por el sistema de enseñanza oficial, no fue más que un instrumento de manipulación ideológica. *Las notas sobre el Enriquillo* de Pedro Conde (Santo Domingo: Taller, 1978) también son críticas de las manipulaciones ideológicas del libro.

40. Oviedo: 125-126.

41. Adriana García de Aldridge, "De la teoría a la práctica en la novela histórica hispanoamericana", tesis doctoral no publicada, University of Illinois, Urbana, 1972: 137.

42. Véase, por ejemplo, Moya Pons: 371-378.

43. Moya Pons: 418.

44. Andrée Collard, "Translator's Note" en Bartolomé de Las Casas, *History of the Indies* (Nueva York: Harper and Row, 1971): xxii.

45. Aunque gran parte de la *Historia* está escrita con el optimismo impávido de un hombre que sigue teniendo fe en Dios y el rey, proclamando que su voluntad se podría cumplir *si* cesara la codicia, Las Casas no fue poco afectado por los duros golpes de la experiencia. Como los colonizadores seguían ignorando a sus monarcas a la vez divinos y temporales, Las Casas se desilusionaba cada vez más con su proyecto utópico de ganar almas para el Cristo y César. Véase el vol. 3, cap.138. En una carta de 1544 al futuro Felipe II, Las Casas casi le recomienda que todos los españoles abandonen el Nuevo Mundo. Pero a pesar del asesinato de curas por indios no convertidos y desagradecidos, y a pesar de la incesante usurpación de indios "liberados" por unos encomenderos impenitentes, Las Casas siempre fue reacio a considerar su propio proyecto de colonización como defectuoso o imposible de realizar. Véase Lewis Hanke, *La lucha por la justicia en la conquista de América (The Spanish Struggle*

for Justice in the Conquest of America), trad. Ramón Iglesia (Buenos Aires: Editorial Sudamericana, 1949; reimpresión, Madrid: Istmo, 1988), cap. 5.

46. Fray Cipriano de Utrera, *Polémica de Enriquillo,* "Prefacio" de E. Rodríguez Demorizi (Santo Domingo: Editora del Caribe, 1973): 445.

47. Utrera: 448.

48. Utrera: 478.

49. Sobre la masacre en Dajabón, véase el clásico *La era de Trujillo* de Jesús de Galíndez (Santiago: Editorial del Pacífico, 1956).

50. E. Rodríguez Demorizi, "Prefacio", en Cipriano de Utrera, *Polémica de Enriquillo:* 5.

AMOR *POR* LA PATRIA:
EL ROMANCE REVISADO DEL POPULISMO
EN *LA VORÁGINE* Y *DOÑA BÁRBARA*

—Mulata, le dije: ¿Cuál es tu tierra?

—Esta onde me hayo.

—¿Eres colombiana de nacimiento?

—Yo soy únicamente yanera, del lao de Manare…. ¡Pa qué más tierra si son tan beyas y dilatáas!

—¿Quién es tu padre? Le pregunté a Antonio.

—Mi mama sabrá.

—Hijo, ¡lo importante es que hayas nació! (49)[1]

Esta brillante yuxtaposición de preguntas aparentemente inconexas e incontestables representa un quiebre ideológico y un desamor. Desde ambos costados de la ruptura, la fallida conversación en *La vorágine* (1924) de José Eustasio Rivera (1889-1928), descubre el vacío de la construcción romántica que había sustentado las novelas fundacionales anteriores. En ésta, el patriotismo ya no seduce a los sectores populares y su encanto debilitado por décadas de estancamiento social atrae sólo a propietarios carentes ya del talento conciliador pero ansiosos de legitimación. Que la cuestión de la paternidad siga directamente a la de la patria no es coincidencia, ni tampoco un juego de palabras, sino una metonimia familiar en la tradición del discurso populista[2]. El populismo ensalza al padre legítimo como esposo de toda una tierra a la que defiende contra usurpadores extranjeros o bárbaros para establecer el dominio apropiado. Ella, por el contrario, no es una figura extendida sino la evaporación metafórica que sustituye a la madre por un patrimonio ideal, máxima extensión que el hombre puede cubrir para su propia reproducción. Mientras que la misión del hombre se acrecienta metonímicamente hasta adquirir dimensiones nacionales, el papel de la mujer desaparece por obra de magia metafórica. Como tierra materna inanimada, la identidad misma de la mujer depende de él, ya que la *patria* femenina significa literalmente lo que le pertenece al padre. Él también depende de ella, claro está, para que lleve su nombre y le dé dimensiones nacionales. Si la metonimia sugiere una ausencia o una pérdida (ya que el tropo pide ser completado por extensión), la supuesta medida de la figura patriarcal es notablemente grandiosa. Aun cuando se frustra ante el enorme reto de subyugar la tierra o de desplazar al rival que engendrará bastardos en el patrimonio secuestrado, la lucha del marido por conquistarla a ella y vencerlo a él no es menos que heroica. Cualquier sentimiento de insuficiencia da cuenta de las grandes expectativas que el padre se reserva para sí mismo.

El desamor en el romance nacional es una respuesta comprensible a una serie de frustraciones económicas y políticas. Ya para 1924, y prácticamente hasta el *Boom*, el abrazo liberal conciliatorio de aquellas ficciones fundacionales estaba, en general, restringido por un antiimperialismo defensivo y binario. Una de las decepciones más graves fue la Doctrina Monroe. Aunque conscientes de que la doctrina les ofrecía la clase de protección que un gato le da a un ratón cuando hay otros gatos cerca[3], a lo largo del siglo XIX varios países latinoamericanos recurrieron a los Estados Unidos para que interviniera en contra de las agresiones europeas. De hecho hubo muy poca protección y mucha agresión por parte del vecino del Norte que emprendió una guerra contra México (1846-1848) y se anexó la mitad de su territorio nacional sin causar gran preocupación en los países que se sentían a una distancia segura del predador. Pero en 1895 el Secretario de Estado Richard Olney reaccionó ante una disputa entre Gran Bretaña y Venezuela prediciendo mucha más intervención de la que los latinoamericanos hubieran querido. Estados Unidos, dijo, "es soberano en este continente, y su decreto es ley entre los súbditos sobre los cuales tienen injerencia"[4]. Después del "decreto de Olney" vino el corolario de Roosevelt a Monroe, luego la guerra entre España y los Estados Unidos por la posesión de Cuba y Puerto Rico, seguida de la rebelión de Panamá contra Colombia en 1903 y múltiples manipulaciones en

América Central y en el Caribe; para la llegada de la Primera Guerra Mundial la suma iba en sesenta intervenciones en cincuenta años[5].

La respuesta a estos conflictos y al abusivo privilegio racial y económico local se convirtió en manos de estadistas-escritores como el colombiano Rivera y el venezolano Rómulo Gallegos, en una nueva ola de novelas sociales conocidas a menudo como "novelas de la tierra"[6]. Muchos de los escritores de esta generación políticamente comprometida y llamada por Pedro Henríquez Ureña "La nueva", comparten una preferencia por el populismo, y de hecho muchos tenían vínculos con partidos populistas[7]. En Colombia y Venezuela, como en todas partes, los populistas asociaban los regímenes opresivos con centros metropolitanos (cada vez más los Estados Unidos), que empezaban explotando los materiales y la mano de obra locales y luego inundaban los pocos mercados locales con productos extranjeros. Las élites nacionales se beneficiaban de lo que ahora llamamos dependencia política y económica, pero el expolio extranjero del caucho colombiano y la dictadura personalista en Venezuela, presionaron hasta el punto de incitar el apoyo de la élite a un patriotismo militante que se rehusaba a "dejar gobernar a los otros"[8]. Ya que el caucho prometía contrarrestar el declive del precio del café en Colombia y el *Boom* del petróleo en Venezuela se mantuvo desde 1927 hasta la década de los 40, allí como en muchas partes de América Latina, algunos sectores élites se dedicaron a mandar en su propia casa. Es el período de reforma agraria en unos contextos y de industrialización para sustituir las importaciones (ISI) en otros. La efervescencia política produjo carismáticos líderes cuyos llamados a la soberanía refrescaban la retórica de las luchas de Independencia anteriores a las conciliaciones románticas.

En tanto que los novelistas nacionales del siglo XIX normalmente acogían a las empresas extranjeras que ayudarían a inscribir la civilización en el espacio en blanco de América, los contemporáneos de Rivera aprendieron el precio político y social de la libre competencia. Además de dejar al propio país abierto a las inversiones y préstamos extranjeros, invitando por consiguiente la intervención cada vez que algún "interés" se veía amenazado o un pago se retrasaba, el espíritu de lucro hacía que los gobiernos nacionales fueran prácticamente indiferentes frente a grandes sectores de la población. Esa falta de interés es tal vez la que Rivera intentaba captar en el diálogo que cito, en el que la mulata Sebastiana contesta con la misma indiferencia del gobierno.

Otro precio no menos oneroso que había que pagar era la libertad de miles de trabajadores colombianos en las plantaciones de caucho que pertenecían en su mayoría a extranjeros. Para críticos como Rivera, el silencio del gobierno equivalía en la práctica a abierta complicidad. En este ambiente los proyectos políticos lógicamente abandonaron el lenguaje optimista y abierto del liberalismo romántico, un lenguaje asociado ahora con bandidos comerciantes de esclavos: "¡*Viva* el progresista Señor Barrera! ¡*Viva* nuestro empresario! (118) ¡*Viva* el Coronel Funes! ¡Abajo los impuestos! ¡*Viva* el comercio libre!" (230). En su lugar, el lenguaje militante y defensivo del populismo insistía en trazar precisas fronteras de la tierra amada y en determinar derechos económicos nacionales sobre ella: los derechos conyugales del marido legítimo.

Ahora bien, es obvio que a la vieja Sebastiana no le hacían falta ni el padre de sus niños ni la patria para legitimarse a sí misma y a su hijo; hace descarrilar la interrogación en dos momentos relacionados negándose a encajar en el discurso centralizador y jerárquico que le resulta natural al curioso hombre blanco de Bogotá. Segura de que las preguntas paternalistas no vienen al caso, rechaza por adelantado los puntos patrióticos que el libro tratará de defender. Y aunque Arturo Cova está igualmente convencido de que ella *debe* responder a su interrogatorio y someterse a su poder legitimador, deja que la mujer lo corte en seco y lo desaire. El lector llega a dudar si Cova en realidad esperaba que se le diera mucha importancia. Antes de entrar en la vorágine amazónica, Cova revela la vanidad y la pose que lo llevan a buscar una masculinidad ilusoria y una patria igualmente ilusoria. Para un lector posterior al *Boom* la mayor virtud de *La vorágine* sea quizás que permite la existencia de las contradicciones o aporías del diálogo citado, sin hacerlas formar parte de un discurso totalizador y omnisciente sobre la identidad personal y la misión nacional. Rivera le permite a esta mujer un escepticismo convincente, mientras que otros novelistas latinoamericanos de la época insistirían en respuestas correctas y programáticas.

Cova, el "héroe" narrador náufrago de este romance descarrilado, no tiene propósitos: es un robacorazones más que un amante, más violento que valiente, un adicto a la aventura que necesita excitarse para inspirarse a escribir su poesía decadente. Es por eso que huyó a los llanos con Alicia, una conquista reciente quien se negó a aceptar al esposo elegido por sus padres. En el momento de intentar la comunicación con Sebastiana, Cova estaba disfrutando de la hospitalidad del ranchero Fidel Franco y de su compañera, "la niña" Griselda de quien Franco se había cansado. Se la deja a Cova, un tanto hastiado de Alicia que ha quedado embarazada. Pero ninguna de las dos mujeres acepta la entrega a Cova. Lo dejan por Barrera, un seductor traficante de trabajadores esclavizados que va para las plantaciones de caucho del Amazonas. Los celos pueriles que siente Cova le ayudan a convencer a Franco de seguir a los fugitivos hacia el sur, no tanto para recuperar a las mujeres como para vencer al hombre. Cuanto más se alejan de la civilizada Bogotá y de los llanos colombianos ("¡Nosotros también queremos regresar a nuestras llanuras; también tenemos madre a quien adorar!" [222]), más se internan en la selva del caucho donde las fronteras entre Brasil, Venezuela y Perú se confunden bajo los rezumantes árboles de goma. Cova encuentra allí materia prima que lo sacude lo suficiente como para escribir de nuevo: magnates del caucho ávidos de sexo y dinero, como la turca Zoraida Ayram; sus desesperados obreros esclavizados; el mismo bosque amenazante; y también el guía que puede salvarlos a todos de las ciénagas porque sabe distinguir un país de otro. Se trata de Clemente Silva cuyo nombre suaviza y domestica la *selva*. El rastreador es también padre y patriota modelo que lo arriesga todo para repatriar los huesos de un hijo que se suicida por culpa de Zoraida, la mujer araña de los bosques inexplorados.

Todo esto inspira en Cova dos proyectos. Uno es producto de un nuevo impulso patriótico: denunciar los horrores en una serie de documentos que recuerdan los informes "oficiales" que Mármol incluyó en *Amalia,* pero en este caso son sólo fragmentos que enmarcan el texto. El otro es un proyecto de escritura sin propósito aparente, un síntoma cada vez más delirante de la selva enfermiza y contagiosa a la que se somete este esteta de la decadencia para producir unas cuantas páginas impresionantes[9]. Esas páginas contradictorias (des)componen el resto de la narración; delatan un artificioso poeta escandalizado por su propia postura ridícula y sus gestos histriónicos en un teatro que no le responde ni corresponde[10]. Pero a pesar del desorden ignominioso de este texto, el hecho de retrasar o desplazar la documentación, mientras se refiere continuamente a su contenido, es en sí mismo una manera de referirse a inscripciones verídicas extratextuales. Rivera insistió en la función cívica de la novela cuando publicó por ejemplo una respuesta encendida a un lector inamovible, que al igual que el cónsul en Manaos (la ciudad *Boom* del caucho en Brasil), descartó las denuncias de Rivera[11]. "¿Cómo no darte cuenta del fin patriótico y humanitario que la tonifica y no hacer coro a mi grito a favor de tantas gentes esclavizadas en su propia patria? ¿Cómo no mover la acción oficial para romperles sus cadenas? Dios sabe que al componer mi libro no obedecí a otro móvil que al de buscar la redención de esos infelices que tienen la selva por cárcel"[12].

Otro lector, Eduardo Neale-Silva, jamás dudó de la sinceridad de Rivera y se dedica a rastrear la exactitud documental y autobiográfica en los informes testimoniales sobre el llano y el experto análisis de la selva presentes en la novela[13]. Cualquiera que dude que Rivera se proyecta continuamente en el personaje de Cova debe tener en cuenta que el retrato de Cova publicado en la primera edición era la foto del propio Rivera[14], mostrando a un *dandy* almidonado, cuidadosamente peinado y con un bigote impecable. El parecido mecánico ha llevado a algunos lectores al engaño de celebrar al autor en Cova, viendo solamente una ilusión óptica de coherencia que pasa por alto la voz fragmentada del narrador que se declara culpable[15]. Su amor-odio narcisista lo lleva a imaginar, por ejemplo, que "[t]al vez sin mi ejemplo" (132) Franco no se habría rendido al fango de los celos y la venganza. El sentimiento de culpa responde a la autoimportancia que se atribuye al servir de ejemplo. Pero los lectores patriotas tal vez no se detienen en el sentimiento de culpabilidad que delata la arrogancia; prefieren dedicarse a admirar al decidido "rumbero" Silva, que nos aconseja no mirar los árboles porque hacen señales, no escuchar los murmullos porque dicen cosas, y sobre todo no hacer ningún ruido porque los árboles se burlan de nuestras voces (193)[16].

Rivera comenzó su propia odisea en 1922 cuando siendo un joven abogado, empleado del Estado y poeta, fue nombrado secretario de los ingenieros suizos y representante local en una comisión que debía cartografiar la zona rica en caucho del Amazonas para resolver una disputa fronteriza entre Colombia y Venezuela. La disputa de intereses múltiples sobre esa zona, que incluían los de Brasil y Perú, terminaría siendo una contienda inútil, ya que la producción de caucho se redujo de manera significativa tras la Primera Guerra Mundial, cuando los alemanes elaboraron un sustituto sintético y los transplantes británicos de caucho brasileño maduraron en Ceilán, Malasia e India[17].

La vaga racionalidad fiscal del proyecto cartográfico probablemente no era proporcional a la intención patriótica, y ciertamente no era proporcional a los obstáculos. Los ríos, ciénagas y bosques de la Amazonia se resistían de tal manera a los planos posesivos que los patriotas adoran, que el equipo completo de Rivera, física y emocionalmente agotado, tiró la toalla antes de terminar el trabajo[18]. La selva era un equivalente tropical al desierto hermético de Sarmiento, un espacio femenino sin redención que enfurecía a los hombres con su juguetona proliferación de identidades, un útero efusivo y abrumador que rechazaba intervenciones patronímicas. La novela de Rivera incluye además del testimonio directo de la selva, algunos personajes verificables históricamente, en particular bandidos a los que denuncia. Barrera existió en realidad, al igual que el peruano Julio César Arana, cuyo nombre imperial encaja con la dominación "civilizadora" que enorgullecía a sus compatriotas y ultrajaba a los colombianos[19]. Las fuentes históricas también corroboran las valientes denuncias de Benjamín Saldaña Roca, otro peruano. Pero el modelo de patriota y padre colombiano es una invención sentimental de Rivera[20]. Clemente Silva es una fantasía necesaria, muy parecida a las ficciones redentoras de las comunidades imaginadas. Este príncipe azul de la selva se encuentra con y da nombre al partido perdido de Cova: "'¡Sois colombianos! ¡Sois colombianos!'... Paternalmente nos fue estrechando contra su pecho, sacudido por la emoción" (141). Y su saludo metonímico de palabra y gesto hará de Silva la medida populista de los padres para la patria. (La vieja Sebastiana nunca pudo estar a la altura, por supuesto, y probablemente él tampoco le habría im-presionado a ella).

Desde un punto de vista retórico, las fronteras que erige el populismo empiezan con una oposición pronominal entre lo mío (propio) y lo tuyo (impropio) que sugiere una oposición ética entre lo bueno y lo malo; y justamente el objetivo de la misión topográfica de Rivera era la claridad en los límites territoriales. El interés en trazar líneas divisorias contundentes entre los países y las personas puede bien llevarse hasta el momento en que Colombia perdió Panamá frente a los Estados Unidos, una pérdida que aportó un espíritu de cohesión militante a un país fragmentado, pasando por las incursiones poco amistosas de Brasil, Perú y Venezuela en la Amazonía colombiana rica en caucho. Los ciudadanos eran o bien patriotas o traidores, generosos o devoradores, heroicos o cobardes; y estas oposiciones se basaban en la diferencia fundamental entre el yo y el otro, el marido y el usurpador, el macho legítimo y bruto predador. No obstante el espacio que Rivera abre en este discurso patriarcal populista, da pie a insinuar que esas oposiciones no son eternas, sino más bien construcciones que han llegado a parecernos naturales[21]. La antigua relación mutua entre amor y patria se naturaliza en el populismo disolviendo la mutualidad en una entrega de amor *por* la patria. Es una transformación gramatical significativa: de una conjunción dialéctica a un genitivo metafórico. Las suposiciones posesivas que genera esta transformación quizá eran evidentes para Sebastiana, la mujer a la que Cova se dirigía genéricamente con el nombre de *mulata*. Cuando ella se niega a ser poseída, el discurso populista y paternalista del blanco se desencaja y él queda abierto e indefenso. Queda más indefenso aún ante la resolución de Alicia de seguir su propio camino a través de la selva. Seguir caminos propios era una opción propia de los hombres. De un modo extrañamente perverso, este gesto de voluntad en la mujer recupera las tensiones "democratizantes" de las novelas fundacionales. Me refiero a las tensiones entre los amantes, o entre los amantes y el mundo, antes de las resoluciones hegemónicas de los romances. Si consiguiéramos resistirnos a las lecturas tautológicas de esos libros, nos daríamos cuenta de la enorme cantidad de páginas en las que Leonor, o Amalia, o Ceci, o Cumandá, o incluso Alicia, son tan independientes, y con frecuencia, más valientes que sus amantes.

Leída de esta manera, la retórica desestabilizada de Rivera resulta extrañamente familiar. Al igual que las novelas canónicas que evoca, *La vorágine* no hace una distinción clara entre los hombres metonímicos y las mujeres metaforizadas. Tanto aquellas novelas como ésta se ajustaban con incomodidad al código genérico ordenado de la tierra pasiva y la gente activa. El amor romántico era una oportunidad para la alianza, no para la evaporación metafórica. Si Amalia es Tucumán, Eduardo es Buenos Aires, y juntos son Argentina, lo mismo que el norte minero que se enamora del Santiago banquero para renovar a Chile. Alencar, por su parte, representa a Brasil alternativamente en un héroe y una heroína indígenas. Para citar sólo un ejemplo más, las iniciales del nombre Carlota representan el nombre de Cuba donde la heroína se re-crea en el jardín cultivado por Sab. Carla no es el espacio patrimonial de su admirador, sino su beneficiaria. En resumen, las novelas fundacionales del siglo XIX solían registrar los arriesgados tratos políticos que construirían un territorio nacional. En contraste, el populismo se cimienta sobre una rígida fortificación de esas construcciones ahora feminizadas.

Rivera no rechaza las maniobras retóricas y gramaticales del populismo, más bien deja constancia del esfuerzo de ajustar, forzar y exceder inútilmente sus términos estáticos. La suya es una paradoja al estilo de Arquímedes, familiar entre los estudiosos feministas y postestructuralistas, en la cual uno reconoce su propio lugar dentro del objeto que crítica[22]. Estar por fuera de la retórica populista y patriarcal que organiza el orden simbólico, el orden del Padre y su tierra, sería sacrificar comunicación, adherentes, admiradores. Las seducciones de Rivera deben empezar por el vocabulario populista compartido. Y en algunos aspectos *La vorágine* parece encajar en el molde de la construcción nacional: su viaje a través de la selva para rescatar la identidad colombiana de las fronteras sin definir, el romance entre el llano, lugar de nacimiento de Cova, y la ciudad de Alicia. Es necesario también vencer obstáculos que incluyen la desaprobación paterna (como en *Martín Rivas*) y un usurpador lujurioso (como en *Amalia, Enriquillo* u *O Guaraní*). Cova también es capaz de un estilo populista militante, considerado autoritario por Ernesto Porras Collantes para quien Alicia equivale a la Patria y Cova a su Pueblo[23]. La venganza contra un mercenario, por ejemplo, es resumida por el héroe de esta manera: "¡Así murió aquel extranjero, aquel invasor, que en los lindes patrios taló las selvas, mató a los indios, esclavizó a mis compatriotas!" (255).

Cova se asemeja a los protagonistas populistas al asumir que el enemigo es el otro, los intereses extranjeros, la Selva indomable que hace aflorar los instintos más inhumanos del hombre: "la crueldad invade las almas como intrincado espino, y la codicia quema como fiebre" (139). O la Selva es una mujer agresiva como Zoraida, llamada con ironía pero también con idolatría la *Madona:* "...esta loba insaciable, que oxida con su aliento mi virilidad. Cual se agota una esperma invertida sobre su llama, acabó presto con mi ardentía..." (234). Su erotismo de mujer es improductivo, antinatural, inmoral, antipatriótico. Debido a que su poder compite con el de padres como Silva, la seductora ha de ser subordinada, o eliminada junto con los bandidos, caudillos locales y otros anacronismos. La interdicción se aplica a cualquier mezcla de los hábitos del Viejo Mundo con la nueva avidez, ya que amenazan al amor productivo y razonable. Barrera, un jefe brutal, es tan peligroso como la mujer-araña turca, más macho que viril, más lascivo que amoroso. Si masculinidad y machismo son difíciles de distinguir aquí, es porque los papeles genéricos fijos del populismo valoran la virilidad como un atributo masculino por definición. Sin embargo, en versiones anteriores, cuando el romance reconcilia a los miembros igualmente legítimos de la nación-familia, los héroes están notablemente feminizados. De hecho, su heroísmo productivo dependía de ello. El machismo militante se había convertido en una trampa estéril, dejando atrás a su objetivo en el pasado heroico. La revisión populista del romance quiere recuperar ese pasado para un futuro heroico.

En la revisión revisada de Rivera, sin embargo, los obstáculos que definen el objetivo del populismo pierden su simplicidad maniquea. ¿Es la ávida sensualidad de Barrera y Zoraida el obstáculo a la integración nacional? ¿O son los celos e inconstancia de Cova, su don para embarcarse en proyectos disparatados, cuya única promesa es la excitación del fracaso? Aquí el enemigo del poco admirable Cova resulta ser a menudo él mismo. Es el hastío el que lo obliga a ayudar a Alicia a escapar del matrimonio acordado, no la pasión. Ni siquiera Alicia se hace ilusiones respecto al amor de Cova o a una posible reconciliación con sus padres. Aunque puede exigir que Cova se case con ella, prefiere no exigir nada. Esta reivindicación voluntaria de su tocaya en los romances de Cooper, muestra que Alicia no necesariamente significa la verdad transparente y naturalizada sobre la que el hombre puede construir. En cuanto a la interferencia de Barrera, habría sido imposible si Cova le hubiera sido fiel a Alicia o indiferente a su sensual rival[24]. La tratante de esclavos Zoraida Ayram, cuyas iniciales indican la inversión de un orden convencional, no habría podido engatusar o simplemente vencer a Cova, si no fuera por su ilimitada e infundada autoestima sexual. Él y Alicia son más dinámicos que los amantes de los romances, su pasión crece y decrece, aprenden que el amor es una opción, no una fuerza inevitable de la naturaleza. Y quizá la lección más importante que Cova habrá aprendido, después de tantos intentos fallidos, es que ser un hombre significa precisamente no negar esos aspectos de uno mismo que son impropios al ideal masculino.

En esta alternativa a la lectura populista, el obstáculo más serio para el patriotismo heroico es el propio Cova, su parte narcisista y megalómana que ha perdido su atractivo carismático. Cova desmiente los antiguos proyectos liberales, "No obstante, es el hombre civilizado el paladín de la destrucción", pero inmediatamente añade, en su gusto perverso por el horror esteticista: "Hay un valor magnífico en la epopeya de estos piratas que esclavizan a sus peones, explotan al indio y se debaten contra la selva" (183). Junto a esta torturada admiración por un monstruoso masculinismo se produce casi una identificación con aquellos explotados por los héroes: los trabajadores y quizá las mujeres. Soy consciente de que ésta será una lectura interesada y que la aparente empatía de Cova bien puede ser un efecto teatral necesario. De hecho aquí las mujeres suscitan ansiedades de tipo moral, especialmente en la amplia figura de Zoraida. Las mujeres son tan insaciables como la selva o el capitalismo, todas consumen hombres para producir monstruos. Sin embargo, la novela entera resuena con la parábola contada por un veterano de la selva sobre una mujer que desbarata los términos de explotador y explotado. Es una historia de la *indiecita Mapiripana*, el espíritu fecundo pero maligno del bosque que fue violada por el mismo misionero que planeaba quemarla por bruja. Ella lo engatusó y lo sedujo sólo para concebir dos hijos monstruosos y parricidas (123-124). Una y otra vez las mujeres y la selva responden con defensas letales a la avaricia y al deseo de poder de los hombres.

A contracorriente del instrumentalismo populista, Rivera incluso le hace explicar al patriarca Silva que "la selva se defiende de sus verdugos" (139) "...cualquiera de estos árboles se amansaría, tornándose amistoso y hasta risueño, en un parque, en un camino, en una llanura, donde nadie lo sangrara ni lo persiguiera; mas aquí todos son perversos, o agresivos, o hipnotizantes" (181). ¿Podría sugerir esto una defensa de Zoraida, la mujer que le advirtió en vano al hijo de Silva que no la poseyera? Eso ocurrió justo antes de que su abrazo no deseado presionara el gatillo de su pistola defensiva disparándole en el pecho. Cuarenta años de experiencia con hombres y dinero le sirvieron de aviso a Zoraida de que, recordando el vocabulario soez de Artemio Cruz, *chingar* es la única defensa para no ser *chingada*.

A partir del sueño de Cova, en el que el celoso compañero de Alicia la ve arrastrada por Barrera, el libro asocia a las mujeres ofendidas con los árboles lacerados que rezuman sin control y cuya venganza contra la sexualidad interesada del hombre es una sexualidad femenina exorbitante, un fango profiláctico de savia de caucho que asegura que nada se puede generar de ese deseo masculino. La pesadilla de Cova incluye una visión de Griselda vestida de oro y parada sobre una peña de cuya base fluye "un hilo blancuzco de caucho" (36). En su misma *jouissance* resbaladiza, el texto desintegra la ecuación entre mujer y naturaleza al tiempo que la formula. En el sueño, Alicia parece formar parte de la naturaleza explotable, lo mismo que un árbol parece igual a otro, pero su queja agonizante sobre las descuidadas metáforas de Cova la revelan como un parásito del árbol deseado. Es una figura de la abusada y vengativa *indiecita Mapiripana,* asociada con la misma flor parasitaria; por lo tanto, ella también abusa de los árboles, así como los hombres.

> Llevaba yo en la mano una hachuela corta, y colgando del cinto, un recipiente de metal. Me detuve ante una araucaria de morados corimbos, parecida al árbol del caucho, y empecé a picarle la corteza para que escurriera la goma. "¿Por qué me desangras?", suspiró una voz desfalleciente. "Yo soy tu Alicia y me he convertido en una parásita". (36)

Puede que el soñador no capte el efecto desestabilizador de la naturaleza, y de la mujer, que no se deja abusar, al igual que no haya entendido el rechazo de padres y de patrimonios en la conversación truncada por Sebastiana. Al descartar los términos, Sebastiana cuestiona todo un esquema social de identidades nacionales, sexuales y raciales[25]. Quizá no lo entienda, digo, ya que a Cova le sigue pareciendo que las mujeres insubordinadas como Zoraida son antinaturales: "¡Mujer singular, mujer ambiciosa, mujer varonil!" (207). Hasta el final, Cova no imagina que Alicia y Griselda puedan ser dueñas de su propio destino y asume que Barrera las llevó a la selva por la fuerza como mercancía sexual. Pero el lector a duras penas ignora el mensaje implícito, desde el momento en que estas mujeres se vuelven aliadas inseparables a pesar de los celos que Cova cree despertar entre ellas. Entonces descubrimos que Alicia es quien le cortó la cara a Barrera y Griselda la que mató a su violador (243). En cuanto a sus razones para estar en la selva, Griselda explica como lo haría cualquier hombre, "...nos vinimos solas donde pudimos: a buscá la vida en el Vichada" (249).

Obviamente he optado por una lectura utópica de este libro, una que privilegia la tierra de nadie que es la Amazonia no cartografiada, en la que las restrictivas fronteras y significados patriarcales sólo se dan de manera imperfecta. ¿Por qué no escoger una opción interpretativa prometedora, cuando sus mejores lectores admiten que *La vorágine* es una obra contradictoria?[26] Sylvia Molloy, por ejemplo, lee el texto minado por la descomposición social como respuesta agresiva e impotente a la pretensión positivista de los narradores que diagnostican la enfermedad sin admitir su propia contaminación[27]. ¿Por qué no valorar esta dolencia textual como una proliferación exorbitante de voces y estilos, un sangrar incontenible de significados que hace que la enfermedad sea extrañamente análoga a la dolencia femenina de la selva? Sentir la selva también inicia a Cova en un folclor autóctono de género alternativo, como el de los maridos de las indias Guahíba que se retuercen con los dolores de parto de sus mujeres (108). Incluso si el dolor estimulante de Cova proviene de reproducir inadecuadamente (bien los clichés populistas de la propiedad o los clichés modernistas que harían flotar perfumes de descomposición en el aire), el dolor podría tener algún fin terapéutico, aunque sólo fuera un tábano, para una conclusión patriarcal o estética. El dolor es el efecto de sus fracasos histriónicos a la hora de convertirse en su propio estereotipo contradictorio del héroe valioso. A medida que los versos controlados del poeta se convierten en prosa incontrolable, se le puede ir haciendo claro a él y a sus lectores, que la imagen ideal es en sí misma su mayor problema. La quimera de la pasión y el poder sobre las mujeres y la naturaleza, la competencia, el amor a la violencia, simplemente ridiculizan a la víctima victimizadora de la selva. Una visión utópica no ve a Cova convertirse en un hombre en el gesto patriarcal grandioso de conquistar y poseer a Alicia, ni al adquirir algún tipo de coherencia trascendental al final de una búsqueda espiritual[28], y mucho menos al defender los privilegios de la masculinidad blanca que comprensiblemente enfurecen a algunas lectoras feministas[29]. En vez de todo eso, esta opción localiza el logro paradójico de la masculinidad de Cova en los momentos en los que éste deja de insistir en lo que debería ser. Es decir, cuando vislumbra a la mujer como sujeto y como su equivalente. Su percepción sentida de la selva también puede significar que se reconoce a sí mismo en la hembra "devoradora", Zoraida, como una proyección de su agresividad y de su culpa.

A este punto mi propio texto estará contaminado por el amor de Cova hacia la contradicción, y después de haber abogado por una lectura no tautológica de los romances fundadores, me encuentro leyendo esta historia a partir de las resoluciones de aquéllos, transformando un texto en apariencia autodestructivo en un *Bildungsroman*.

Pero está claro que no hay resoluciones en esta novela, su reconstitución de un remanente social al final es a todas luces equívoca. Cova finalmente escapa a un claro donde encuentra a Alicia, Griselda, Franco, Helí y a su hijo nacido prematuramente. Después de matar a Barrera, Cova despide un barco con compatriotas enfermos que podrían contagiar a su familia recién encontrada, y conduce al grupo de vuelta a la selva. ¿Ha aprendido a ser un patriarca productivo y posesivo, a defender a *su* mujer y a *su* hijo, cuyo período de gestación es el mismo período que cubre la novela? (259). ¿Aprendió la lección de que ser padre es más varonil que pelear, que engendrar un país es una construcción metonímica que tiene que empezarse en casa? ¿Era ésta la misma lección que los héroes decimonónicos aprendían de las novelas? ¿O acaso la paternidad lo ha desviado literalmente de su deber patriótico hacia esos colombianos a la deriva que ponen en peligro a su familia? ¿Podríamos llamar esta variación sobre los romances nacionales: ecológica con matices feministas? ¿Ha aprendido lo suficiente como para reconocer a Alicia como su compañera legítima? ¿Sería absurdo imaginar que la ama, no sólo a pesar del deseo triangulado a través de Barrera, ni por el narcisismo de reproducirse a sí mismo a través de su hijo, sino también porque se convierte en un padre y en su aliado? ¿O es lo suficientemente autoritario y suicida como para creer que la muerte en la selva es preferible a la pérdida de control sobre su grupo? Las respuestas pendientes en este extremo de la novela recuerdan la negativa de Sebastiana a responder preguntas relacionadas. Ellas dejan la novela inconclusa y a sus héroes debatiéndose entre las demandas de la paternidad y de la patria en un espacio sin delimitar, reivindicado y reivindicativo. El posible *Bildung* de Cova, por lo tanto, puede equivaler nada más y nada menos que a una desintegración liberadora del "patria-rcado".

Este carácter indeciso de la novela es algo que la distingue tanto de los romances fundacionales como de los populistas. En su práctica de establecer equivalencias para ver cómo se frustran en su pretensión de formar un todo, *La vorágine* se acerca más a la alegoría de Paul de Man que a las bravuconadas dialécticas de los fundadores. En los romances de aquellos, los limitados registros del lenguaje permanecen diferenciados, los personajes compactos y generalmente sin ambigüedades; pero aquí el discurso de un personaje se mezcla confusamente con el de otro, y el estilo puede transformarse a mitad de un párrafo. La virtud en los romances tiene un doble significado privado y político; pero aquí el desdoblamiento de los códigos hace que virtudes sexuales y cívicas compitan continuamente.

Algunos lectores, en especial los primeros, se han impacientado con la forma divagante y las contradicciones rampantes de Rivera. Ha sido criticado por todos esos deslices como si fueran fracasos literarios, una falta de organización y control que ha de ser censurada o disculpada. Releyéndolo ahora, he elegido quedarme con esos deslices como momentos de libertad del pensamiento oposicionista. No es necesario asumir aquí una intención liberadora; la protesta del propio Rivera al ex cónsul sugiere que él pretendía dejar perfectamente claro quiénes eran realmente los enemigos y quienes las víctimas. Su novela, sin embargo, es un texto poroso en el que los actos de habla no parecen ser intencionados sino más bien que se dejan suceder. Si he dado mucha importancia al corto diálogo entre Cova y Sebastiana ha sido para subrayar la grieta en la retórica de los romances fundacionales y populistas. La grieta introduce un replanteamiento de la raza y el género como construcciones sociales variables. Es posible, sin embargo, que no esté sugiriendo lo suficiente, porque esta novela indócil persiste en socavar las ficciones programáticas. Continuamente transgrede las normas de género, deconstruye las nociones de heroísmo y propiedad; y desorganiza la línea recta tradicional de la narración hasta que nos sentimos tan perdidos como el protagonista.

Al dejar en ruinas las convenciones debilitadoras y las fronteras limitadoras, mi lectura utópica se desvía de un sentimiento de alivio vertiginoso al de una pérdida lamentable. Ésta es la pérdida de significado, en el sentido menos rebuscado y más apasionadamente referencial del término. Tal fue la pérdida penosa para el abogado que seguía señalando con el dedo a un enemigo que otros afirmaban no ver. Las lectoras que elijan identificarse con Sebastiana, Alicia, Griselda, e incluso con Zoraida se sentirán liberadas a improvisar dentro de la inestable construcción de Cova. Pero los magnates del caucho que leyeron a Rivera también se sintieron liberados por el *laissez-faire* literario, simplemente apuntando que Cova, después de todo, escribía ficciones. Escribir una alegoría autoparódica que hace eco de De Man, dejó tanto espacio abierto para lecturas escépticas que Rivera llegó a lamentar la evaporación de su esplín patriótico a través del texto poroso que produjo. Anteriormente he citado su insistencia en que su reclamo de justicia para los trabajadores del caucho era inconfundible, pero el pasaje continúa, moldeándose con el tipo de reflexión culpable a la que sus lectores están acostumbrados: "Sin embargo, lejos de conseguirlo, les agravé la situación, pues sólo he logrado hacer mitológicos sus padecimientos y novelescas las torturas que los aniquilan. 'Cosas de *La vorágine*', dicen los magnates cuando se trata de la vida horrible de nuestros caucheros y colonos en la hoya amazónica".

Lo que era incluso más frustrante y sin duda también le hacía sentir más culpable era que su proyecto literario contaminaba de tal manera incluso su trabajo documental que la inutilidad del uno neutralizaba la utilidad del otro: "Y nadie me cree, aunque poseo y exhibo documentos que comprueban la más inicua bestialidad humana y la más injusta indiferencia nacional"[30].

El admirador más celebrado de Rivera, cuya forma de admiración práctica según algunos colombianos raya en el plagio, no estaba dispuesto a arriesgar este tipo de lectura errónea[31]. Me refiero a Rómulo Gallegos, el primer presidente de Venezuela elegido libremente como culminación de su carrera como educador y novelista. Antes de dedicarse a la política, Gallegos publicó su novela más conocida, *Doña Bárbara* (1929), durante un viaje a España, casi como si pasara el libro de contrabando[32]. Respondía así a una serie de acontecimientos que condujeron a los disturbios de 1928 contra Juan Vicente Gómez, provocados por algunos de los mejores estudiantes de Gallegos[33]. El dictador intentó silenciar a los estudiantes con una advertencia paternal: de continuar las manifestaciones se castigarían con medidas más severas. Su estilo autoritario y patriarcal le había asegurado por lo general una buena recepción que se valía de una combinación paradójica de respeto tradicional por los caudillos quienes se atrevían a controlar los intereses regionales en favor de la unidad nacional, y de la nueva tecnología militar de comunicaciones que garantizaba la obediencia. Para una élite que sin duda hubiera preferido compartir su poder, esto llegó a ser especialmente irritante en 1927 cuando las compañías extranjeras extraían petróleo del lago Maracaibo. Los venezolanos podían al fin aspirar a disponer de las enormes sumas de dinero necesarias para desarrollar sus propias industrias, construir escuelas, proporcionar buenas viviendas, crear empleos; pero muy poco de ese dinero iba a parar a los empresarios locales o a la reforma. La frustración hizo que los estudiantes de Gallegos se lanzaran a hacer acusaciones y demandas públicas.

Lo que empezó como una semana de inofensivas celebraciones universitarias (copatrocinadas por el Club Rotario y adornadas con destellos de carnaval) desencadenó en un mes de denuncias apasionadas que desataron huelgas de la incipiente clase obrera del país. Los estudiantes habían retomado la práctica largamente silenciada en Venezuela de renovar colectivamente la lucha inacabada de Bolívar por la libertad[34]. La persistencia de éstos enfureció a Gómez, quien tras un perdón inicial, mandó a algunos líderes a la cárcel y a otros a la clandestinidad o al exilio. La "Generación de 1928" resurgió y volvió al país en 1935, cuando el dictador finalmente murió. Antes de eso, la inevitable presión política ejercida sobre el mismo Gallegos le obligó a elegir entre abandonar sus principios o su país. Con toda seguridad él habría preferido evitar la confrontación, como demuestra su estancia en Venezuela hasta 1931. Pero cuando Gómez insistió en que Gallegos finalmente tomara partido al nombrarlo senador del estado de Apure, a este hombre apacible pero de principios no le quedó otra salida que marcharse. Siguió a sus estudiantes al exilio, volviendo en 1936 como padre de una nueva generación. Los estudiantes regresaron del exilio con modelos para establecer una política populista de amplias bases y fueron luego liderados por Rómulo Betancourt, quien compartiría el poder con el ejército en un gobierno provisional (1945-1948), y llegó a la presidencia (1959-1964) durante la cual se fundó la OPEC (1959). Aunque los populistas venezolanos se inspiraron en el marxismo, rechazaban a sus "dogmáticos" rivales comunistas, que insistían en el liderazgo del proletariado, a pesar de la supuesta incapacidad de la pequeña e inexperta clase obrera venezolana. En su lugar, Betancourt apeló al consejo de Lenin: donde dominaba el capital extranjero, un gobierno "nacional burgués" debía fomentar primero la industrialización nativa antes de que la revolución socialista fuera posible[35]. Esto hizo necesaria la creación de un liderazgo privilegiado y su protección, entre otras cosas, frente a los esfuerzos comunistas por organizar huelgas obreras. También hizo necesario que cuando los comunistas en Venezuela, como en todas partes, sellaron alianzas con gobiernos nacionales impopulares para resistir el fascismo y apoyar a los aliados durante la Segunda Guerra Mundial, los populistas prefirieran poner a "Venezuela primero" antes que verse envueltos en el conflicto "interimperialista" de la guerra[36]. En 1948 su llamado a las masas obtuvo una calurosa respuesta cuando el gobierno provisional de Betancourt terminó en elecciones presidenciales libres y su querido profesor las ganó encabezando la candidatura populista de Acción Democrática. Por medio de *Doña Bárbara*, el Presidente Gallegos había sido un gran divulgador de los programas populistas en Venezuela[37].

Mucho antes de volver al país los intelectuales exiliados habían tomado la novela como la proyección narrativa de su futura victoria[38]. La versión cinematográfica de 1943, producida en México con guión del mismo Gallegos, llegó a un gran número de votantes de distintos niveles educativos en un momento crucial, la década anterior a las elecciones nacionales. Desde entonces también se han hecho telenovelas basadas en la novela y no cabe duda que se ha convertido en la novela nacional de Venezuela; con la ventaja de no tener que competir por tal honor con libros del siglo diecinueve, como le tocó por ejemplo a *La vorágine* competir con *María*. Posibles rivales venezolanos podrían ser *Peonía* (1890), una evocación de *María* de Isaacs, de Manuel Romero García (1861-1917), o *Zárate* (1882) de Eduardo Blanco (1838-1912). Pero ninguna puede compararse hoy con el prestigio de *Doña Bárbara*: ni el idilio de Romero sobre un joven ingeniero que visita el rancho de su tío, se enamora de su prima y planea salvar a ambos de la barbarie del tío; ni la aventura de Blanco, a caballo entre *El Zarco* y *Tabaré*, sobre un bandido honesto que es asesinado precipitadamente por el hombre a quien ha salvado[39]. Por lo general los críticos venezolanos se habían sentido descorazonados por el bajo nivel de compromiso y pasión de las obras anteriores. Veían el romanticismo venezolano como irresponsablemente apolítico o demasiado desenfrenado políticamente como para llegar a producir una escritura madura[40]. Las novelas resultaban ser decepcionantemente derivativas y con demasiada frecuencia centradas en Europa. A *Los mártires* (1878) (por citar otro posible clásico) de Fermín Toro (1807-1865) se le puede abonar que es una denuncia de una monstruosa desigualdad de clases, pero su blanco es la desigualdad en Inglaterra, no en casa.

Cierta irritación con las primeras novelas será tanto el efecto como la causa de la celebridad nacional literaria que obtuvo Gallegos y su generación, un efecto similar al que produjo el *Boom* con su negación del valor literario de la tradición narrativa latinoamericana[41]. Venezuela pudo por fin vanagloriarse de un novelista que era leído en el resto de América y en Europa[42]. Su disciplinada investigación del folclor local, su don para registrar el habla popular, la intención patriótica evidente a partir del retrato del diletantismo inútil en *Reinaldo Solar* (1920), las reconciliaciones familiares legitimadoras de *La trepadora* (1925), y la misión modernizante de *Doña Bárbara*, todo esto llevó a los primeros lectores de Gallegos al mismo tipo de satisfacción que hizo exclamar a un personaje escéptico de *Doña Bárbara* refiriéndose a su héroe: "Tenemos hombre" (40)[43].

Doña Bárbara representó la fantasía del retorno y reparación para Gallegos, entre otras cosas por ser publicada después de que los discípulos se hubieran marchado de Venezuela, en el nadir de la actividad de la oposición. La novela propone una doble emancipación frente al tirano interno y su aliado externo: es decir, el jefe local Bárbara (Gómez), y su cómplice norteamericano Mr. Danger (la industria del petróleo). Cualquier cosa que no fuera la emancipación debió parecerle inútil a Gallegos después del fracaso de la resistencia interna durante los años de gobierno de Gómez. No había lugar para proyectos románticos de alianzas hegemónicas si el enemigo se negaba a negociar. Tampoco habrían venido al caso las alucinaciones de Rivera, que hacían borrosas las oposiciones instrumentales entre héroes y villanos, o entre una tierra metaforizada y un marido metonimizado que debería volver a poseerla. Gallegos reinscribe esas oposiciones de manera imborrable en *Doña Bárbara*. Ni el amor más allá de las líneas enemigas ni un respeto autocrítico por el terreno inconquistable facilitaban finales felices al hombre que acababa de perder su país a manos de un "bárbaro" usurpador. La cuestión de si el país debería o no ser controlado les habrá parecido irresponsable a los exiliados que rabiaban contra el régimen de Gómez y los intereses extranjeros. En vez de dudar, se preguntaban por la mejor manera de recuperar el patrimonio nacional.

Gallegos pone en escena esa reconquista como una historia de civilización triunfante, en la persona del apropiadamente llamado Santos Luzardo, que ha vuelto al hogar del llano después de graduarse en la facultad de Derecho de Caracas. Su intención era simplemente vender el rancho familiar y gastar las ganancias en Europa, pero el llano reclama a su dueño legítimo y Santos se queda para poner su tierra en orden. Es preciso entonces someter a la bárbara mujer que ha estado robándole su ganado y apropiándose de su tierra. Ser mujer dominadora es de por sí una invitación a la censura, una violación retórica del código genérico del populismo. Gallegos hace de Bárbara una "personificación" (21) de la tierra seductora y de las usurpaciones ilegales; es un obstáculo a la demanda de relaciones legales obligatorias hecha por Santos. Ella justifica su invasión territorial con una lectura parcial de la ley; pero Santos, en su ansia de progreso, insiste en dar vuelta a la página y ganar su caso (107-108). Mientras tanto, en su propiedad recién cercada se añaden nuevos productos lácteos a la carne y cueros producidos en el hato, y la diversificación se desarrolla con eficiencia industrial. Fronteras, cercas y definiciones fijas son los primeros requisitos de la civilización, el tipo de escritura que hasta los más bárbaros han de entender (86). Lo indefinible era precisamente la transgresión semiótica que le daba al llano su encanto seductor, con su círculo alucinatorio de espejismos que se esfuman y la sexualidad desorbitada de Bárbara: "el imponente aspecto de marimacho le imprimía un sello original a su hermosura: algo de salvaje, bello y terrible a la vez" (31).

Además de su tierra, Santos también consigue domar a la hija salvaje de Bárbara, Marisela. La niña había sido abandonada por su madre al nacer y vivía en una pantanosa tierra de nadie situada entre el *Miedo,* el rancho alevosamente expansivo de Bárbara, y el *Altamira,* reconstruido por Santos. Vivía allí con su padre, Lorenzo Barquero, el primo que había sido el ídolo de la niñez de Santos y con quien ahora se encontraba reñido, porque se había convertido en una ruina borracha desde que Bárbara lo abandonara. Santos espera salvarlo de ese espacio liminar, como salva a Marisela de Mr. Danger, el socio lascivo de Doña Bárbara. Pero Barquero al final sucumbe a la bebida y a la desesperación de su propia elocuencia vacía. Marisela, sin embargo, ya ha adquirido para entonces todos los rasgos civilizados de la esposa perfecta.

Para adquirir la figura y el tono necesarios, Marisela tuvo que aprender primero a arreglarse, y en especial a hablar correctamente el español, como cualquier señorita urbana. Su lenguaje regional tradicional que la distingue como llanera es censurado en este proceso de mejoramiento o blanqueamiento cultural. Es una victoria irónica, quizá contraproducente, para el héroe que aprendió a amar a su país porque aprendió a amar su región particular (20). Pero seguir el ejemplo de élite hegemónica significa que Marisela debe aprender un código autorregulado de élite, desterrar los gruñidos y gritos indisciplinados que equivalen a una patología lingüística. Las seducciones más efectivas de Santos son sus promesas pedagógicas de mejora, como si Gallegos educador estuviera afirmando su propia capacidad seductora en política.

> —¿Hasta cuándo va a estar ahí pues? —gruñó Marisela— ¿Por qué no se acaba de dir?
> —Eso mismo te pregunto yo ¿hasta cuándo vas a estar ahí? Ya es tiempo de que regreses a tu casa. ¿No te da miedo andar sola por estos lugares desiertos?
> —¡Guá! ¿Y por qué voy a tener miedo, pues? ¿Me van a comer los bichos del monte? ¿Y a usté qué le importa que yo ande sola por donde me dé gana? ¿Es acaso, mi taita, pues, para que venga a regañarme?
> —¡Qué maneras tan bruscas, muchacha! ¿Es que ni siquiera te han enseñado a hablar con la gente?
> —¿Por qué no me enseña usté, pues? —y otra vez la risa sacudiéndole el cuerpo, echado de bruces la tierra.
> —Sí, te enseñaré —díjole Santos, cuya compasión empezaba a transformarse en simpatía—. Pero tienes que pagarme por adelantado las lecciones, mostrándome esa cara que tanto te empeñas en ocultar. (78-79)

Esta novela se ha leído, y con razón, como un cuento de hadas, la historia de un príncipe encantador que encuentra a la princesa (tierra) destinada a ser su mujer y la despierta con un beso. "La bella durmiente" es el título que Gallegos da al capítulo 11 de la primera parte, en el que Santos conoce a Marisela. Pero la historia podría igualmente ser leída como una alegoría moralizadora. La civilización conquista al barbarismo. La santa luz de la Razón moderna destierra la oscuridad arcaica de la Bárbara magia negra, la fuente de poder antagonista. La esfera naturalmente pública del hombre sustituye al dominio obscenamente personalizado de la mujer, devolviéndola —a través de su hija— a un espacio doméstico más modesto y procreador. Una élite intelectual da prioridad a la productividad venezolana en vez de preferir alianzas con tradiciones locales o extranjeras. Como quiera que se lea, *Doña Bárbara* respeta un código mucho más binario que la mayoría de las novelas nacionales del siglo XIX. El heroísmo propio de Hermes de un Daniel Bello, por ejemplo, sería aquí una mera farsa, lo mismo que el privilegio poderosamente seductor de Leonor.

Cuando Gallegos publicó su novela fundadora, Venezuela era de hecho un lugar distinto a otras naciones recién establecidas, y algunos reformistas se mostraban cautelosos sobre ciertas clases de libertad.

Llevaban ya generaciones de experiencia y desengaño con el tipo de participación liberal en el mercado mundial que algunos escritores anteriores ansiaban conseguir. Con la Independencia de 1810, el cacao que habían exportado a otras colonias españolas empezaba a ingresar divisas extranjeras, pero décadas de guerra civil destrozaron un buen número de plantaciones y entre tanto el mercado del Atlántico norte empezaba a preferir el café. En estas circunstancias, Venezuela produjo café para un mercado cuyas altas y bajas desataba temblores políticos a lo largo del país. Venezuela también contaba con la ventaja de tener un siglo de experiencia política a sus espaldas. Un movimiento de Independencia, liderado por su propio Simón Bolívar, fue seguido, como en muchos nuevos países latinoamericanos, por guerras civiles entre centralistas y defensores de una federación[44]. Las guerras terminaron, igual que en Argentina, solamente cuando un caudillo provincial tomó la capital en 1830 y estableció una dictadura larga y relativamente estable[45]. El problema en Venezuela (y en todas partes) era que el conflicto no terminaba ahí; los caudillos, normalmente del llano, continuaban formando ejércitos personales y desestabilizando el gobierno. Hasta bien entrada la juventud de Gallegos, la historia de Venezuela siguió un patrón de implacables dictaduras que se alternaban con regímenes cortos y poco prácticos.

En 1909 los intelectuales de la generación de Gallegos percibieron posibilidades de cambio cuando el joven militar Juan Vicente Gómez reemplazó al presidente conservador Castro. Para celebrar este aparente amanecer, varios escritores inauguraron una revista llamada *Aurora,* en la que Gallegos publicó un artículo tras otro sobre asuntos tales como los principios políticos, la necesidad de partidos y de respeto por la ley. Obviamente el optimismo era infundado. Gómez resultó ser un dictador tan implacable como cualquier otro de los que Venezuela había conocido, pero más efectivo. La respuesta populista evocaba las demandas emancipadoras de los movimientos revolucionarios de Independencia de principios del siglo XIX, pero ahora, tras la experiencia de las largas guerras civiles, estaba claro que la libertad sin estabilidad conducía de vuelta a la dependencia (neocolonial).

Por ello los nuevos nacionalistas a menudo utilizaban una retórica mixta, haciendo circular términos acuñados durante la lucha por la emancipación combinados con otros del período de consolidación nacional. Las oposiciones entre el yo patriótico y el otro extranjero ganaron aceptación para el populismo, junto con las oposiciones sarmentinas entre el yo ideal modernizado y los vestigios retrógrados de una cultura local que había comprometido la soberanía nacional. El hecho de haber heredado de *Facundo* (1845) de Sarmiento los términos abstractos y binarios de civilización *versus* barbarie, muestra que Gallegos enfrentaba pruebas similares a las de los argentinos de casi un siglo atrás; o por lo menos que a él le parecían similares. Este binarismo constituye el núcleo de los principios generales de la novela, los mismos que se adaptaron a la plataforma de Acción Democrática: respeto por la ley en oposición al personalismo, la educación como base de la soberanía democrática en oposición a la ignorancia servil, y la modernización industrial nacional para reemplazar los métodos tradicionales y sustituir la industria extranjera.

Una curiosa anomalía se nos plantea cuando consideramos lo importante que fue *Doña Bárbara* para la plataforma modernizadora de Venezuela, donde la renovación política y económica fue prácticamente un derivado del petróleo; es justamente la ausencia en la novela de la controversia del petróleo. Aunque la crisis sobre la adquisición y el gasto de ingresos proveniente del petróleo sin duda ayudó a motivar la escritura de Gallegos, al igual que las declaraciones políticas de sus estudiantes, esta novela no trata de petróleo sino de ganado. Ahora bien, el ganado o el cuero ya no eran bienes exportables de importancia, así que el proyecto de modernizar los ranchos de Venezuela afectaría aparentemente muy poco al país. Una novela, por supuesto, puede desplazar una crisis inmediata y tratar sobre otra relacionada; y en este caso la elección fue genial. Gallegos nos cuenta que se inspiró para escribir durante una visita a uno de los ranchos de Gómez, y más generalmente que escogió situar la historia en el llano porque allí era donde los caudillos locales (Gómez y otros menores) dominaban espacios enormes y en su mayor parte vacíos[46]. También era donde además de criar ganado organizaban sus ejércitos personales que periódicamente amenazaban a la civilización en la capital. El llano indomable toma entonces nombre de mujer como protagonista de Gallegos, tal como la pampa salvaje tomó la identidad de una indómita virgen para Sarmiento. Un lector como Borges sabría que el vacío enorme podría ser una trampa laberíntica tan devoradora como la selva pantanosa de Rivera: si ésta convertía a los hombres en bestias, lo mismo hacía la llanura inexplorada. La mirada posesiva del hombre se confundía con igual fatalidad en la extensión vacía que en el vórtice prolífico. La diferencia entre la tierra como virgen terca y como ramera voraz apunta a estrategias distintas dentro de la misma ética de imponer el control, ya que ninguna de las dos tiene la decencia de someterse a un marido. La virgen reacia puede convertirse en una esposa productiva, por medio de la maniobra masculina para la que Sarmiento había escrito el manual. "Lo que urge", medita Santos Luzardo prácticamente citando a Sarmiento (y Alberdi), "es modificar las circunstancias que producen estos males: poblar" (21). Al igual que Sarmiento, Gallegos leía el entorno físico como destino social. Más que la raza, la geografía determinaba el comportamiento humano y producía, para poner un ejemplo de la novela, la diferencia entre los belicosos indios del llano y los comunitarios indios guajiros de la costa. En las interminables llanuras la sensación de libertad se hace salvaje y borra las definiciones sociales. La única solución era llenar ese espacio vacío, poblándolo. En el instrumentalismo conyugal del romance populista, la civilización penetra la tierra estéril y la hace madre de multitudes.

El hecho de que *Facundo* ofreciera una formulación temprana de la oposición hace de Sarmiento un vanguardista "prepositivista"; pero para los tiempos de Gallegos el positivismo en Latinoamérica tenía una historia larga y a menudo conservadora, cuando no reaccionaria. Muchos de sus escritos, de hecho, lo acercan sospechosamente a los ideólogos positivistas que justificaban a Gómez como el hombre fuerte y padre necesario para una patria bárbara e infantil como Venezuela[47]. Uno se pregunta si Gallegos también lo admiraba; sin duda admite cierta fascinación por la encarnación del dictador y del llano "en la apetitosa carne de mujer"[48]. Se cuenta que Gómez correspondió esta admiración al aprobar con entusiasmo *Doña Bárbara*, de la que dijo, "[e]so es lo que deben hacer los escritores en lugar de estarse metiendo en revoluciones pendejas"[49]. Gallegos y sus críticos reconocen que Santos, el ciudadano civilizador, tiene que aprender algo sobre la capacidad para defenderse y la violencia necesaria (yo añadiría pasión) de Bárbara (Gómez) antes de reemplazarla. Ésta es sin duda una lectura admisible; y resuelve fácilmente la aparente falta de conexión entre el año de la novela y su referente económico. Como crítico de Gómez, Gallegos lo ponía al descubierto como caudillo cuya barbarie seductora obstaculizaba la prosperidad y la reforma. Defenderse requería el desamor.

Pero las referencias a Gómez no agotan el encantamiento ejercido por la vampiresa venezolana sobre el novelista, incluso si admitimos la admiración apenas velada del escritor por el tirano. Quizá más admirable aún que la Zoraida de Rivera, la madura Bárbara es igual de peligrosa y agresivamente sensual. También es lo suficientemente excesiva como para ser la solución de la novela a la vez que su problema. Al final, después de perder sus luchas legales y eróticas con Santos, se prepara para ganar de cualquier modo; cuando las tretas femeninas no le funcionan, se dispone a usar su opción fálica y enfrentar a Santos a punta de pistola. Pero al verlo en brazos de Marisela le vuelve la memoria de su propio profesor de lengua y de ella misma como ávida discípula. Bárbara baja la pistola y deja el llano a los promisorios amantes.

La propia pasión de Gallegos por el llano, a la vez lo mejor y lo peor de Venezuela, aflora aquí como una de las razones para reemplazar el petróleo por el ganado. Junto con su convicción "científica" de que las abiertas llanuras engendran violencia y superstición, el romántico en Gallegos parece sentir que éste es un espacio admirable y capaz de provocar pasiones conflictivas. Desgraciadamente, la civilización no admite el conflicto romántico. En sus ensayos, Gallegos intentó dejar lugar a las pasiones autóctonas al proponer la estrategia típicamente populista de poner yugo a la vitalidad americana en bruto (infantil o femenina) para un proyecto hegemónico; es decir, reclutar fuerzas populares bajo el liderazgo de una élite[50].

Aun así, en la novela persiste una tensión estilística entre el carácter narrativo "clásico" y los coloquialismos potencialmente desconcertadores contenidos (en ambos sentidos) en el estilo controlado. La voz omnisciente necesariamente ha de armonizar un vocabulario regional con entradas del diccionario más convencionales. Pero las extravagancias son puramente léxicas, nunca gramaticales, nunca alteran la estructura del lenguaje. Y mientras los arcaísmos regionales que sobreviven en el discurso de Marisela sugieren una alternativa venerable al español moderno(/izador) de Santos, la clase de regionalismos incluidos en la narrativa de tercera persona son nombres y adjetivos referentes a la flora y la fauna, las decoraciones del Nuevo Mundo y adiciones a un lenguaje correcto inviolable[51]. De todas maneras, incluir esas palabras es un recordatorio de lo que queda en los márgenes de la vigilancia novelística modernizadora, o sea, las alternativas populares. En términos programáticos la tensión se repite: entre la necesidad de racionalizar y poblar el llano logrando la estabilidad y prosperidad que asegure la soberanía de Venezuela, y un amor nostálgico por la tradición más típicamente venezolana, la misma tradición que la modernización extinguirá. Paradójica o trágica, este tipo de tensión es endémica al populismo en general. Para que los países "en vías de desarrollo" puedan asegurarse una condición soberana y solvente en el mundo, los populistas tienden a abogar por un mayor desarrollo; pero como lo que se protege es una cierta diferencia nacional que se resiste a convertirse en una extensión o un clon de los poderes industriales, los populistas también tienden a celebrar las tradiciones locales. Esta especie de doble cara de Jano del populismo, para citar a Lenin[52], difícilmente puede equilibrarse. La tradición será una fuente de orgullo nacional, pero también está asociada con el retraso político y económico. Así, la cara de Jano que mira hacia atrás se marchita necesariamente con el populismo, y la tradición momificada se convierte en folclor. Quizá haya sobrepasado ya cualquier límite de especulación razonable sobre la culpa y la forma en que Gallegos se autoinvolucra en la novela, pero no puedo resistirme a la idea de que se extiende al (con)texto más amplio de Venezuela. Rómulo Gallegos fue siempre un hombre pacífico que abogaba por cambios graduales con el fin de evitar la violencia. Pero probablemente sabía o sentía que su política inevitablemente traería violencia, no del tipo físico, sino la violencia necesaria del escritor-político que desplaza palabras y proyectos de contextos existentes, como el populismo venezolano estaba desplazando las tradiciones indígenas con una cultura eficiente y metropolitana.

Esta duplicidad ayuda a explicar no sólo la seducción de Bárbara sino otra posible anomalía: el hecho de que en una novela tan esquemática y didáctica, la maldad de Bárbara sea a veces difícil de distinguir de la simple justicia vengativa, y la bondad ilustrada de Santos parezca empañada por una carga de culpa. Es un mérito de Gallegos que sus "arquetipos"[53] sean menos, o más, que ideales. Bárbara, ella misma hija de una obediente india y de un aventurero blanco, empezó a tiranizar a los hombres sólo después de ser brutalmente violada por una pandilla en su adolescencia. Para completar la ofensa, sus asaltantes primero mataron a Asdrúbal, el joven al que estaba aprendiendo a amar. Literalmente aprendiendo, porque él le ha estado enseñando a leer y escribir, igual como Santos enseñará/seducirá a Marisela (23). Lo que la joven mestiza concibe después de la violación (de su capacidad productiva y de su derecho a la educación) es el odio por los hombres y la necesidad de vengarse de ellos. Por alguna razón, Gallegos decidió explicar sus motivos como resultado de un pasado traumático. ¿Es posible que, en vez de una explicación geográfica de la barbarie del llano, más allá de los mensajes de reforma social sobre la necesidad de la educación y de la producción legítima (nacional), Gallegos esté apuntando a una explicación histórica? ¿Es la historia de las violaciones y expropiaciones iniciales y consecutivas de la población indígena la responsable de alguna manera de la confusión entre derechos y justicia? Una pista que nos podría ayudar a responder estas preguntas es *Canaima* (1935) en la que el novelista vuelve a meditar sobre la culpa en términos y territorio que evocan *La vorágine.* Otra es su necesidad de absolver a los culpables a través de los actos redentores de la mestiza ofendida en *Sobre la misma tierra* (1943). En *Doña Bárbara* Gallegos reinscribe el daño irresuelto, característico del trauma, y confunde aún más el problema del derecho moral al presentar a Santos en un *flashback* de su niñez en el llano, cuando una violenta discusión en casa acaba en el asesinato del hermano a manos del padre quien luego se deja morir desesperado. En ese momento, en una especie de argumento de Parsifal invertido, la madre llevó al niño a Caracas para que pudiera crecer civilizado. Es posible que el héroe sepa que no se puede librar completamente de la historia de violencia de su familia, entendida por extensión como las guerras civiles de Venezuela. Ninguna parte está libre de culpa en un conflicto interno; incluso los vencedores lloran la pérdida de los vencidos. Puede que Santos perciba su lucha con Bárbara como otro asalto en las guerras entre centralistas modernizadores y regionalistas salvajemente independientes. En ese caso puede que sienta reparos éticos sobre la pelea, incluso si se siente justificado. De hecho, Santos sufre una crisis moral después de disparar a uno de los hombres de Bárbara. A menos que su conciencia histórica esté funcionando, no se explica por qué Santos se debería sentir tan culpable por un disparo en defensa propia.

Es posible inclusive que su culpa histórica sea más profunda y anterior a las guerras civiles. Quizá se remonta a la historia colonial de Venezuela, cuando los hombres blancos comenzaron el proceso de modernizar o europeizar la colonia. Eso quería decir primero violar o exterminar a los indios, igual que Bárbara ha sido violada por otros y es ahora desalojada por Santos. Mi especulación sobre la culpa inconfesada de Santos, o su incomodidad sobre la posibilidad de que él y sus antecesores estén implicados en la cadena de usurpaciones en el llano, comparte algunos elementos con la lectura de Roberto González Echevarría sobre el dilema de la novela. Éste observa que el litigio con Doña Bárbara por la tierra no es solamente una ocasión para censurar su falta de respeto por la ley, es también una ocasión para poner en duda la legitimidad misma de la ley al no ser anclada en derechos genealógicos naturales. Éste es el problema moral que atormenta a Santos que sabe maniobrar a través de la letra pequeña y sacar la victoria legal. Para ganar está obligado a sortear sus culpas contemplando la historia judicial de su derecho a la tierra. Ésta empezó con la conquista moralmente indefendible de la tierra de los indígenas, sus dueños naturales, por parte de su abuelo, el "centauro" Evaristo Luzardo. Si los derechos genealógicos son la base de los derechos legales, entonces Santos no tiene más derecho a la tierra que Bárbara, quizá menos, pues la mestiza puede reclamar una ascendencia genealógica inmemorial por parte de su madre. Pero como apunta González Echevarría, la incompatibilidad entre la violencia inicial de Evaristo y la ley posterior no le impide a Santos proseguir su demanda; esto produce una ambigüedad moral y textual que hace que la novela sea de una modernidad precoz[54]. Con tanto interés personal en el caso, Santos se ciega ante la contradicción entre derecho moral y derecho legal, según esta interpretación, y lo distancia de su autor. El que mejor representa a Gallegos, para González Echevarría, es Lorenzo Barquero, el ex estudiante de Derecho que lo abandonó todo cuando entendió la ficción de todo lenguaje: uno no puede usarlo sin mentir, y uno no puede ser humano sin usarlo[55].

Por muy fascinante que sea esta meditación sobre el significado autodestructivo de las palabras, mi lectura opta por una alternativa más obvia sin ser ingenua, al costado de las reflexiones sobre la imposibilidad de significar. No es que Gallegos ignorara la naturaleza inestable del lenguaje —de hecho lo atormentaba—, sino que la trata como un peligro, no como fatalidad. *Doña Bárbara* nos lleva más allá del estancamiento en que se hunde Barquero, así como la novela de 1920 dejaba atrás el desengaño sofisticado de Reinaldo Solar quien abandona todos sus proyectos (mejoras agrícolas, una nueva religión, literatura y amor) al entender que su ardor era la causa, y no el efecto, de su encendida voluntad. Solar finalmente se pone al frente de una tropa guerrillera y es asesinado por sus propios hombres cuando se enteran de su plan de suicidio colectivo. Puede vérsele, por supuesto, como un héroe existencial, pero algunos de sus contemporáneos lo veían como un diletante irresponsable[56]. La irresolución de Solar no resultaba necesaria a los lectores venezolanos ya que cualquiera de sus proyectos ficticios podría haberse convertido en realidad si hubiera desarrollado la disciplina y el pragmatismo tan poco característicos de su clase privilegiada. Los profesores en *Doña Bárbara:* Gallegos mismo, Asdrúbal y Santos, sin duda eran tan conscientes como Solar y Barquero de que los sistemas sociales, legales, religiosos y lingüísticos son todos construidos arbitrariamente, pero esta conciencia no los paraliza. Gallegos es sensible a la contaminación semántica entre palabras como *bien* y *mal, civilización* y *barbarismo, nacional* y *extranjero, masculino* y *femenino;* e insiste (donde Rivera desiste) en reparar las fisuras del sistema de oposiciones; porque está convencido de que un sistema (gramático, fonético, legal) es superior a la anarquía sistemática. Aunque sean ficticias y arbitrarias, las reglas son codificables, generalizables, y por lo tanto establecen los lazos que mantienen una sociedad. Cuando Bárbara se niega a obedecer, Santos le responde: "[A]unque la ley no determine penas de multas o arrestos, ella obliga de por sí. Obliga a su cumplimiento, pura y simplemente" (107-108).

Gallegos llama la atención sobre la práctica social de la obligación en varias escenas. Una es en el capítulo dedicado a marcar el ganado (II: iv), donde prácticamente lleva a cabo el gesto arbitrario de estampar "significado" en los animales y, por extensión, en la tierra y en la gente que se le debe a ella. Las personas son vinculadas a la tierra de manera explícita, el viejo Melesio por ejemplo está tan encantado de ver a Santos regresar como podría estar un becerro abandonado de ver de nuevo a su dueño: "Luzardero nací y en esa ley tengo que morir. Por estos lados, cuando se habla de nosotros los Sandovales, dicen que tenemos marcado en las nalgas el jierro de *Altamira*" (36). Estampar significado en este contexto da un tipo de valor bastante literal, al nivel de adjetivos posesivos. Los referentes para el ganado, la tierra y la gente siguen siendo aparentemente los mismos: una vaca es una vaca antes y después de que el símbolo de Altamira sea escrito con fuego en su piel. Pero ahora tiene una pertenencia específica, un significado dependiente como el de patria. En el código agresivamente propietario de la novela, éste es también el tipo de significado que Santos le enseña a Marisela en sus repetidas lecciones de lenguaje apropiado. Aquí no se cuestiona la comprensión de lo que ella dice en su español arcaico y regional; Santos lo entiende perfectamente y nunca se molesta en corregírselo a los peones. El problema no es de referentes sino de lo propio, un significado que distingue lo mío de lo tuyo, lo correcto de lo incorrecto, la intelectualidad de élite de las masas redimibles. Marisela a veces acaba las lecciones harta, humillada y frustrada: "Déjame ir para mi monte otra vez". Pero Santos insiste en terminar con ella (igual que Carmelito, en la misma página insiste en que la yegua blanca destinada a Marisela acepte y disfrute su señorío): "Vete, pues. Pero hasta allá te perseguiré diciéndote: no se dice jallé, sino hallé o encontré; no se dice aguaite sino mire, vea" (110).

Gallegos está sin duda reinscribiendo el exceso y la diseminación, poniendo el dedo en la llaga del lenguaje que sigue desbordando el significado cada vez que se intenta contener su flujo. Cuando escenifica la obligación y la sutura, se escapan los caprichos del habla popular, la gente y el ganado errantes. Pero a pesar de todo él continúa actuando, imponiendo su control con algunos resultados quizás temporales. Todo resuena con la escena de arbitraje legal y moralmente equívoco de asignar el significado máximo de posesión de la tierra: las lecciones, la marca del ganado y el sistema entero de oposiciones arbitrarias de los propietarios repetidas nerviosamente a lo largo de la novela. En el contexto de las ondas de choque y suturas insistentes que esta confrontación provoca a lo largo del libro, la escena es la ocasión para terminar por decreto con la ámbigüedad moral. Cuando Santos impone el asunto, la autoridad de la ciudad establece la cuestión de la propiedad con un acto de discurso legal: "las leyes tienen que cumplirse porque sí, pues, si no, no serían leyes, que quiere decir mandatos, órdenes del Gobierno" (107). Gracias a este tipo de voluntarismo tautológico, Santos acepta que su derecho sobre la tierra es una mera ficción legal; pero acepta igualmente que es constituyente del orden moderno. Está dispuesto a considerar la ficción como fundacional porque, en su interesada tautología, promete fundar algo. Si la ley es simplemente un simulacro del derecho a poseer, puede no obstante estabilizar la diseminación irracional que Bárbara pone en movimiento (su erotismo andrógino, su ganado disperso y las fronteras sin límites). El simulacro puede convertirse en un horizonte para representaciones futuras, puede domesticar los espejismos del llano cercando la tierra, escribiendo con claridad. La verdad, en otras palabras, no necesita ser ese dado inmutable que Barquero pedía; puede ser una suposición procreadora. Aunque Santos quizá no tiene un verdadero derecho genealógico, la ficción legal le permite tener un derecho generativo, como el que reclamaban las novelas fundacionales románticas. Al igual que el lenguaje del amor y la política en esos romances dialécticos, el lenguaje legal de Santos no tiene una fundación *a priori,* sino una proyección productiva *a posteriori.*

La analogía entre romance y ley no es fortuita. El matrimonio, después de todo, es una ficción fecunda, un contrato que puede leerse como una alegoría de la Ley del Llano. No hace demandas genealógicas de legitimidad, puesto que los contrayentes no necesitan ni les favorecen tener relación sanguínea; pero constituye una promesa de productividad. El proyecto de matrimonio de Santos con Marisela a la vez repite y hace posible, de un modo dialéctico que resulta familiar, la ficción legal destinada a poblar el desierto. Leer *Doña Bárbara* como un romance nacional es leer una serie de suturas defensivamente populistas donde todos los cabos sueltos de *La vorágine* son atados con ansiedad y donde cualquier contaminación entre categorías como masculino y femenino es considerada como una hemorragia.

Sin embargo, el hombre aparentemente ideal que controla la barbarie tiene una lección paradójica que aprender de los héroes feminizados y de las heroínas heroicas de los romances del siglo XIX. Santos debe apasionarse tanto como una mujer para conservar el control: "[C]uando no se tiene el alma sencilla, como la de Marisela, o demasiado complicada, como no la tenía Santos Luzardo, las soluciones deben ser siempre positivas. De lo contrario, acontece como le aconteció a él, que perdió el dominio de sus sentimientos y se convirtió en juguete de impulsos contradictorios" (164). La lección dialéctica que el profesor aprende de su alumna es que la ficción del control de la élite necesita otro anclaje en la ficción del amor correspondido. Este romance hegemónico era precisamente el tipo de ficción doméstica banal que ni a Bárbara ni a Gómez les interesaba crear[57]. Después de que Santos aprende a amar a Marisela y a quedarse en casa con ella, Gallegos puede dejarle lo demás a la naturaleza. Sin embargo, en la letra pequeña de este contrato de matrimonio autolegitimador, se puede ver a Gallegos cubriendo afanosamente su escritura culpable, aportando la clase de legitimación excesiva que siembra la duda sobre su propia suficiencia. Marisela no necesita ser pariente de Santos para ser una esposa legal, sin embargo sus derechos genealógicos sobre él y sobre la tierra ayudan a cerrar el contrato. La oferta de Santos de otorgar estatus legal a la mestiza sin derechos, muestra a Gallegos tratando de arreglar el problema de establecer una nación legítima y centralizada sobre una historia de usurpación y guerra civil.

Pero esto es quedarse en la dificultad de establecer legitimidad histórica, justamente el problema que el contrato con visión futura puede desplazar. La legitimación aquí no es retrospectiva; es una prolepsis que se realiza a través de la administración inteligente y del matrimonio procreador que las ficciones legales proyectan. Por el contrario, la demanda igualmente ficticia de Bárbara sobre la tierra promete fundar muy poco. La maternidad es para ella una irritante victoria de los hombres que se reproducen a sí mismos en las mujeres, y la administración se dejaba en manos del terror tradicional (28). Santos planea poblar el llano de hijos legítimos, Bárbara no. Esta diferencia práctica nos permite percibir el cambio que plantea la novela de cuestiones morales a cuestiones legales, de demandas personales a deber patriótico, de derechos genealógicos a la responsabilidad engendradora de la paternidad de la patria. Es una responsabilidad que Gallegos y Santos pueden traducir imperfecta pero pragmáticamente en la transparente y no por ello menos efectiva diferencia entre lo que es mejor o peor para la civilización, lo que está a favor o en contra de las ficciones necesarias que darán fundamento a la productividad y a la prosperidad.

En una aporía reveladora, Santos no puede responder a las objeciones de su leal peón sobre los planes de cercar la tierra, una medida de propietario que sin duda ofenderá a sus habitantes: "El Llanero no acepta la cerca. Quiere su sabana abierta como se la ha dado Dios,... Si se le quita ese gusto, se muere de tristeza". Santos no encuentra cómo defenderse de esta inconveniente objeción moral, así que permanece callado, pero no desconcertado. El diálogo termina porque Santos se ocupa en la reflexión sobre la manera de traducir esta improductiva reserva moral en demarcaciones legales nítidas: "No obstante, Luzardo se quedó pensando en la necesidad de implantar la costumbre de la cerca. Por ella empezaría la civilización de la llanura; la cerca sería el derecho contra la acción todopoderosa de la fuerza, la necesaria limitación del hombre ante los principios" (86).

Notas

IX

AMOR POR LA PATRIA:
EL ROMANCE REVISADO DEL POPULISMO
EN *LA VORÁGINE* Y *DOÑA BÁRBARA*

1. José Eustasio Rivera, *La vorágine* (Buenos Aires: Losada, 1971). Todas las referencias a la novela son de esta edición.
2. Para una discusión más desarrollada de los términos de género de la cultura populista, véase *One Master for Another: Populism as Patriarchal Rhetoric in Dominican Novels* (Lanham, Md.: University Press of America, 1984).
3. John A. Crow, *The Epic of Latin America*, 3a. ed. (Berkeley, Los Ángeles, Londres: University of California Press, 1980): 682.
4. Citado en *Ibíd.*, pág. 682.
5. El escritor mexicano Luis Quintanilla presenta este relato en *A Latin American Speaks*. Referencia en Crow: 686-687.
6. Pedro Henríquez Ureña estudia esa literatura en *Corrientes literarias en la América Hispánica*. Después del cap. VII, "Literatura pura [1890-1920]" (161-184), sobre el modernismo y las vanguardias literarias contra las cuales reaccionaron estos escritores, sigue el cap. VIII, "Problemas de hoy [1920-1940]" (185-204). Ofrece un panorama de los escritores con preocupaciones sociales que incluye, entre ellos, a Rivera, a Gallegos, a los mexicanos Mariano Azuela y Gregorio López y Fuentes, al boliviano Alcides Arguedas, al ecuatoriano Jorge Icaza, al peruano Ciro Alegría y a los argentinos Ricardo Güiraldes y Eduardo Mallea.
    Roberto González Echevarría hace un excelente estudio de este género, que se proponía ser clara y originalmente americano al capturar las cualidades autóctonas de la vida americana, en el campo y no en las ciudades europeizadas. Según él, La novela de la tierra elabora una nueva realidad literaria latinoamericana, y es precisamente por eso la base para el desarrollo de la novela actual. Véase Roberto González Echevarría, *La voz de los maestros: escritura y autoridad en la literatura latinoamericana* (Madrid: Editorial Verbum, 2001): 87-89.
7. Henríquez mismo menciona sus vínculos con los partidos populistas tales como el APRA en el Perú y el Partido Nacionalista y el Partido Popular Democrático en Puerto Rico: 188.
8. R. Gutiérrez Girardot acusa a las élites latinoamericanas de acostumbrarse a cruzarse de brazos y dejar "que gobiernen ellos [los Estados Unidos]". Rafael Gutiérrez Girardot,

"Prólogo" a Pedro Henríquez Ureña, *La utopía de América* (Biblioteca Ayacucho: Caracas, 1978): xiv.

9. El primer borrador de Rivera aparentemente ignoró todavía más la poesía modernista (que se le ocurría con tanta facilidad al compositor de los sonetos de *Tierra de Promisión*, 1921), según su amigo Miguel Rasch Isla, quien arguyó que gran parte de la poesía debería permanecer. Véase "Cómo escribió Rivera La vorágine", en *La vorágine: Textos críticos*, editado con una introducción de Montserrat Ordóñez Vila (Bogotá: Alianza Editorial Colombiana, 1987): 83-88.

10. Por esta caracterización del escritor y la escritura, así como varias observaciones que siguen a continuación, le agradezco a Silvia Molloy por su brillante ensayo: "Contagio narrativo y gesticulación retórica en *La vorágine*", en Ordóñez, *Textos críticos:* 489-513.

11. Acerca de la rebelión de los Jívaros de 1599, véase Juan de Velasco, *Historia del Reino de Quito en la América Meridional*, Libro 3, 3 (Cambridge: Cambridge University Press, 1986): 121-151. La bonanza cauchera atrajo brasileros hacia el Amazonas cuya población aumentó en un 65,7% entre 1877 y 1890 y en un 40% hacia la última década del siglo. La opulenta ciudad de Manaos fue el centro floreciente de esta expansión entre 1890 y 1920 pero también repercutió en el oriente de Colombia, Perú y Bolivia en los que proliferaron los buscadores de fortuna (147).

12. José Eustasio Rivera, "*La vorágine* y sus críticos", *El Tiempo*, 25 de noviembre de 1926, en Ordóñez, *Textos críticos:* 63-76. En su respuesta a las objeciones de Luis Trigueros a la supuesta irrelevancia y falta de elegancia del libro, Rivera escribió una carta pública que le da la vuelta completa a las acusaciones.

13. Eduardo Neale-Silva, "The Factual Bases of *La vorágine*", *PMLA* 54 (1939): 316-331.

14. Eduardo Castillo, "La vorágine", en Ordóñez, *Textos críticos:* 41-47. Fue publicado como reseña en *El Tiempo*, 18 de enero de 1925.

15. Montserrat Ordóñez, "*La vorágine:* La voz rota de Arturo Cova", en *Manual de literatura colombiana*, ed. Gloria Zea (Bogotá: Procultura y Planeta Colombiana Editorial, 1988): 434-518. Ordóñez misma parece crear tensiones entre esta tradición de confundir la voz y el hombre, cuyas prerrogativas de privilegio racial y de género provocan más indignación que admiración en su relectura, y una insistencia en las fisuras textuales que pueden producir dicha indignación.

16. Ordóñez comenta ingeniosamente que "rumberos y rumberas menos clementes aún seguirán ampliando sentidos y posibilidades de interpretación". "La voz rota...": 514.

17. James R. Scobie, "El crecimiento de las ciudades latinoamericanas, 1870-1930" en la *Historia de América Latina*, vol. 7. *Economía y sociedad, c. 1870-1930* (Barcelona: Crítica, 1991): 202-230.

18. José Eustasio Rivera, "*La vorágine* y sus críticos", *El Tiempo*, 15 de noviembre de 1926, en Ordóñez, *Textos críticos:* 63-76.

19. Hildebrando Fuentes, *Loreto: Apuntes geográficos, históricos, estadísticos, políticos y sociales* (Lima, 1908), 2:113. Citado en Neale-Silva: 322.

20. Neale-Silva: 317.

21. Para un análisis más "constructivo" de cómo Rivera trata el tema del populismo, véase David Viñas, "*La vorágine:* Crisis, populismo y mirada", *Hispamérica* 3, 8 (1974): 3-21.

22. Véase Meyra Jehlen, "Archimedes and the Paradox of Feminist Criticism", *Feminist Theory: A Critique of Ideology*, ed. Nannerl O. Keohane, Michelle Z. Rosaldo y Barbara C. Gelpi (Chicago: University of Chicago Press, 1982): 189-216.

23. Ernesto Porras Collantes, "Hacia una interpretación estructural de *La vorágine*", *Thesaurus* 23, 2 (1968): 241-271; 249.

24. Rivera mismo explica la dinámica a su crítico ignorante, Trigueros, cuando le dice que cualquier hombre por cuyas venas circule sangre cálida sabe de sobra que la mujer deja de sernos indiferente desde el preciso instante que otro hombre la desea. Él sigue ofendido, no tanto como amante sino como varón, y le cobra la ofensa a su rival. Monserrat Ordónez "*La*

vorágine y sus críticos", *Textos críticos:* 67. Para la discusión seminal del deseo triangular véase René Girard, *Mentira romántica y verdad novelesca,* trad. Joaquín Jordá (Barcelona: Anagrama, 1985); y para su aplicación al "deseo homosocial", véase Eve Kosofsky Segwick, *Between Men: English Literature and Male Homosocial Desire* (Nueva York: Columbia University Press, 1985).

25.   Véase Luce Irigaray, "Toda teoría del 'sujeto' se ha adecuado siempre a lo 'masculino'" en *Speculum: espéculo de la otra mujer,* trad. Baralides Alberdi Alonso (Madrid: Editorial Saltés, 1978): 149-164.

26.   Las primeras reseñas, igualmente conflictivas, incitaron respuestas vivas de parte del propio Rivera. Véase Ordóñez, *Textos críticos:* 63-76.

27.   Molloy: 501.

28.   Luis Carlos Herrera, S. J., "Introducción", en José Eustasio Rivera, *La vorágine* (Bogotá: Editorial Pax, 1974): 11-47.

29.   Véase Sharon Magnarelli, *The Lost Rib* (Lewiston, P. A.: Bucknell University Press, 1985).

30.   Rivera, "*La vorágine* y sus críticos": 69.

31.   Jorge Añez, *De* "La vorágine" *a* "Doña Bárbara" (Bogotá: Imprenta del Departamento, 1944). Añez empieza dejando constancia de la negación de Gallegos a reconocer esta influencia. En una entrevista de 1942, Gallegos le dijo a un periodista mexicano que había leído *La vorágine* justo después de terminar *La trepadora* (1925) y mientras escribía *Doña Bárbara.* Repitió esta negación, pero Añez está convencido del plagio: 21-22.

32.   Esta edición es de la Editorial Araluce, Barcelona. Una edición más pequeña también fue publicada por la Editorial Élite, Caracas. Cuando se le preguntó en 1936 si el libro no había sido censurado en Venezuela, Gallegos admitió que el rumor fundado sobre la representación de Gomecismo en *Doña Bárbara* alcanzó Maracay, pero él intentó evitar la atmósfera hostil que se formó dedicándose a sus tareas de maestro y escritor. Véase Añez: 19. Juan Liscano, *Rómulo Gallegos y su tiempo* (Caracas: Universidad Central de Venezuela, 1961): 113-127, escribe que, de hecho, la novela fue compuesta en gran parte en Europa durante los últimos meses de 1928 y la primera parte de 1929.

33.   Aunque siguieron considerándolo como su mentor intelectual, los líderes eran en realidad los antiguos estudiantes de Gallegos. Hacía mucho tiempo que era maestro de escuela secundaria y, desde 1922, el director del Liceo Caracas.

34.   Véase Mario Torrealba Lossi, *Los años de la ira: Una interpretación de los sucesos del 28* (Caracas: Editorial Ateneo de Caracas, 1979): 21 para un relato de la celebración convertida en rebelión. Gómez era bastante paternal (y suficientemente sabio) como para someterse a la indignación de la élite y liberar inicialmente a los estudiantes, que ya eran más de 250 y representaban la mayoría del conjunto de la universidad. Pero los alborotadores se unieron pronto a una fracasada rebelión del ejército, y ahí fue cuando Gómez tomó medidas enérgicas. Estoy en deuda con la tesis doctoral de Julie Skurski, "The Civilizing Mission: The Representation of the Pueblo and the Bourgeoisie in Venezuela", Departamento de Antropología, The University of Chicago, 1991.

35.   Steven Ellner, "Populism in Venezuela, 1935-48: Betancourt and Acción Democrática", en *Latin American Populism in Comparative Perspective,* ed. Michael Conniff (Albuquerque: University of New Mexico Press, 1982): 135-149; 136-137.

36.   Ellner: 138-139.

37.   Véase John Beverley, *Del Lazarillo al Sandinismo: Estudios sobre la función ideológica de la literatura española e hispanoamericana* (Minneapolis: Institute for the Study of Ideologies and Literature, 1987): 108.

38.   Torrealba Lossi escribe de la Generación de 1928 y afirma que cuando en 1929 aparece *Doña Bárbara* y separa al país en dos grandes tipologías —los Santos Luzardo y las devoradoras de hombres—, no pocos de aquellos jóvenes se sintieron personificados en el primero: 174.

39. Para un estudio excelente de la literatura venezolana, véase John Beverley, "Venezuela", en *Handbook of Latin American Literature,* comp. David William Foster (Nueva York: Garland Press, 1987): 559-577.

40. Gonzalo Picón Febres, *La literatura venezolana en el siglo XIX* (Caracas: El Cojo, 1906): 127. Citado en Marguerite C. Suárez-Murias, *La novela romántica en Hispanoamérica* (Nueva York: Hispanic Institute of the United States, 1963): 154. Véase también Jesús Semprún, "Una novela criolla" (1920), reimpreso en *Rómulo Gallegos ante la crítica,* ed. Pedro Díaz Seijas (Caracas: Monte Ávila Editores, 1980): 11-18; Orlando Araújo, *Lengua y creación en la obra de Rómulo Gallegos* (Buenos Aires: Editorial Nova, 1955): 92, quien arguye con otros que Gallegos marca la transición entre un criollismo falso y evasivo y una literatura responsable. Véase también Felipe Massiani, *El hombre y la naturaleza en Rómulo Gallegos* (Caracas: Ediciones del Ministerio de Educación, 1964): 22.

41. Massiani: 29, por ejemplo, escribe, "Habrán avanzado unos cuantos años del siglo vigente cuando aparece en América la novela de fisonomía americana, de acento propio... y todas estas calidades convencerán a la crítica europea de la adultez de la novelística criolla".

42. Araújo: 94. Las técnicas de Gallegos lograron que la novela nacional despertara interés entre americanos y europeos.

43. Las referencias a las páginas de la novela son de Rómulo Gallegos, *Doña Bárbara,* 32a. edición (Buenos Aires: Colección Austral, 1975).

44. Véase José Luis Romero, "Prólogo" en *Pensamiento político de la Emancipación* (Caracas: Biblioteca Ayacucho, 1977): xxvii, en el que habla de que la convicción [de que había que abolir los privilegios] fue la que suscitó el más grave problema posrevolucionario: el enfrentamiento entre las viejas capitales coloniales y las regiones interiores de cada virreinato o capitanía general.

45. José Antonio Páez suprimió la última revuelta separatista seria. Véase John V. Lombardi, *Venezuela: The Search for Order, the Dream of Progress* (Nueva York: Oxford University Press, 1982): 163-178.

46. "¿Cómo nació *Doña Bárbara*?" preguntó Luis Enrique Osorio en un artículo publicado en la *Acción Liberal* de Bogotá de noviembre de 1936. Gallegos le contestó, "Nació en un hato de Juan Vicente Gómez: el hato de La Candelaria. Allí asimilé ese olor a vacadas y a boñiga de que mi novela está llena. También sentí, a través del cuadro campesino, el hálito de la barbarie que afligía a mi patria. Instintivamente perseguí el símbolo, y apareció con toda su fuerza la protagonista". Véase Añez: 18-19.

47. El ideólogo principal era Laureano Vallenilla Lanz, cuyo *Cesarismo democrático* (1919) argüía que las masas venezolanas eran una amalgama inacabada de razas primitivas que podían ser traídas a la civilización solamente mediante la fuerte mano de un dictador capaz de guiarlos.

48. Rómulo Gallegos, "La pura mujer sobre la tierra", en *Una posición en la vida* (México: Ediciones Humanismo, 1954): 414.

49. Juan Liscano: 109.

50. Rómulo Gallegos, "Necesidad de valores culturales" (1912), *Una posición en la vida:* 101-102.

51. Arturo Rioseco, "Novelistas contemporáneos de América. Rómulo Gallegos", en *Rómulo Gallegos ante la crítica:* 63 -"Gallegos es dueño de un estilo clásico, y entendemos por clásico un estilo racial, con esa sencillez, esa claridad, esa robustez, esa fuerza, propias del *Lazarillo de Tormes* y *Novelas ejemplares*". Rioseco afirma que cuando Gallegos utiliza expresiones típicas de su país, los coloquialismos (mastranto, tótumo, merecuré, talisayo, paraulata, güiriríes, hatajos), está justificando la riqueza de nuestro idioma, empobrecido por otros escritores.

52. V. I. Lenin, citado en Andrzej Walicki, "Russia", en *Populismo: sus significados y características nacionales,* ed. Ghita Ionescu y Ernest Gellner (Buenos Aires: Amorrortu Editores, 1970): 87-91.

53. Gallegos revela que Santos y Marisela son los únicos personajes de la novela que no se modelan sobre personas históricas. Tanto Bárbara como su ex amante disoluto, Lorenzo Baquero, son adaptaciones de la vida. Pero para convertir sus historias en un proyecto futuro tuvo que añadir a Santos, "la idea-voluntad civilizadora", y Marisela, "el fruto inocente". Véase Gallegos, *Una posición...*: 415.

54. González Echevarría: 55-56.

55. González Echevarría: 54 afirma que Lorenzo representa la derrota a la vez que la victoria del lenguaje. La derrota porque no conduce a ninguna revelación propia como no sea negativa; la victoria porque el significado, aunque sea una serie de mentiras, sólo puede existir en el lenguaje mismo.

56. Véanse los ensayos en *Rómulo Gallegos ante la crítica*, ed. Pedro Díaz Seijas (Caracas: Monte Ávila Editores, 1980), sobre todo Jesús Semprún, "Una novela criolla" (11-18), Julio Planchart, "Reflexiones sobre novelas venezolanas con motivo de *La trepadora*" (19-52) y Juan Liscano, *Ciclos y constantes galleguianos* (111-166).

57. Como una figura para Gómez, la diseminación literaria de Bárbara es bastante apropiada. Se consume tan indiscriminadamente como la diseminación más literal de Gómez. Julie Skurski señala que, aunque se las arreglaba con sus agentes para seducir a mujeres jóvenes de cualquier clase y origen a quienes deseaba conquistar (de hecho, tuvo más de cien hijos), se distinguía de los otros gobernantes por su negación a casarse y cohabitar con una mujer.

"NO HAY QUE TENER RAZÓN":
MAMÁ BLANCA Y LAS FUNDACIONES
PATERNALES

Por fortuna, la madre de las seis niñitas en *Las memorias de Mamá Blanca* (1929), de Teresa de la Parra (1889-1936), no tenía razón la mayoría de las veces; sobre todo en cuanto a los nombres que eligió para sus hijas. Esta dueña de una plantación paradisíaca era más un demiurgo que un Adán del Nuevo Mundo, quien coronó a sus propias creaciones con nombres que simplemente no les venían para nada a las niñas, como si se mofara de la pretensión de forzar relaciones entre un sistema de signos arbitrarios y sus graciosamente impredecibles referentes de carne y hueso. "Poética" e impráctica, esta madre se aprovechó de las oportunidades antojadizas que ofrecen los toques finales: "despreciaba la realidad y la sometía sistemáticamente a unas leyes arbitrarias y amables que de continuo le dictaba su fantasía" (17)[1]. En el primer párrafo de las memorias de Mamá Blanca entre la serie de viñetas y evocaciones que nunca terminan conformando una historia coherente sobre la vida en una plantación venezolana de finales del siglo[2], la anciana excéntrica recuerda que a su mente de cinco años la elección de nombres de su madre le parecía absurda, casi perversa:

> Blanca Nieves, la tercera de las niñitas por orden de edad y de tamaño, tenía entonces cinco años, el cutis muy trigueño, los ojos oscuros, el pelo muy negro, las piernas quemadísimas del sol, los brazos más quemados aún, y tengo que confesarlo humildemente, sin merecer en absoluto semejante nombre, Blanca Nieves era yo. (17)

Al referirse a sí misma en una tercera persona que inexplicablemente coincide con la primera, Blanca comienza dramatizando la distancia liberadora entre la niña referida y el referente lingüístico que no puede, o no debe, alcanzarla. La madre dictaba conexiones absurdas, no porque cambiaran la realidad ("la realidad no se sometía nunca"), sino porque la realidad no importaba. Lejos de promover el tipo de nominalismo que podía desafiar los hechos no examinados en un terreno epistemológico superior, esta madre lingüísticamente irresponsable sabía que estaba simplemente sembrando "a su paso con mano pródiga profusión de errores que tenían la doble propiedad de ser irremediables y de estar llenos de gracia" (17). A lo largo de este pequeño y sorprendente libro, la distancia entre la niña y su nombre, una distancia ya repetida en el desencuentro entre la voz en tercera persona de la narradora y su sujeto autobiográfico, y en la diferencia inestable entre error y encanto; proveerá un espacio y un mandato para el trabajo conciliador de la tolerancia y el amor honrados a fuerza de tiempo.

La narradora y su nombre, ese compañero inseparable, eran una pareja dispareja, "un disparate ambulante". Si éste era un chiste a sus expensas, lo coloca en un contexto mitigador en la mismísima primera página de las memorias, comparándolo a un chiste aún mejor (o peor): la marimacho de su hermana mayor se llamaba (¿cómo más?) Violeta. "Ella y la humilde perfumada florcilla del invierno eran dos polos opuestos" (46). Violeta era tan recia que parecía más a un hermano disfrazado que una hermana (46). De las seis niñitas, que se veían a sí mismas en el centro del universo, una plantación que se llamaba Piedra Azul, ésta era la única que casi satisfacía el deseo insistente de su padre de tener un hijo: "Yo creo que dentro del cuerpo de Violeta se alojaba el espíritu de Juan Manuel el Deseado, y era ésa la razón poderosísima por la cual él no podía nacer: hacía seis años que andaba por la tierra disfrazado de Violeta. El disfraz inadecuado lo encubría tan mal que todo el mundo lo reconocía, Papá el primero" (46). La mezcolanza de identidades sexuales y roles de género, donde los términos no están tanto confundidos sino más bien abiertos a permutaciones posibles; no es sólo un recuerdo del "alma desordenada y panteísta" de la anciana (7); es también el reconocimiento de toda la plantación de aquellos encuentros a menudo perdidos entre uno y otro sistema de significación. Todo el mundo en Piedra Azul entendía que el género de una persona no necesariamente coincidía con su sexo. La segunda hija del padre era además su hijo. Este error liberador, como veremos, forma parte de un fenómeno general en el que el signo no logra describir su referente, dejando un espacio de interpretación, es decir de juego potenciador.

Pero antes de seguir con más movidas juguetonas, deberíamos poner esta especie de libertad lingüística irreverente en un contexto distinto al de Violeta, esta vez más austero que atenuante. *Las memorias de Mamá Blanca* fue escrita en el mismo país y en el mismo año que *Doña Bárbara* de Rómulo Gallegos. Además, si nos centramos en Violeta por el momento, ambas novelas tratan de mujeres que también son hombres. Para Gallegos por cierto, esta identidad confusa es literalmente un caos, una trasgresión monstruosa de las construcciones sociales ordenadas de la naturaleza, una amenaza y un obstáculo a la lógica de oposición de la que depende el progreso positivo[3]. Gallegos medía el odio de Bárbara por los hombres y el temor que generaba con un criterio de naturaleza inviolable en el que tales sentimientos equivalían a la depravación, aunque debió darse cuenta de la manera arbitraria, casi legalista, en que se distinguía entre sentimientos legítimos e ilegítimos[4]. Pero en *Las Memorias de Mamá Blanca* se ve en claro contraste que a la Violeta viril la ama todo el mundo: sus hermanas que la admiran, su madre a quien divierte, y más su padre desde la soledad de su género. Y si Mamá Blanca hubiera podido conocer a Dona Bárbara, es posible que la hubiera amado también, por lo menos habría percibido su energía incontrolable y un cierto orgullo en la independencia de la mujer que le habría evocado a su querida Violeta. La Madre Naturaleza por su parte pierde toda su autoridad ante las madres verdaderas en este libro, ya que su obra es a veces implacable y casi siempre incompleta. Un texto paternal como el de Gallegos quizás tome a la naturaleza como terreno sagrado, pero las madres parecen tomarla como desafío a su propia autoridad creativa. A Blanca Nieves le resulta más gracioso que decepcionante el error nominal de su madre, un chiste inocente que hacía reír sin maldad a los demás. Pero la pone furiosa esa madre falsa, la Naturaleza, por haberle dado pelo lacio, un chiste cruel que había que corregir cada día a expensas de su esfuerzo y el de su madre. La Naturaleza no era más que "una madrastra cruel, injusta y caprichosa. Pero como Mamá era madre, la tenía

373

retada a una lucha sin cuartel que se renovaba todas las mañanas. Por las tardes, de dos a tres, la madrastra quedaba vencida y burlada" (33).

La comparación entre las novelas de Gallegos y de la Parra no es arbitraria, más bien es obligatoria al dar cuenta de la coincidencia de tiempo y lugar, así como del parecido temático entre dos libros sobre mujeres que ocupan el centro de su mundo rural hasta que son desplazadas por hombres que disputan la propiedad y el decoro[5]. Ambas novelas comentan el proceso de modernización social a través de estas disputas y de los cambios que anuncian. Pero en los demás aspectos los libros no podrían ser más distintos. La novela de Gallegos se obliga constantemente a mantener una línea recta —con recuerdos tal vez comprometedores sobre Santos y Bárbara claramente indicados como prehistoria— hacia el cambio positivo y económicamente racional. El lenguaje correcto y la propiedad legítima son dos caras de la misma moneda civilizadora cuyo propósito nunca se cuestiona. Si la relación entre el lenguaje y la legitimidad es reconocible como alegórica, no se la puede atribuir a saltos metafóricos de un sistema de representación a otro, un tipo de movida que no llegaría a ajustarse a la perfección. Al contrario, vimos en Doña Bárbara que la alegoría se genera metonímica y dialécticamente (quizás tautológicamente), desde las implicaciones jurídicas del lenguaje autoritario y la autoridad conferida por la construcción lingüística llamada ley. Por contraste, mucho de la novela de Teresa de la Parra parece tener lugar en un solo momento polifónico que cambia tiempo por espacio. En un mundo predestinado a desaparecer por el cambio positivo y racional se dan además los códigos más diversos y legítimos: el desdén aristocrático de la madre por el lenguaje referencial, los pronunciamientos incontestables pero inconsecuentes del padre, la insistencia gramaticalmente absurda de la maestra de habla inglesa sobre la necesidad del decoro, los arcaísmos populares de Vicente Cochocho, los monólogos agradables y sin sentido del primo Juancho, los llamados precisamente modulados del vaquero Daniel a cada una de sus protegidas bovinas. Finalmente están las niñitas, cuyas imitaciones indiscriminadas producen un efecto democratizador en estos códigos, y cuyas permutaciones construyen vuelos más allá del pluralismo lingüístico heredado. Es una especie de lúdica inestabilidad postmoderna, inspirada quizás por la gentil desatención de la madre por la "realidad" pero mucho más inclusiva que la de ella y tan irreverente en cuanto al significante como al significado.

Estos contrastes entre las trayectorias narrativas y las estrategias lingüísticas en las dos novelas, incluyendo sus implicaciones ideológicas, tienen probablemente alguna relevancia para lo que se puede llamar a grandes trazos la crítica literaria. Pero dejaré ese terreno para un momento en el que imagine ambos libros en términos de una posible confrontación entre las "personificaciones" de la diseminación bárbara en un libro y las traviesas permutaciones en el otro. Mis propias añoranzas feministas y el deseo de cualquier lector por justicia poética no me dejan resistir la tentación de pasar del terreno discursivo de la crítica a la intervención. En vez de categorías analíticas, las dos protagonistas femeninas empiezan a independizarse de sus textos, como participantes en una sesión de toma de conciencia muy íntima, no programada pero inevitable. La destronada y desplazada Bárbara seguramente habría encontrado una interlocutora empática en Mamá Blanca, esa exilada de un paraíso donde había aprendido a escuchar a todo el mundo. Su conversación hipotética, tal como me provoca imaginarla, lograría trascender las inevitables diferencias de raza y de clase, aunque el resentimiento de Bárbara hacia la estirpe aristocrática de la mujer blanca, blanca hasta en su nombre, sin duda la haría cautelosa de compartir confidencias indiscretas. Pero el tono natural de Blanca, la nostalgia por Violeta que evocaría esta invitada exorbitante, y sobre todo las preguntas discretas y sabias con las que Blanca le abriría espacio a Bárbara, pronto generarían un diálogo amistoso. Se contarían sus respectivas historias, las ya escritas y quizás aquellas por escribir. La resistencia de Bárbara a este tipo de intimidad desaparecería a medida que considerara las posibilidades autolegitimadoras de las estrategias narrativas desarrolladas por la autora de sus propias memorias. Incrédula, le preguntaría a Blanca cómo lograba organizar sus capítulos de manera tan poco sistemática, o cómo podía darles la razón a Vicente y a Daniel en vez de a su padre, la autoridad legítima del lugar. "¿Quién, tú? ¿Una autoridad de cinco años? No me hagas reír… Tienes razón; ¿por qué no reír?"

Si mi imaginación vaga de vez en cuando por los senderos narrativos conciliadores y sincréticos donde Doña Bárbara podría encontrarse con Mamá Blanca, probablemente será porque Blanca me enseñó a vagar así. Y si necesitara justificar esta reunión imaginada, podría citar su propia (sin)razón, no tanto una falta de razón sino la conciencia de que no hay necesidad de ser razonable. La única excusa que ella esgrime para permitirse combinar, distorsionar y reubicar las historias que le contó su madre es: "Como nadie decía no" (41). Con una guía de la intertextualidad como ésta no se me puede pedir que deje de entrecruzar las historias de Bárbara y Blanca. Y aunque fuera posible mantenerlas separadas en mi lectura, estoy convencida de que la niña narradora hubiera experimentado con una (con)fusión en forma de diálogo entre las dos, de haber escuchado un cuento de la anciana nostálgica y otro cuento sobre la ganadera ladrona. Seguramente esa misma muchacha de cinco años las habría imaginado como lo hago yo: sentadas juntas en el jardín, tomando café, charlando y acordándose de una Venezuela "tan relejos", hace mucho, mucho tiempo[5]. La propia costumbre de la niña de combinar y distorsionar los cuentos de su madre es tan contagiosa que se me hace imposible dejar de experimentar con las mezclas narrativas que ella misma prepara. ¿Cómo escuchar estos libros compatriotas y contemporáneos de otra manera, ahora que Blanca Nieves nos ha enseñado el encanto de escuchar entrometidamente?

La escena de su engañosa actividad pasiva no parece muy promisoria: Está sentada delante del gran espejo en el dormitorio de su madre, hoy y todas las mañanas, para que ésta le rice el pelo. Blanca Nieves sufre la humillación diaria de ser mejorada sólo temporalmente como una penitente que expía el pecado de tener el pelo lacio o como una acusada de delitos estéticos por un gendarme insistente. Pero la intuición hegeliana de la tutelada le insinúa el poder que ejerce sobre su guardiana. Si los rizos eran el mandato, ya que los rizos son hermosos y "el primer deber de toda mujer es el de aparecer hermosa" (32-33), la cabellera negra de Blanca tendría que quedarse absolutamente quieta delante de ese espejo disciplinario; cualquier falta de cooperación frustraría el proceso. Así, su captora cautiva fue obligada a conceder una demanda concurrente: cautivar a la niña con historias mientras duraba el proceso rizador. Y si el resultado del proceso iba a producir un exceso agradable, entonces el proceso de contar sería excesivo también. Blanca Nieves a veces insistía en que se repitieran las historias haciendo préstamos sin precedentes de otras historias, con finales trágicos requeridos por algún capricho y finales cómicos por algún otro. La niña dictaba, de manera impredecible, y la madre cumplía narrando. Mientras su madre rizaba su pelo lacio, ajustando a la madrastra Naturaleza a normas estéticas más altas, la hija le imponía su voluntad creativa a las historias que exigía para su entretención. Tal como su pelo, estas historias eran pura materia prima, el pretexto de suplementos que nunca asumían formas estables ni definitivas. Delante del gran espejo que conspiraba en el rito cotidiano, madre e hija suplían todo lo que querían. Éste no es de ninguna manera el espejo que algunas autobiógrafas reclaman que sólo puede enmarcarlas en la mirada masculina; ni tampoco es el espéculo penetrador de Luce Irigaray, instrumento que pretende reflejar la interioridad femenina[6]. Es una pantalla para proyecciones inútiles, una diversión compensatoria, una libertad forzada para contar sin ser responsable de seguir modelos, o a la naturaleza.

Sería posible también leer esta escena de manipulación como figura de la escena primitiva de la creatividad hispanoamericana, parecida a esa autoridad que Sarmiento se atribuía a sí mismo cada vez que veía algo suyo en un modelo imperfecto. Al contemplarse en el espejo del arte europeo y norteamericano, los latinoamericanos crean distorsiones especulares que reflejan imágenes o identidades muy distintas de sus presuntos modelos. La diferencia no es siempre parodia sino que muchas veces representa una "corrección" o mejoramiento de la cultura del padre adoptivo, como hemos visto en la reescritura latinoamericana de Rousseau, Chateaubriand, Scott, Stendhal, Cooper, Balzac. Con el reconocimiento de la autoridad extranjera viene una mayor medida de autoridad local que es capaz de respetar los modelos y al mismo tiempo sobrepasarlos. El pelo liso de Blanca evidentemente se reconoce en el proceso de rizarlo, pero la materia rectilínea es devuelta con agradables vueltas cada vez que la madre gana su batalla contra la naturaleza. De la misma manera, las historias europeas vuelven del espejo igualmente transformadas, domesticadas y perfeccionadas de manera diversa y contradictoria. Lejos de estar contenta con lo heredado y extranjero, o de repetirlo en imitaciones serviles, la narradora infantil aprende de su madre cómo enredar, ligar y ajustar la materia maleable dándole nueva vida. No había ninguna razón para que los argumentos establecidos tuvieran siempre que coincidir con sus desenlaces tradicionales, o por lo menos tan poca razón como la que había para identificar los nombres con sus sujetos o los géneros con los sexos.

Blanca Nieves encuentra por ejemplo frustrante, aburrido y ofensivo el desenlace de *Pablo y Virginia* de Bernardin de St. Pierre, en el que la niña casta prefiere morirse en la tormenta marina en vez de exponer su cuerpo nadando hacia su amante; exige entonces una reunión feliz. Otras veces hace que todos los personajes mueran juntos en un cataclismo final. Al escuchar *La bella y la bestia,* para mencionar otro ejemplo, decide que la metamorfosis al final es una concesión espuria a los que no pueden amar de verdad. Entonces la suprime, argumentando que es una ofensa para la noble Bestia, y para su perra Marquesa, a quien identifica como el héroe. —"Qué maravilloso", diría Bárbara dándose una palmada en el muslo y echando la cabeza hacia atrás en su carcajada: —¡Pusiste a la perra como héroe!". —"Por supuesto", se reiría Blanca, "fue lo único que nunca cambié en esa historia".

> —Pero ya sabes, Mamá, que la Fiera se quede Fiera con su rabo, su pelo negro, sus orejotas y todo y que asimismo se case con la Bella. ¡Que no se vuelva Príncipe nunca! ¿Ya lo sabes?
> Mamá tomaba nota.
> Es inútil decir que Pablo y Virginia acababan a veces muy bien. Virginia salvada milagrosamente de las aguas caudalosas se casaba a menudo con Pablo y eran muy felices. Si dadas las circunstancias mi alma sentía un vago, voluptuoso deseo de bañarse en la tristeza, dejaba entonces que las cosas siguieran su curso normal:
> —Mamá, que llueva muchísimo, que crezca el río, que se ahogue la niñita y que se muera después todo el mundo.
> Mamá desencadenaba los elementos y la escena quedaba cubierta de crespones y cadáveres. (44)

La pequeña Blanca Nieves es contagiosamente voluntariosa, con sus exigencias de historias que calcen con sus humores infantiles, y con una falta de discernimiento liberadora que le permite soñar despierta con la boda de su madre al escuchar *El Cantar de Mío Cid* (86-87).

Leer sus demandas extravagantes o extrañas y ver cómo toman formas agradables en el espejo, me incita a dar otra vuelta narrativa posible y a preguntarme qué se habrían dicho Bárbara y Mamá Blanca al presentarse por primera vez. —"Buenas tardes, soy Bárbara. Digo, que me llamo Bárbara, y ese es el problema". —"Sí, los nombres son tan absurdos" —diría Blanca con un tono risueño y consolador— "tardé todos estos años y todas estas canas en ajustarme al mío". Doña Bárbara, entrenada para reconocer la marca imborrable de la barbaridad en su vocación, se sorprendería al saber que en Piedra Azul los nombres no anunciaban a los personajes con una supuesta inmediatez alegórica, sino que eran alusiones indirectas, casi a contracorriente, de la misma manera que las historias que exigía Blanca Nieves no eran idénticas a sí mismas sino caprichosas representaciones tergiversadas. En cuanto al lenguaje visual de las caras y los rasgos físicos (tan expresivos de la superioridad de Santos, la nobleza sin bañar de Marisela, y el atractivo desnaturalizado de Bárbara), no era más confiable como código que cualquier otra palabra en Piedra Azul. Marquesa era un ejemplo incongruente; otro era el peón manso con su sobrenombre que significa piojo: "Vicente Cochocho, que era grande por la bondad de su alma, no podía ser más pequeño en cuanto a estatura física" (91). Estos desencuentros representativos, multiplicados a través de las memorias, son aquí ejemplos de una crisis general (y misericordiosa) de autoridad. Quizás sea suficiente mencionar otro fracaso emblemático al buscar una correspondencia transparente entre expresión y experiencia: la evidente autoridad que ejerce el padre es a duras penas una fuerza controladora, ya que tanto Vicente Cochocho como Daniel suelen imponerse por encima del "poder absoluto" del amo (104). Tal como Blanca Nieves bajo la autoridad embellecedora de su madre, los subalternos del amo entienden que también él depende de ellos. Daniel se va con elegancia cuando Don Juan Manuel lo despide por su trato escandalosamente personal de las vacas, porque el empleado sabe mucho antes que el empleador súbitamente desesperado, que le pedirán que vuelva. La indignación patriarcal causada por los matrimonios múltiples de Vicente y su liderazgo ocasional de revoluciones regionales, no hacen más que humillarlo a él y al amo, quien está dividido entre pronunciamientos de principio y su incapacidad de echar a Cochocho. En contraste, vimos cómo Gallegos forzaba la jerarquía y las correspondencias verbales básicas para producir una construcción ordenada. Todo se anuncia por su nombre: que Santos está destinado a regir y a imponer una visión global en Altamira tras desterrar a Bárbara y con ella El Miedo. Siempre atento al peligro de insubordinación verbal y narrativa, *Dona Bárbara* se empeña en erigir una fuerte defensa alegórica contra las sorpresas.

Pero en Piedra Azul el final de las sorpresas verbales es literalmente un callejón sin salida, la muerte misma. Blanca Nieves cuenta lo que pasó una vez, por "error", como si quisiera subrayar la razonable paradoja de los nombres irracionales y antialegóricos o señalar la brecha liberadora por la que se pueden escapar con vida los referentes no nombrados e inmanejables bajo sistema alegórico alguno. Fue la única vez que su madre se olvidó de su precaución desdeñosa frente a la realidad al nombrar a sus niñitas. Trágicamente nombró a una Aurora, y ésta moriría poco después de nacer:

> El geniecillo exquisito y mal documentado que aproximando su boca al oído de Mamá le dictaba atolondrado nuestros nombres, acertó una vez. Su acierto fue funesto. No hay que tener razón. Para segar dichas no es indispensable sembrar verdades. Tú lo supiste, pobre Mamá, tú lo llevaste tatuado en lo más sensible de tu corazón. El haber acertado por casualidad una vez, debía costarte raudales de lágrimas... Aurora fue la aurora. (147)

El signo idéntico a sí mismo, tal como una ecuación sosa demasiado redundante como para repetirla, cierra todo el espacio entre la niña y el orden simbólico controlador. Al alcanzar su meta tan directamente, su nombre la fija como un signo inmóvil, y sufre la misma fatalidad que predestina a Bárbara. —"Pobre Aurora", diría Bárbara, "y pobre Mamá", porque ya se habría dado cuenta de que, gracias a la naturaleza agrietada del lenguaje y al deseo que el lenguaje no puede (ni quiere) satisfacer; por lo general las palabras fracasan en el intento de nombrar adecuadamente. Por suerte, el esfuerzo por nombrar nos pone a jugar de manera indefinida a la escondida, algo frustrante para un "alma positivista" como la de la institutriz Evelyn (45), pero muy divertido dentro de los afectos desordenados y caóticos de Mamá y Blanca Nieves. Si, por una disfunción paradójica, el orden simbólico ocasionalmente da con su blanco, puede vislumbrar lo que Lacan llamaba la armonía imaginaria, una inmediatez prelingüística y estática postulada entre niño y madre antes de que las intervenciones habladas del padre enseñen un ritmo de separación. Esa armonía preconceptual, incluso prehumana, constituye la afinidad que algunos padres atribuyen a la maternidad idealizada; pero las madres creativas se desembarazan de este honor dudoso y debilitante, prefiriendo juguetear dentro de las brechas en "el orden del padre" (de Gallegos, por ejemplo)[7].

Los "obstáculos" discursivos, los fracasos lingüísticos y los desajustes entre el deseo y la experiencia describen el campo de juego donde Blanca Nieves y su madre disfrutan la re-creación. También era el espacio gozado por María Eugenia, la jovencita de la primera novela de Teresa de la Parra que escribe un diario para salvarse del aburrimiento, y que se sacrifica a la convención como la Ifigenia de su título[8]. Ciertamente en la segunda novela estos desencuentros no constituyen ninguna crisis de comunicación entre madre e hija, presuntamente exiliadas a una diáspora lingüística de la que no se puede regresar a casa. Sin duda ellas se entienden muy bien, precisamente por su desengaño compartido con un orden simbólico en el que, por ejemplo, el pelo debería significar rizos a pesar de que no siempre sea posible. Las madres actuales y futuras se hacen cómplices al encubrir la diferencia entre la realidad y el deseo. Pero el proceso de rizar, formar y engañar, más que un proceso compensatorio, se vuelve una serie de imposiciones creativas caprichosas que inevitablemente reinscriben la brecha. Si, en los términos de Lacan, ese orden le pertenece al "pobre Papá… [quien] asumía a nuestros ojos el papel ingratísimo de Dios" (21), será porque él exige que funcione. Añora reconquistar la supuesta armonía original al insistir que el deseo se satisfaga, que los significantes *signifiquen* sus significados, sin preguntarse cómo aprovechar los desengaños. Añora, por ejemplo, reproducirse perfectamente en un niño hombre quien podría perpetuar el nombre legitimador del padre. Su insistencia mandaría cada año a su mujer, pesada de gravidez, a Caracas donde daría a luz a otra hija. La madre evidentemente sometía el orden paterno a su propia suerte de control, disfrutando los deslices anuales e irremediables entre la intención y el producto; la intención de presentar a un hijo y las presentaciones consecutivas de seis niñitas, una producción excesiva que no podía sin embargo satisfacer el deseo inamovible del padre. "En realidad no solíamos desobedecerle sino una sola vez en la vida. Pero aquella sola vez bastaba para desunirnos sin escenas ni violencia durante muchos años. La gran desobediencia tenía lugar el día de nuestro nacimiento" (23). Nacer mujer era el pecado original que las echaba, no de la armonía materna, sino del orden divino del paraíso paterno. No obstante, el exilio dejó a estas mujercitas libres en un mundo plenamente humanizado, donde la distancia despejada entre deseo y realización, lenguaje y experiencia, les dio espacio para re-crear. Si hubieran nacido hombres y plenamente legítimos para el padre, quizás sus travesuras habrían tomado más tiempo para desarrollarse.

El ejemplo contrastante que demuestra mejor que ningún otro dónde falla el disparo lingüístico es Primo Juancho, el anciano tío de las niñas, quien parece postergar con testarudez cualquier reconocimiento de dificultades sistémicas. El caballero empobrecido muestra todo el desorden intelectual que estas memorias asocian con los

grandes espíritus, pero él se resiste a llamar fracaso los programas positivos aun cuando no funcionan. Cuando le decepciona un esquema
científico, otro rápidamente toma su lugar; el valor del pensamiento
científico nunca se cuestiona. El acierto verbal de Juancho estaba tan
lejos del blanco como el de la madre, pero no porque eligiera la vía para
sacar máximo provecho a un sistema imposible. Juancho quería "hacer"
la diferencia, no sólo jugar con ella. Soñaba por ejemplo con ser nombrado en cargos gubernamentales poderosos, pero "no podía gobernar
ni dirigir nada; no por falta de aptitudes, sino por exceso de pensamientos. Su ilustración lo perdía" (63). Ésta es una clara insinuación
de que al final de la novela, después de que se vende la plantación para
apaciguar a la familia del padre, se logra la modernización exitosa llevada a cabo por el nuevo dueño (llamémoslo Santos) gracias precisamente a los conocimientos limitados del modernizador. Para organizar
cualquier cosa racionalmente uno tiene que elegir, excluir, resolver
debates a favor de un orador, a favor de un código de conducta, tal
como lo haría "Santos" en Piedra Azul y en Altamira. Era una
estrechez que no toleraba Juancho. Su exorbitante humanidad obstaculiza sus propios proyectos positivos por ser arbitrariamente
(des)ordenada, como un diccionario "desencuadernado y desencadena-
do" (65), compuesto por yuxtaposiciones dispersas y relaciones
metonímicas que no necesitan jerarquías; escrito como esta novela casi
estática que reconoce el heroísmo sin objetivo de Juancho, y a la misma
Mamá Blanca con sus "ruidosos fracasos en todo lo que representase
éxito material" (9)[9]. De igual manera, su don contraproducente para el
lenguaje traidor logra articular no los proyectos deseados, sino su lealtad al "alma idealista de la raza" (76). La anglófona Evelyn, por ejemplo, fue contratada por la insistencia de Juancho en que las niñas
aprendieran algo de la "sana mentalidad y del indispensable idioma
inglés". La consecuencia fue que Evelyn aprendió a mal hablar un
castellano criollo sin artículos definidos. Así, los esfuerzos de Juancho
de "europeizar" la plantación tuvieron el resultado diametralmente
opuesto de implantar un amor a la tolerante indolencia y "el español
amable, afectado y cantadísimo de Mamá" (75).

Juancho era capaz incluso de hacerse zancadilla, literalmente,
cuando su código ideal (alternativa y conflictivamente positivista y
caballeresco) falla en el momento de la comunicación anhelada. El
mejor ejemplo es cuando se desliza con una cáscara de fruta y se cae

encima de la misma señora a la que estaba a punto de saludar con una profunda reverencia en la calle. La mujer, indignada, lo regaña porque es incapaz de entender a este "maestro en cortesía" (67). Si entendemos a Juancho y lo queremos, es tal vez porque Blanca Nieves ya nos ha enseñado lo admirables que son los fallos lingüísticos (verbales y gestuales), sobre todo cuando intentan respetar un código de conducta desinteresado, al mismo tiempo obsoleto y amado. Juancho vive entre un desastre y otro, sin admitir que sigue un modelo quijotesco, un bagaje de nociones idealizadas a las que la realidad toma constantemente por sorpresa. En contraste, la realidad positiva aquí resulta aburrida porque se niega a ser sorprendida. Es un discurso fatal para el Primo Juancho cuya ingenuidad equivale a una vitalidad ética. Estas memorias nos enfrentan como lectores con la imposibilidad de predecir los significados de las cosas o de mantener los estereotipos que permitirían una lectura más segura del mundo, pero menos ética.

No debe desquiciarnos entonces que la joven amiga que "edita" las memorias póstumas de Mamá Blanca se disculpe por organizar, aclarar, y pulir para sus lectores lo que la anciana llamaba, consciente de la distancia que impone la escritura sobre lo que enfoca: el "retrato de mi memoria" (13). La joven profesional podría haberse defendido, sin embargo, al notar que la misma Blanca Nieves disfrutaba el proceso de entrometerse en las historias de su madre, imprimiéndoles "unidad al conjunto" (41). Pero la editora seguramente reconoce una diferencia entre las dos intervenciones. Blanca Nieves tejía y destejía sus historias sin preocuparse por lograr una forma definitiva ni por la recepción de un público anónimo. Su futura amiga se desviaba sometiendo las páginas sueltas de Blanca al *Nachträglichkeit* que la moda biográfica le impone al material difuso. La diferencia entre estos personajes se destaca en contraste con su continuidad, ya que los esfuerzos de la anciana autora por cultivar a la joven sugieren una transferencia de poder. De hecho, de su relación contigua (literalmente en el piano o en la mesa) deriva buena parte del encanto de su amistad. Pero la joven no pudo haber olvidado que su indiscriminada transferencia del texto a un público desconocido constituía una violación de la intimidad y la confianza.

> —Ya sabes, esto es para ti. Dedicado a mis hijos y nietos, presiento que
> de heredarlo sonreirían con ternura diciendo: "¡Cosas de Mamá

Blanca!", y ni siquiera lo hojearían. Escrito, pues, para ellos, te lo legaré a ti. Léelo si quieres, pero no lo enseñes a nadie… Este es el retrato de mi memoria…

Siendo indiscreción tan en boga la de publicar Memorias y Biografías cortando aquí, añadiendo allá, según el capricho de biógrafos y editores, no he podido resistir más tiempo la corriente de mi época y he emprendido la tarea fácil y destructora de ordenar las primeras cien páginas… a fin de darlas a la publicidad… Mientras las disponía, he sentido la mirada del público lector, fija continuamente sobre mí como el ojo del Señor sobre Caín. (13)

Nosotros los lectores, aguijoneados por la ilusión de conspiración, seguimos leyendo. Pero esta treta un tanto convencional de suscitar interés voyerístico es aquí también la puesta en escena del desplazamiento forzado que se narra en la novela: una pérdida proléptica de privacidad que vendrá con la venta de la plantación y la mudanza a Caracas que equivale a la pérdida de una libertad para hacer y deshacer textos. Al extender a través de la editora la continuidad de Mamá Blanca a incontables lectores desconocidos que se pueden identificar con la historia, la introducción enmarca el proceso impersonal de modernización que terminará con el paraíso íntimo de Blanca Nieves y su narrativa. Después de su decisión irresistible de hacer públicas las memorias, la agente modernizadora reinscribe su culpa fatal, como si fuera Caín, cada vez que transcribe (o inventa) las objeciones de la propia Mamá Blanca de arreglar las palabras en la escritura: "Cuántas veces he tratado de explicarles aquí cómo hablaba Vicente y cómo hablaba Mamá, aquellos dos polos: el extremo de la rusticidad y el extremo de la exquisitez o preciosismo, uno más ritmado que melodioso, otro más melodioso que ritmado, he tenido que contemplar con tristeza la miseria realizada por mi buena intención. La palabra escrita, lo repito, es un cadáver" (101). Sin embargo, por el precio de esa culpa la editora consigue comprar una libertad moderna y conflictiva que le permite resistir la autoridad tradicional y materna, al someterse al predominio contemporáneo del mercado y la fama. ¿Habrá aprendido de la misma Mamá Blanca cómo desempeñarse dentro de la contradicción entre códigos? La escritura es una muerte que, paradójicamente, asegura la memoria de lo que ha matado. No es la muerte del "significado", que conmemoraría una lectura más rigurosamente deconstructiva, sino de la musicalidad y el gesto en este retrato repetible, aunque descolorido.

El narrador de *Doña Bárbara* se acerca al mundo tradicional de otra manera, menos torturada y sin falsa modestia. Para este modernizador, el deslustre y la visibilidad pública de la escritura constituyen sólo grandes ventajas, sin las pérdidas lamentables. Son las precondiciones para distinguir entre la ley escrita, y generalmente obligatoria, y la tradición oral; lo cual equivale a distinguir entre la civilización y la barbarie. Este mandato de diseñar términos nítidos de oposición se habría impacientado con la heteroglosia plurivalente que sobrevivía en Piedra Azul. Blanca Nieves se daría cuenta de que, después de todo, a Bárbara no le dejaron un espacio entre significante y significado en el que el sujeto femenino pudiera re-crearse. Al contrario, ese espacio para encantos, interpretaciones y seducciones era la medida de su anormalidad. La misma libertad verbal y gestual que le confería un encanto especial a las niñitas malcriadas de Piedra Azul, convertía a Bárbara en el blanco de una campaña de higiene lingüística. Su independencia y su poder se interpretaban como el resultado del odio, como perversiones de su naturaleza femenina. Al abrir un espacio entre la palabra mujer y su persona agresiva y viril, Bárbara se había atrevido a cortar el vínculo entre virilidad y virtud, padre y patria; y había puesto en movimiento todo el sistema racionalmente definido. Por supuesto que había que eliminarla.

En Piedra Azul por el contrario, no se elimina nada, todos los discursos racionales e irracionales conviven en una poligamia de hecho aunque no totalmente lícita, como Vicente y sus dos mujeres. Todo ocupa el mismo espacio estático e inclusivo: las tradiciones antiguas y nobles junto con las prácticas populares, la superstición excéntrica, las razas y generaciones. En Piedra Azul todo coexiste y se enriquece mutuamente, aunque a los padres no les parezca:

> Ni Evelyn (en su intransigencia inglesa y puritana), ni Mamá, ni Papá, ni nadie era tampoco capaz de apreciar el buen sabor a español noble y añejo del vocabulario que empleaba Vicente. Nosotros sí, y porque lo apreciábamos lo copiábamos. Evelyn nos corregía asegurando severa que hablábamos vulgarmente; también Mamá nos corregía, pero ellas no tenían razón: la razón o supremo gusto estaba de parte de Vicente y de parte nuestra. Sólo muchos años después pude comprenderlo bien. Fue leyendo a López de Gómara, Cieza de León, Bernal Díaz del Castillo...
>
> Vicente decía, como en el magnífico siglo XVI, *ansina,* en lugar de así, *truje,* en lugar de traje; *aguaitar,* en lugar de mirar; *mesmo,* por mismo;

endilgar, por encaminar; decía *esguazar,* decía *agora,* decía *cuasi,* decía *naide,*... (97-98)

Esos mismos arcaísmos, que Harriet de Onís con mucha sabiduría decidió no traducir en su versión al inglés y que son conservados por Teresa de la Parra como un legado precioso del lenguaje "americano" original, se presentan al mismo tiempo en *Doña Bárbara.* Y hay que ver la diferencia en su presentación: en la boca de Marisela parecen ser realmente las vulgaridades que Evelyn y los padres de las niñas creían escuchar en Piedra Azul. Para Santos Luzardo, un hombre obsesionado con el ideal de un lenguaje centralizador y eficiente, las variaciones o bien son alteraciones ilícitas, o se reducen a la oposición entre el uso correcto y el uso incorrecto y siempre, en definitiva, entre civilización y barbarie. A diferencia de la pampa de Sarmiento y el llano de Gallegos, Piedra Azul no conoce la barbarie. La narradora no percibe la discrepancia porque sus memorias no representan una lucha hasta la muerte entre dos sistemas culturales y lingüísticos donde el "otro" es, casi por definición etimológica, bárbaro o extranjero. Bárbara es, por supuesto, el "otro", el que compite con el Padre.

Es posible que mientras escucha la historia de Doña Bárbara, Mamá Blanca llegue a la misma conclusión sobre la codificación injusta del "otro" como malo, ya que existen abundantes motivos para que ella piense que la diferencia aparentemente ética entre civilización y barbarie es también, como ya he mencionado, una diferencia de propiedad, entre lo mío y lo tuyo, lo propio e impropio. En mi epílogo imaginario, las dos mujeres sin duda desarrollarían una amistad profunda basada en las experiencias comunes y traumáticas que las convirtieron en "ex céntricas". Ya están ausentes de sus contextos ideales, con una ausencia que al mismo tiempo les permite y las obliga a escribir. En un caso se escribe para llenar el vacío que deja la nostalgia; en el otro, la escritura es la caricatura de un hombre que destierra a Bárbara. Mucho antes de sentarse a escribir sus memorias, Mamá Blanca evidentemente conocía el valor de la distancia, entre los nombres y las personas, entre la experiencia y el "retrato" de la vida que estaba relatando. Su editora no es menos sensible al cálculo de pérdidas y ganancias cuando describe "el roce de mis manos sobre las huellas de las manos ausentes" (3). Por extensión, también son nuestras manos las que acarician las mismas páginas y ocupan una posición análoga a la de ella en la cadena de ausencias que paradójicamente posibilitan nuestra asociación. Pero Bárbara sólo empezaría a concebir la ausencia como oportunidad ahora que estaba lejos del Llano, articulando su propia historia. Su versión podría aprovechar el gusto de Mamá Blanca por lo que falta, su talento para crear desajustes narrativos y su desprecio por la significación obligatoria. En la versión de *él,* la historia de Bárbara parecía estar terriblemente presente y coherente, como si una persona pudiera significar algo tan categórico como el mal.

Gallegos declara la inmediatez de su escritura en sus primeras palabras: "¿Con quién vamos?", en las que el tiempo presente y el plural de la primera persona interpelan al lector como participante. Escribe como si la interpretación y los desplazamientos de significado fueran totalmente superables. Y cuando apela a los subtextos literarios, como en el caso de la "Bella Durmiente", no es para tergiversar a la manera de Blanca, sino para invocar una alegoría aparentemente transparente con propósitos didácticos, donde la Bella es una figura de Marisela o de Venezuela. Pero ya que Gallegos nos ha dado la pista de las posibilidades alegóricas de los cuentos de hadas, Bárbara, Blanca o nosotros, podemos seguir experimentando donde él dejó. Intelectos que carezcan de la disciplina necesaria tienden a desviarse de las definiciones de Gallegos. Podríamos pensar, para dar un ejemplo obvio en este epílogo, en el cuento de hadas de Blanca Nieves mientras releemos su Bella Durmiente. Quizás por este sendero de lectura asociativa, así como por las pistas literarias trazadas por la heroína de Parra, se pueda imaginar una relectura feminista de *Doña Bárbara* a través de *Blanca Nieves.* En el cuento de hadas, la heroína es una niña buena, buena fundamentalmente porque es niña. Es decir, es inocente porque en su edad preadolescente carece del poder materno para reproducirse en hijas. La madre (madrastra en la tradición, para subrayar la discontinuidad) es necesariamente mala, básicamente porque ejerce un poder que desafía al padre. Sandra Gilbert y Susan Gubar ofrecen estas observaciones provocativas y añaden que la supuesta madre real en la historia había muerto poco después de dar a luz, como si tal muestra de poder hubiera anulado su validez como madre[10]. Este absurdo aparente, y la separación radical entre madre e hija (también Bárbara y Marisela) en este cuento tan fundamental en el imaginario occidental, representan una especie de complejo de Electra donde el premio es el padre. Es un modelo de relaciones familiares que ha sido puesto en tela de juicio por el psicoanálisis feminista que describe el desarrollo femenino como proceso de continuidad y extensión con la madre, y por una literatura feminista que desarticula los modelos heredados[11]. Quizás no haya mejor ejemplo de los asaltos literarios al modelo Edipo-Electra que *Las memorias de Mamá Blanca,* donde las figuras espaciales de la extensión y la metonimia se convierten en los principios mismos de la organización narrativa. Aquí el espejo del dormitorio no es un reflejo mágico en la pared que juzga el valor comparativo de las mujeres, ni es una voz determinante del padre ausente y deseado como en el cuento de hadas, sino la pantalla donde se proyectan las manos de una madre acariciando el pelo de su hija a medida que se convierten en cómplices de su ensueño creativo.

Si Bárbara hubiera tenido la oportunidad de escribir su propia historia, inspirada tanto por la Reina "mala" (emprendedora) como por aquella Blanca Nieves, venezolana, quizás hubiera podido extender su complot empresarial para cocinar una artimaña literaria en los reflejos demoníacos de su propia mesa de bruja conjuradora. Allí seguramente habría gozado de los giros que podía darle a los nítidos renglones de la "épica" patriota que lleva su nombre. El género heroico, siempre enunciado con el sofocante autorrespeto del vencedor, no se ajustaba a los líos caprichosos de mujer. Quizás, en el desorden novelado que su conjura literaria produjera, habría más espacio para que a las madres las acompañaran sus hijas[12]. En la versión de Gallegos, madre e hija se juntan también, pero como antagonistas, cuando Marisela irrumpe en el dormitorio de Bárbara para confrontar a la "bruja" que está hechizando a Santos. Las mujeres pelean (por él) y Santos anula la ventaja de Bárbara al entrar para salvar a la niña[13].

Es muy posible que mi relectura a contrapelo de *Doña Bárbara* parezca un tanto perversa, o al menos anacrónica o irresponsable[14]. No deberíamos olvidar la importancia que tuvo Rómulo Gallegos como líder de la Generación de 1928 que se opuso al dictador Juan Vicente Gómez. Y por supuesto es verdad que su novela de 1929 en gran medida sentó las bases del populismo victorioso del Partido Acción Democrática. El educador, autor y presidente era, sin duda, "progresista" ya que abogaba tanto por un Estado de derecho como por un desarrollo económico que promoviera la prosperidad y el bienestar general. En gran medida, la modernización equivalía de hecho al mejoramiento social. Tampoco hay duda de que era preferible al autoritarismo de Gómez, quien administró el Estado como si fuera su propia hacienda. La única preocupación que quisiera expresar en la pausa dialógica que Bárbara le daría al flujo épico de Gallegos, es que cierta continuidad retórica y emocional evoca el personalismo en el populismo. Las dos culturas políticas tienden a centrarse bajo el liderazgo de una figura prácticamente de culto. Y aunque el proyecto centralizador de una novela populista como *Doña Bárbara* se base en un sistema jurídico en apariencia impersonal, el resultado victorioso se parece sospechosamente al problema que ha resuelto. El guión de cine preparado más tarde por Gallegos dramatiza la coincidencia aún más claramente que la novela. El problema que Santos viene a resolver es el poder absoluto que ejerce Bárbara sobre el llano. La solución que se celebra al final de la película es el poder casi igualmente absoluto que Santos le ha quitado. Encima de una colina, Santos y Marisela admiran su vasta propiedad. Para ese momento se ha muerto (por suerte) su primo y posible rival, Marisela ha aprendido a hablar un español correcto, y Bárbara ha optado por una salida elegante y se desvanece en lontananza. El control pasa de ella a él. Entre ellos hay lo que se podría llamar una relación metafórica, una sustitución semántica que, por muy radical que sea, no desestabiliza la organización verbal. Lo invariable es la posición del protagonista como líder. Esta simple observación sugiere la posibilidad de que sobrevivan algunos hábitos autoritarios en un proyecto populista que no satisfaga las demandas populares que ayudó a formular.

Por contraste, Teresa de la Parra no se preocupaba por las demandas progresistas o populares. Hasta su feminismo era, en sus propias palabras, moderado y nunca llegó al punto de aspirar al sufragio[15]. Muchos lectores la consideran un tanto conservadora, incluso reaccionaria en el sentido más estricto, debido a su orgullo en sus antepasados ilustres, el encanto y el refinamiento que la distinguían en la sociedad elegante, y su presunta nostalgia de la vida colonial[16]. Parra nació en París y fue criada en la plantación de azúcar familiar en las afueras de Caracas hasta la edad de diez años, cuando murió su padre y la familia se mudó a España. Su corta vida de tránsito entre España y Francia, con estancias en los sanatorios de tuberculosis y visitas a Venezuela, Cuba y Colombia, la dedicó a la re-creación de su mundo perdido. Teresa de la Parra fue aun más separada de Venezuela y de su truncada infancia que la Avellaneda de Cuba, pero supo aprovechar también esta distancia al escribir. Su proyecto será reaccionario también en términos de historia literaria, porque regresa a la literatura episódica y costumbrista de articulaciones sueltas que produjo "retratos" estáticos de la vida rural; el término mismo que empleaba Mamá Blanca para sus memorias. Pero ponerle una etiqueta es demasiado simple; deriva de la misma imaginación binaria que reduce todo a izquierda y derecha, bien y mal, a un sistema tan decoroso y limitante como el lenguaje de Santos Luzardo. En vez de forzarla hacia un polo o el otro, se ubica más cómodamente en una tangente anárquica. Si el personaje Mamá Blanca es conservador, es porque quiere conservarlo todo, desde las prácticas más arcaicas hasta las variaciones más impredecibles de lo moderno, como la modalidad especial de un español sin artículos perfeccionada por Evelyn. Blanca se niega al impulso irreflexivamente automático de aceptar lo nuevo como lo mejor, dejando así espacio para aquellos que la historia, incluidos su adorada madre y su padre "todopoderoso", marginaría hasta el punto de borrarlos. Llega incluso a orquestar una rítmica y melodiosa polifonía de la marginalidad lingüística de cada habitante de Piedra Azul, una simultaneidad concertada de sonido basada en la geografía contigua y metonímica, donde sustituir a alguien sacrificaría el efecto general.

Con un gesto análogo e imitativo, me quiero ubicar en una tangente que dé cuenta de los aspectos políticamente alentadores de esta novela: su tolerancia, flexibilidad y la "incoherencia" compasiva de sus múltiples voces[17]. Si uno quisiera extraer una moraleja de todo esto, se podría sugerir, quizás, que la marcha del progreso debería darse cuenta de dónde y sobre quién pisa; si no, el movimiento puede tornarse en algo distinto al avance político. Tal fue lo que sucedió, según algunos críticos, con Acción Democrática, cuando de manera "progresista" silenció las voces internas que desafiaban el liderazgo del partido. Pisar con cuidado (o evitar pisar) sería preferible, y no necesariamente utópico. Los nicaragüenses, por ejemplo, tuvieron que aprender esta lección después de haber penetrado a muchos asentamientos de los indios misquitos. Tras la resistencia sorprendentemente efectiva de éstos, cuyo rechazo del centralismo nicaragüense los había identificado durante algún tiempo simplemente como obstáculos, el Estado cuestionó las virtudes políticas de insistir en imponer una cultura centralizada de habla hispana. Una organización política, lingüística y culturalmente diversa, ya no parecía una alternativa demasiado compleja a la uniformidad inalcanzable. Como concesión práctica, la Constitución ratificada en 1987 dispuso una educación legislada localmente donde un maestro de habla hispana ya no podía ocupar el lugar de uno que hablara misquito o inglés o rama. La organización política empezó a entenderse por acrecencia metonímica en vez de sustitución metafórica.

El recelo de Teresa de la Parra para asignar significados definitivos a las palabras, y su establecimiento en la introducción de lo que podría llamarse un linaje femenino que plantea la transferencia de textos entre dos mujeres; conducen a mis pensamientos a vagar en otras direcciones distintas al encuentro de Bárbara y Blanca. Además de la confrontación literaria con los padres fundacionales como Gallegos, el libro de Parra nos invita —y sus tres conferencias sobre "La influencia de las mujeres en la formación del alma americana" nos dirigen— hacia un sendero de continuidad con otras escritoras mujeres. En estas charlas que se le invitó a impartir sobre su vida y su trabajo en Cuba y Caracas, Parra prefiere colocarse en buena compañía en vez de convertir su ser femenino en espectáculo. Menciona a Delmira Agustini y a Gabriela Mistral como contemporáneas admirables, vuelve a los comienzos de América señalando la influencia humanizadora de la Reina Isabel y la agilidad multilingüe de Doña Marina, para quedarse en los logros de Sor Juana Inés de la Cruz. Cita poemas enteros bajo el seudónimo "Amarylis" ("Cuántas Amarylises han vivido desde entonces detrás de nuestras ciudades mirando pasar la vida")[18] y recuerda a sus propias abuelas y tías con las que la nación está en deuda. Este catálogo de madres antepasadas suscita la especulación sobre la posibilidad de que encontrar y quedarse en los significados imperfectos podría ser un rasgo común entre las mujeres escritoras más interesantes de Hispanoamérica. No puedo dejar de pensar que esto se debe a que su sentido agudo de la ironía proviene del hecho de sentirse abrumadas (o desengañadas) por un sistema verbal, o ley del padre, que no corresponde a su experiencia de vida. Al dramatizar la inconmensurable distancia entre experiencia y expresión, siguen señalando la brecha entre las palabras disponibles y el mundo esquivo, un buen indicio para releer también a los mejores escritores varones. Tal vez el discurso obsesivo de las mujeres sobre los desencuentros deriva en parte de un distanciarse femenino del lenguaje de autoridad estable, ya sea por una especie de reticencia al escrutinio público o por un sentido lúdico[19]. En ese caso, ser mujer y por lo tanto marginada, podría otorgar con un golpe de ironía una ventaja estética, como la caída de Eva y su expulsión del paraíso (seguida por Adán): una trasgresión que hace que las mujeres compensen creativamente. Blanca Nieves, al menos, comprende de esta manera su humilde superioridad por encima de su "hermano" Violeta:

> Yo admiraba a Violeta en las mismas proporciones en que Violeta me desdeñaba a mí. Era natural. Yo podía apreciar la puntería de sus pedradas y la elegancia de sus maromas, mientras que a ella no le era dado contemplar aquellos brillantes cortejos de príncipes y hadas que tras de mi boca abierta asistían con magnificencia a las bodas de Pablo y Virginia. Era yo respecto a ella lo que es en nuestros días cualquier poeta respecto a cualquier campeón de football, de la natación o del boxeo: es decir, nada. Pero mi humilde superioridad aplastada y oscura tenía su encanto. Mis ensueños limpios de todo aplauso, asaetados por Violeta y desbaratados por Evelyn, al igual de un arbusto después de una poda, reflorecían a escondidas con más abundancia y mayor intensidad. (47)

Si las mujeres, de una manera más sistemática que los hombres, son exiliadas del paraíso atlético donde los significantes alcanzan sus significados, es posible que su frustración consciente se convierta en una incitación a jugar con posibles combinaciones erróneas. En otras palabras, gracias a nuestra desobediencia y a nuestra desterritorialización, advertimos la arbitrariedad de la autoridad[20].

Se podría objetar fácil y correctamente que este tipo de distanciamiento o desfamiliarización forma parte constitutiva de toda escritura, y que el lenguaje, por su naturaleza alegórica, dramatiza necesariamente la ausencia que intenta en vano llenar. No obstante, importan las diferencias entre las múltiples maneras posibles de manejar esa tensión entre presencia deseada pero inalcanzable (de la verdad, la autoridad, la naturaleza, etc.) y la ausencia dejada por el déficit de las palabras que no llegan a sus referentes. Ignorar esas variaciones sería perder de vista las diferencias estilísticas y estratégicas que distinguen un texto de otro. Gallegos, por ejemplo, estaría tan consciente como Parra de que su lenguaje era traidor, pero su política de castigar a los traidores no se parece en nada a la actitud risueña y benigna de ella. Al enfrentar la inquietud que hace que la escritura se deje arrastrar por la experiencia de la vida, ella se las arregla para no encerrarlas en una celda estrecha, reconociendo la inutilidad de la disciplina del autor.

No es la primera vez que hemos notado la preocupación o queja de una mujer frente al lenguaje poco cooperador. La vimos en *Sab* de Gertrudis Gómez de Avellaneda, donde un glosario entero de categorías de color racialmente identificadas era incapaz de describir al residente más típico de Cuba. La significación era un proceso indirecto, en el que por ejemplo, negro, blanco y amarillo no terminaban de describir a Sab, y sin embargo lo sugerían por un juego doble de composición y ausencia. La significación era tan indirecta como las cartas escritas por Sab a Teresa, mientras Carlota era la destinataria ideal pero inalcanzable. Tal como las memorias de Mamá Blanca, escritas para sus hijos pero entregadas a una hija adoptiva, la carta perentoria de Sab fue entregada a un cómplice compasivo. En la misma tangente de las comunicaciones indirectas de las mujeres, estoy tentada a agregar que poco después de la novela de Avellaneda, tres argentinas se aprovecharon de la indefinición política que siguió a la derrota de Rosas para limpiar un espacio discursivo en el diario que publicaban anónimamente, un diario que se llamaba *La Camelia* y se dedicaba a "Libertad, no licencia: igualdad entre ambos sexos" (11 de abril de 1852)[21]. Con la estrategia del anonimato se presentaban, indirectamente por supuesto, con signos (in)apropiados similares a los que Avellaneda empleó para Sab: "Sin ser niñitas bonitas, no somos ni viejas ni feas". En esa misma generación, escritoras como Rosa Guerra, Juana Manuela Gorriti, Mercedes Rosas de Rivera y Juana Manso discrepaban de sus padres y maridos unitarios sobre el lenguaje unitario y limitante que seguramente reproduciría algunos de los mismos abusos a los que se opusieron en la época de Rosas. En su lugar, las mujeres cultivaron un discurso nacional heterogéneo en el que las lenguas indígenas, el italiano, el gallego, el inglés y los dialectos gauchos se mezclaban con el español[22]. Al mismo tiempo, plantearon quejas acerca de las asociaciones engañosas que imponen algunas palabras, asociaciones como familia y patria, o femenino y frívolo. Si el hogar era el sitio donde se establecían las relaciones sociales civilizadas, como la generación masculina de 1837 nunca se cansó de repetir, entonces las mujeres exigían bases coherentes y equilibradas para la nueva familia nacional. Las esposas tenían que asumir igual responsabilidad y tener iguales derechos; si no, la celebración de una domesticidad no analizada devolvería al país al lodo de los hábitos feudales y bárbaros.

Desde esta perspectiva, es fácil notar la diferencia inequívoca entre los esfuerzos de estas mujeres por conseguir la coherencia y la desviación de Parra. Su defensa casi agresiva de la incoherencia constituye la otra cara de la demanda por la coincidencia de familia y Estado. Mientras que ellas, y quizás Avellaneda, sienten su marginalidad del lenguaje de la autoridad como una exclusión, Parra lo siente como liberación. Este constitutivo distanciarse de los valores absolutos puede ser común a toda literatura, pero no siempre es tan autorreflexivo ni tan preñado de posibilidades como en Parra, y en alguna medida en Avellaneda y sus contemporáneas argentinas. No siempre provee, como lo hace para ellas, un punto de negociación para conseguir el permiso para salir de la casa/cárcel del lenguaje, o por lo menos un presupuesto para redecorarla.

Desde su celda particular, la desobediente Sor Juana Inés de la Cruz (1648-1695), modelo para generaciones de escritoras novicias que se portaban mal, incluyendo a Teresa de la Parra, tuvo tiempo para reflexionar sobre su propia relación con el lenguaje. La perspectiva de manipular estratégicamente la imposibilidad del lenguaje le habrá parecido muy atractiva, en especial al preparar su famosa respuesta a Sor Filotea. La superiora acababa de instruir a su protegida de desistir de sus debates con las autoridades de la Iglesia y también de proseguir sus estudios seculares de literatura y ciencia. Éstas eran actividades proscritas para una mujer que se había unido a una orden religiosa. Pero la firma feminizada que cierra esta reprimenda estridente revela una ficción, ya que el superior y confesor de Sor Juana era un hombre, el obispo de Puebla. Con su firma de "Hermana Amiga de Dios", pretendía disfrazar sus requerimientos como apelaciones al sentido común de decencia de la monja. El obispo había incentivado antes a su pupila espiritual a ser audaz, cuando le instó a desempolvar una provocación hecha cuarenta años atrás por el jesuita portugués Vieyra acerca de la naturaleza de las virtudes de Cristo; crítica que después hizo publicar y circular como la "Carta Atenagórica" (por la diosa de la sabiduría). La osadía del obispo daba más pruebas de la habilidad de las mujeres de las que convendría defender más tarde. Al competir por el cargo de arzobispo de México, y perderlo ante un jesuita español —amigo personal de Vieyra y misógino incorregible— la atención especial del obispo a la educación de las mujeres se tornó obstáculo político. Le exigió a Sor Juana arrepentirse de su alegada arrogancia, pero ella rehusó sacrificarse por un choque entre hombres[23]. Su respuesta a la orden de excusarse fue explayar su conocimiento secular con un argumento sobre otro, para enfatizar su derecho a escribir.

Muchos lectores se acordarán de los escasos detalles autobiográficos sobre el don divino de su inteligencia irreprimible (antologizados tantas veces): cómo se escapaba detrás de una hermana mayor para aprender a leer y escribir, cómo se castigaba con cortes de pelo y privación de postres por no leer con suficiente rapidez, cómo impresionaba a los doctores en la corte con su agilidad mental y erudición, y cómo entró al convento para quedar libre de la vida doméstica y dedicarse a estudiar. Algunos lectores de la Respuesta han valorizado también el catálogo impresionante de madres antepasadas que construye Sor Juana (mezclando santas católicas con paganas y víctimas herejes de la Iglesia) para darse licencia en su compañía[24]. Este tipo de autocelebración a través de otras mujeres notables evidentemente atraía a Parra, quien repitió el esquema en sus charlas. Pero quisiera llamar la atención, en este contexto, sobre los argumentos de crítica literaria de Sor Juana (poco reconocidos) sobre la inestabilidad y la posibilidad de interpretación infinita de cualquier texto, incluyendo los llamados textos sagrados. Cuando su confesor sugirió que se dedicara a la exégesis de los escritos sagrados, parecía haberse olvidado de que el terreno sería tan resbaloso como el de las letras profanas con las que la monja se entretenía. Temía que el esfuerzo la distanciaría todavía más de la doctrina de autoridad de la Iglesia. Según ella, si Virgilio, Homero y todos los grandes poetas y oradores están sujetos a ser (mal)interpretados, los escritos sagrados no lo están menos. Llenos de dificultades gramaticales, tales como el empleo del plural en vez del singular, el cambio de la segunda a la tercera persona, asignar forma genitiva en vez de acusativa a los adjetivos, los textos bíblicos hasta sustituyen el género femenino por masculino[25].

Este último detalle pide especial atención por su audacia y su franqueza. Es el único que aparece sin ejemplos y sin duda no es porque no haya casos de cambio de género en la Biblia, de hecho Sor Juana debe haber conocido algunos para hacer la observación[26]. Lo más probable es que haya omitido los ejemplos porque su blanco aquí era el destinatario mismo, la autoridad masculina, disfrazada en el travestismo epistolar de Sor Filotea, quien esperaba simular una hermandad con la monja (in)subordinada para ganar su confianza. Sor Juana naturalmente no puede sino dejar que él se salga con la suya. Al mismo tiempo, se aprovecha de la ficción transparente para dramatizar lo inestables y flexibles que pueden ser las atribuciones de género. Y así, excusándose con una ironía apenas disfrazada, burlona, termina su respuesta recordándole a su confesor que si ella ha transgredido el decoro del género es porque él le ha enseñado cómo hacerlo. Ella pide "perdón de la casera familiaridad o menos autoridad de que tratándoos como a una religiosa de velo, hermana mía, se me ha olvidado la distancia de vuestra ilustrísima persona, que a veros yo sin velo, no sucediera así..."[27] Por supuesto que habría sido menos estratégico que el obispo hubiera intentado una intervención más desnuda, porque habría asegurado su ausencia del convento. Para simular su presencia allí, él se ausenta como hombre encubriendo la diferencia. No es que su juego deje de convencer a su lectora ideal sino que el obispo mismo no quiere jugarlo hasta su final lógico. Sor Juana por su parte no vacila, y lo obliga a hacer la próxima movida. El confesor la habría criticado por presumir el tipo de autoridad eclesiástica que se reserva a los hombres, pero lo que expresa es su misma flexibilidad como signo de género. Para entrar en un debate con ella, tuvo que valerse de una identidad femenina, ni superior ni inferior a la de su oponente.

No insistiré en muchos ejemplos más, porque este capítulo se extendería demasiado y también porque tal vez no sea necesario. Sin embargo, la inspiración de Sor Juana, el catálogo de matriarcas que prepararon ella y después Parra en sus autopresentaciones, me conduce por un deseo irresistiblemente mimético de recordar la buena compañía, a mencionar algunas obras que dramatizan lo que podría llamarse un distanciamiento femenino en el lenguaje. Un ejemplo favorito es *Balún Canán* (1957) de Rosario Castellanos, novela narrada por una niña de siete años quien no logra hacer coincidir el argumento con los códigos raciales y sexuales en conflicto a su alrededor y a través de ella. Su confusión ingenua inicial jamás se esclarece, más bien se afinca en la repetición del quebrantamiento de un México que nunca logra plasmarse en una sociedad, y del lenguaje nacional que hace desaparecer el territorio indígena al traducirlo en patrimonio mexicano. Castellanos escribe un anti*Bildungsroman,* una historia personal sin evolución ni meta, a través de los choques discursivos entre indios y blancos, mujeres y hombres, obreros y latifundistas. Otra escritora favorita es Clarice Lispector (1926-1977), aquella narradora de lo extraño doméstico quien convierte situaciones perfectamente cotidianas en erosiones grotescas, mediante el mismo enfoque estático y las inquietantes repeticiones que hacen que la vida de las mujeres sea intolerablemente familiar. Con ella, también me acuerdo de Luisa Valenzuela, cuyos mejores cuentos en *Cambio de armas* (1982) desfamiliarizan un sistema político-lingüístico que no se corresponde con la lógica del amor.

Tal vez el ejemplo más dramático de lo que quisiera llamar una tradición estética de distanciamiento femenino es el testimonio dado por Rigoberta Menchú, la joven quiché de Guatemala que utilizó el español para poder organizar una resistencia multiétnica a las expropiaciones y a la violencia gubernamentales. Ella, aún más que las narradoras infantiles o las parias sociales, es nueva en un sistema de lenguaje con el que se tiene que defender. Su relación particular con el español deja vislumbrar su marginalidad a todo un sistema criollo, más allá de uno u otro código ideológico; es una postura repetida de la *bricoleuse* lingüística que combina las tradiciones indígenas del *Popol Vuh* con el Catolicismo, la exclusividad étnica con las pugnas nacionales y con el marxismo; porque ha aprendido que no hay sistema único que la represente o la contenga. El desajuste es también la característica de su ventaja como nueva hablante del castellano, una que mantiene su distancia del lenguaje y dentro de él, que traduce con expresiones inauditas en español conceptos inesperados. No es que todos sus conceptos estén destinados a un público de habla hispana. El recordatorio más revelador de la diferencia de Rigoberta es un recelo cauteloso por no dar razones, tan cauteloso como la costumbre aparentemente irresponsable de Mamá al nombrar a sus niñitas. Fue sorprendente para mí dar con repetidos reparos en el testimonio donde Rigoberta se rehúsa a informar. Por supuesto que las protestas audibles del silencio serán rechazos al tipo de preguntas de la antropóloga Elizabeth Burgos-Debray; sin sus preguntas precisas, la informante lógicamente no tendría por qué negarse a contestar. Pero lo que llama la atención es la visible huella del rechazo en un texto que pretende revelar y denunciar. Otras etnografías la hubieran borrado como mero obstáculo a la comunicación de prácticas y creencias que interesan a los estudiosos. En este caso, sin embargo, la informante o la transcriptora, o ambas, decidieron mantener una serie de admoniciones en el texto publicado. Desde el comienzo, la narradora nos dice claramente que no va a contar: "El indígena ha sido muy cuidadoso con muchos detalles de la misma comunidad y no es permisible de parte de la comunidad platicar muchas cosas de detalles del indígena"[28]. Por alguna decisión editorial o colectiva, las últimas palabras del testimonio son las siguientes: "Sigo ocultando lo que yo considero que nadie lo sabe, ni siquiera un antropólogo, ni un intelectual, por más que tenga muchos libros, no saben distinguir todos nuestros secretos"[29]. Y sin embargo, el libro de casi 400 páginas está lleno de información: sobre Rigoberta misma, su comunidad, prácticas tradicionales, el conflicto armado, decisiones estratégicas. Un lector podría entonces preguntarse qué significa que los secretos "no puedan saberse" y por qué se asigna tanta atención a nuestra insuficiencia como lectores. ¿Está diciendo que somos *incapaces* de saber o que como sujetos de una cultura centralizada y centralizadora no *deberíamos* saber (tal como Mamá no *debería* haber anunciado a Aurora con su nombre verdadero), por razones de seguridad étnica?

Paradójicamente, quizás, la escritora que de manera más inteligente nos mantiene y se mantiene a una distancia prudente de la cultura hispana hegemónica es la que parece haber pertenecido a ella sin reparos. Me refiero de nuevo a Teresa de la Parra, cuya autobiográfica narradora infantil sabe, sin jactarse, que está, con sus hermanas, en "el centro de ese Cosmos" (20). En una explicación que desfamiliariza la gramática familiar, cuenta que todos se referían a ellas con el tuteo real (101). La desfamiliarización no presupone haber recién llegado al mundo criollo, como en el caso de Rigoberta, ni una descomposición grotesca como en Lispector. Asume un sentido virtualmente divino de seguridad que lo convierte todo en materia prima para la manipulación; una seguridad absoluta que reconoce con más humor que horror el espacio entre, por ejemplo, la manera de interpelar a un rey y de hablar a una niña. También es una seguridad que autoriza las diferencias lingüísticas simultáneas, atando los cabos sueltos del amor indulgente; ya que como Avellaneda, Castellanos, Menchú y muchas otras descubrirían, no hay un código que sea adecuado para narrar la nación.

Estos vínculos horizontales, dramatizados por la organización episódica de las *Memorias,* por la escena de escribir y reescribir en el fecundo espejo, y finalmente por la advertencia de la narradora de que no hay que confundir el cambio con el progreso; tal vez nos recuerden una de las promesas que según Benedict Anderson, les hacían las novelas a sus primeros lectores latinoamericanos. Les abrirían la imaginación a la idea de una comunidad nacional inclusiva al incluirlos a todos, horizontalmente, en un concepto flexible de tiempo secular en el que distintas historias se desarrollan simultáneamente. Si los romances fundacionales del XIX y las revisiones populistas antiimperialistas de los 1920 y 1930 tendían a dar las inclusiones por sentadas y se proyectaban en línea recta hacia la civilización mientras borraban las tangentes bárbaras, y si el patrón recurrente de las novelas del *Boom* es un círculo vicioso que alcanza el final de la historia patriótica para dar cuenta que fin ya no significa meta; esta novela que quisiera detener el tiempo opta por una forma menos vertiginosa. *Las memorias de Mamá Blanca* no describe ni línea ni círculo sino que se despliega como un abanico. Se dilata un poco más con cada página para hacerle lugar al próximo orador, insinuando apenas que el fulcro central es manipulado por alguien que nació en el centro. Pero el diseño que produce no es la estructura hegemónica o piramidal de las ficciones fundacionales. Es un reconocimiento de la dependencia mutua de los pliegues[30]. Sin este reconocimiento fracasaría el intento de capturar los aires polifónicos de una sociedad tan admirable por su complejidad como inestable para los patriarcas.

Notas

X.

"NO HAY QUE TENER RAZÓN":
MAMÁ BLANCA
Y LAS FUNDACIONES PATERNALES

1. Teresa de la Parra, *Las memorias de Mamá Blanca* (Caracas: Monte Ávila Editores, 2ª. ed., 1989).

2. Luis Sánchez-Trincado, un crítico español, llamó *Mamá Blanca* una "novela-álbum", explicando que estas "viñetas folc-lóricas" son típicas de la literatura infantil con la cual la obra de Parra se suele asociar. "Teresa de la Parra y la creación de caracteres", en *Revista Nacional de Cultura* 2, 22 (Caracas, septiembre de 1940): 38-54; 47.

3. Para un estudio excelente de *Las memorias,* que incluye una comparación sugestiva con *Doña Bárbara,* véase Elizabeth Garrels, *Las grietas de la ternura: Nueva lectura de Teresa de la Parra* (Caracas: Monte Ávila Editores, 1986). Otra comparación perceptiva, más general, entre feminismo y "mundonovismo", aparece en un ensayo de Francine Masiello: "Texto, ley, transgresión: Especulación sobre la novela (feminista) de vanguardia", *Revista Iberoamericana,* nos. 132-133 (julio-diciembre 1985): 807-822.

4. Si se tuviera que argumentar sobre la prevalencia de ciertos estereotipos como los de Gallegos, muchos escritores podrían ser mencionados, entre ellos el muy famoso José Rafael Pocaterra. La heroína de su novela adecuada y alegóricamente titulada *Tierra del Sol amada* "que encarna la gran patria espiritual, que se entrega, que se ofrece íntegra, que florece en su carne y que luego se disgrega, abnegada, como las oscuras raíces de una raza". Véase Pedro Díaz Seijas, *La antigua y la moderna literatura venezolana* (Caracas: Ediciones Armitano, 1966): 494. Respecto a la obra de Teresa de la Parra, el mismo crítico dirá que es menos objetiva, más inductiva y femenina.

5. Su "colaboración" literaria data por lo menos de 1920, cuando Parra publicó "Diario de una caraqueña por el Lejano Oriente" en la revista *Actualidades,* editada por Gallegos. Véase la Cronología al final de Teresa de la Parra, *Obras completas "Narrativa, ensayos, cartas",* "Selección, estudio crítico y cronología por Velia Bosch" (Caracas: Biblioteca Ayacucho, 1982): 696.

6. Para el contraste, véase la introducción de Bella Brodzki y Celeste Schenk a *Life/Lines: Theorizing Women's Autobiography* (Ithaca, N. Y.: Cornell University Press, 1988): 7.

7.   Véase la discusión de Luce Irigaray de lo imaginario como un "punto flojo" masculino, ese espacio que separa al niño de su madre al mismo tiempo que postula una unidad primal. "El punto flojo de un viejo sueño de simetría", en *Speculum: espéculo de la otra mujer,* trad. Baralides Alberdi Alonso (Madrid: Saltés, 1978): 9-145. También "Preguntas", en *Ese sexo que no es uno* (Madrid: Saltés, 1982): 154: "...intento atravesar lo imaginario masculino, interpretar cómo nos ha reducido al silencio, al mutismo, o al mimetismo...".
     También Patricia Yaeger, *Honey-Mad Women* (Nueva York: Columbia University Press, 1987), sobre las estrategias juguetonas como contra la idea feminista francesa de que el lenguaje siempre es alienado.

8.   Teresa de la Parra, *Ifigenia: Diario de una señorita que escribió porque se fastidiaba,* publicado en 1924. Para una buena lectura, véase Julieta Fombona, "Teresa de la Parra: Las voces de la palabra", en De la Parra, *Obras completas:* ix-xxvi; pero yo obviamente hago objeciones al contraste que ella sugiere entre la primera novela (donde las palabras son obstáculos al significado) y *Memorias* (donde las palabras corresponden perfectamente a los significados): xxii.

9.   Arturo Uslar Pietri apreciaba la escritura de Parra por razones parecidas. Su ensayo llamado "El testimonio de Teresa de la Parra" comienza así: "Hubo un tiempo, maravillosamente impreciso y estático". Sin embargo, a juzgar por su panorama rápido, se le escapan muchos detalles de la cámara lenta: "En *Mamá Blanca* Teresa levantó el cuadro de la existencia de nuestras abuelas. Una vida devota de la seguridad, sumisa al dolor". Véase *Letras y hombres de Venezuela* (México: FCE, 1948): 148-153.

10. Sandra Gilbert y Susan Gubar, *The Madwoman in the Attic: The Woman Writer and the Nineteenth-Century Literary Imagination* (New Haven: Yale University Press, 1979): 37. Según cuentan, la historia verdadera empieza cuando la Reina, ya madre, se metamorfosea también en bruja, es decir en una malvada "madrastra".

11. Nancy Choderow, *The Reproduction of Mothering: Psychoanalysis and the Sociology of Gender* (Berkeley, Los Ángeles, Londres: University of California Press, 1978). La relación no es siempre feliz, por supuesto, porque el único recurso de la hija para limitar el poder devorador de su madre es someterse a la autoridad paterna.

12. Me refiero a la distinción planteada por M. M. Bakhtin en "Epic and the Novel", en *The Dialogic Imagination,* trad. Caryl Emerson y Michael Holquist (Austin: University of Texas Press, 1981): 3-40.

13. Gallegos, *Doña Bárbara:* 178-179.

14. Para una discusión más desarrollada, véase mi texto *One Master for Another* (Pennsylvania: University Press of America, 1994)

15. Teresa de la Parra, "Influencia de las mujeres en la formación del alma americana", en *Obras completas:* 474. Defiende los derechos de las mujeres a tener carreras y a una remuneración justa. Hace no obstante una salvedad: "No quisiera, que como consecuencia del tono y argumento de lo dicho, se me creyera defensora del sufragismo. No soy ni defensora ni detractora del sufragismo por la sencilla razón de que no lo conozco. El hecho de saber que levanta la voz para conseguir que las mujeres tengan las mismas atribuciones y responsabilidades políticas que los hombres, me asusta y me aturde tanto, que nunca he llegado a oír hasta el fin lo que esa voz propone. Y es porque creo en general, a la inversa de las sufragistas, que las mujeres debemos agradecerles mucho a los hombres el que hayan tenido la abnegación de acaparar de un todo para ellos el oficio de políticos. Me parece que, junto con el de los mineros de carbón, es uno de los más duros y menos limpios que existen. ¿A qué reclamarlo? 'Mi feminismo es moderado'.

16. En la segunda de tres charlas que dio sobre la "Influencia de las mujeres en la formación del alma americana", Parra corrigió, o contestó defensivamente a una percepción (equivocada) común: "Mi cariño por la Colonia no me llevaría nunca a decir, como dicen algunos en momentos de lirismo, que desearían haber nacido antes. No. Yo me siento muy bien dentro de mi época y la admiro". *Obras completas:* 490.

Para una evocación cariñosa de Teresa de la Parra, la Circe criolla, véase la reseña que hizo Mariano Picón Salas de sus cartas publicadas en *Estudios de literatura venezolana* (Madrid: Ediciones Edime, 1961): 265-270. "...tan hermosa mujer, a quien se veía en todas las fiestas con sus espléndidos ojos y su aire de joven marquesa española que se vistiera en París... podía contarnos, porque lo oyó de sus abuelas o de las viejas criadas... episodios y anécdotas que remontaban a un siglo atrás": 266-267.

17. Por supuesto, se podría optar por establecer conexiones entre la posición ideológica de Teresa de la Parra y las francas manipulaciones justificadas por la retórica socialista que ella admira en Daniel (148):

> En el corralón, sobre la república de las vacas, por elección y voluntad soberana de ellas... todo sabiduría y buen gobierno, imperaba Daniel, Daniel era el vaquero... El orden reinante era perfecto: era el orden de la ideal ciudad futura. Al pleno aire, pleno cielo y pleno sol, cada vaca estaba contenta y en su casa, es decir atada a su árbol.... Nadie se quejaba ni nadie se ensoberbecía, nada de comunismos. Satisfecha cada cual con lo que se le daba, daba en correspondencia cuanto tenía. Por todas partes conformidad, dulzura y mucha paz. (132-133)

Pero este elogio ocurre en una novela donde otros sistemas de organización o desorganización reciben la misma aprobación. Y si uno piensa en las libertades que las chicas toman con todos, o en los fracasos flagrantes de Juancho y la postura poética y anacrónica del otro, entre otras prácticas, puede considerarse que el gobierno de Daniel representa un punto de este retrato, si no una mofa delicada de la "ciudad futura".

18. Parra, *Obras completas:* 503.

19. Aunque Julia Kristeva interpreta el desafío de las mujeres frente a la simbolización de manera diferente a Parra (como una "semiosis" presimbólica, un "territorio arcaico, instintivo y materno" del lenguaje que desafía el significado cultivando excesos fónicos y rítmicos, poéticos, insignificantes), Mamá es subversiva, no porque sea indiferente al significado, sino porque compite exagerando su opacidad. Sin embargo, la evocación de Parra del estilo de Cochoco sí responde a la celebración de Kristeva de la semiosis. "From One Identity to Another", en *Desire in Language: A Semiotic Approach to Literature and Art* (Nueva York: Columbia University Press, 1980): 124-147. Para una reseña útil, véase también Deborah Cameron, *Feminism and Linguistic Theory* (Nueva York: St. Martin's Press, 1985).

20. Respecto a la "autor-idad", la editora de las memorias deduce "con melancolía que esta necesidad imperiosa de firmar un libro no es hierba que nos brota por la fuerza del talento, sino quizá, por la debilidad del espíritu crítico" (14).

21. Ésta y otras referencias a las reivindicaciones de las mujeres argentinas por la igualdad sexual vienen del ensayo muy informativo de Francine Masiello, "Between Civilization and Barbarism: Women, Family, and Literary Culture in Mid-Nineteenth-Century Argentina", en *Cultural and Historical Grounding for Hispanic and Luso-Brazilian Feminist Literary Criticism,* ed. Hernán Vidal (Minneapolis: Institute for the Study of Ideologies and Literature, 1989): 517-566; 530.

22. Masiello, "Between Civilization and Barbarism": 535.

23. Para la mejor narrativa que yo conozco sobre este fascinante juego de poder triangular entre dos hombres por una mujer aparentemente indefensa, véase Octavio Paz, *Sor Juana Inés de la Cruz: Las trampas de la fe* (Barcelona: Seix Barral, 1982).

24. Existe Santa Paula, por ejemplo, a quien Jerónimo, el patrocinador de la Orden Carmelita de Juana, honra repetidas veces por su santidad y su aprendizaje. En la página siguiente está Hypatia, el matemático y astrólogo alejandrino que los padres de la Iglesia sacaron de la ciudad debido a indecencias de doctrina y quizá de género también.

25. Sor Juana Inés de la Cruz, *Respuesta a Sor Filotea de la Cruz* (Barcelona: Laertes, D. L., 1979).

26. Véase P. Paul Jouon, *Grammaire de l'hébreu biblique* (Rome: Institut Biblique Pontifical, 1923). En las págs. 148-149 hay varios ejemplos: Gen. 31: 5, 6 es femenino y Gen. 31:9 es masculino. Ruth 1:9a y 1:9b. Véase también *Journal of Biblical Literature* 105 (1986): 614.

27. Sor Juana, *Respuesta:* 98-99.

28. *Me llamo Rigoberta Menchú* (La Habana: Casa de las Américas, 1983): 42.

29. Menchú: 377.

30. Irigaray, en "La méchanique des fluids", *Ce sexe* (108), donde le da la vuelta al privilegio que Lacan le atribuye a la metáfora sobre la metonimia (continua).

ÍNDICE

Este libro se terminó de imprimir en Bogotá
en el mes de diciembre de 2004,
en los talleres de Panamericana
Formas e Impresos S. A.,
con un tiraje de 1.500 ejemplares.